中華古籍保護計劃
ZHONG HUA GU JI BAO HU JI HUA CHENG GUO

·成 果·

廣東省社會科學院圖書館

古籍普查登記目錄

全國古籍普查登記目錄

國家圖書館出版社
National Library of China Publishing House

圖書在版編目(CIP)數據

廣東省社會科學院圖書館古籍普查登記目録/廣東省社會科學院圖書館編. —北京:國家圖書館出版社,2021.7
（全國古籍普查登記目録）
ISBN 978 – 7 – 5013 – 7283 – 6

Ⅰ.①廣…　Ⅱ.①廣…　Ⅲ.①古籍—圖書目録—彙編—廣東　Ⅳ.①Z838

中國版本圖書館 CIP 數據核字(2021)第 101446 號

書　　　名	廣東省社會科學院圖書館古籍普查登記目録
著　　　者	廣東省社會科學院圖書館　編
責任編輯	苗文葉
編輯助理	王　哲

出版發行　國家圖書館出版社(北京市西城區文津街 7 號　　100034)
　　　　　（原書目文獻出版社 北京圖書館出版社）
　　　　　010 – 66114536　63802249　nlcpress@ nlc. cn(郵購)
網　　　址　http://www.nlcpress.com
排　　　版　京荷(北京)科技有限公司
印　　　裝　河北三河弘翰印務有限公司
版次印次　2021 年 7 月第 1 版　2021 年 7 月第 1 次印刷

開　　　本　787×1092(毫米)　1/16
印　　　張　24
字　　　數　642 千字
書　　　號　ISBN 978 – 7 – 5013 – 7283 – 6
定　　　價　260.00 圓

《全國古籍普查登記目録》
工作委員會

《全國古籍普查登記目録》

序　言

全國古籍普查登記工作是"中華古籍保護計劃"的首要任務,是全面開展古籍搶救、保護和利用工作的基礎,也是有史以來第一次由政府組織、參加收藏單位最多的全國性古籍普查登記工作。

2007年國務院辦公廳發布《關於進一步加强古籍保護工作的意見》(國辦發[2007]6號),明確了古籍保護工作的首要任務是對全國公共圖書館、博物館和教育、宗教、民族、文物等系統的古籍收藏和保護狀况進行全面普查,建立中華古籍聯合目録和古籍數字資源庫。2011年12月,文化部下發《文化部辦公廳關於加快推進全國古籍普查登記工作的通知》(文辦發[2011]518號),進一步落實了全國古籍普查登記工作。根據文化部2011年518號文件精神,國家古籍保護中心擬訂了《全國古籍普查登記工作方案》,進一步規範了古籍普查登記工作的範圍、内容、原則、步驟、辦法、成果和經費。目前進行的全國古籍普查登記工作的中心任務是通過每部古籍的身份證——"古籍普查登記編號"和相關信息,建立古籍總臺賬,全面瞭解全國古籍存藏情况,開展全國古籍保護的基礎性工作,加强各級政府對古籍的管理、保護和利用。

《全國古籍普查登記工作方案》規定了全國古籍普查登記工作的三個主要步驟:一、開展古籍普查登記工作;二、在古籍普查登記基礎上,編纂出版館藏古籍普查登記目録,形成《全國古籍普查登記目録》;三、在古籍普查登記工作基本完成的前提下,由省級古籍保護中心負責編纂出版本省古籍分類聯合目録《中華古籍總目》分省卷,由國家古籍保護中心負責編纂出版《中華古籍總目》統編卷。

在黨和政府領導下,在各地區、各有關部門和全社會共同努力下,古籍普查登記工作得以扎實推進。古籍普查已在除臺、港、澳之外的全國各省級行政區域開展,普查内容除漢文古籍外,還包括各少數民族文字古籍,特别是於2010年分别啓動了新疆古籍保護和西藏古籍保護專項,因地制宜,開展古籍普查登記工作;國家古籍保護中心研製的"全國古籍普查登記平臺"已覆蓋到全國各省級古籍保護中心,并進一步研發了"中華古籍索引庫",爲及時展現古籍普查成果提供有力支持;截至目前,已有11375部古籍進入《國家珍貴古籍名録》,浙江、江蘇、山東、河北等省公布了省級《珍貴古籍名録》，古籍分級保護機制初步形成。

《全國古籍普查登記目録》是古籍普查工作的階段性成果，旨在摸清家底，揭示館藏，反映古籍的基本信息。原則上每申報單位獨立成册，館藏量少不能獨立成册者，則在本省範圍内幾個館目合并成册。無論獨立成册還是合并成册，均編製獨立的書名筆畫索引附於書後。著録的必填基本項目有：古籍普查登記編號、索書號、題名卷數、著者（含著作方式）、版本、册數及存缺卷數。其他擴展項目有：分類、批校題跋、版式、裝幀形式、叢書子目、書影、破損狀況等。有條件的收藏單位多著録的一些擴展項目，也反映在《全國古籍普查登記目録》上。目録編排按古籍普查登記編號排序，内在順序給予各古籍收藏單位較大自由度，可按分類排列古籍普查登記編號，也可按排架號、按同書名等排列古籍普查登記編號，以反映各館特色。

此次全國古籍普查登記工作，克服了古籍數量多、普查人員少、普查難度大等各種困難，也得到了全國古籍保護工作者的極大支持。在古籍普查登記過程中，國家古籍保護中心、各省古籍保護中心爲此舉辦了多期古籍普查、古籍鑒定、古籍普查目録審校等培訓班，全國共 1600 餘家單位參加了培訓，爲古籍普查登記工作培養了大量人才。同時在古籍普查登記工作中，也鍛煉了普查員的實踐能力，爲將來古籍保護事業發展奠定了良好的基礎。

《全國古籍普查登記目録》的出版，將摸清我國古籍家底，爲古籍保護和利用工作提供依據，也將是古籍保護長期工作的一個里程碑。

國家古籍保護中心

2013 年 10 月

《全國古籍普查登記目録》

編纂凡例

一、收録範圍爲我國境内各收藏機構或個人所藏,産生於 1912 年以前,具有文物價值、學術價值和藝術價值的文獻典籍,包括漢文古籍和少數民族文字古籍以及甲骨、簡帛、敦煌遺書、碑帖拓本、古地圖等文獻。其中,部分文獻的收録年限適當延伸。

二、以各收藏機構爲分册依據,篇幅較小者,適當合并出版。

三、一部古籍一條款目,複本亦單獨著録。

四、著録基本要求爲客觀登記、規範描述。

五、著録款目包括古籍普查登記編號、索書號、題名卷數、著者、版本、册數、存缺卷等。古籍普查登記編號的組成方式是:省級行政區劃代碼—單位代碼—古籍普查登記順序號。

六、以古籍普查登記編號順序排序。

《廣東省社會科學院圖書館古籍普查登記目録》

編委會

《廣東省社會科學院圖書館古籍普查登記目錄》

前　言

中華古籍浩如煙海，我院圖書館典藏蔚爲大觀。廣東省社會科學院圖書館，前身爲中國科學院廣州哲學社會科學研究所資料室，1956 年籌建，1983 年更名。歷代廣東省社會科學院圖書館人努力守護傳承中華優秀傳統文化，賡續歷史文脈。中國科學院廣州哲學社會科學研究所成立之初，首任所長杜國庠先生（1889—1961）十分重視圖書館建設，廣徵博采古籍，曾親率館員北上訪購，經多方牽綫，喜獲浙江一代儒宗馬一浮先生（1883—1967）復性書院智林圖書館舊藏。此批馬氏移藏善本頗多，書品完好，奠定了本館古籍的館藏基礎。1973 年及 2013 年，我館又得到兩批來自吳芝圃同志私人藏書的捐獻。兩批古籍品質頗高，對豐富我館古籍館藏貢獻尤巨。此外，我館尚存有民國著名藏書家徐信符先生南州書樓的部分舊藏，加上由廣東、上海等地購進的散佚古籍，日積月累，遂成如今館藏之規模。

廣東省社會科學院圖書館 2011 年 11 月被授予"廣東省古籍重點保護單位"，2020 年 11 月被評爲"全國古籍重點保護單位"。館藏大量明清刻本、稿抄本以及名家批校題藏本，已有 4 種古籍入選"國家珍貴古籍名録"，58 種古籍入選"廣東省珍貴古籍名録"，1 種古籍被《中華再造善本續編》收録。其中不乏稀世罕見之珍品，如元大德三山郡庠刻元明遞修本《通志》、明正德刻本《清風祠録》、明嘉靖刻本《文式》、清稿本《廣東貢士録》等，不一而足。我院圖書館自 2018 年起，蔣縣平、方勁松、何泳霏、汪洋、石梅、葉蘺諸君秉持高度文化自覺，開展建館以來第三次古籍書目整理工作，利用數字技術，規範原有著録條目，並多次邀請專家進行善本鑒定。據整理統計，我館收藏古籍 9725 種（含民國綫裝書），130420 冊。遵照國家古籍保護中心要求，此次出版的館藏古籍普查登記目録，收録民國以前的綫裝古籍 5845 種。

習近平總書記在中共中央政治局第十二次集體學習時發表重要講話，強調"要系統梳理傳統文化資源，讓收藏在禁宫裹的文物、陳列在廣闊大地上的遺産、書寫在古籍裹的文字都活起來"。古籍書目整理出版是弘揚中華優秀傳統文化精神、提高中華民族凝聚力向心力、增強文化自信的重要舉措，惜因讀者面窄，屬圖書出版中之小衆，幸賴國家對文化事業的持續資助，我館的古籍書目得以與廣大讀者見面。積跬步以至千里，衷心感謝國家古籍保護中心和廣東省古籍保護中心對我院圖書館古籍書目整理工作的鼎力襄助，我本人有幸參與並見證此項嘉惠學林、意義重大的工作，與有榮焉。

　　是爲序。

　　　　　　　　　　　　廣東省社會科學院黨組書記　郭躍文

　　　　　　　　　　　　2021 年 1 月

目　　録

440000－2561－0000001　10003

十三經注疏四百十六卷附校勘記　（清）阮元校勘　（清）盧宣旬摘錄　清光緒十八年(1892)湖南寶慶務本書局刻本　一百六十冊

440000－2561－0000002　10004

五經五十八卷　（□）□□輯　清康熙九年(1670)朱氏崇道堂刻本　十八冊

440000－2561－0000003　10005

通志堂經解一百四十六種一千八百六十卷（清）納蘭性德輯　清同治十二年(1873)粵東書局刻本　四百七十九冊

440000－2561－0000004　10006

皇清經解一千四百卷　（清）阮元輯　清道光九年(1829)廣東學海堂刻本　三百七十一冊

440000－2561－0000005　10007

皇清經解一百九十卷　（清）阮元輯　清光緒十一年(1885)上海點石齋石印本　二十四冊

440000－2561－0000006　10008

皇清經解一百九十卷附縮版編目十六卷（清）阮元輯　清光緒十七年(1891)上海鴻寶齋石印本　二十六冊

440000－2561－0000007　10009

皇清經解續編二百九卷　王先謙輯　清光緒十八年(1892)上海蜚英館石印本　三十二冊

440000－2561－0000008　10010

古經解彙函二十三種附小學彙函十四種（清）鍾謙鈞等輯　清同治十二年(1873)粵東書局刻本　六十六冊

440000－2561－0000009　10013

五經大全五種　（明)胡廣等輯　明萬曆三十三年(1605)書林余氏刻本　六十八冊

440000－2561－0000010　10015

漢魏二十一家易注三十三卷　（清)孫堂輯清嘉慶四年(1799)映雪草堂刻本　八冊

440000－2561－0000011　10023

易學濫觴一卷　（元)黃澤撰　春秋通義一卷（宋)□□撰　清咸豐五年(1855)刻小萬卷

樓叢書本　一冊

440000－2561－0000012　10025

來瞿唐先生易註十五卷附圖象一卷首一卷末一卷　（明)來知德撰　清嘉慶十四年(1809)寧遠堂刻本　二十冊

440000－2561－0000013　10026

周易述義十卷　（清)傅恆等撰　清道光十八年(1838)四川刻本　六冊

440000－2561－0000014　10027

周易述義十卷　（清)傅恆等撰　清乾隆刻本　八冊

440000－2561－0000015　10029

易漢學八卷　（清)惠棟撰　清清來堂刻本二冊

440000－2561－0000016　10030

周易說略四卷　（清)張爾岐撰　清康熙六年(1667)刻本　四冊

440000－2561－0000017　10031

周易指三十八卷易例一卷易圖五卷易斷辭一卷　（清)端木國瑚撰　清道光十六年(1836)刻本　二十四冊

440000－2561－0000018　10032

周易指三十八卷易例一卷易圖五卷易斷辭一卷　（清)端木國瑚撰　清道光十六年(1836)刻本　二十冊

440000－2561－0000019　10033

學易五種十四卷　（清)王鼎撰　清道光二年(1822)刻本　六冊

440000－2561－0000020　10034

周易通義十六卷　（清)莊忠棫撰　清光緒六年(1880)冶城山館刻本　二冊

440000－2561－0000021　10035

周易明筮編六卷　（清)陶鑲撰　清道光十七年(1837)五柳堂刻本　一冊

440000－2561－0000022　10036

周易說十卷　王闓運撰　清光緒三十二年(1906)刻本　六冊

440000－2561－0000023　10039

尚書詳解五十卷　（宋）陳經撰　清乾隆武英
殿木活字印武英殿聚珍版書本　十二冊

440000－2561－0000024　10040

禹貢指南四卷　（宋）毛晃撰　清刻本　二冊

440000－2561－0000025　10041

禹貢說斷四卷　（宋）傅寅撰　清刻本　四冊

440000－2561－0000026　10042

禹貢說斷四卷　（宋）傅寅撰　清刻本　四冊

440000－2561－0000027　10043

欽定書經傳說彙纂二十一卷首二卷書序一卷
　（清）王頊齡等纂　清道光十八年(1838)刻
本　十四冊

440000－2561－0000028　10044

尚書後案三十卷後辨一卷　（清）王鳴盛撰
清乾隆四十五年(1780)禮堂刻本　十二冊

440000－2561－0000029　10045

周書斠補四卷　（清）孫詒讓撰　清光緒二十
六年(1900)石印本　一冊

440000－2561－0000030　10046

周書斠補四卷　（清）孫詒讓撰　清光緒二十
六年(1900)石印本　一冊

440000－2561－0000031　10047

今文尚書攷証三十卷　（清）皮錫瑞撰　清光
緒二十三年(1897)師伏堂刻本　六冊

440000－2561－0000032　10048

尚書箋三十卷　王闓運撰　清光緒二十九年
(1903)東洲刻本　三冊

440000－2561－0000033　10049

毛詩二十卷附考證二十卷　（漢）鄭玄箋
（唐）陸德明音義　清乾隆四十八年(1783)武
英殿刻仿宋相臺五經本　六冊

440000－2561－0000034　10050

詩毛氏傳疏三十卷　（清）陳奐撰　清光緒十
年(1884)朱氏槐廬刻本　十二冊

440000－2561－0000035　10056

詩緝三十六卷　（宋）嚴粲述　清刻本　佚名
批校　十二冊

440000－2561－0000036　10059

呂氏家塾讀詩記三十二卷　（宋）呂祖謙撰
清嘉慶十六年(1811)谿上聽彝堂刻本　七冊
存二十三卷(十至三十二)

440000－2561－0000037　10060

詩地理考六卷　（宋）王應麟撰　清光緒九年
(1883)浙江書局刻本　一冊

440000－2561－0000038　10062

御纂詩義折中二十卷　（清）傅恆等撰　清道
光十八年(1838)刻本　八冊

440000－2561－0000039　10063

御纂詩義折中二十卷　（清）傅恆等撰　清道
光十八年(1838)刻本　十冊

440000－2561－0000040　10064

欽定詩經傳說彙纂二十一卷首二卷詩序二卷
　（清）王鴻緒等纂修　清四川刻本　十八冊

440000－2561－0000041　10065

學詩詳說三十卷正詁五卷　（清）顧廣譽撰
清光緒三年(1877)刻本　十冊

440000－2561－0000042　10066

詩瀋二十卷　（清）范家相撰　清乾隆二十八
年(1763)刻本　三冊

440000－2561－0000043　10067

詩古微十五卷首一卷　（清）魏源撰　清光緒
十三年(1887)梁谿浦氏刻本　八冊

440000－2561－0000044　10069

周禮六卷　（漢）鄭玄注　（唐）陸德明音義
清光緒二十年(1894)金陵書局刻本　六冊

440000－2561－0000045　10070

周禮六卷　（漢）鄭玄注　（唐）陸德明音義
清光緒八年(1882)錦江書局刻本　六冊

440000－2561－0000046　10071

宋黃宣獻公周禮說六卷　（宋）黃度撰　清道
光十年(1830)刻本　六冊

440000－2561－0000047　10072

周官新義十六卷附考工記解二卷　（宋）王安石撰　清刻本　四冊

440000－2561－0000048　10073

欽定周官義疏四十八卷　（清）鄂爾泰等纂修　清四川尊經閣刻本　三十二冊

440000－2561－0000049　10074

欽定周官義疏四十八卷　（清）鄂爾泰等纂修　清四川尊經閣刻本　二十八冊

440000－2561－0000050　10075

周官精義十二卷　（清）連斗山輯　清道光二十七年（1847）同人協會刻本　六冊

440000－2561－0000051　10076

周禮正義八十六卷　（清）孫詒讓撰　清光緒三十一年（1905）鉛印本　十八冊

440000－2561－0000052　10077

周官箋六卷　王闓運撰　清光緒二十二年（1896）刻本　六冊

440000－2561－0000053　10079

儀禮注疏十七卷附考證　（漢）鄭玄注　（唐）陸德明音義　（唐）賈公彥疏　清乾隆四年（1739）武英殿刻十三經注疏本　十冊

440000－2561－0000054　10080

儀禮鄭注十七卷　（漢）鄭玄注　清同治九年（1870）崇文書局刻本　二冊

440000－2561－0000055　10081

儀禮集釋三十卷附釋官一卷　（宋）李如圭撰　清刻本　九冊

440000－2561－0000056　10082

欽定儀禮義疏四十八卷首二卷　（清）朱軾等纂　清刻本　二十八冊

440000－2561－0000057　10083

儀禮正義四十卷　（清）胡培翬撰　清同治八年（1869）蘇州湯晉苑局刻本　二十冊

440000－2561－0000058　10084

禮經箋十七卷　（漢）鄭玄注　王闓運撰　清光緒二十二年（1896）刻本　六冊

440000－2561－0000059　10085

儀禮鄭註句讀十七卷監本正誤一卷石本誤字一卷　（清）張爾岐撰　清同治七年（1868）金陵書局刻本　四冊

440000－2561－0000060　10086

儀禮圖六卷　（清）張惠言撰　清同治九年（1870）湖北崇文書局刻本　三冊

440000－2561－0000061　10087

儀禮圖六卷　（清）張惠言撰　清同治九年（1870）湖北崇文書局刻本　三冊

440000－2561－0000062　10088

儀禮私箋八卷　（清）鄭珍撰　清光緒十七年（1891）廣雅書局刻本　四冊

440000－2561－0000063　10089

攷工記圖不分卷　（清）戴震撰　清聚奎樓刻本　二冊

440000－2561－0000064　10090

九旗古誼述一卷　（清）孫詒讓撰　清光緒二十八年（1902）刻本　一冊

440000－2561－0000065　10091

喪服表一卷　（清）孔繼汾撰　清光緒元年（1875）永康胡氏退補齋刻本　一冊

440000－2561－0000066　10093

天子肆獻裸饋食禮三卷　（清）任啟運撰　清光緒十一年（1885）浙江書局刻本　一冊

440000－2561－0000067　10096

欽定禮記義疏八十二卷首一卷　（清）鄂爾泰等撰　清道光十八年（1838）刻本　四十二冊

440000－2561－0000068　10097

欽定禮記義疏八十二卷首一卷　（清）鄂爾泰等撰　清刻本　二十四冊　存六十二卷（一至六十二）

440000－2561－0000069　10098

禮記章句十卷　（清）任啟運撰　清乾隆三十八年（1773）刻本　五冊

440000－2561－0000070　10100

讀學庸筆記二卷禮記集說補義一卷　（清）方

宗誠撰　清光緒五年(1879)桐城方氏刻柏堂
遺書本　一冊

440000－2561－0000071　10101
禮記集解六十一卷　(清)孫希旦撰　清咸豐
十年(1860)刻本　二十冊

440000－2561－0000072　10102
禮記集解六十一卷　(清)孫希旦撰　清咸豐
十年(1860)刻本　二十三冊

440000－2561－0000073　10103
禮記箋四十六卷　王闓運撰　清光緒二十二
年(1896)東洲講舍刻本　十冊

440000－2561－0000074　10104
五禮通考二百六十二卷　(清)秦蕙田編輯
清光緒六年(1880)江蘇書局刻本　一百冊

440000－2561－0000075　10105
三禮通釋二百八十卷首一卷目錄四卷　(清)
林昌彝撰　清同治三年(1864)廣州刻本　四
十八冊

440000－2561－0000076　10106
禮書一百五十卷　(宋)陳祥道撰　清嘉慶九
年(1804)郭氏校經堂刻本　二十三冊

440000－2561－0000077　10107
禮書通故五十卷　(清)黃以周撰　清光緒十
九年(1893)黃氏試館刻本　三十二冊

440000－2561－0000078　10108
禮書通故五十卷　(清)黃以周撰　清光緒十
九年(1893)黃氏試館刻本　三十二冊

440000－2561－0000079　10109
禮經通論一卷　(清)邵懿辰撰　清宣統三年
(1911)上海國學扶輪社鉛印本　一冊

440000－2561－0000080　10110
四禮翼一卷　(明)呂坤撰　清同治二年
(1863)刻本　一冊

440000－2561－0000081　10111
四禮翼一卷　(明)呂坤撰　清同治二年
(1863)刻本　一冊

440000－2561－0000082　10112
六禮或問十二卷　(清)汪紱撰　清光緒二十
一年(1895)刻汪雙池先生叢書本　四冊

440000－2561－0000083　10113
律呂正聲六十卷　(明)王邦直撰　明萬曆三
十六年(1608)黃作孚刻本　十二冊

440000－2561－0000084　10114
御製律呂正義四卷　(清)聖祖玄燁撰　清康
熙刻本　五冊

440000－2561－0000085　10115
春秋經傳集解三十卷　(晉)杜預注　春秋名
號歸一圖二卷　(五代)馮繼先撰　春秋年表
一卷　清乾隆四十八年(1783)武英殿刻仿宋
相臺五經本　十五冊　缺二卷(二十九至三
十)

440000－2561－0000086　10116
春秋左氏傳賈服注輯述二十卷　(清)李貽德
撰　清光緒八年(1882)江蘇書局刻本　六冊

440000－2561－0000087　10117
春秋左氏古經十二卷　(清)段玉裁撰　清光
緒九年(1883)常熟鮑氏刻後知不足齋叢書本
二冊

440000－2561－0000088　10118
左傳官名考二卷　(清)李調元撰　清刻本
一冊

440000－2561－0000089　10119
春秋穀梁經傳補注二十四卷首一卷末一卷
(清)鍾文烝撰　清光緒二年(1876)嘉善鍾氏
信美室刻本　八冊

440000－2561－0000090　10122
起起穀梁廢疾二卷　廖平撰　清光緒十一年
(1885)刻本　一冊

440000－2561－0000091　10123
穀梁申義一卷　王闓運撰　清光緒十七年
(1891)刻本　一冊

440000－2561－0000092　10124
公羊補證十一卷　廖平撰　清光緒三十二年

(1906)刻本　十冊

440000 – 2561 – 0000093　10125

公羊補證十一卷　廖平撰　清光緒三十二年
(1906)刻本　六冊

440000 – 2561 – 0000094　10126

何氏公羊解詁三十論一卷　廖平撰　清光緒
十年(1884)刻本　一冊

440000 – 2561 – 0000095　10127

春秋四傳三十八卷　(□)□□撰　明嘉靖吉
澄刻樊獻科重修本　二十冊

440000 – 2561 – 0000096　10128

龍學孫公春秋經解十五卷　(宋)孫覺撰　清
通志堂刻本　六冊

440000 – 2561 – 0000097　10129

御纂春秋直解十二卷　(清)傅恆等撰　清乾
隆二十三年(1758)刻本　八冊

440000 – 2561 – 0000098　10130

春秋傳正誼四卷　(清)方宗誠撰　清光緒四
年(1878)桐城方氏刻柏堂遺書本　一冊

440000 – 2561 – 0000099　10135

春秋程傳補二十卷　(清)孫承澤撰　清康熙
九年(1670)刻本　十二冊

440000 – 2561 – 0000100　10136

春秋說略十二卷　(清)郝懿行撰　清刻郝氏
遺書本　三冊

440000 – 2561 – 0000101　10137

春秋比二卷　(清)郝懿行撰　清刻郝氏遺書
本　一冊

440000 – 2561 – 0000102　10138

春秋鑽燧四卷　(清)曹金籀撰　清道光二十
九年(1849)刻本　一冊

440000 – 2561 – 0000103　10139

春秋圖表二卷　廖平撰　清光緒刻本　二冊

440000 – 2561 – 0000104　10140

春秋例表一卷　(□)□□撰　清光緒七年
(1881)刻本　一冊

440000 – 2561 – 0000105　10141

春秋大事表五十卷春秋輿圖一卷　(清)顧棟
高撰　清光緒十四年(1888)南菁書院刻皇清
經解續編本　二十冊

440000 – 2561 – 0000106　10143

南軒先生論語解十卷　(宋)張栻撰　清同治
十二年(1873)粵東書局刻通志堂經解本　二
冊

440000 – 2561 – 0000107　10145

論語古訓十卷　(清)陳鱣撰　清光緒九年
(1883)浙江書局刻本　二冊

440000 – 2561 – 0000108　10146

論語正義二十四卷　(清)劉寶楠撰　清同治
五年(1866)刻本　六冊

440000 – 2561 – 0000109　10147

論語經正錄二十卷　(清)王肇晉撰　清光緒
二十年(1894)刻本　十冊

440000 – 2561 – 0000110　10148

論語後案二十卷　(清)黃式三撰　清光緒九
年(1883)浙江書局刻本　十冊

440000 – 2561 – 0000111　10149

論語餘說一卷　(清)崔述撰　清道光四年
(1824)刻本　一冊

440000 – 2561 – 0000112　10150

論語訓二卷　王闓運撰　清光緒十七年
(1891)刻本　二冊

440000 – 2561 – 0000113　10151

南軒先生孟子說七卷　(宋)張栻撰　清同治
十二年(1873)粵東書局刻通志堂經解本　四
冊

440000 – 2561 – 0000114　10153

大學衍義四十三卷　(宋)真德秀撰　清同治
十一年(1872)浙江書局刻本　十冊

440000 – 2561 – 0000115　10154

大學衍義補一百六十卷首一卷　(明)丘濬撰
清刻本　三十八冊

440000 – 2561 – 0000116　10156

大學古本述注一卷 （清）姜國伊述注 清光緒刻本 一冊

440000－2561－0000117 10159

中庸古本述注一卷 （清）姜國伊述注 清光緒刻本 一冊

440000－2561－0000118 10160

中庸衍義十七卷 （明）夏良勝撰 清同治十年(1871)刻本 十冊

440000－2561－0000119 10162

四書集編二十六卷 （宋）真德秀撰 清同治十二年(1873)粵東書局刻通志堂經解本 五冊

440000－2561－0000120 10172

四書講義四十三卷 （清）呂留良撰 清康熙二十五年(1686)刻本 六冊

440000－2561－0000121 10173

駁呂留良四書講義八卷 （清）朱軾 （清）吳襄撰 清雍正九年(1731)刻本 八冊

440000－2561－0000122 10174

四書改錯二十二卷 （清）毛奇齡撰 清康熙四十七年(1708)刻西河合集本 六冊

440000－2561－0000123 10175

四書釋地一卷續一卷又續一卷三續一卷 （清）閻若璩撰 清乾隆八年(1743)刻本 四冊

440000－2561－0000124 10176

四書反身錄五卷 （清）李顒撰 清宣統二年(1910)成都國學研究會刻本 四冊

440000－2561－0000125 10177

四書反身錄五卷 （清）李顒撰 清嘉慶二十二年(1817)蕭山湯氏刻本 四冊

440000－2561－0000126 10178

四書會旨十二卷 （清）錢秉義撰 清乾隆三十二年(1767)刻本 二冊

440000－2561－0000127 10179

四書考異七十二卷 （清）翟灝撰 清乾隆三十四年(1769)無不宜齋刻本 十冊 存二十

一卷(十六至三十六)

440000－2561－0000128 10180

四書說苑十一卷補遺一卷續補遺一卷 （清）孫應科撰 清道光二十八年(1848)刻本 四冊

440000－2561－0000129 10182

孝經集傳四卷 （明）黃道周撰 清康熙三十二年(1693)刻本 三冊

440000－2561－0000130 10190

孝經述一卷附孟子外書一卷 （清）姜國伊撰 清光緒二十年(1894)刻本 一冊

440000－2561－0000131 10192

爾雅疏十卷 （宋）邢昺撰 清嘉慶二十年(1815)南昌府學刻十三經注疏本 四冊

440000－2561－0000132 10193

爾雅正義二十卷 （清）邵晉涵撰 爾雅釋文三卷 （唐）陸德明釋文 清乾隆五十三年(1788)餘姚邵氏家塾刻本 六冊

440000－2561－0000133 10194

新爾雅十四卷 汪榮寶 葉瀾撰 清光緒三十年(1904)刻本 二冊

440000－2561－0000134 10195

方言疏證十三卷 （清）戴震撰 清光緒八年(1882)汗青簃刻本 四冊

440000－2561－0000135 10196

釋名疏證補八卷附一卷 王先謙撰 清光緒二十二年(1896)刻本 三冊

440000－2561－0000136 10197

廣雅疏證十卷 （清）王念孫撰 博雅音十卷 （隋）曹憲撰 清光緒五年(1879)淮南書局刻本 八冊

440000－2561－0000137 10198

說文古籀疏證六卷 （清）莊述祖撰 清光緒二十年(1894)刻本 四冊

440000－2561－0000138 10199

古籀餘論三卷 （清）孫詒讓撰 清光緒二十九年(1903)籀經樓刻本 二冊

440000－2561－0000139　10200

古經解彙函二種附小學彙函三種附說文繫傳校勘記三卷　（清）鍾謙鈞等輯　清同治十三年(1874)粵東書局刻本　十三冊

440000－2561－0000140　10202

說文解字注三十卷附六書音均表二卷　（清）段玉裁撰　清光緒三年(1877)成都尊經書院刻本　十六冊

440000－2561－0000141　10203

說文解字注三十卷附六書音均表二卷　（清）段玉裁撰　清光緒三年(1877)成都尊經書院刻本　十六冊

440000－2561－0000142　10205

王氏說文四種一百一十四卷　（清）王筠撰　清同治四年(1865)刻本　三十一冊

440000－2561－0000143　10206

說文釋例二十卷　（清）王筠撰　清光緒九年(1883)成都御風樓刻本　二十冊

440000－2561－0000144　10207

說文釋例二十卷　（清）王筠撰　清中江家塾刻本　二十冊

440000－2561－0000145　10208

說文通訓定聲十八卷分部柬韻一卷說雅一卷古今韻準一卷　（清）朱駿聲撰　清咸豐元年(1851)臨嘯閣刻本　二十四冊

440000－2561－0000146　10210

段氏說文注訂八卷　（清）鈕樹玉撰　清同治五年(1866)碧螺山館刻本　二冊

440000－2561－0000147　10212

說文辨字正俗八卷　（清）李富孫撰　清嘉慶二十一年(1816)刻本　八冊

440000－2561－0000148　10213

說文校議十五卷　（清）姚文田　（清）嚴可均撰　清同治十三年(1874)歸安姚氏刻本　五冊

440000－2561－0000149　10218

五經文字三卷　（唐）張參撰　五經文字疑一卷　（清）孔繼涵撰　新加九經字樣一卷（唐）唐玄度撰　清乾隆三十三年(1768)曲阜孔氏紅櫚書屋刻本　六冊

440000－2561－0000150　10219

十三經集字不分卷　（清）彭玉雯撰　清道光二十九年(1849)刻本　八冊

440000－2561－0000151　10220

音學五書三十八卷　（清）顧炎武撰　清光緒十六年(1890)思賢講舍刻本　十六冊

440000－2561－0000152　10221

廣韻五卷　（宋）陳彭年等修　大廣益會玉篇三十卷　（南朝梁）顧野王撰　玉篇校刊札記一卷　（清）鄧顯鶴撰　清道光三十年(1850)新化鄧氏邵州東山精舍刻本　八冊

440000－2561－0000153　10229

詩韻集成題考合刻十卷首一卷　（清）余照輯　（清）一適主人編　清光緒十四年(1888)魏氏古香閣刻本　六冊

440000－2561－0000154　10230

新增說文韻府群玉二十卷　（元）陰時夫輯（元）陰中夫注　（明）王元貞校正　清刻本　五冊　缺三卷(一至三)

440000－2561－0000155　10231

廣金石韻府五卷附玉篇韻罟一卷　（清）林尚葵撰　清咸豐七年(1857)巴郡張鳳藻理董軒刻本　六冊

440000－2561－0000156　10232

經韻集字析解二卷　（清）彭良敞集注　清道光十年(1830)樂源書院刻本　二冊

440000－2561－0000157　10234

六藝綱目二卷　（元）舒天民撰　清咸豐三年(1853)聊城楊氏海源閣刻本　二冊

440000－2561－0000158　10241

經典釋文三十卷考證三十卷　（唐）陸德明撰　（清）盧文弨考證　清同治十年(1871)廣東

書局刻本　十四冊

440000－2561－0000159　10242

經義考三百卷　(清)朱彝尊撰　清乾隆二十年(1755)盧氏雅雨堂刻本　四十八冊　缺三卷(二百八十六、二百九十九至三百)

440000－2561－0000160　10243

經義考三百卷　(清)朱彝尊撰　清乾隆二十年(1755)盧氏雅雨堂刻本　四十八冊　缺三卷(二百八十六、二百九十九至三百)

440000－2561－0000161　10244

經義考三百卷　(清)朱彝尊撰　清光緒二十三年(1897)浙江書局刻本　五十冊　缺三卷(二百八十六、二百九十九至三百)

440000－2561－0000162　10245

經義考三百卷　(清)朱彝尊撰　清光緒二十三年(1897)浙江書局刻本　五十冊　缺三卷(二百八十六、二百九十九至三百)

440000－2561－0000163　10247

左海經辨二卷　(清)陳壽祺撰　清道光三年(1823)刻本　二冊

440000－2561－0000164　10248

九經古義十六卷　(清)惠棟撰　清省吾堂刻本　八冊

440000－2561－0000165　10249

經義雜記三十卷敘錄一卷　(清)臧琳撰　清嘉慶四年(1799)武進臧氏拜經堂刻本　四冊

440000－2561－0000166　10250

經義雜記三十卷敘錄一卷　(清)臧琳撰　清嘉慶四年(1799)武進臧氏拜經堂刻本　四冊

440000－2561－0000167　10251

古經解鈎沉三十卷　(清)余蕭客撰　清光緒二十一年(1895)杭州竹簡齋石印本　十一冊　缺四卷(七至十)

440000－2561－0000168　10254

經詞衍釋十卷補遺一卷　(清)吳昌瑩撰　清成都書局刻本　四冊

440000－2561－0000169　10255

經義述聞三十二卷　(清)王引之撰　清光緒十三年(1887)鴻寶齋石印本　六冊

440000－2561－0000170　10256

經義述聞三十二卷　(清)王引之撰　清嘉慶二十二年(1817)刻本　十六冊

440000－2561－0000171　10257

群經平議三十五卷　(清)俞樾撰　清刻本　十五冊

440000－2561－0000172　10261

十三經注疏并校勘記　(清)阮元校勘　清光緒十三年(1887)上海點石齋石印本　二十五冊

440000－2561－0000173　10264

周易集解纂疏十卷首一卷附易筮遺占一卷　(清)李道平撰　清光緒十七年(1891)三餘草堂刻本　五冊

440000－2561－0000174　10265

易經程傳四卷　(宋)程頤撰　清明善社刻本　四冊

440000－2561－0000175　10268

周易義海撮要十二卷　(宋)李衡撰　清同治十二年(1873)粵東書局刻通志堂經解本　四冊

440000－2561－0000176　10269

易領四卷　(明)郝敬撰　清光緒十七年(1891)三餘草堂刻本　一冊

440000－2561－0000177　10270

來瞿唐先生易註十五卷附圖象一卷首一卷末一卷　(明)來知德撰　清嘉慶二年(1797)朝爽堂刻本　十冊

440000－2561－0000178　10271

易憲四卷　(明)沈泓撰　清光緒十四年(1888)錢塘卓氏刻本　三冊

440000－2561－0000179　10273

周易洗心十卷　(清)任啟運撰　清道光十一年(1831)清芬堂刻本　四冊

440000－2561－0000180　10274

易象通義六卷　(清)秦篤輝撰　清光緒十七年(1891)三餘草堂刻本　二冊

440000－2561－0000181　10275

孔易闡真二卷　(清)劉一明撰　清刻本　二冊

440000－2561－0000182　10276

易釋五卷易表一卷　(清)易順豫撰　清刻本　六冊

440000－2561－0000183　10277

御定易經通注四卷　(清)傅以漸　(清)曹本榮撰　清光緒十七年(1891)三餘草堂刻本　二冊

440000－2561－0000184　10280

禮記集說十六卷　(元)陳澔撰　明正統十二年(1447)司禮監刻本　十六冊

440000－2561－0000185　10282

聲律通考十卷　(清)陳澧撰　清咸豐十年(1860)刻本　二冊

440000－2561－0000186　10285

春秋正傳三十七卷末一卷　(明)湛若水撰　清同治五年(1866)資政堂刻本　十冊

440000－2561－0000187　10286

春秋左傳十七卷　(晉)杜預注　清嘉慶元年(1796)刻本　清朱次琦批校　十二冊

440000－2561－0000188　10288

公羊臆三卷　(清)張憲和撰　清刻本　二冊

440000－2561－0000189　10290

論語注疏解經二十卷附札記一卷　(三國魏)何晏集解　(宋)邢昺疏　清光緒三十三年(1907)貴池劉氏玉海堂刻本　二冊

440000－2561－0000190　10294

孟子微八卷　康有爲撰　清光緒二十七年(1901)萬木草堂鉛印本　二冊

440000－2561－0000191　10316

說文解字通釋四十卷附校勘記三卷　(南唐)徐鍇撰　清道光十九年(1839)祁雋藻刻本　八冊

440000－2561－0000192　10322

段氏說文注訂八卷　(清)鈕樹玉撰　清同治五年(1866)碧螺山館刻本　四冊

440000－2561－0000193　10323

說文字原集註十六卷附字原表一卷表說一卷　(清)蔣和撰　清刻本　四冊

440000－2561－0000194　10324

說文校議十五卷　(清)姚文田　(清)嚴可均撰　清同治十三年(1874)歸安姚氏刻本　四冊

440000－2561－0000195　10325

說文引經攷異十六卷　(清)柳榮宗撰　清刻本　二冊

440000－2561－0000196　10328

說文聲母歌括四卷　(清)宣澍甘編　清宣統元年(1909)石印本　一冊

440000－2561－0000197　10329

六書正譌五卷　(元)周伯琦編注　(明)胡正言訂篆　明崇禎七年(1634)海陽胡氏十竹齋刻本　四冊

440000－2561－0000198　10330

汗簡七卷　(宋)郭忠恕撰　清康熙四十二年(1703)汪立名一隅草堂刻本　一冊

440000－2561－0000199　10331

汗簡箋正八卷　(宋)郭忠恕撰　(清)鄭珍箋正　清光緒十五年(1889)廣雅書局刻本　四冊

440000－2561－0000200　10333

唐寫本唐韻一卷　(唐)孫愐撰　清光緒三十四年(1908)國粹學報社影印本　一冊

440000－2561－0000201　10336

切韻考外篇三卷　(清)陳澧撰　清光緒十年(1884)刻本　一冊

440000－2561－0000202　10337

大明萬曆乙亥重刊改併五音類聚四聲篇十五卷己丑重刊改併五音集韻十五卷　(金)韓道昭撰　新編經史正音切韻指南一卷　(元)劉

鑒撰　**新編篇韻貫珠集一卷**　(明)釋真空撰
明萬曆三年至十七年(1575－1589)刻本
八冊　存十二卷(大明萬曆乙亥重刊改併五
音類聚四聲篇一至三、七至十五)

440000－2561－0000203　10340

欽定同文韻統六卷　(清)允祿等監纂　(清)
章嘉胡土克圖纂修　清宣統二年(1910)理藩
部刻本　五冊

440000－2561－0000204　10341

佩文韻府一百六卷　(清)張玉書等編　**韻府
拾遺一百六卷**　(清)張廷玉等編　清光緒十
八年(1892)上海同文書局石印本　六十冊

440000－2561－0000205　10343

經典釋文三十卷　(唐)陸德明撰　清粵東書
局刻通志堂經解本　十冊

440000－2561－0000206　10344

經典釋文三十卷考證三十卷　(唐)陸德明撰
(清)盧文紹考證　清同治八年(1869)湖北
崇文書局刻本　十二冊

440000－2561－0000207　10348

群經補證六卷　(清)桂文燦撰　清稿本　六
冊

440000－2561－0000208　10349

新學偽經考十四卷　康有爲撰　清光緒十七
年(1891)萬木草堂刻本　八冊

440000－2561－0000209　10353

苗氏說文四種　(清)苗夔撰　清道光至咸豐
壽陽祁氏漢專亭刻本　六冊

440000－2561－0000210　10357

**周易函書約存十八卷首三卷約注十八卷別集
十六卷**　(清)胡煦撰　清乾隆五十九年
(1794)葆璞堂刻本　二十六冊

440000－2561－0000211　10361

六書準不分卷　(清)馮鼎調撰　清康熙十年
(1671)刻本　二冊

440000－2561－0000212　10364

選雅二十卷　(清)程先甲撰　清光緒二十八

年(1902)千一齋刻千一齋叢書本　八冊

440000－2561－0000213　10367

契文舉例二卷　(清)孫詒讓撰　清光緒三十
年(1904)石印本　二冊

440000－2561－0000214　10370

毛詩目錄大義表一卷　(清)李兆勗撰　清末
民初抄本　一冊

440000－2561－0000215　10376

大學衍義補纂要六卷　(明)徐栻輯　明嘉靖
三十七年(1558)刻本　十六冊

440000－2561－0000216　10388

春秋胡傳參義十二卷　(清)姜兆錫撰　清雍
正元年(1723)刻本　三冊

440000－2561－0000217　10390

授經圖二十卷　(明)朱睦㮮撰　清惜陰軒刻
本　二冊

440000－2561－0000218　10391

春秋臣傳三十卷　(宋)王當撰　清粵東書局
刻通志堂經解本　三冊

440000－2561－0000219　10394

春秋經傳闕疑四十五卷　(元)鄭玉撰　清康
熙五十年(1711)天游堂刻本　八冊

440000－2561－0000220　10398

禹貢川澤攷二卷　(清)桂文燦撰　清光緒十
三年(1887)鉛印本　一冊

440000－2561－0000221　10399

禮書附錄十二卷　(清)陳寶泉輯　清嘉慶二
十五年(1820)含暉閣刻本　四冊

440000－2561－0000222　10400

經典釋文三十卷　(唐)陸德明撰　清刻本
十二冊

440000－2561－0000223　10401

易漢學八卷　(清)惠棟撰　清柏筠堂刻本
二冊

440000－2561－0000224　10402

易卦圖說一卷　(□)□□撰　清道光四年

(1824)刻本　一冊

440000－2561－0000225　10405

隸辨八卷　（清）顧藹吉撰　清同治十二年
(1873)聚賢齋刻本　八冊

440000－2561－0000226　10406

四書集解十九卷　（清）宋翔鳳撰　清嘉慶十
八年(1813)刻本　四冊

440000－2561－0000227　10407

四書纂言四十卷　（清）宋翔鳳撰　清光緒八
年(1882)古吳崣嶼山房木活字印本　十冊

440000－2561－0000228　10408

五經備旨四十五卷　（清）鄒聖脈纂輯　清刻
本　二十四冊

440000－2561－0000229　10409

苔岑經義鈔六卷　（清）張鴻桷輯　清光緒十
年(1884)蛟川張氏秋樹根齋刻本　十二冊

440000－2561－0000230　10410

新學偽經考十四卷　康有爲撰　清光緒十七
年(1891)萬木草堂刻本　八冊

440000－2561－0000231　10411

經學通論五卷　（清）皮錫瑞撰　清光緒三十
三年(1907)思賢書局刻本　五冊

440000－2561－0000232　10412

經傳繹義五十卷　（清）陳燁撰　清嘉慶九年
(1804)校字齋刻本　二十四冊

440000－2561－0000233　10413

經義述聞三十二卷　（清）王引之撰　清嘉慶
二十二年(1817)刻本　十六冊

440000－2561－0000234　10414

十三經客難五十五卷附黃淮安瀾編二卷經學
史學策一卷畏齋文集四卷　（清）龔元玠著
清道光二十六年(1846)刻本　二十二冊

440000－2561－0000235　10415

經窺續八卷　（清）蔡啟盛撰　清光緒刻本
二冊

440000－2561－0000236　10416

愚一錄十二卷　（清）鄭獻甫撰　清光緒刻本
六冊

440000－2561－0000237　10417

韋菴經說一卷　（清）周象明撰　毋欺錄一卷
（清）朱用純著　潘瀾筆記二卷　（清）彭兆
蓀著　懺摩錄一卷　（清）彭兆蓀著　清刻本
一冊

440000－2561－0000238　10418

群經補義五卷　（清）江永撰　清吳志忠刻本
二冊

440000－2561－0000239　10419

七經精義三十卷　（清）黃淦纂　清嘉慶十二
年(1807)慈谿養正堂刻本　十四冊

440000－2561－0000240　10421

六經奧論隨抄不分卷　（宋）鄭樵撰　清抄本
一冊

440000－2561－0000241　10422

經訓約編不分卷　（清）盛元珍編　清乾隆四
十二年(1777)刻本　十二冊

440000－2561－0000242　10423

浙士解經錄二卷　（清）阮元輯　清嘉慶再到
亭刻本　一冊

440000－2561－0000243　10424

通介堂經說三十七卷　（清）徐灝撰　清咸豐
四年(1854)刻本　十二冊

440000－2561－0000244　10425

經義雜記三十卷敘錄一卷　（清）臧琳撰　清
嘉慶四年(1799)武進臧氏拜經堂刻本　四冊

440000－2561－0000245　10426

有竹石齋經句說四卷　（清）吳英撰　清嘉慶
十五年(1810)吳邑吳氏真意堂活字印本　二
冊

440000－2561－0000246　10427

有竹石軒經句說二十二卷　（清）吳英撰　清
道光三年(1823)璜川吳氏刻本　十七冊

440000－2561－0000247　10428

疑辨錄三卷　（明）周洪謨撰　明嘉靖十三年

(1534)刻本　二冊

440000－2561－0000248　10429

經玩二十卷　（清）沈淑撰　清雍正三年(1725)刻本　六冊

440000－2561－0000249　10430

六經圖二十四卷　（清）鄭之僑編　清乾隆九年(1744)述堂刻本　十二冊

440000－2561－0000250　10431

經籍纂詁一百六卷首一卷　（清）阮元撰　清同治十二年(1873)淮南書局刻本　六十四冊

440000－2561－0000251　10432

群經音辨七卷　（宋）賈昌朝撰　清康熙十一年(1672)張氏澤存堂刻澤存堂五種本　一冊

440000－2561－0000252　10433

經典釋文三十卷考證三十卷　（唐）陸德明撰　（清）盧文弨考證　清乾隆五十六年(1791)抱經堂刻本　十二冊

440000－2561－0000253　10434

五經文字三卷　（唐）張參撰　**新加九經字樣**（唐）唐玄度撰　清刻本　四冊

440000－2561－0000254　10435

助字辨略五卷　（清）劉淇撰　清乾隆四十四年(1779)福源堂刻本　五冊

440000－2561－0000255　10436

七經孟子考文補遺一百九十八卷　（日本）山井鼎輯　（日本）物觀補遺　清嘉慶二年(1797)刻本　十四冊

440000－2561－0000256　10437

經典釋文三十卷考證三十卷　（唐）陸德明撰　（清）盧文弨考證　清同治八年(1869)湖北崇文書局刻本　三冊　存二十二卷(經典釋文一至六,考證十五至三十)

440000－2561－0000257　10438

經傳釋詞十卷　（清）王引之撰　清道光二十七年(1847)刻本　二冊

440000－2561－0000258　10439

經典釋文三十卷考證三十卷　（唐）陸德明撰

（清）盧文弨考證　清同治八年(1869)湖北崇文書局刻本　十二冊

440000－2561－0000259　10440

經書字音辨要九卷　（清）楊名颺撰　清道光二十七年(1847)令德堂刻本　二冊

440000－2561－0000260　10441

十三經注疏校勘記一百九十八卷　（清）阮元撰　清嘉慶十三年(1808)刻本　四十八冊

440000－2561－0000261　10443

九經今義二十八卷　（清）成本璞著　清光緒三十一年(1905)鉛印通雅齋叢書本　二冊

440000－2561－0000262　10444

經義考補正十二卷　（清）翁方綱撰　清刻本　六冊

440000－2561－0000263　10445

十三經異同條辨四卷　（清）魯學孟著　清抄本　三冊

440000－2561－0000264　10446

石經補考十二卷　（清）馮登府纂　清道光八年(1828)刻本　四冊

440000－2561－0000265　10447

十三經札記二十二卷附群書札記十六卷（清）朱亦棟撰　清光緒四年(1878)刻本　十六冊

440000－2561－0000266　10449

周易函書約註合鈔四十六卷　（清）張拱北撰　清光緒十八年(1892)寶慶務本書局刻本　二十四冊

440000－2561－0000267　10450

來瞿唐先生易注十五卷附圖象一卷末一卷（明）來知德撰　清康熙二十九年(1690)光裕堂刻本　八冊

440000－2561－0000268　10451

御纂周易折中二十二卷首一卷　（清）李光地等纂　清同治十一年(1872)江西書局刻本　十二冊

440000－2561－0000269　10452

周易義海撮要十二卷 （宋）李衡撰 清同治十二年(1873)粵東書局刻通志堂經解本 四冊

440000－2561－0000270 10453

晦庵先生朱文公易說二十三卷 （宋）朱熹撰 （宋）朱鑒輯 清同治十二年(1873)粵東書局刻通志堂經解本 八冊

440000－2561－0000271 10454

童溪王先生易傳三十卷 （宋）王宗傳撰 清同治十二年(1873)粵東書局刻通志堂經解本 六冊

440000－2561－0000272 10455

橫渠先生易說三卷 （宋）張載撰 清同治十二年(1873)粵東書局刻通志堂經解本 二冊

440000－2561－0000273 10456

易經如話十二卷 （清）汪紱著 清光緒二十二年(1896)刻本 六冊

440000－2561－0000274 10457

周易注疏十三卷附畧例一卷 （三國魏）王弼注 （唐）陸德明音義 （唐）孔穎達疏 清乾隆四年(1739)武英殿刻十三經注疏本 五冊

440000－2561－0000275 10458

周易傳註七卷 （清）李塨撰 清道光二十三年(1843)養正堂刻本 六冊

440000－2561－0000276 10459

御纂周易折中二十二卷首一卷 （清）李光地等纂 清同治十年(1871)湖北崇文書局刻本 十二冊

440000－2561－0000277 10460

周易集解十七卷 （唐）李鼎祚撰 清同治十二年(1873)敦怡堂刻本 二冊

440000－2561－0000278 10461

周易傳義音訓八卷首一卷末一卷 （宋）程頤傳 （宋）朱熹本義 （宋）呂祖謙音訓 清同治六年(1867)望三益齋刻本 六冊

440000－2561－0000279 10462

易確二十卷首一卷 （清）許桂林撰 清道光十四年(1834)刻本 四冊

440000－2561－0000280 10463

周易附說一卷 （清）羅澤南撰 清咸豐九年(1859)刻本 一冊

440000－2561－0000281 10464

易說十二卷 （清）郝懿行撰 清光緒八年(1882)東路廳署刻郝氏遺書本 四冊

440000－2561－0000282 10465

易經旁訓三卷 （明）李恕撰 （明）鄭汝璧補輯 明萬曆二十五年(1597)金陵吳肖川刻本 四冊

440000－2561－0000283 10466

經言拾遺十四卷 （清）徐文靖輯 清乾隆二十一年(1756)志寧堂刻本 二冊

440000－2561－0000284 10467

易象管參不分卷 （清）洪文龍著 清抄本 六冊

440000－2561－0000285 10468

周易觀象十二卷 （清）李光地注 清刻本 三冊

440000－2561－0000286 10469

周易後傳八卷易互卦圖一卷 （清）朱兆熊著 清嘉慶刻本 三冊

440000－2561－0000287 10470

周易滴露集不分卷 （清）張完臣輯述 清康熙二十八年(1689)刻本 四冊

440000－2561－0000288 10471

易說六卷附三正攷二卷 （清）惠士奇撰 清嘉慶十五年(1810)璜川吳氏真意堂刻本 三冊

440000－2561－0000289 10472

易經程傳八卷 （宋）程頤傳 清同治五年(1866)金陵書局刻本 三冊

440000－2561－0000290 10473

周易指三十八卷易例一卷易圖五卷易斷辭一卷 （清）端木國瑚撰 清刻本 十六冊

440000 – 2561 – 0000291　10474

周易口訣義六卷　（唐）史徵撰　清刻武英殿
聚珍版書本　四冊

440000 – 2561 – 0000292　10475

周易廣義四卷　（清）鄭敷教撰　清乾隆五十
四年(1789)松月樓刻本　六冊

440000 – 2561 – 0000293　10476

伊川易傳四卷　（宋）程頤撰　清刻本　四冊

440000 – 2561 – 0000294　10477

周易洗心十卷　（清）任啟運撰　清光緒八年
(1882)刻本　六冊

440000 – 2561 – 0000295　10478

誠齋易傳二十卷　（宋）楊萬里撰　清乾隆三
十九年(1774)刻武英殿聚珍版書本　六冊

440000 – 2561 – 0000296　10479

御纂周易折中二十二卷首一卷　（清）李光地
等纂　清同治十年(1871)湖北崇文書局刻本
十二冊

440000 – 2561 – 0000297　10480

易圖明辨十卷　（清）胡渭撰　清嘉慶元年
(1796)耆學齋刻本　四冊

440000 – 2561 – 0000298　10481

周易索詁十二卷　（清）倪象占撰　清嘉慶六
年(1801)刻本　六冊

440000 – 2561 – 0000299　10482

易緯八種十二卷　（漢）鄭玄注　清刻武英殿
聚珍版書本　二冊　存六種九卷(乾坤鑿度
一至二、通卦驗一至二、辨終備一、乾鑿度二、
乾元序制記一、是類謀一)

440000 – 2561 – 0000300　10484

禹貢班義述三卷附漢廮水入尚龍谿考一卷
（清）成蓉鏡撰　清光緒十一年(1885)刻本
一冊

440000 – 2561 – 0000301　10485

書經大全十卷　（明）胡廣等纂　明詩瘦閣刻
本　十冊

440000 – 2561 – 0000302　10486

欽定書經傳說彙纂二十一卷首二卷書序一卷
（清）王頊齡等纂　清同治十年(1871)湖北
崇文書局刻本　十二冊

440000 – 2561 – 0000303　10487

禹貢會箋十二卷　（清）徐文靖箋　清同治十
三年(1874)慈谿何氏刻本　四冊

440000 – 2561 – 0000304　10488

尚書古文疏證八卷附朱子古文書疑一卷
（清）閻若璩撰　清乾隆十年(1745)眷西堂刻
本　九冊　存一卷(三)

440000 – 2561 – 0000305　10489

尚書後案三十卷後辨一卷　（清）王鳴盛撰
清乾隆四十五年(1780)禮堂刻本　十二冊

440000 – 2561 – 0000306　10491

書說二卷　（清）郝懿行撰　清光緒八年
(1882)東路廳署刻郝氏遺書本　二冊

440000 – 2561 – 0000307　10492

尚書大傳四卷補遺一卷續補遺一卷考異一卷
（漢）伏勝撰　（漢）鄭玄注　（清）盧見曾
補遺　（清）盧文弨續補　清嘉慶五年(1800)
愛日草廬刻本　一冊

440000 – 2561 – 0000308　10493

禹貢會箋十二卷　（清）徐文靖箋　清乾隆十
八年(1753)志寧堂刻本　三冊

440000 – 2561 – 0000309　10494

楊子書繹六卷　（清）楊文彩撰　清光緒二年
(1876)文起堂刻本　十冊

440000 – 2561 – 0000310　10495

欽定書經圖說五十卷　（清）孫家鼐等纂修
清光緒三十一年(1905)北京大學堂編書局石
印本　十六冊

440000 – 2561 – 0000311　10496

書疑九卷　（宋）王柏撰　清同治八年(1869)
永康胡氏退補齋刻金華叢書本　二冊

440000 – 2561 – 0000312　10497

古文尚書辨八卷　（清）焦循撰　清光緒十八
年(1892)刻本　三冊

440000－2561－0000313　10498

尚書蔡傳六卷首一卷末一卷　(宋)蔡沈集傳
清同治五年(1866)金陵書局刻本　四冊

440000－2561－0000314　10499

尚書注疏十九卷附考證　(漢)孔安國傳
(唐)陸德明音義　(唐)孔穎達疏　清乾隆四
年(1739)武英殿刻十三經注疏本　六冊

440000－2561－0000315　10500

禹貢錐指二十卷圖一卷　(清)胡渭撰　清康
熙四十四年(1705)漱六軒刻本　十四冊　缺
二卷(十九至二十)

440000－2561－0000316　10501

尚書古文疏證八卷附朱子古文書疑一卷
(清)閻若璩撰　清刻本　八冊　存一卷(三)

440000－2561－0000317　10502

尚書沿革表不分卷　(清)戴熙撰　清同治九
年(1870)刻本　一冊

440000－2561－0000318　10503

書傳音釋六卷首一卷末一卷　(宋)蔡沈集傳
(元)鄒季友音釋　清同治五年(1866)望三
益齋刻本　六冊

440000－2561－0000319　10504

章水經流考一卷　(□)□□撰　**相臺書塾刊
正九經三傳沿革例一卷**　(元)岳浚撰　清吳
志忠刻璜川吳氏經學叢書本　一冊

440000－2561－0000320　10505

學詩堂經解二十卷　(清)李宗棠纂輯　清宣
統三年(1911)鉛印本　八冊

440000－2561－0000321　10506

呂氏家塾讀詩記三十二卷　(宋)呂祖謙撰
清嘉慶十六年(1811)谿上聽彝堂刻本　十冊

440000－2561－0000322　10507

毛詩注疏三十卷附考證　(漢)毛亨傳　(漢)
鄭玄箋　(唐)陸德明音義　(唐)孔穎達疏
清乾隆四年(1739)武英殿刻十三經注疏本
十二冊

440000－2561－0000323　10508

詩集傳八卷　(宋)朱熹集傳　清李光明莊刻
本　六冊

440000－2561－0000324　10509

呂氏家塾讀詩記三十二卷　(宋)呂祖謙撰
清嘉慶十六年(1811)谿上聽彝堂刻本　十冊

440000－2561－0000325　10510

鄭氏詩譜考正不分卷　(漢)鄭玄撰　(宋)歐
陽修補　(清)丁晏重編　清光緒九年(1883)
花雨樓刻本　一冊

440000－2561－0000326　10511

詩識名解十五卷　(清)姚炳著　清嘉慶二十
二年(1817)姚氏刻本　四冊

440000－2561－0000327　10512

詩序闡真八卷　(清)楊有慶纂輯　清嘉慶十
一年(1806)譚經草堂刻本　八冊

440000－2561－0000328　10513

詩傳一卷　(春秋)端木賜撰　**詩說一卷**
(漢)申培著　清刻本　二冊

440000－2561－0000329　10514

詩緝三十六卷　(宋)嚴粲述　清嘉慶十五年
(1810)谿上聽彝堂刻本　十二冊

440000－2561－0000330　10515

詩經詮義十二卷末二卷　(清)汪烜纂集　清
道光二十三年(1843)世德堂刻本　十四冊

440000－2561－0000331　10516

毛詩故訓傳三十卷　(漢)毛亨傳　(漢)鄭玄
箋　清同治十一年(1872)刻本　四冊

440000－2561－0000332　10517

詩集傳名物鈔八卷　(元)許謙撰　清世德堂
刻本　四冊

440000－2561－0000333　10518

鄭氏詩譜考正不分卷　(漢)鄭玄撰　(宋)歐
陽修補　(清)丁晏重編　**毛詩草木鳥獸蟲魚
疏二卷**　(三國吳)陸機撰　(清)丁晏校正
清咸豐七年(1857)南河節署刻本　一冊

440000－2561－0000334　10521

詩毛氏傳疏三十卷　(清)陳奐撰　清道光二

十年(1840)吳門南園掃葉山莊刻本　十二冊

440000 – 2561 – 0000335　10522

讀詩質疑三十一卷首十五卷末一卷　（清）嚴虞惇撰　清乾隆九年(1744)繩武堂刻本　十二冊

440000 – 2561 – 0000336　10523

詩緝三十六卷　（宋）嚴粲述　清嘉慶十五年(1810)谿上聽彝堂刻本　十二冊

440000 – 2561 – 0000337　10524

詩經集傳八卷附序辨一卷　（宋）朱熹撰　清同治五年(1866)金陵書局刻本　五冊

440000 – 2561 – 0000338　10525

詩說三卷附錄一卷　（清）惠周惕撰　清道光十年(1830)吳氏刻璜川吳氏經學叢書本　一冊

440000 – 2561 – 0000339　10526

毛詩稽古編三十卷　（清）陳啟源撰　清嘉慶十八年(1813)刻本　五冊

440000 – 2561 – 0000340　10527

欽定詩經傳說彙纂二十一卷首二卷詩序二卷　（清）王鴻緒等纂修　清同治七年(1868)刻本　十六冊

440000 – 2561 – 0000341　10528

毛詩證讀五卷　（清）戚學標撰　清嘉慶十年(1805)刻本　四冊

440000 – 2561 – 0000342　10529

韓詩外傳十卷　（漢）韓嬰著　明刻本　一冊

440000 – 2561 – 0000343　10531

詩經四家異文攷補不分卷　江瀚著　清宣統元年(1909)番禺沈宗畸晨風閣刻晨風閣叢書本　一冊

440000 – 2561 – 0000344　10532

詩攷二卷　（宋）王應麟撰　清抄本　二冊

440000 – 2561 – 0000345　10533

詩古微十五卷首一卷　（清）魏源撰　清光緒十三年(1887)梁谿浦氏刻本　八冊

440000 – 2561 – 0000346　10534

宋葉文康公禮經會元四卷　（宋）葉時撰（清）許元淮輯　清乾隆五十年(1785)桐柏山房刻本　四冊

440000 – 2561 – 0000347　10535

求古錄禮說十六卷補遺一卷　（清）金鶚撰　清光緒二年(1876)刻本　十冊

440000 – 2561 – 0000348　10536

明堂大道錄八卷附禘說二卷　（清）惠棟撰　清乾隆鎮洋畢氏刻經訓堂叢書本　八冊

440000 – 2561 – 0000349　10537

三禮通釋二百八十卷首一卷目錄四卷　（清）林昌彝撰　清同治三年(1864)廣州刻本　四十八冊

440000 – 2561 – 0000350　10538

五禮通考二百六十二卷　（清）秦蕙田編輯　清光緒六年(1880)江蘇書局刻本　一百二十冊

440000 – 2561 – 0000351　10540

禮書一百五十卷　（宋）陳祥道撰　清嘉慶九年(1804)郭氏校經堂刻本　二十四冊

440000 – 2561 – 0000352　10541

讀禮通考一百二十卷　（清）徐乾學撰　清光緒七年(1881)江蘇書局刻本　三十二冊

440000 – 2561 – 0000353　10542

讀禮通考一百二十卷　（清）徐乾學撰　清光緒七年(1881)江蘇書局刻本　四十冊

440000 – 2561 – 0000354　10543

禮書通故五十卷　（清）黃以周撰　清光緒十九年(1893)黃氏試館刻本　三十二冊

440000 – 2561 – 0000355　10544

禮說十四卷　（清）惠士奇撰　清蘭陔書屋刻本　七冊

440000 – 2561 – 0000356　10545

讀禮叢鈔十六卷　（清）李輔燿輯　清光緒十七年(1891)湘西李氏鞠園懷翼草廬刻本　六冊

440000－2561－0000357　10546
宋葉文康公禮經會元節本四卷　（宋）葉時撰
　（清）陸隴其評點　清刻本　三冊　存三卷
（二至四）

440000－2561－0000358　10547
周禮政要二卷　（清）孫詒讓撰　清光緒二十
八年(1902)瑞安普通學堂刻本　二冊

440000－2561－0000359　10548
周禮注疏四十二卷附考證　（漢）鄭玄注
（唐）陸德明音義　（唐）賈公彥疏　清乾隆四
年(1739)武英殿刻十三經注疏本　十四冊

440000－2561－0000360　10549
周官精義十二卷　（清）連斗山輯　清乾隆四
十年(1775)刻本　六冊

440000－2561－0000361　10550
周禮述註二十四卷　（清）李光坡撰　清光緒
三年(1877)刻本　六冊

440000－2561－0000362　10551
周禮輯義十二卷　（清）姜兆錫撰　清雍正九
年(1731)刻本　六冊

440000－2561－0000363　10552
周禮正義八十六卷　（清）孫詒讓撰　清光緒
三十一年(1905)鉛印本　二十八冊

440000－2561－0000364　10554
周官集注十二卷　（清）方苞撰　清抗希堂刻
本　六冊

440000－2561－0000365　10555
周官辨不分卷　（清）方苞撰　清乾隆七年
(1742)刻本　一冊

440000－2561－0000366　10556
周官析疑三十六卷考工記析疑四卷　（清）方
苞撰　清乾隆八年(1743)抗希堂刻本　六冊

440000－2561－0000367　10557
欽定周官義疏四十八卷　（清）鄂爾泰等纂修
　清同治十年(1871)湖北崇文書局刻本　二
十八冊

440000－2561－0000368　10558

440000－2561－0000368　10558
周禮漢讀考六卷儀禮漢讀考一卷　（清）段玉
裁撰　清嘉慶元年(1796)刻本　八冊

440000－2561－0000369　10559
喪禮或問不分卷　（清）方苞撰　清雍正四年
(1726)刻本　一冊

440000－2561－0000370　10560
儀禮鄭注十七卷　（漢）鄭玄注　清道光十四
年(1834)立本齋刻本　四冊

440000－2561－0000371　10561
儀禮析疑十七卷　（清）方苞撰　清乾隆十一
年(1746)刻本　四冊

440000－2561－0000372　10562
儀禮釋官一卷　（宋）李如圭撰　清刻武英殿
聚珍版書本　一冊

440000－2561－0000373　10563
儀禮述註十九卷　（清）李光坡述注　清康熙
六十年(1721)清白堂刻本　六冊

440000－2561－0000374　10564
儀禮釋宮一卷　（宋）李如圭撰　清嘉慶十五
年(1810)海虞張氏刻墨海金壺本　一冊

440000－2561－0000375　10567
儀禮注疏十七卷附考證　（漢）鄭玄注　（唐）
陸德明音義　（唐）賈公彥疏　清乾隆四年
(1739)武英殿刻十三經注疏本　十冊

440000－2561－0000376　10568
欽定儀禮義疏四十八卷首二卷　（清）朱軾等
纂　清同治十年(1871)湖北崇文書局刻本
三十二冊

440000－2561－0000377　10569
續禮記集說一百卷　（清）杭世駿撰　清光緒
二十一年(1895)浙江書局刻本　四十冊

440000－2561－0000378　10570
禮記集說一百六十卷　（宋）衛湜撰　清通志
堂刻本　四十冊

440000－2561－0000379　10571
鄭氏禮記箋四十九卷　（清）郝懿行撰　清光
緒八年(1882)東路廳署刻郝氏遺書本　十冊

440000－2561－0000380　10572

禮記要義三十三卷　（宋）魏了翁撰　清光緒八年(1882)東路廳署刻郝氏遺書本　十冊

440000－2561－0000381　10573

蔡氏月令二卷　（漢）蔡邕撰　（清）蔡雲輯　清道光四年(1824)吳學圃局刻本　四冊

440000－2561－0000382　10574

禮記訓義擇言八卷　（清）江永撰　清嘉慶十五年(1810)海虞張氏刻墨海金壺本　六冊

440000－2561－0000383　10575

欽定禮記義疏八十二卷首一卷　（清）鄂爾泰等撰　清同治十年(1871)湖北崇文書局刻本　四十八冊

440000－2561－0000384　10576

禮記注疏六十三卷附考證　（漢）鄭玄注　（唐）陸德明音義　（唐）孔穎達疏　清乾隆四年(1739)武英殿刻十三經注疏本　二十冊

440000－2561－0000385　10577

檀弓論文二卷　（清）孫濩孫評訂　清康熙六十一年(1722)天心閣刻本　二冊

440000－2561－0000386　10578

大學說一卷　（清）惠士奇撰　清嘉慶蘭陔書屋刻本　一冊

440000－2561－0000387　10579

禮記集說十卷　（元）陳澔撰　清同治五年(1866)金陵書局刻本　十冊

440000－2561－0000388　10580

欽定禮記義疏八十二卷首一卷　（清）鄂爾泰等撰　清刻本　二十三冊　存四十一卷(四十二至八十二)

440000－2561－0000389　10582

大戴禮記十三卷　（漢）戴德撰　（北周）盧辯注　清刻本　一冊

440000－2561－0000390　10583

文公家禮儀節八卷　（宋）朱熹撰　（明）楊慎輯　清刻本　四冊

440000－2561－0000391　10584

大戴禮記補注十三卷　（清）孔廣森撰　清同治十三年(1874)淮南書局刻本　四冊

440000－2561－0000392　10585

大戴禮記十三卷　（漢）戴德撰　（北周）盧辯注　清乾隆三十九年(1774)刻武英殿聚珍版書本　二冊

440000－2561－0000393　10586

樂律考二卷　（清）徐灝撰　清光緒十三年(1887)刻本　一冊

440000－2561－0000394　10587

樂經律呂通解五卷　（清）汪烜撰　清光緒九年(1883)紫陽書院刻本　五冊

440000－2561－0000395　10588

欽定春秋傳說彙纂三十八卷首二卷　（清）王掞等撰　清康熙六十年(1721)刻本　二十四冊

440000－2561－0000396　10589

春秋比事參義十六卷　（清）桂含章輯　清光緒八年(1882)石埭桂氏務本堂金陵刻本　十六冊

440000－2561－0000397　10590

春秋集古傳註二十六卷春秋或問六卷　（清）郜坦撰　清刻本　八冊

440000－2561－0000398　10591

春秋私考三十六卷　（明）季本考義　明嘉靖刻本　十二冊

440000－2561－0000399　10592

春秋闡旨二卷　（清）蔡遜元撰　清乾隆五十六年(1791)刻本　六冊

440000－2561－0000400　10593

公羊傳十二卷穀梁傳十二卷　（明）鍾惺評　明崇禎九年(1636)陶珽刻本　六冊

440000－2561－0000401　10594

春秋傳三十卷　（宋）胡安國撰　清乾隆刻武英殿聚珍版書本　五冊

440000－2561－0000402　10595

半農先生春秋說十五卷　（清）惠士奇撰　清

刻本　七冊　存十三卷(三至十五)

440000－2561－0000403　10596

春秋四傳不分卷　(□)□□□輯　清初石丈公抄本　八冊

440000－2561－0000404　10597

春秋疑義二卷附道德真經集注釋文一卷(清)華學泉撰　清嘉慶十九年(1814)璜川吳氏真意堂刻本　二冊

440000－2561－0000405　10598

春秋新義十三卷表一卷　(清)朱兆熊撰　清刻本　三冊

440000－2561－0000406　10599

春秋比事參義十六卷　(清)桂含章輯　清光緒八年(1882)石埭桂氏務本堂金陵刻本　十六冊

440000－2561－0000407　10600

春秋三傳辨疑二十卷　(元)程端學撰　清沈氏鳴野山房抄本　十九冊

440000－2561－0000408　10601

春秋四傳三十八卷　(□)□□撰　明嘉靖吉澄刻樊獻科重修本　六十四冊

440000－2561－0000409　10602

春秋三傳十六卷首一卷　(清)萬青銓輯　清江右潯陽萬氏蓮峰書屋刻本　二十冊

440000－2561－0000410　10603

春秋說十二卷　(清)郭畏齋著　(清)李道融集解　清咸豐四年(1854)彊恕堂刻本　十冊

440000－2561－0000411　10604

春秋直解十二卷春秋比事目錄四卷離騷正義一卷史記注補正一卷　(清)方苞撰　清乾隆九年(1744)抗希堂刻本　八冊

440000－2561－0000412　10605

春秋經傳集解三十卷　(晉)杜預注　**春秋名號歸一圖二卷**　(五代)馮繼先撰　**春秋年表一卷**　清光緒三年(1877)永康胡氏退補齋刻本　十二冊

440000－2561－0000413　10606

春秋集義五十八卷首一卷末二卷　(清)吳鳳來編　清乾隆五十四年(1789)小草廬刻本二十冊

440000－2561－0000414　10607

春秋屬辭辨例編六十卷首二卷　(清)張應昌撰　清同治十二年(1873)江蘇書局刻本　三十二冊

440000－2561－0000415　10608

左傳經世鈔二十三卷　(明)魏禧評點　清乾隆十三年(1748)刻本　十六冊

440000－2561－0000416　10609

春秋穀梁傳十二卷　(晉)范甯集解　清光緒九年(1883)遵義黎氏日本東京使署刻古逸叢書本　二冊

440000－2561－0000417　10610

春秋左氏古經十二卷　(清)段玉裁撰　清道光元年(1821)經韻樓刻本　四冊

440000－2561－0000418　10611

春秋左傳杜注三十卷首一卷　(清)姚培謙輯　(清)龐佑清補訂　清道光七年(1827)洪都漱經樓刻本　三十冊

440000－2561－0000419　10612

左傳統箋三十五卷　(清)姜希轍撰　清康熙元年(1662)刻本　八冊

440000－2561－0000420　10613

春秋繁露十七卷　(漢)董仲舒撰　清乾隆五十五年(1790)盧氏抱經堂刻本　八冊

440000－2561－0000421　10614

左傳事緯十二卷前書八卷　(清)馬驌撰　清刻本　十冊

440000－2561－0000422　10615

春秋左傳注疏六十卷附釋音附校勘記六十卷　(晉)杜預注　(唐)陸德明音義　(唐)孔穎達疏　(清)阮元校勘　清嘉慶二十年(1815)南昌府學刻同治十二年(1873)江西書局重修本　三十二冊

440000－2561－0000423　10616

春秋大事表五十卷春秋輿圖一卷 (清)顧棟高撰 清同治十二年(1873)刻本 二十冊

440000－2561－0000424 10617

春秋左傳注疏六十卷 (晉)杜預注 (唐)孔穎達疏 清乾隆四年(1739)武英殿刻十三經注疏本 二十四冊

440000－2561－0000425 10618

左傳杜解補正三卷 (清)顧炎武撰 清道光十年(1830)吳氏刻璜川吳氏經學叢書本 二冊

440000－2561－0000426 10619

春秋左傳杜注三十卷首一卷 (清)姚培謙輯 清同治五年(1866)金陵書局刻本 十冊

440000－2561－0000427 10620

欽定春秋傳說彙纂三十八卷首二卷 (清)王掞等撰 清同治九年(1870)浙江楊昌濬刻本 二十冊

440000－2561－0000428 10621

春秋公羊傳十一卷 (漢)何休注 (唐)陸德明音義 清光緒三年(1877)永康胡氏退補齋刻本 四冊

440000－2561－0000429 10622

春秋公羊傳注疏二十八卷附考證 (漢)何休注 (唐)陸德明音義 清乾隆四年(1739)武英殿刻十三經注疏本 八冊

440000－2561－0000430 10623

春秋繁露十七卷 (漢)董仲舒撰 清光緒二年(1876)浙江書局刻本 二冊

440000－2561－0000431 10624

左通補釋三十二卷 (清)梁履繩著 清道光九年(1829)錢唐汪氏振綺堂刻光緒元年(1875)補刻本 十二冊

440000－2561－0000432 10627

春秋穀梁經傳補注二十四卷首一卷末一卷 (清)鍾文烝撰 清光緒二年(1876)嘉善鍾氏信美室刻本 八冊

440000－2561－0000433 10628

春秋穀梁注疏二十卷附考證 (晉)范甯集解 (唐)陸德明音義 (唐)楊士勛疏 清乾隆四年(1739)武英殿刻十三經注疏本 六冊

440000－2561－0000434 10629

半農先生春秋說十五卷 (清)惠士奇撰 清道光三年(1823)吳氏刻璜川吳氏經學叢書本 八冊

440000－2561－0000435 10630

四書朱子本義匯參四十三卷首四卷 (清)王步青輯 清乾隆十年(1745)敦復堂刻本 三十冊

440000－2561－0000436 10631

四書大全四十卷 (清)汪份輯 清康熙遄喜齋刻本 二十冊

440000－2561－0000437 10632

四書集編二十六卷 (宋)真德秀撰 清同治十二年(1873)粵東書局刻通志堂經解本 五冊

440000－2561－0000438 10633

孟子趙氏注十四卷音義二卷 (漢)趙岐注 (宋)孫奭音義 清乾隆三十七年(1772)刻本 四冊

440000－2561－0000439 10634

論語注疏二十卷附考證 (三國魏)何晏集解 (唐)陸德明音義 (宋)邢昺疏 清乾隆四年(1739)武英殿刻十三經注疏本 四冊

440000－2561－0000440 10635

四書諸儒輯要四十卷 (清)李沛霖參訂 清康熙五十七年(1718)龍文堂刻本 二十八冊

440000－2561－0000441 10636

四書說約三十三卷 (明)鹿善繼撰 清道光二十八年(1848)刻本 四冊

440000－2561－0000442 10637

四書通旨六卷 (元)朱公遷撰 清同治七年(1868)敏樹堂刻本 六冊

440000－2561－0000443 10638

四書考異七十二卷 (清)翟灝撰 清乾隆三

十四年(1769)無不宜齋刻本　十冊

440000－2561－0000444　10639

四書偶談內編一卷外編一卷　(清)戚學標輯
　清乾隆五十四年(1789)刻本　二冊

440000－2561－0000445　10640

覆宋淳祐本四書二十六卷　(宋)朱熹集注
清壽春孫氏小墨妙亭刻本　十四冊

440000－2561－0000446　10641

四書古注群義彙解九種　(清)□□輯　清光
緒十六年(1890)珍藝書局鉛印本　六冊　存
三種

440000－2561－0000447　10642

新刊舉業精義四書蒙引十五卷　(明)蔡清撰
　王孚齋先生翻閱四書蒙引別錄一卷　(明)
莊煦輯　明萬曆十四年(1586)刻本　二十八
冊

440000－2561－0000448　10643

四書集註十九卷　(宋)朱熹撰　清同治五年
(1866)金陵書局刻本　六冊

440000－2561－0000449　10644

四書集註十九卷附四書辯字一卷　(宋)朱熹
撰　清光緒三年(1877)永康胡氏退補齋刻本
　四冊　缺四卷(孟子四至七)

440000－2561－0000450　10645

四書約旨十九卷　(清)任啟運撰　清光緒二
十年(1894)刻本　十二冊

440000－2561－0000451　10646

西村集解不分卷　(清)來維庸撰　清乾隆十
一年(1746)稿本　二十冊

440000－2561－0000452　10647

讀孟子劄記二卷　(清)羅澤南撰　清咸豐九
年(1859)長沙刻本　一冊

440000－2561－0000453　10649

孟子論文七卷　(清)牛運震編　清空山堂刻
本　二冊

440000－2561－0000454　10650

孝經注疏九卷附考證　(唐)玄宗李隆基注
(唐)陸德明音義　(宋)邢昺校　清乾隆四年
(1739)武英殿刻十三經注疏本　一冊

440000－2561－0000455　10651

孝經註解一卷　(明)胡時化撰　明刻本　一
冊

440000－2561－0000456　10653

倉頡篇校證三卷補遺一卷　(清)梁章鉅撰
清光緒五年(1879)刻本　二冊

440000－2561－0000457　10655

爾雅正義二十卷　(清)邵晉涵撰　**爾雅釋文
三卷**　(唐)陸德明釋文　清乾隆五十三年
(1788)餘姚邵氏家塾刻本　八冊

440000－2561－0000458　10656

爾雅注疏十一卷附考證　(晉)郭璞注　(唐)
陸德明音義　(宋)邢昺疏　清乾隆四年
(1739)刻武英殿聚珍版書本　十冊

440000－2561－0000459　10657

爾雅正郭三卷　(清)潘衍桐撰　清光緒十七
年(1891)刻本　一冊

440000－2561－0000460　10658

爾雅古注斠三卷附蘭如詩鈔一卷　(清)葉蕙
心撰　清光緒二年(1876)李氏半畝園刻本
二冊

440000－2561－0000461　10659

爾雅義疏二十卷　(清)郝懿行撰　清同治四
年(1865)刻郝氏遺書本　八冊

440000－2561－0000462　10660

爾雅二卷　(晉)郭璞注　清乾隆十年(1745)
汲古閣刻本　一冊

440000－2561－0000463　10661

爾雅古義十二卷　(清)黃奭輯　清道光二十
八年(1848)刻本　十六冊

440000－2561－0000464　10662

學古堂日記　(清)雷浚　(清)汪之昌輯　清
光緒十六年(1890)刻本　三冊　存三種

440000－2561－0000465　10663

爾雅補郭二卷 （清）翟灝撰 清光緒九年（1883）卷施籨刻本 一冊

440000－2561－0000466 10664

選雅二十卷 （清）程先甲撰 清光緒二十八年（1902）千一齋刻千一齋叢書本 八冊

440000－2561－0000467 10665

拾雅注二十卷 （清）夏味堂撰 （清）夏紀堂注 清道光二年（1822）高郵夏氏遂園刻本 十冊

440000－2561－0000468 10666

駢雅七卷 （明）朱謀㙔撰 清刻本 八冊

440000－2561－0000469 10667

博雅十卷 （三國魏）張揖纂輯 （隋）曹憲音解 清刻本 四冊

440000－2561－0000470 10668

小爾雅一卷 （清）朱駿聲約注 清刻本 一冊

440000－2561－0000471 10669

廣雅疏證十卷 （清）王念孫撰 博雅音十卷 （隋）曹憲撰 清嘉慶元年（1796）王氏刻本 六冊

440000－2561－0000472 10670

小爾雅訓纂六卷 （清）宋翔鳳撰 清光緒十六年（1890）廣雅書局刻本 一冊

440000－2561－0000473 10671

釋名疏證八卷 （清）劉熙撰 （清）畢沅疏證 清乾隆五十四年（1789）靈巖山館刻本 一冊

440000－2561－0000474 10673

輶軒使者絕代語釋別國方言十三卷 （漢）揚雄撰 （晉）郭璞注 清乾隆四十四年（1779）刻武英殿聚珍版書本 二冊

440000－2561－0000475 10674

新方言十一卷附嶺外三州語一卷 章炳麟撰 清鉛印本 一冊

440000－2561－0000476 10675

字詁一卷附錄一卷義府二卷 （清）黃生撰

清光緒三年（1877）黃氏刻本 四冊

440000－2561－0000477 10676

北溪先生字義二卷 （宋）陳淳撰 （宋）王雋編 清康熙五十三年（1714）賜書樓刻本 一冊

440000－2561－0000478 10677

金壺字考一集十九卷二集二十一卷補錄一卷補註一卷 （清）釋適之原編 （清）田朝恒增訂 清乾隆二十七年（1762）貽安堂刻本 四冊

440000－2561－0000479 10679

匡謬正俗八卷 （唐）顏師古撰 清乾隆二十一年（1756）德州盧氏刻雅雨堂叢書本 二冊

440000－2561－0000480 10680

字詁一卷附錄一卷義府二卷 （清）黃生撰 清光緒三年（1877）歙西黃氏刻本 四冊

440000－2561－0000481 10681

清文啟蒙四卷 （清）舞格撰 清雍正八年（1730）錢塘程明遠刻本 四冊

440000－2561－0000482 10682

六書分類十二卷首一卷 （清）傅世垚輯 清康熙四十四年（1705）寶仁堂刻本 十四冊

440000－2561－0000483 10683

說文分韻易知錄十卷 （清）許巽行撰 清刻本 八冊

440000－2561－0000484 10684

說文答問疏證六卷 （清）錢大昕撰 （清）薛傳均撰 清刻本 二冊

440000－2561－0000485 10685

說文審音十六卷 （清）張行孚撰 清芳郭里通隱堂刻本 四冊

440000－2561－0000486 10686

唐寫本說文解字木部箋異不分卷 （清）莫友芝撰 清同治三年（1864）刻本 二冊

440000－2561－0000487 10687

說文辨字正俗八卷 （清）李富孫撰 清嘉慶二十一年（1816）刻本 四冊

440000－2561－0000488　10688

說文引經攷證八卷　（清）陳瑑撰　清同治十三年(1874)湖北崇文書局刻本　四冊

440000－2561－0000489　10689

說文通檢十四卷首一卷末一卷　（清）黎永椿編　清光緒二年(1876)湖北崇文書局刻本　二冊

440000－2561－0000490　10690

說文解字韻譜十卷　（南唐）徐鍇撰　（清）馮桂芬校訂　清同治三年(1864)刻本　二冊

440000－2561－0000491　10691

說文解字韻譜十卷　（南唐）徐鍇撰　（清）馮桂芬校訂　清同治三年(1864)刻本　二冊

440000－2561－0000492　10692

說文解字通釋四十卷　（南唐）徐鍇撰　**校勘記三卷**　（清）承培元等撰　清道光十九年(1839)刻本　八冊

440000－2561－0000493　10693

唐寫本說文解字木部箋異不分卷　（清）莫友芝撰　清同治三年(1864)刻本　一冊

440000－2561－0000494　10697

說文解字注三十卷附六書音均表二卷　（清）段玉裁撰　清嘉慶二十年(1815)經韻樓刻本　十五冊

440000－2561－0000495　10698

說文管見三卷　（清）胡秉虔撰　清光緒七年(1881)申江望益山房書局刻本　一冊

440000－2561－0000496　10699

說文聲類二卷　（清）嚴可均撰　清嘉慶七年(1802)刻本　二冊

440000－2561－0000497　10700

文字蒙求四卷　（清）王筠撰　清光緒十三年(1887)梁谿浦氏刻本　一冊

440000－2561－0000498　10701

說文句讀三十卷　（清）王筠撰　清光緒八年(1882)四川尊經書局刻本　十六冊

440000－2561－0000499　10702

440000－2561－0000499　10705 説文解字義證五十卷　（清）桂馥撰　清同治九年(1870)湖北崇文書局刻本　十六冊　存二十九卷(二十二至五十)

說文解字義證五十卷　（清）桂馥撰　清同治九年(1870)湖北崇文書局刻本　十六冊　存二十九卷(二十二至五十)

440000－2561－0000500　10705

雷刻四種二十一卷　（清）雷浚輯　清光緒十年(1884)雷氏刻本　六冊

440000－2561－0000501　10706

漢學諧聲二十四卷　（清）戚學標撰　清嘉慶八年(1803)刻本　八冊

440000－2561－0000502　10707

說文解字十五卷　（漢）許慎撰　（南唐）徐鉉校　清嘉慶十二年(1807)藤花榭刻本　四冊

440000－2561－0000503　10708

說文解字十五卷　（漢）許慎撰　明末虞山毛氏汲古閣刻本　二十冊

440000－2561－0000504　10709

說文解字通釋四十卷　（南唐）徐鍇撰　**校勘記三卷**　（清）承培元等撰　清道光十九年(1839)刻本　八冊

440000－2561－0000505　10710

說文校議十五卷　（清）姚文田　（清）嚴可均撰　清同治十三年(1874)歸安姚氏刻本　五冊

440000－2561－0000506　10711

說文解字斠詮十四卷　（清）錢坫撰　清嘉慶十二年(1807)吉金樂石齋刻本　七冊

440000－2561－0000507　10712

說文外編十五卷補遺一卷　（清）雷浚撰　清光緒二年(1876)刻本　二冊

440000－2561－0000508　10713

說文答問疏證六卷　（清）薛傳均撰　**說文經字攷一卷**　（清）陳壽祺撰　清光緒十年(1884)鄞縣郭傳璞刻金峨山館叢書本　一冊

440000－2561－0000509　10714

說文統釋自序一卷　（清）錢大昭撰　**音同義異辨一卷**　（清）畢沅撰　清光緒八年(1882)鄞縣郭傳璞刻金峨山館叢書本　一冊

440000－2561－0000510　10715

說文統釋自序一卷　（清）王紹蘭撰　清光緒
十四年(1888)刻本　八冊

440000－2561－0000511　10716

段氏說文注訂八卷　（清）鈕樹玉撰　清道光
四年(1824)刻本　三冊

440000－2561－0000512　10717

說文新附考六卷續考一卷　（清）鈕樹玉撰
清嘉慶六年(1801)非石居刻本　二冊

440000－2561－0000513　10718

說文字原攷略二卷　（清）吳照輯　清刻本
二冊

440000－2561－0000514　10719

說文解字注三十卷附六書音韵表二卷　（清）
段玉裁撰　清同治六年(1867)蘇州保息局刻
本　十六冊

440000－2561－0000515　10720

說文解字注三十卷附六書音韵表二卷　（清）
段玉裁撰　清光緒十四年(1888)上海蜚英館
石印本　十六冊

440000－2561－0000516　10721

說文解字注匡謬八卷　（清）徐承慶撰　清光
緒十四年(1888)上海蜚英館石印本　一冊

440000－2561－0000517　10722

說文通訓定聲十八卷分部柬韻一卷說雅一卷
古今韻準一卷　（清）朱駿聲撰　清道光二十
八年(1848)刻本　三十冊

440000－2561－0000518　10723

說文解字義證五十卷　（清）桂馥撰　清同治
九年(1870)湖北崇文書局刻本　三十二冊

440000－2561－0000519　10724

說文通訓定聲十八卷分部柬韻一卷說雅一卷
古今韻準一卷　（清）朱駿聲撰　清光緒十三
年(1887)上海積山書局石印本　八冊

440000－2561－0000520　10725

說文聲母歌括四卷　（清）宣澍甘編　清末抄
本　四冊

440000－2561－0000521　10726

說文解字校錄九卷　（漢）許慎撰　（清）鈕樹
玉校錄　清光緒十一年(1885)江蘇書局刻本
八冊

440000－2561－0000522　10727

說文通訓定聲十八卷分部柬韻一卷說雅一卷
古今韻準一卷　（清）朱駿聲撰　清同治九年
(1870)臨嘯閣刻本　二十四冊

440000－2561－0000523　10728

字林經策萃華八卷　（清）墨莊氏撰　清同治
元年(1862)刻本　八冊

440000－2561－0000524　10729

字典考證十二卷　（清）王引之等輯錄　清光
緒二年(1876)湖北崇文書局刻本　四冊　存
七卷(子、丑、寅、卯、未、申、酉)

440000－2561－0000525　10730

同文千字文二卷　（明）汪以成撰　清經義齋
刻本　四冊

440000－2561－0000526　10731

班馬字類五卷附補遺　（宋）婁機撰　（宋）李
曾伯補遺　清道光二十九年(1849)別下齋刻
本　五冊

440000－2561－0000527　10732

大廣益會玉篇三十卷　（南朝梁）顧野王撰
（唐）孫強增字　（宋）陳彭年等重修　清康熙
四十三年(1704)張氏刻澤存堂五種本　三冊

440000－2561－0000528　10734

汗簡七卷　（宋）郭忠恕撰　清康熙四十二年
(1703)汪立名一隅草堂刻本　一冊

440000－2561－0000529　10735

汗簡箋正八卷　（宋）郭忠恕撰　（清）鄭珍箋
正　清光緒十五年(1889)廣雅書局刻本　四
冊

440000－2561－0000530　10737

隸辨八卷　（清）顧藹吉撰　清康熙五十七年
(1718)項氏玉淵堂刻本　四冊

440000－2561－0000531　10738

鐘鼎字源五卷　（清）汪立名撰　清光緒二年

(1876)洞庭秦氏麟慶堂刻本　四冊

440000 – 2561 – 0000532　10739

六書通十卷　(明)閔齊伋撰　(清)畢宏述篆訂　清光緒四年(1878)繡谷留耕堂刻本　五冊

440000 – 2561 – 0000533　10740

六書通十卷　(明)閔齊伋撰　(清)畢宏述篆訂　清康熙五十九年(1720)刻本　五冊

440000 – 2561 – 0000534　10741

佩觿三卷　(宋)郭忠恕撰　清康熙四十九年(1710)張氏澤存堂刻本　一冊

440000 – 2561 – 0000535　10742

字鑑五卷　(元)李文仲編　清康熙四十八年(1709)張氏澤存堂刻本　一冊

440000 – 2561 – 0000536　10743

六書正譌五卷　(元)周伯琦編注　清同治五年(1866)惜古齋刻本　五冊

440000 – 2561 – 0000537　10744

隸篇十五卷　(清)翟雲升撰　清道光十八年(1838)刻本　十冊

440000 – 2561 – 0000538　10745

隸辨八卷　(清)顧藹吉撰　清康熙五十七年(1718)玉淵堂刻本　十六冊

440000 – 2561 – 0000539　10746

歷代鐘鼎彝器款識法帖二十卷　(宋)薛尚功輯　清嘉慶二年(1797)阮氏小琅嬛仙館刻本　二冊

440000 – 2561 – 0000540　10747

童蒙記誦編二卷　(清)周保璋編　清光緒二十三年(1897)嘉定高漱芳齋刻本　二冊

440000 – 2561 – 0000541　10748

小學纂注六卷朱子年譜不分卷　(清)高愈纂注　清同治十一年(1872)浙江書局刻本　二冊

440000 – 2561 – 0000542　10749

十三經集字摹本不分卷　(清)彭玉雯撰　清道光二十九年(1849)刻本　八冊

440000 – 2561 – 0000543　10750

詩韻析五卷首一卷末一卷　(清)汪烜撰　清光緒九年(1883)紫陽書院刻本　四冊

440000 – 2561 – 0000544　10751

問奇一覽二卷　(清)李書雲輯　清香芸閣刻本　二冊

440000 – 2561 – 0000545　10752

洪武正韻十六卷　(明)宋濂撰　明洪武八年(1375)劉以節刻本　五冊

440000 – 2561 – 0000546　10755

韻學驪珠二卷　(清)沈乘麐輯　清光緒七年(1881)黃雲堦抄本　六冊

440000 – 2561 – 0000547　10757

韻微十六卷　(清)安吉纂輯　清道光十八年(1838)刻本　四冊

440000 – 2561 – 0000548　10758

古韻溯原八卷　(清)安念祖　(清)華湛恩輯　清道光十九年(1839)親仁堂刻本　四冊

440000 – 2561 – 0000549　10759

佩文詩韻釋要五卷　(清)周兆基撰　(清)朱蘭重輯　清光緒元年(1875)湖北崇文書局刻本　一冊

440000 – 2561 – 0000550　10760

古今韻略五卷例言一卷　(清)邵長蘅撰　清康熙三十五年(1696)商丘宋氏刻本　五冊

440000 – 2561 – 0000551　10761

大宋重修廣韻五卷　(宋)陳彭年等重修　(清)張士俊校　清康熙四十三年(1704)張氏刻澤存堂五種本　五冊

440000 – 2561 – 0000552　10762

大廣益會玉篇三十卷　(南朝梁)顧野王撰　(唐)孫強增字　(宋)陳彭年等重修　清康熙四十三年(1704)張氏刻澤存堂五種本　三冊

440000 – 2561 – 0000553　10763

小學韻語不分卷　(清)羅澤南撰　清咸豐六年(1856)刻本　一冊

440000 – 2561 – 0000554　10765

大宋重修廣韻五卷　（宋）陳彭年等重修　（清）張士俊校　清康熙四十三年(1704)張氏刻澤存堂五種本　五冊

440000 – 2561 – 0000555　10767

廣韻五卷　（宋）陳彭年等修　**音論一卷**　（清）顧炎武撰　清康熙六年(1667)符山堂刻本　六冊

440000 – 2561 – 0000556　10768

切韻考六卷　（清）陳澧撰　清道光二十二年(1842)刻本　二冊

440000 – 2561 – 0000557　10769

六書音均表五卷　（清）段玉裁撰　清乾隆三十五年(1770)經韻樓刻本　二冊

440000 – 2561 – 0000558　10772

經義莛撞四卷讀經瑣記一卷　易順鼎撰　清光緒十年(1884)刻本　一冊

440000 – 2561 – 0000559　10774

新學偽經考十四卷　康有爲撰　清光緒十七年(1891)萬木草堂刻本　六冊

440000 – 2561 – 0000560　10776

誠齋易傳二十卷　（宋）楊萬里撰　清刻武英殿聚珍版書本　六冊

440000 – 2561 – 0000561　10777

誠齋易傳二十卷　（宋）楊萬里撰　清刻武英殿聚珍版書本　五冊

440000 – 2561 – 0000562　10778

誠齋易傳二十卷　（宋）楊萬里撰　清刻本　五冊

440000 – 2561 – 0000563　10780

易緯八種十二卷　（漢）鄭玄注　清刻本　二冊

440000 – 2561 – 0000564　10781

易緯八種十二卷　（漢）鄭玄注　清同治十二年(1873)粵東書局刻古經解彙函本　一冊

440000 – 2561 – 0000565　10786

尚書古文疏證八卷　（清）閻若璩撰　清刻本　三冊　存二卷(五至六)

440000 – 2561 – 0000566　10787

毛詩傳箋二十卷附鄭氏詩譜一卷音義三卷　（漢）鄭玄箋　（唐）陸德明音義　清江南書局刻本　六冊

440000 – 2561 – 0000567　10788

毛詩識小三十卷　（清）林伯桐撰　清刻本　一冊

440000 – 2561 – 0000568　10789

毛詩通攷三十卷　（清）林伯桐撰　清刻本　一冊

440000 – 2561 – 0000569　10790

毛詩稽古編三十卷　（清）陳啟源撰　清光緒九年(1883)上海同文書局石印本　八冊

440000 – 2561 – 0000570　10798

春秋名號歸一圖二卷　（三國蜀）馮繼先撰　清抄本　一冊

440000 – 2561 – 0000571　10806

說文句讀三十卷　（清）王筠撰　清同治四年(1865)刻本　十五冊

440000 – 2561 – 0000572　10809

爾雅義疏二十卷　（清）郝懿行撰　清光緒十四年(1888)上海鴻文書局石印本　四冊

440000 – 2561 – 0000573　10813

虛字闡義三卷　（清）謝鼎卿撰　清光緒元年(1875)善成堂刻本　一冊

440000 – 2561 – 0000574　10822

說文解字義證五十卷　（清）桂馥撰　清同治九年(1870)湖北崇文書局刻本　三十二冊

440000 – 2561 – 0000575　10828

說文通訓定聲十八卷分部柬韻一卷說雅一卷古今韻準一卷　（清）朱駿聲撰　清道光二十八年(1848)刻本　三十冊

440000 – 2561 – 0000576　10849

佩文詩韻釋要五卷　（清）周兆基撰　（清）朱蘭重輯　（清）陸潤庠校　清宣統三年(1911)商務印書館石印本　一冊

440000 – 2561 – 0000577　10856

復古編二卷附録一卷 （宋）張有撰 **曾樂軒稿一卷** （宋）張維撰 **安陸集一卷** （宋）張先撰 清乾隆四十六年(1781)刻本 三冊

440000－2561－0000578 10859

國朝諸老先生孟子精義十四卷 （宋）朱熹輯 清刻本 一冊 存五卷(九至十三)

440000－2561－0000579 10860

易學啟蒙四卷詩序辨一卷 （宋）朱熹撰 清刻本 一冊 存二卷(易學啟蒙四、詩序辨一)

440000－2561－0000580 10862

春秋董氏學八卷附傳一卷 康有爲撰 清末上海大同譯書局刻本 六冊

440000－2561－0000581 10870

康熙字典不分卷 （清）張玉書等撰 清上海同文書局石印本 六冊

440000－2561－0000582 10875

詩韻全璧五卷虛字韻藪一卷初學檢韻一卷 （清）惜陰主人編 清光緒十九年(1893)上海點石齋石印本 六冊

440000－2561－0000583 10876

名原二卷 （清）孫詒讓撰 清光緒三十一年(1905)刻本 一冊

440000－2561－0000584 10881

易經詳說五十卷 （清）冉覲祖輯 清同治九年(1870)寄顧堂刻本 二十五冊

440000－2561－0000585 10882

輶軒使者絕代語釋別國方言箋疏十三卷 （清）錢繹撰 清光緒十六年(1890)紅蝠山房校刻本 六冊

440000－2561－0000586 10883

六書段借經微四卷 （清）朱駿聲撰 清光緒十八年(1892)金陵刻本 三冊

440000－2561－0000587 10884

圖書秘典二卷 （清）趙青選撰 清咸豐元年(1851)刻本 二冊

440000－2561－0000588 10885

四書讀註提耳十八卷 （清）耿埰撰 清同治

九年(1870)屏山堂刻本 十冊

440000－2561－0000589 10888

藝文通覽一百二十卷附補詳字義十四卷 （清）沙木集注 清嘉慶十一年至十二年(1806－1807)刻本 五十四冊

440000－2561－0000590 10889

說文繫傳校錄三十卷 （清）王筠撰 清咸豐七年(1857)刻本 四冊

440000－2561－0000591 10891

周易卦象集證一卷周易互體詳述一卷周易卦變舉要一卷 （清）方申撰 清光緒十四年(1888)刻南菁書院叢書本 一冊

440000－2561－0000592 10892

明堂陰陽夏小正經傳攷釋十卷 （清）莊述祖撰 清光緒九年(1883)刻本 四冊

440000－2561－0000593 10893

聲類表九卷首一卷 （清）戴震撰 清嘉慶十四年(1809)刻本 二冊

440000－2561－0000594 10894

聲韻攷四卷 （清）戴震撰 清光緒二十二年(1896)渭南嚴氏刻本 一冊

440000－2561－0000595 10895

音學辨微一卷附録一卷 （清）江永撰 清嘉慶九年(1804)成都敦睦堂刻本 一冊

440000－2561－0000596 10900

說文舊音補注一卷補遺一卷續一卷改錯一卷 （清）胡玉縉撰 清光緒十四年(1888)刻南菁書院叢書本 一冊

440000－2561－0000597 10901

說文職墨三卷 （清）于鬯撰 清光緒十四年(1888)刻南菁書院叢書本 一冊

440000－2561－0000598 10902

南菁書院叢書二集七種二十六卷 王先謙輯 清光緒十四年(1888)江陰南菁書院刻本 二冊

440000－2561－0000599 10904

佚禮扶微五卷 （清）丁晏撰 淮南萬畢術一

卷 （清）丁晏撰 清光緒十四年（1888）刻南菁書院叢書本 一冊

440000－2561－0000600 10905
井田圖攷二卷 （清）朱克己撰 清光緒十六年（1890）刻本 四冊

440000－2561－0000601 10908
文字存真十五卷 （清）饒炯撰 清光緒三十年（1904）達古軒刻本 四冊

440000－2561－0000602 10910
高密遺書十種十卷附年譜一卷 （漢）鄭玄撰 （清）孫星衍撰 （清）黃奭輯 清道光二十三年（1843）黃氏刻本 十二冊

440000－2561－0000603 10912
梓溪文鈔內集八卷 （明）舒芬撰 清刻本 四冊

440000－2561－0000604 10913
融堂書解二十卷 （宋）錢時撰 清刻本 四冊

440000－2561－0000605 10914
說文解字通釋四十卷 （漢）許慎撰 （南唐）徐鍇撰 清光緒九年（1883）江蘇書局刻本 八冊

440000－2561－0000606 10922
春秋經傳比事二十二卷 （清）林春溥撰 清咸豐元年（1851）竹柏山房刻本 十冊

440000－2561－0000607 10923
四書拾遺不分卷 （清）林春溥輯 清道光十四年（1834）竹柏山房刻本 五冊

440000－2561－0000608 10924
詩經繹參四卷 （清）鄧翔撰 清同治六年（1867）南海孔氏刻朱墨套印本 四冊

440000－2561－0000609 10925
朱子論語集注訓詁攷二卷 （清）潘衍桐輯 清光緒十七年（1891）浙江書局刻本 一冊

440000－2561－0000610 10926
拼音字譜一卷 （清）王炳耀撰 清光緒二十二年（1896）鉛印本 一冊

440000－2561－0000611 10928
經典釋文三十卷 （唐）陸德明撰 考證三十卷 （清）盧文弨撰 清同治八年（1869）湖北崇文書局刻本 十二冊

440000－2561－0000612 10930
說文解字句讀三十卷 （清）王筠撰 清光緒八年（1882）四川尊經書局刻本 十六冊

440000－2561－0000613 10932
理學要旨不分卷 （清）耿介輯 清康熙十七年（1678）敬恕堂刻本 二冊

440000－2561－0000614 10934
愛日堂尚書註解纂要六卷 （清）吳蓮纂輯 清乾隆十九年（1754）豐溪吳氏愛日堂刻本 五冊

440000－2561－0000615 10935
春秋疏略五十卷 （清）張沐撰 清康熙三十三年（1694）張氏敦臨堂刻本 十六冊

440000－2561－0000616 10937
去傲齋四書存十六卷 （清）呂崇謐撰 清乾隆四十一年（1776）呂氏永思樓刻本 十六冊

440000－2561－0000617 10938
禹貢匯疏十二卷圖經二卷別錄一卷虞書箋二卷 （明）茅瑞徵撰 明崇禎茅氏浣花居刻本 六冊

440000－2561－0000618 10939
康熙甲子史館新刊古今通韻十二卷首一卷 （清）毛奇齡撰 清康熙二十四年（1685）學者堂刻本 八冊

440000－2561－0000619 10941
六書韻徵十六卷 （清）安吉撰 清道光十九年（1839）親仁堂刻本 六冊

440000－2561－0000620 10942
六書分類十二卷首一卷 （清）傅世垚輯 清乾隆五十四年（1789）維隅堂刻本 十三冊

440000－2561－0000621 10943
洪武正韻十六卷 （明）宋濂撰 明刻清印本 二冊

440000 – 2561 – 0000622　10944

爾雅郭注佚存補訂二十卷　王樹枏撰　清光緒十八年(1892)新城王氏文莫室刻本　六冊

440000 – 2561 – 0000623　10945

十三經注疏三百三十三卷　（清）阮元校　明崇禎十二年(1639)錢謙益刻本　一百三十八冊

440000 – 2561 – 0000624　10946

古音駢字五卷　（明）楊慎撰　清道光五年(1825)綿州李氏萬卷樓刻函海本　一冊　存一卷(一)

440000 – 2561 – 0000625　10947

古今韻略五卷例言一卷　（清）邵長蘅撰　清康熙三十五年(1696)商丘宋氏刻本　四冊

440000 – 2561 – 0000626　10948

苗氏說文四種　（清）苗夔撰　清咸豐元年(1851)壽陽漢專亭刻本　四冊

440000 – 2561 – 0000627　10949

唐本說文木部箋異不分卷　（清）莫友芝撰　清同治二年(1863)刻本　一冊

440000 – 2561 – 0000628　10951

說文引經攷證八卷　（清）陳瑑撰　清同治十三年(1874)湖北崇文書局刻本　二冊

440000 – 2561 – 0000629　10952

古籀餘論三卷　（清）孫詒讓撰　清光緒二十九年(1903)籀經樓刻本　二冊

440000 – 2561 – 0000630　10954

說文新附考六卷續考一卷　（清）鈕樹玉撰　清同治十三年(1874)湖北崇文書局刻本　二冊

440000 – 2561 – 0000631　10955

段氏說文注訂八卷　（清）鈕樹玉撰　清同治十三年(1874)湖北崇文書局刻本　二冊

440000 – 2561 – 0000632　10959

說文古籀補十四卷附錄一卷　（清）吳大澂撰　清光緒二十四年(1898)刻本　二冊

440000 – 2561 – 0000633　10960

唐卷子本論語十卷　（三國魏）何晏集解　清光緒十五年(1889)德清傅氏日本東京刻饗喜廬叢書本　一冊　存五卷(一至五)

440000 – 2561 – 0000634　10974

大學古本說一卷　（清）李光地撰　**中庸古本說二卷**　（清）郭階平撰　清嘉慶二十三年至二十四年(1818 – 1819)續香齋刻本　三冊

440000 – 2561 – 0000635　10975

三禮義證十二卷　（清）武億撰　清道光二十三年(1843)刻授堂遺書本　二冊　缺二卷(周禮五至六)

440000 – 2561 – 0000636　10976

群經義證八卷　（清）武億撰　清道光二十三年(1843)刻授堂遺書本　一冊

440000 – 2561 – 0000637　10977

經讀考異八卷　（清）武億撰　清道光二十三年(1843)刻授堂遺書本　二冊

440000 – 2561 – 0000638　10978

易經本義附音訓十二卷　（宋）朱熹撰　清同治四年(1865)金陵書局刻本　二冊

440000 – 2561 – 0000639　20001

史記一百三十卷　（漢）司馬遷撰　（南朝宋）裴駰集解　清同治十一年(1872)成都書局刻本　二十六冊

440000 – 2561 – 0000640　20002

漢書一百二十卷　（漢）班固撰　清同治十年(1871)成都書局刻本　三十二冊

440000 – 2561 – 0000641　20003

後漢書一百三十卷　（南朝宋）范曄撰　清同治十年(1871)成都書局刻本　十四冊　存五十三卷(一至五十三)

440000 – 2561 – 0000642　20004

三國志六十五卷　（晉）陳壽撰　（南朝宋）裴松之注　清同治十年(1871)成都書局刻本　十四冊

440000 – 2561 – 0000643　20006

後漢書一百卷　（南朝宋）范曄撰　（唐）李賢

注　清同治八年(1869)金陵書局刻本　十四冊

440000－2561－0000644　20009

漢書注校補五十六卷　(清)周壽昌撰　清光緒十七年(1891)廣雅書局刻本　十六冊

440000－2561－0000645　20010

漢書疏證三十六卷　(清)沈欽韓撰　清光緒二十六年(1900)浙江官書局刻本　二十四冊

440000－2561－0000646　20011

後漢書疏證三十卷　(清)沈欽韓撰　清光緒二十六年(1900)浙江官書局刻本　十六冊

440000－2561－0000647　20012

史記探源八卷　崔適撰　清宣統二年(1910)歸安崔氏刻本　四冊

440000－2561－0000648　20013

校刊史記集解索隱正義劄記五卷　(清)張文虎撰　清同治十一年(1872)金陵書局刻本　二冊

440000－2561－0000649　20014

續漢書八志三十卷　(南朝梁)劉昭注補　清末金陵書局刻本　二冊

440000－2561－0000650　20015

續漢書八志三十卷　(南朝梁)劉昭注補　清末金陵書局刻本　二冊

440000－2561－0000651　20016

晉書一百三十卷　(唐)房玄齡等撰　清同治十年(1871)金陵書局刻本　二十冊

440000－2561－0000652　20017

晉書一百三十卷　(唐)房玄齡等撰　清光緒二十九年(1903)五洲同文局石印本　三十冊

440000－2561－0000653　20018

宋書一百卷　(南朝梁)沈約撰　清同治十一年(1872)金陵書局刻本　十六冊

440000－2561－0000654　20019

宋書一百卷　(南朝梁)沈約撰　清光緒二十九年(1903)五洲同文局石印本　二十四冊

440000－2561－0000655　20020

南齊書五十九卷　(南朝梁)蕭子顯撰　清光緒二十九年(1903)五洲同文局石印本　八冊

440000－2561－0000656　20021

北齊書五十卷　(唐)李百藥撰　清光緒二十九年(1903)五洲同文局石印本　八冊

440000－2561－0000657　20022

梁書五十六卷　(唐)姚思廉撰　清光緒二十九年(1903)五洲同文局石印本　八冊

440000－2561－0000658　20023

陳書三十六卷　(唐)姚思廉撰　清光緒二十九年(1903)五洲同文局石印本　六冊

440000－2561－0000659　20024

魏書一百十四卷　(北齊)魏收撰　清光緒二十九年(1903)五洲同文局石印本　二十四冊

440000－2561－0000660　20025

周書五十卷　(唐)令狐德棻等撰　清光緒二十九年(1903)五洲同文局石印本　八冊

440000－2561－0000661　20026

隋書八十五卷　(唐)魏徵等撰　清光緒二十九年(1903)五洲同文局石印本　二十四冊

440000－2561－0000662　20027

南史八十卷　(唐)李延壽撰　清光緒二十九年(1903)五洲同文局石印本　二十冊

440000－2561－0000663　20028

北史一百卷　(唐)李延壽撰　清光緒二十九年(1903)五洲同文局石印本　二十四冊

440000－2561－0000664　20029

舊唐書二百卷　(五代)劉昫等撰　清光緒二十九年(1903)五洲同文局石印本　四十八冊

440000－2561－0000665　20030

遼史一百十六卷　(元)脫脫等撰　清光緒二十九年(1903)五洲同文局石印本　八冊

440000－2561－0000666　20031

金史一百三十五卷　(元)脫脫等撰　清光緒二十九年(1903)五洲同文局石印本　二十四冊

440000－2561－0000667　20032

元史二百十卷　（明）宋濂等撰　清光緒二十九年(1903)五洲同文局石印本　五十一冊

440000－2561－0000668　20034

元史譯文證補三十卷　（清）洪鈞撰　清光緒二十三年(1897)刻本　四冊

440000－2561－0000669　20035

明史三百三十二卷目錄四卷　（清）張廷玉等撰　清光緒二十九年(1903)五洲同文局石印本　一百十二冊

440000－2561－0000670　20037

資治通鑑前編十八卷　（宋）金履祥編　清刻本　六冊　存十卷(一至十)

440000－2561－0000671　20038

周季編略九卷　（清）黃式三撰　清同治十二年(1873)浙江書局刻儆居遺書本　四冊

440000－2561－0000672　20040

續資治通鑑二百二十卷　（清）畢沅編　清同治六年(1867)刻本　六十冊

440000－2561－0000673　20041

東萊先生音注唐鑑二十四卷　（宋）范祖禹撰　（宋）呂祖謙注　清光緒十八年(1892)浙江書局刻本　四冊

440000－2561－0000674　20042

東萊先生音注唐鑑二十四卷　（宋）范祖禹撰　（宋）呂祖謙注　清同治十三年(1874)成都刻本　四冊

440000－2561－0000675　20043

明通鑑九十卷附札記三卷　（清）夏燮編　清光緒三十二年(1906)刻本　六十冊

440000－2561－0000676　20044

通鑑答問五卷　（宋）王應麟撰　清光緒九年(1883)浙江書局刻玉海本　二冊

440000－2561－0000677　20045

資治通鑑地理今釋十六卷　（清）吳熙載撰　清光緒二十三年(1897)廣東經史閣刻本　四冊

440000－2561－0000678　20046

綱鑑正史約三十六卷　（明）顧錫疇撰　（清）陳弘謀增訂　清光緒十七年(1891)雲南書局刻本　十冊　存十八卷(一至十八)

440000－2561－0000679　20047

左傳紀事本末五十三卷　（清）高士奇撰　清同治十二年(1873)江西書局刻本　十二冊

440000－2561－0000680　20048

通鑑紀事本末二百三十九卷　（宋）袁樞撰　（明）張溥論正　清同治十二年(1873)江西書局刻本　八十冊

440000－2561－0000681　20049

宋史紀事本末一百九卷　（明）馮琦撰　（明）陳邦瞻增訂　（明）張溥論正　清同治十三年(1874)江西書局刻本　二十冊

440000－2561－0000682　20050

元史紀事本末二十七卷　（明）陳邦瞻撰　清同治十三年(1874)江西書局刻本　四冊

440000－2561－0000683　20051

明史紀事本末八十卷　（清）谷應泰撰　清同治十三年(1874)江西書局刻本　二十冊

440000－2561－0000684　20052

古今紀要二十卷　（宋）黃震撰　清耕餘樓刻本　八冊

440000－2561－0000685　20053

東都事略一百三十卷　（宋）王偁撰　清光緒九年(1883)淮南書局刻本　八冊

440000－2561－0000686　20054

明通鑑九十卷前編四卷附編六卷　（漢）高誘注　清同治八年(1869)湖北崇文書局刻本　五冊

440000－2561－0000687　20056

六朝事蹟編類十四卷　（宋）張敦頤撰　清光緒十三年(1887)刻本　四冊

440000－2561－0000688　20057

元朝秘史十二卷　（□）□□撰　清光緒三十四年(1908)長沙葉氏觀古堂刻本　十二冊

440000－2561－0000689　20058

小腆紀年附考二十卷 （清）徐鼒撰 清咸豐
十一年(1861)刻本 十二冊

440000－2561－0000690 20059

海東逸史十八卷 （清）翁洲老民撰 清光緒
邵武徐氏刻邵武徐氏叢書本 一冊

440000－2561－0000691 20060

蜀碧四卷 （清）彭遵泗撰 清乾隆十年
(1745)成都肇經堂刻本 二冊

440000－2561－0000692 20061

三河創業記五卷 （清）范壽金撰 清光緒三
十年(1904)石印本 二冊

440000－2561－0000693 20062

國朝柔遠記二十卷 （清）王之春編 清光緒
十七年(1891)廣雅書局刻本 六冊

440000－2561－0000694 20065

十國春秋一百十六卷 （清）吳任臣撰 清光
緒十二年(1886)刻本 二十四冊

440000－2561－0000695 20067

歷代職官表六卷 （清）黃本驥撰 清光緒六
年(1880)膺詁齋刻本 四冊

440000－2561－0000696 20068

歷代地理沿革表四十七卷 （清）陳芳績撰
清光緒二十一年(1895)廣雅書局刻本 二十
四冊

440000－2561－0000697 20069

文廟祀位不分卷 （清）倭什琿布等輯 清同
治八年(1869)湖北崇文書局刻本 一冊

440000－2561－0000698 20070

晏子春秋七卷 （春秋）晏嬰撰 **音義二卷**
(清)孫星衍撰 **校勘二卷** （清）黃以周撰
清光緒元年(1875)浙江書局刻二十二子本
三冊

440000－2561－0000699 20072

二程子年譜十二卷 （清）池生春 （清）諸星
杓輯 清咸豐五年(1855)刻本 五冊

440000－2561－0000700 20076

疑年錄四卷 （清）錢大昕編 清嘉慶十八年

(1813)刻本 一冊

440000－2561－0000701 20077

續疑年錄四卷 （清）吳修編 清嘉慶十八年
(1813)刻本 一冊

440000－2561－0000702 20080

宋元學案一百卷首一卷 （清）黃宗羲撰 清
光緒五年(1879)長沙寄廬刻本 四十冊

440000－2561－0000703 20085

國朝漢學師承記八卷附宋學淵源記二卷附記
一卷 （清）江藩撰 清光緒二十二年(1896)
成都志古堂刻本 四冊

440000－2561－0000704 20086

國朝漢學師承記八卷附宋學淵源記二卷附記
一卷 （清）江藩撰 清光緒十三年(1887)萬
卷書室刻本 四冊

440000－2561－0000705 20087

周列士傳一卷 （清）顧壽楨撰 清同治五年
(1866)見素抱樸齋刻本 一冊

440000－2561－0000706 20088

濂溪志七卷 （清）周誥撰 清道光十九年
(1839)道州周氏愛蓮堂刻本 四冊

440000－2561－0000707 20090

伊洛淵源續錄二十卷 （明）謝鐸撰 清康熙
五十年(1711)張氏正誼堂刻本 四冊

440000－2561－0000708 20091

考亭淵源錄二十四卷 （明）宋端儀撰 （明）
薛應旂重輯 明隆慶三年(1569)刻本 八冊

440000－2561－0000709 20092

陸子學譜二十卷 （清）李紱撰 清雍正十年
(1732)臨川李氏無怒軒刻本 十冊

440000－2561－0000710 20094

理學宗傳二十六卷 （清）孫奇逢輯 （清）魏
一鼇等編 清光緒六年(1880)浙江書局刻本
十二冊

440000－2561－0000711 20095

蔡氏九儒書九卷首一卷 （明）蔡有鵾編 清
同治七年(1868)盱南蔡學蘇三餘書屋刻本

六冊

440000－2561－0000712　20096

蜀學編二卷　（清）方守道初輯　（清）高賡恩
重輯　清光緒二十七年(1901)錦江書局刻本
二冊

440000－2561－0000713　20098

後邨周氏淵源錄十三卷　（清）周源撰　清道
光十二年(1832)周源引碧齋刻本　十二冊

440000－2561－0000714　20099

輿地廣記三十八卷附校勘劄記二卷　（宋）歐
陽忞撰　（清）黃丕烈校勘　清嘉慶十七年
(1812)吳縣黃丕烈士禮居刻士禮居黃氏叢書
本　四冊

440000－2561－0000715　20100

讀史方輿紀要一百三十卷輿圖要覽四卷
（清）顧祖禹輯　清嘉慶敷文閣刻本　六十冊

440000－2561－0000716　20101

讀史方輿紀要一百三十卷輿圖要覽四卷
（清）顧祖禹輯　清嘉慶敷文閣刻本　七十冊

440000－2561－0000717　20102

天下郡國利病書一百二十卷　（清）顧炎武撰
清光緒五年(1879)蜀南桐華書屋薛氏家塾
刻本　六十一冊

440000－2561－0000718　20103

天下郡國利病書一百二十卷　（清）顧炎武撰
清光緒五年(1879)蜀南桐華書屋薛氏家塾
刻本　五十冊　存一百十卷(一至十八、二十
至五十八、六十二至九十、九十七至一百二
十)

440000－2561－0000719　20104

小方壺齋輿地叢鈔十二帙　（清）王錫祺輯
清南清河王氏鉛印本　六十四冊

440000－2561－0000720　20105

合校水經注四十卷　（北魏）酈道元注　王先
謙校勘　清光緒十八年(1892)思賢講舍刻本
十八冊

440000－2561－0000721　20106

浙江全省輿圖並水陸道里記不分卷　（清）宗
源瀚撰　清光緒二十年(1894)石印本　二十
冊

440000－2561－0000722　20108

西湖志四十八卷　（清）李衛　（清）傅王露纂
修　清光緒四年(1878)浙江書局刻本　二十
冊

440000－2561－0000723　20109

西湖遊覽志餘二十六卷　（明）田汝成撰　清
光緒二十二年(1896)錢塘丁氏嘉惠堂刻本
十二冊

440000－2561－0000724　20110

釣臺集八卷附錄一卷　（明）吳希孟輯　明嘉
靖十四年(1535)刻本　四冊

440000－2561－0000725　20111

會稽掇英總集二十卷　（宋）孔延之撰　清道
光元年(1821)山陰杜氏浣花宗塾刻本　四冊

440000－2561－0000726　20112

南海普陀山志十五卷首一卷　（清）陳璿等輯
清雍正十一年(1733)刻本　四冊

440000－2561－0000727　20113

武夷志略四卷　（明）徐表然撰　明萬曆四十
七年(1619)崇安孫世昌刻本　四冊

440000－2561－0000728　20114

石鐘山志十六卷首一卷　（清）李成謀撰
（清）丁義方輯　（清）方宗誠　（清）胡傳釗
訂　清光緒九年(1883)聽濤眺雨軒刻本　八
冊

440000－2561－0000729　20115

白鹿書院志十九卷　（清）毛德琦訂　（清）周
兆蘭重修　清乾隆六十年(1795)南康刻本
八冊

440000－2561－0000730　20116

蜀中名勝記三十卷　（明）曹學佺撰　清宣統
二年(1910)刻本　十冊

440000－2561－0000731　20117

廣陵通典十卷　（清）汪中撰　清同治八年

(1869)揚州書局刻本　二冊

440000－2561－0000732　20118

蜀典十二卷　（清）張澍纂　清光緒二年
(1876)四川尊經書院刻本　四冊

440000－2561－0000733　20120

兩浙防護錄不分卷　（清）阮元撰　清光緒十
五年(1889)浙江書局刻本　二冊

440000－2561－0000734　20121

歷代地理沿革圖不分卷　（清）六嚴繪　（清）
馬徵麟增輯　清光緒二十二年(1896)金陵書
局刻本　一冊

440000－2561－0000735　20122

江西全省輿圖十四卷　（清）□□撰　清宣統
元年(1909)石印本　十四冊

440000－2561－0000736　20123

五大洲志三卷　（日本）辻武雄撰　清光緒二
十八年(1902)泰東同文局鉛印本　三冊

440000－2561－0000737　20124

日本國志四十卷首一卷　（清）黃遵憲撰　清
光緒二十四年(1898)浙江書局刻本　十冊

440000－2561－0000738　20125

三通序不分卷　（唐）杜佑等撰　（清）□□編
　清光緒十四年(1888)蔣氏求實齋刻本　一
冊

440000－2561－0000739　20126

文獻通考三百四十八卷　（元）馬端臨纂　清
光緒二十八年(1902)上海貫吾齋石印本　一
百二十八冊

440000－2561－0000740　20127

三通考輯要三種七十六卷　湯壽潛輯　清光
緒二十五年(1899)通雅堂鉛印本　五十九冊
　　　存七十五卷（欽定續文獻通考輯要一至二
十六、文獻通考輯要二至二十四、皇朝文獻通
考輯要一至二十六）

440000－2561－0000741　20128

西漢會要七十卷　（宋）徐天麟撰　清光緒十
年(1884)江蘇書局刻本　十冊

440000－2561－0000742　20129

東漢會要四十卷　（宋）徐天麟撰　清光緒十
年(1884)江蘇書局刻本　八冊

440000－2561－0000743　20130

唐六典三十卷　（唐）玄宗李隆基撰　（唐）李
林甫注　清嘉慶五年(1800)掃葉山房刻本
六冊

440000－2561－0000744　20131

建炎以來朝野雜記甲集二十卷乙集二十卷
（宋）李心傳撰　清光緒十九年(1893)刻本
八冊

440000－2561－0000745　20132

欽定大清會典一百卷　（清）允祹等纂　清光
緒十九年(1893)上海圖書集成局鉛印本　八
冊

440000－2561－0000746　20133

歷代名臣言行錄二十四卷　（清）朱桓編　清
光緒二十六年(1900)湖南書局刻本　二十六
冊

440000－2561－0000747　20134

彭剛直公奏稿八卷　（清）彭玉麟撰　清光緒
十七年(1891)刻本　八冊

440000－2561－0000748　20135

丁文誠公奏稿二十六卷首一卷　（清）丁寶楨
撰　陳夔龍編輯　清光緒二十二年(1896)南
海羅氏刻本　二十七冊

440000－2561－0000749　20136

曾文正公奏議十卷首一卷末一卷　（清）曾國
藩撰　清同治十三年(1874)上海醉六堂刻本
　十二冊

440000－2561－0000750　20137

唐律疏議三十卷　（唐）長孫無忌等撰　清嘉
慶十三年(1808)平津館刻本　八冊

440000－2561－0000751　20138

洗冤錄詳義四卷　（清）許槤編校　清咸豐四
年(1854)許氏古均閣刻本　四冊

440000－2561－0000752　20139

重刊補注洗冤録集證五卷　（宋）宋慈撰
（清）王又槐增輯　（清）李觀瀾補輯　（清）
阮其新補注　清道光十二年（1832）刻本　四
冊

440000－2561－0000753　20140

大清律例彙輯便覽四十卷　（清）湖北讞局輯
　清同治十一年（1872）湖北讞局刻本　三十
二冊

440000－2561－0000754　20141

閩政領要三卷　（清）德福撰　清乾隆二十二
年（1757）刻本　一冊

440000－2561－0000755　20142

金石録三十卷　（宋）趙明誠撰　清光緒十三
年（1887）吳縣朱記榮刻槐廬叢書本　五冊

440000－2561－0000756　20143

寰宇訪碑録十二卷　（清）孫星衍　（清）邢澍
撰　清嘉慶七年（1802）刻本　七冊

440000－2561－0000757　20144

石經彙函不分卷　（清）王秉恩輯　清光緒九
年（1883）元尚居刻本　十六冊

440000－2561－0000758　20145

平津讀碑記八卷續記一卷　（清）洪頤煊撰
清光緒十二年（1886）吳縣朱氏刻槐廬叢書本
　三冊

440000－2561－0000759　20146

漢魏六朝墓銘纂例四卷　（清）李富孫撰　清
光緒十三年（1887）行素草堂刻本　一冊

440000－2561－0000760　20147

語石十卷　葉昌熾撰　清宣統元年（1909）長
洲葉氏刻文學山房印本　四冊

440000－2561－0000761　20150

兩浙金石志十八卷　（清）阮元編　清道光四
年（1824）李澐等刻本　十二冊

440000－2561－0000762　20151

京畿金石考二卷　（清）孫星衍撰　清光緒十
年（1884）吳縣朱記榮刻槐廬叢書本　一冊

440000－2561－0000763　20152

栝蒼金石志十二卷　（清）李遇孫輯　（清）鄒
柏森校補　清同治十三年（1874）刻本　八冊

440000－2561－0000764　20154

藝風堂金石文字目十八卷　繆荃孫藏並編
清光緒三十二年（1906）刻本　八冊

440000－2561－0000765　20155

藝風堂金石文字目十八卷　繆荃孫藏並編
清光緒三十二年（1906）刻本　三冊　存七卷
（十二至十八）

440000－2561－0000766　20156

欽定四庫全書簡明目録二十卷首一卷　（清）
紀昀等編　清光緒元年（1875）成都志古堂刻
本　十四冊

440000－2561－0000767　20159

浙江藏書樓甲乙編書目不分卷　（清）楊復輯
　清光緒三十三年（1907）杭州華豐書局鉛印
本　二冊

440000－2561－0000768　20164

昭德先生郡齋讀書志二十卷　（宋）晁公武撰
　（宋）姚應績編　清光緒十年（1884）長沙王
氏刻本　十冊

440000－2561－0000769　20165

漢書藝文志考證十卷　（宋）王應麟撰　清光
緒九年（1883）浙江書局刻玉海本　二冊

440000－2561－0000770　20168

日本訪書志十六卷　楊守敬撰　清光緒二十
三年（1897）宜都楊守敬鄰蘇園刻本　八冊

440000－2561－0000771　20170

藏書紀事詩六卷　葉昌熾撰　清光緒二十三
年（1897）江氏湖南使院刻靈鶼閣叢書本　六
冊

440000－2561－0000772　20172

讀通鑑論三十卷附宋論十五卷　（清）王夫之
撰　清光緒二十八年（1902）成都志古堂刻本
　二十冊

440000－2561－0000773　20173

歷代史論十二卷　（明）張溥撰　清光緒二十

四年(1898)湖南官書局刻本　十冊

440000－2561－0000774　20174

歷朝史案二十卷　（清）吳裕垂著　（清）洪亮吉編　清咸豐梓州龍翼堂刻本　六冊

440000－2561－0000775　20176

文史通義八卷校讎通義三卷　（清）章學誠撰　清道光十二年至十三年(1832－1833)刻本　五冊

440000－2561－0000776　20178

十七史商榷一百卷　（清）王鳴盛撰　清光緒六年(1880)太原王氏刻本　二十四冊

440000－2561－0000777　20179

廿二史劄記三十六卷　（清）趙翼撰　清光緒二十六年(1900)上海書局石印本　八冊

440000－2561－0000778　20180

廿二史劄記三十六卷　（清）趙翼撰　清光緒二十五年(1899)益元書局刻本　十四冊

440000－2561－0000779　20181

諸史考異十八卷　（清）洪頤煊撰　清光緒十五年(1889)廣雅書局刻本　三冊

440000－2561－0000780　20185

漢書人表考九卷　（清）梁玉繩撰　清光緒十四年(1888)廣雅書局刻本　四冊

440000－2561－0000781　20186

補後漢書藝文志不分卷　（清）顧櫰三撰　清末抄本　九冊

440000－2561－0000782　20187

後漢藝文志四卷　（清）姚振宗撰　清末抄本　四冊

440000－2561－0000783　20190

補宋書刑法志一卷食貨志一卷　（清）郝懿行撰　清嘉慶二十年(1815)刻本　一冊

440000－2561－0000784　20191

南北史補志十四卷　（清）汪士鐸撰　清光緒四年(1878)淮南書局刻本　六冊

440000－2561－0000785　20192

隋書經籍志考證十三卷　（清）章宗源撰　清光緒三年(1877)湖北崇文書局刻本　四冊

440000－2561－0000786　20194

宋史四百九十六卷　（元）脫脫等撰　清光緒十年(1884)上海同文書局石印本　一百冊

440000－2561－0000787　20196

明史三百三十二卷目錄四卷　（清）張廷玉等撰　清光緒三年(1877)湖北崇文書局刻本　八十冊

440000－2561－0000788　20199

資治通鑑補二百九十四卷　（宋）司馬光編集　（元）胡三省音注　（明）嚴衍補　（明）談允厚參　清光緒二年(1876)武進盛氏思補樓木活字印本　八十冊

440000－2561－0000789　20203

皇明通紀集要六十卷　（明）陳建撰　（明）江旭奇補訂　明末刻本　八冊

440000－2561－0000790　20204

欽定明鑑二十四卷　（清）托津等撰　清嘉慶二十三年(1818)刻本　十二冊

440000－2561－0000791　20205

十朝東華錄五百二十五卷同治東華續錄一百卷　王先謙編　清光緒二十五年(1899)石印本(同治朝東華續錄補配清光緒二十四年文瀾書局石印本)　八十八冊

440000－2561－0000792　20206

十朝東華錄五百二十五卷　王先謙編　清光緒二十五年(1899)石印本　六十三冊

440000－2561－0000793　20207

[光緒]東華續錄二百二十卷　朱壽朋編　清宣統元年(1909)上海集成圖書公司鉛印本　六十四冊

440000－2561－0000794　20208

繹史一百六十卷　（清）馬驌撰　清康熙九年(1670)刻本　四十二冊

440000－2561－0000795　20209

歷朝紀事本末九種六百五十八卷　（清）陳如

升　（清）朱記榮編　（清）捷記主人增輯　清光緒二十八年(1902)上海捷記書局石印本四十二冊

440000－2561－0000796　20210

九朝紀事本末六百五十八卷　（□）□□輯　清光緒二十九年(1903)上海文盛書局石印本四十二冊

440000－2561－0000797　20211

歷朝紀事本末七種五百六十六卷　（清）陳如升　（清）朱記榮編　清光緒十四年(1888)上海書業公所鉛印本　五十冊

440000－2561－0000798　20212

明史紀事本末八十卷　（清）谷應泰撰　清光緒十三年(1887)廣雅書局刻本　十六冊

440000－2561－0000799　20214

綏寇紀略十二卷補遺三卷　（清）吳偉業撰　清嘉慶九年(1804)昭文張海鵬照曠閣刻本七冊

440000－2561－0000800　20215

豫變紀略八卷首一卷　（清）鄭廉撰　清刻本　二冊　存四卷(一至四)

440000－2561－0000801　20216

皇清開國方略三十二卷首一卷　（清）阿桂纂　清光緒十三年(1887)廣百宋齋鉛印本　六冊

440000－2561－0000802　20217

滿清開國方略三十二卷　（清）阿桂纂　清光緒十三年(1887)廣百宋齋鉛印本　六冊

440000－2561－0000803　20218

聖武記十四卷　（清）魏源撰　清道光二十二年(1842)刻本　十二冊

440000－2561－0000804　20220

中西紀事二十四卷首一卷　（清）夏燮撰　清同治四年(1865)刻本　六冊

440000－2561－0000805　20221

山東軍興紀略二十二卷　（清）管晏等撰　清同治刻本　八冊

440000－2561－0000806　20223

平定粵匪紀略十八卷附記四卷　（清）杜文瀾撰　清同治十年(1871)京都聚珍齋木活字印本　十冊

440000－2561－0000807　20226

中東戰紀本末八卷附文學興國策二卷　（美國）林樂知譯　蔡爾康輯　清光緒二十二年(1896)上海廣學會鉛印本　八冊

440000－2561－0000808　20227

臺灣戰紀二卷　（清）洪棄父撰　清光緒三十二年(1906)鉛印本　二冊

440000－2561－0000809　20230

元書一百二卷　曾廉撰　清宣統三年(1911)層漪堂刻本　二十冊

440000－2561－0000810　20235

勝朝遺事初編六卷　（清）吳彌光輯　清道光二十二年(1842)楚香書屋刻本　十四冊

440000－2561－0000811　20236

野獲編三十卷首一卷補遺四卷　（明）沈德符撰　（清）錢枋輯　清道光七年(1827)錢塘姚祖恩扶荔山房刻本　二十冊

440000－2561－0000812　20237

明季稗史彙編十六種二十七卷　（清）留雲居士輯　清都城琉璃廠留雲居士刻本　十六冊

440000－2561－0000813　20238

明季稗史彙編十六種二十七卷　（清）留雲居士輯　清刻本　十六冊

440000－2561－0000814　20240

刼灰錄不分卷　鄧實校錄　清光緒三十二年(1906)上海國學保存會鉛印本　一冊

440000－2561－0000815　20244

小腆紀年附考二十卷　（清）徐鼒撰　清咸豐十一年(1861)刻本　十二冊

440000－2561－0000816　20246

蜀碧四卷　（清）彭遵泗撰　清肇經堂刻本二冊

440000－2561－0000817　20250

欽定滿洲源流考二十卷首一卷　(清)阿桂
(清)于敏中修　(清)麟喜　(清)呈麟纂
清光緒三十年(1904)中西書局石印本　四冊

440000－2561－0000818　20254

皇朝武功紀盛四卷　(清)趙翼撰　清乾隆五
十七年(1792)刻本　一冊

440000－2561－0000819　20255

靖逆記六卷　(清)盛大士撰　清道光二年
(1822)刻本　二冊

440000－2561－0000820　20256

靖逆記六卷　(清)盛大士撰　清嘉慶二十五
年(1820)正道堂刻本　三冊

440000－2561－0000821　20278

鴉片事略二卷　(清)李圭撰　清光緒二十一
年(1895)海寧州署刻本　二冊

440000－2561－0000822　20279

國朝柔遠記二十卷　(清)王之春編　清光緒
十一年(1885)粵東海墨樓石印本　一冊　存
一卷(十九)

440000－2561－0000823　20280

國朝通商始末記二十卷　(清)王之春撰　清
光緒二十一年(1895)上海寶善書局石印本
六冊

440000－2561－0000824　20284

越南誌略不分卷　(□)□□撰　清光緒刻本
一冊

440000－2561－0000825　20291

振華公案一卷　(清)□□撰　清宣統元年
(1909)廣州鉛印本　一冊

440000－2561－0000826　20292

貽案始末記不分卷　(□)天涯恨根生撰　清
宣統三年(1911)鉛印本　一冊

440000－2561－0000827　20298

清史攬要六卷　(日本)增田貢撰　清光緒二
十八年(1902)鉛印本　三冊

440000－2561－0000828　20299

二十四史九通政典類要合編三百二十卷

(清)黃書霖輯　清光緒二十八年(1902)約雅
堂石印本　六十冊

440000－2561－0000829　20302

北宋經撫年表二卷　吳廷燮撰　清宣統三年
(1911)鉛印本　二冊

440000－2561－0000830　20305

二十四史姓氏韻編六十四卷　(清)汪輝祖輯
清光緒十年(1884)上海中西書局石印本
三冊

440000－2561－0000831　20315

歷代名人年譜十卷　(清)吳榮光撰　清光緒
二年(1876)京都寶經書坊刻本　十冊

440000－2561－0000832　20318

病榻夢痕錄二卷夢痕錄餘一卷　(清)汪輝祖
口授　(清)汪繼培　(清)汪繼壕記錄　清嘉
慶刻本　三冊

440000－2561－0000833　20321

劉大將軍大事記四卷　(清)管斯駿撰　清光
緒二十一年(1895)務實齋石印本　四冊

440000－2561－0000834　20322

李鴻章不分卷　(清)雨生氏撰　清末抄本
一冊

440000－2561－0000835　20323

王葵園[先謙]自訂年譜三卷　王先謙撰　清
光緒三十四年(1908)長沙王氏刻本　三冊

440000－2561－0000836　20328

曾文正公手書日記不分卷　(清)曾國藩撰
清宣統元年(1909)上海中國圖書公司石印本
四十冊

440000－2561－0000837　20329

曾文正公手書日記不分卷　(清)曾國藩撰
清宣統元年(1909)上海中國圖書公司石印本
四十冊

440000－2561－0000838　20331

出使英法意比四國日記六卷　(清)薛福成撰
清光緒十八年(1892)吳俊書齋石印本　三
冊

440000 - 2561 - 0000839　20332

出使英法意比四國日記六卷　（清）薛福成撰
清光緒十八年(1892)吳俊書齋石印本　三冊

440000 - 2561 - 0000840　20333

秘遊隨錄一卷　（清）陳汝楨撰　清光緒三十二年(1906)刻本　一冊

440000 - 2561 - 0000841　20337

鴻爪前遊日記六卷　（清）孔廣陶撰　清光緒十八年(1892)三十有三萬卷堂刻本　六冊

440000 - 2561 - 0000842　20342

南海九江朱氏家譜十二卷　（清）朱次琦等修
（清）朱宗琦纂　清同治八年(1869)南海朱氏刻本　十二冊

440000 - 2561 - 0000843　20348

大清搢紳全書四卷　（□）□□編　清光緒二十八年(1902)北京榮祿堂刻本　四冊

440000 - 2561 - 0000844　20349

大清搢紳全書四卷　（□）□□編　清光緒三十二年(1906)北京榮祿堂刻本　六冊

440000 - 2561 - 0000845　20350

大清搢紳全書四卷　（□）□□編　清宣統二年(1910)北京榮祿堂刻本　五冊

440000 - 2561 - 0000846　20351

廣東貢士錄三卷　（清）張瓚撰　清末稿本三冊

440000 - 2561 - 0000847　20352

東莞庠士錄四卷　（清）張瓚撰　清末稿本四冊

440000 - 2561 - 0000848　20355

貳臣傳八卷　（清）國史館編　清道光刻本八冊

440000 - 2561 - 0000849　20358

國朝先正事略六十卷　（清）李元度纂　清刻本　二十四冊

440000 - 2561 - 0000850　20359

國朝先正事略六十卷　（清）李元度纂　清刻本　二十冊

440000 - 2561 - 0000851　20360

中興名臣事略八卷　朱孔彰撰　清光緒二十九年(1903)上海書局石印本　二冊

440000 - 2561 - 0000852　20361

國朝詩人徵略六十卷二編六十四卷　（清）張維屏輯　清道光十年(1830)刻本　十六冊

440000 - 2561 - 0000853　20362

文獻徵存錄十卷　（清）錢林輯　（清）王藻編　清咸豐八年(1858)有嘉樹軒刻本　十冊

440000 - 2561 - 0000854　20363

碑傳集一百六十卷首二卷末二卷　（清）錢儀吉纂輯　清光緒十九年(1893)江蘇書局刻本二十冊

440000 - 2561 - 0000855　20364

續碑傳集八十六卷首二卷　繆荃孫纂　清宣統二年(1910)江楚編譯書局刻本　十冊

440000 - 2561 - 0000856　20368

粵東名儒言行錄二十四卷　（清）鄧淳輯　清道光十一年(1831)汗青齋刻本　六冊

440000 - 2561 - 0000857　20371

墨林今話十八卷　（清）蔣寶齡撰　**續編一卷**
（清）蔣茝生撰　清咸豐二年(1852)刻本四冊

440000 - 2561 - 0000858　20375

介石堂水鑑六卷　（清）郭起元著　（清）蔡寅斗評　清乾隆十八年(1753)刻本　二冊

440000 - 2561 - 0000859　20376

白鹿書院志十九卷　（清）廖文英撰　（清）毛德琦訂　（清）周兆蘭重修　清同治十年(1871)刻本　八冊

440000 - 2561 - 0000860　20377

學海堂志二卷首一卷　（清）林伯桐撰　清末抄本　二冊

440000 - 2561 - 0000861　20378

端溪書院志七卷　（清）黎佩蘭撰　清光緒二十六年(1900)端溪書院刻本　二冊

440000－2561－0000862　20379

西湖志四十八卷　（清）李衛　（清）傅王露纂修　清光緒四年(1878)浙江書局刻本　二十冊

440000－2561－0000863　20381

蓮峰志五卷　（清）王夫之撰　清同治四年(1865)湘鄉曾國荃金陵節署刻船山遺書本一冊

440000－2561－0000864　20383

羅浮山志會編二十二卷首一卷　（清）宋廣業輯　清康熙五十五年(1716)刻本　十冊

440000－2561－0000865　20386

西湖記二卷　（清）林大川著　清咸豐七年(1857)釣月山房刻本　一冊

440000－2561－0000866　20388

鼎湖山志八卷　（清）丁易修　（清）釋成鷲纂述　清康熙五十六年(1717)刻本　四冊

440000－2561－0000867　20389

波羅外紀八卷　（清）崔弼輯　清嘉慶九年(1804)刻本　二冊　存五卷(二至六)

440000－2561－0000868　20390

西樵白雲洞志五卷　（清）黃亨輯　清道光十八年(1838)刻本　一冊

440000－2561－0000869　20391

禺峽山志四卷　（清）孫繩祖撰　清光緒十年(1884)刻本　四冊

440000－2561－0000870　20394

吳地記一卷　（唐）陸廣微撰　清嘉慶十二年(1807)張氏照曠閣刻學津討原本　一冊

440000－2561－0000871　20396

赤雅三卷　（明）鄺露撰　清道光五年(1825)恬淡山堂刻本　一冊

440000－2561－0000872　20397

籌海圖編十三卷　（明）胡宗憲　（明）鄭若曾撰　明嘉靖四十一年(1562)刻本　十冊

440000－2561－0000873　20398

朔方備乘六十八卷首十二卷　（清）何秋濤撰　清光緒七年(1881)石印本　八冊

440000－2561－0000874　20399

皇朝藩部要略十八卷世系表四卷　（清）祁韻士纂　（清）毛嶽生編　清光緒十年(1884)浙江書局刻本　八冊

440000－2561－0000875　20400

西招圖略不分卷　（清）松筠撰　清嘉慶三年(1798)刻本　四冊

440000－2561－0000876　20401

洋防輯要二十四卷　（清）嚴如熤輯　清道光十八年(1838)安康張鵬飛來鹿堂刻本　十六冊

440000－2561－0000877　20402

防海節要一卷　（清）施在鈺編　清光緒十年(1884)刻本　二冊

440000－2561－0000878　20403

防海新論十八卷　（德國）希理哈撰　（英國）傅蘭雅口譯　（清）華蘅芳筆述　清同治七年(1868)江南製造總局刻本　六冊

440000－2561－0000879　20404

籌洋芻議一卷　（清）薛福成撰　清光緒二十三年(1897)上海醉六堂吳俊書齋石印本　一冊

440000－2561－0000880　20405

圜天圖說三卷續二卷首一卷　（清）李明徹撰　清嘉慶二十四年(1819)刻本　五冊

440000－2561－0000881　20406

皇清地理圖一卷　（清）董祐誠繪　清同治十年(1871)番禺俞守義刻本　一冊

440000－2561－0000882　20407

中國近世輿地圖說二十三卷　（清）羅汝楠撰　方新校繪　清宣統元年(1909)廣東教忠學堂石印本　八冊

440000－2561－0000883　20408

中國江海險要圖志二十二卷首一卷補編五卷　（英國）海軍海圖官局編　陳壽彭譯　清光緒二十六年(1900)常州經世文社石印本　十

五冊

440000－2561－0000884　20410

蒙古遊牧記十六卷　（清）張穆撰　清同治六年(1867)壽陽祁寯藻刻本　四冊

440000－2561－0000885　20411

西疆雜述詩四卷　（清）蕭雄撰　清光緒十八年(1892)鉛印本　四冊

440000－2561－0000886　20412

新疆外藩紀略二卷新疆紀略二卷　（清）七十一撰　清乾隆四十二年(1777)刻本　二冊

440000－2561－0000887　20413

歷代宅京記二十卷　（清）顧炎武撰　清嘉慶十三年(1808)昆山顧錫祉來賢堂刻本　十冊

440000－2561－0000888　20414

孔宅志八卷　（清）孔毓圻等纂　清康熙五十六年(1717)刻本　四冊

440000－2561－0000889　20416

漢西域圖考七卷首一卷　（清）李光廷撰　清同治九年(1870)廣州刻本　三冊

440000－2561－0000890　20417

諸蕃志二卷　（宋）趙汝適撰　清吳興沈氏抱經樓抄本　二冊

440000－2561－0000891　20418

海國圖志一百卷首一卷　（清）魏源撰　**續集二十五卷首一卷**　（英國）麥高爾撰　（美國）林樂知　（清）瞿昂來譯　清光緒二十八年(1902)文賢閣石印本(續集補配清光緒二十一年上海書局石印本)　十六冊　缺二卷(續集二十四至二十五)

440000－2561－0000892　20419

瀛環志略十卷　（清）徐繼畬撰　清同治十二年(1873)扶雲樓刻本　六冊

440000－2561－0000893　20420

辨正瀛環志略一卷推廣瀛環志略一卷增益瀛環近事一卷　（清）張煜南輯　清光緒二十七年(1901)刻本　三冊

440000－2561－0000894　20421

普法戰紀十四卷　（清）張宗良口譯　（清）王韜輯撰　清同治十二年(1873)中華印務總局鉛印本　八冊

440000－2561－0000895　20422

日本國志四十卷首一卷　（清）黃遵憲撰　清光緒二十四年(1898)浙江書局刻本　十冊

440000－2561－0000896　20423

日本國志四十卷首一卷　（清）黃遵憲撰　清光緒二十四年(1898)上海圖書集成書局鉛印本　九冊

440000－2561－0000897　20424

日本國志四十卷首一卷　（清）黃遵憲撰　清光緒二十四年(1898)上海圖書集成書局鉛印本　十冊

440000－2561－0000898　20425

大日本中興先覺志二卷　（日本）岡本監輔撰　清光緒二十七年(1901)開導社刻本　二冊

440000－2561－0000899　20427

日本維新三十年史十二卷　（日本）東京博文館編　（清）廣智書局譯　清光緒二十八年(1902)上海廣智書局鉛印本　六冊

440000－2561－0000900　20429

越史略三卷　（清）□□撰　清吳興沈氏抱經樓抄本　二冊

440000－2561－0000901　20430

九通　（□）□□輯　清光緒二十七年(1901)上海圖書集成局石印本　三百一十冊

440000－2561－0000902　20431

三通考輯要二十四卷　湯壽潛輯　清光緒二十五年(1899)圖書集成局鉛印本　三十冊

440000－2561－0000903　20434

大元聖政國朝典章六十卷新集至治條例不分卷　（□）□□撰　清光緒三十四年(1908)刻本　二十冊

440000－2561－0000904　20437

欽定大清會典一百卷　（清）允祹等纂　清刻本　二十四冊

440000－2561－0000905　20438

欽定大清會典一百卷　（清）允祹等纂　清刻本　十六冊

440000－2561－0000906　20439

皇清職貢圖八卷　（清）傅恆等纂　清乾隆二十六年(1761)武英殿刻本　十六冊

440000－2561－0000907　20440

南巡盛典一百二十卷　（清）高晉等纂　清光緒八年(1882)上海點石齋石印本　八冊

440000－2561－0000908　20442

欽定中樞政考三十二卷　（清）明達等纂修　清嘉慶二十五年(1820)刻本　十六冊

440000－2561－0000909　20443

吾學錄初編二十四卷　（清）吳榮光撰　（清）黃本驥編　清道光十二年(1832)南海吳氏筠清館刻本　八冊

440000－2561－0000910　20446

漢官六種十卷　（清）孫星衍輯　清光緒六年(1880)誦芬閣刻誦芬閣叢書本　四冊

440000－2561－0000911　20447

皇明百官述二卷　（明）鄭曉撰　明嘉靖四十五年(1566)刻本　一冊

440000－2561－0000912　20448

最新清國文武官制表二卷　（□）□□撰　清光緒三十四年(1908)石印本　二冊

440000－2561－0000913　20449

雍正硃批諭旨六十卷　（清）世宗胤禛撰（清）鄂爾泰編次　清光緒十三年(1887)上海點石齋石印本　六十冊

440000－2561－0000914　20450

雍正硃批諭旨六十卷　（清）世宗胤禛撰（清）鄂爾泰編次　清光緒十三年(1887)上海點石齋石印本　六十冊

440000－2561－0000915　20451

雍正諭旨一卷附旃檀瑞聖像來儀記一卷（清）世宗胤禛撰　清刻本　一冊

440000－2561－0000916　20452

光緒諭摺彙存二十二卷　（清）□□編　清光緒二十九年(1903)上海慎記書莊石印本　二十四冊

440000－2561－0000917　20453

歷代名臣奏議三百五十卷　（明）黃淮　（明）楊士奇等輯　明永樂十四年(1416)內府刻本　一百二十八冊　缺十一卷（五十四至五十七、一百二至一百七、三百十八）

440000－2561－0000918　20454

歷代名臣言行錄二十四卷　（清）朱桓編　清光緒元年(1875)湖北文源堂刻本　二十四冊

440000－2561－0000919　20456

石林奏議十五卷　（宋）葉夢得撰　清光緒十一年(1885)吳興陸氏皕宋樓刻本　二冊

440000－2561－0000920　20457

宋李忠定公奏議選十五卷　（宋）李綱撰　清光緒二十三年(1897)武昌督糧官署刻本　四冊

440000－2561－0000921　20463

龔端毅公奏疏八卷　（清）龔鼎孳撰　清光緒九年(1883)刻本　六冊

440000－2561－0000922　20464

林文忠公政書三十七卷　（清）林則徐撰　清光緒二年至五年(1876－1879)刻本　十冊

440000－2561－0000923　20465

林文忠公政書三十七卷　（清）林則徐撰　清光緒二年至五年(1876－1879)刻本　十二冊

440000－2561－0000924　20466

左文襄公奏疏三十八卷　（清）左宗棠撰　清光緒十六年(1890)上海圖書集成局鉛印本　二十冊

440000－2561－0000925　20467

彭剛直公奏稿八卷　（清）彭玉麟撰　清光緒十七年(1891)刻本　八冊

440000－2561－0000926　20468

彭剛直公奏稿八卷　（清）彭玉麟撰　清光緒十七年(1891)刻本　七冊

440000 – 2561 – 0000927　20469

李肅毅伯奏議十三卷　（清）李鴻章撰　（清）吳汝綸　（清）章洪鈞輯　清光緒石印本　十三冊

440000 – 2561 – 0000928　20470

沈文肅公政書七卷首一卷　（清）沈葆楨撰　清光緒六年(1880)吳門節署刻本　六冊

440000 – 2561 – 0000929　20471

郭侍郎奏疏十二卷　（清）郭嵩燾撰　清光緒十八年(1892)刻本　十二冊

440000 – 2561 – 0000930　20472

鄧鐵香奏稿六卷　（清）鄧承脩撰　清光緒二十八年(1902)鉛印本　二冊

440000 – 2561 – 0000931　20473

鄧和簡公奏議不分卷　鄧華熙撰　清末稿本　四冊

440000 – 2561 – 0000932　20474

丁文誠公奏稿二十六卷首一卷　（清）丁寶楨撰　陳夔龍編輯　清光緒二十二年(1896)南海羅氏刻本　十冊

440000 – 2561 – 0000933　20475

岑襄勤公奏稿三十卷首一卷總目一卷　（清）岑毓英撰　清光緒二十三年(1897)武昌督糧官署刻本　三十二冊

440000 – 2561 – 0000934　20476

丁禹生政書三十五卷　（清）丁日昌撰　清稿本　二十一冊

440000 – 2561 – 0000935　20477

撫吳公牘五十卷　（清）丁日昌撰　清宣統元年(1909)南洋官書局石印本　四冊

440000 – 2561 – 0000936　20478

戊戌奏稿不分卷　康有為撰　清宣統三年(1911)鉛印本　一冊

440000 – 2561 – 0000937　20479

江楚會奏變法摺不分卷　（清）劉坤一　（清）張之洞撰　清光緒二十七年(1901)兩湖書院刻本　一冊

440000 – 2561 – 0000938　20480

維新奏議二十卷　（清）王紹康輯　清光緒二十八年(1902)上海書局石印本　六冊

440000 – 2561 – 0000939　20482

大清律例彙輯便覽四十卷　（清）湖北讞局輯　清同治十一年(1872)湖北讞局刻本　二十八冊

440000 – 2561 – 0000940　20483

大清律例增修統纂集成四十卷　（清）刑部制訂　（清）陶駿　（清）陶念霖增修　清光緒二十年(1894)上海珍藝書局鉛印本　二十四冊

440000 – 2561 – 0000941　20484

律例便覽八卷　（清）蔡嵩年編　清同治八年(1869)刻本　二冊

440000 – 2561 – 0000942　20485

處分則例圖要六卷　（清）蔡逢年輯　清同治八年(1869)刻本　一冊

440000 – 2561 – 0000943　20486

核訂現行刑律不分卷　（清）沈家本　奕劻等編　清宣統元年(1909)修訂法律館鉛印本　四十八冊

440000 – 2561 – 0000944　20487

欽定增修六部處分則例五十二卷　（清）文孚等修　（清）沈椒生　（清）孫眉山校勘　清同治十二年(1873)刻本　十六冊　存四十六卷（一至四十六）

440000 – 2561 – 0000945　20488

欽定吏部處分則例二十八卷　（清）吏部纂　清刻本　十冊

440000 – 2561 – 0000946　20489

欽定戶部則例九十九卷　（清）聯英等纂　清道光十一年(1831)刻本　四十冊

440000 – 2561 – 0000947　20490

戶部章則不分卷　（□）□□撰　清抄本　二冊

440000 – 2561 – 0000948　20491

欽定戶部軍需則例九卷續增一卷欽定兵部軍

需則例五卷欽定工部軍需則例一卷 （清）阿桂等纂 清乾隆五十年（1785）刻本 四冊

440000－2561－0000949 20492

粵東省例新纂八卷 （清）黃恩彤等纂 清道光二十六年（1846）刻本 四冊

440000－2561－0000950 20493

石渠餘記六卷 （清）王慶雲撰 清光緒王氏刻本 六冊

440000－2561－0000951 20494

光緒二十九年通商各關華洋貿易總冊不分卷 （清）上海通商海關造冊處譯 清光緒三十年（1904）上海通商海關造冊處鉛印本 一冊

440000－2561－0000952 20495

大清礦務章程不分卷 （清）農工商部 （清）外務部編 清光緒三十三年（1907）鉛印本 一冊

440000－2561－0000953 20496

南洋第一次勸業會說略不分卷 （清）向瑞琨撰 清宣統元年（1909）湖南機器印刷局鉛印本 一冊

440000－2561－0000954 20499

兩廣鹽法志三十五卷首一卷 （清）阮元修 （清）伍長華等纂 清道光十五年（1835）刻本 十六冊

440000－2561－0000955 20500

鹺政備覽不分卷 （清）方濬師撰 清光緒二年（1876）兩廣運使署刻本 二冊

440000－2561－0000956 20501

兩廣鹺務行銷引地圖說一卷附緝私各卡圖說 （清）□□編繪 清末寫繪本 一冊

440000－2561－0000957 20502

印度調查鹽法記不分卷 （清）范紹森撰 清光緒三十四年（1908）鉛印本 一冊

440000－2561－0000958 20504

約章分類輯要三十八卷 蔡乃煌等輯 清光緒二十六年（1900）湖南商務局刻本 三十冊

440000－2561－0000959 20505

通商章程成案匯編三十卷 （清）李鴻章等編 清光緒十二年（1886）廣百宋齋鉛印本 十二冊

440000－2561－0000960 20506

中西關繫略論四卷 （美國）林樂知撰 清光緒十八年（1892）上海格致書室鉛印本 一冊

440000－2561－0000961 20507

歐洲東方交涉記十二卷 （英國）麥高爾撰 （美國）林樂知 （清）瞿昂來譯 清光緒六年（1880）江南機器製造總局刻本 一冊

440000－2561－0000962 20509

木龍書一卷 （清）李昉撰 清乾隆十三年（1748）刻本 一冊

440000－2561－0000963 20510

知珍集不分卷 （清）□□撰 清同治四年（1865）抄本 一冊

440000－2561－0000964 20511

牧令書二十三卷 （清）徐棟輯 清道光二十八年（1848）安肅李煒刻本 十八冊

440000－2561－0000965 20512

柔遠全書五種 （清）□□輯 清末抄本 十冊

440000－2561－0000966 20513

普天忠憤全集十四卷首一卷 （清）孔廣德編 清光緒二十一年（1895）石印本 十二冊

440000－2561－0000967 20515

時事新論十二卷 （英國）李提摩太撰 清光緒二十年（1894）上海廣學會鉛印本 三冊

440000－2561－0000968 20516

續考古圖五卷 （宋）呂大臨輯 清光緒十三年（1887）歸安陸心源刻本 二冊

440000－2561－0000969 20517

金石萃編一百六十卷 （清）王昶編 清光緒十九年（1893）上海鴻寶齋石印本 二十四冊

440000－2561－0000970 20518

金石索十二卷 （清）馮雲鵬 （清）馮雲鵷輯 清光緒三十三年（1907）上海文新書局石印

本　二十四册

440000－2561－0000971　20519

西清古鑑四十卷　（清）梁詩正等輯　清光緒三十四年（1908）上海集成圖書公司石印本　二十四册

440000－2561－0000972　20520

金石經眼錄一卷　（清）褚峻摹圖　清乾隆元年（1736）刻本　一册

440000－2561－0000973　20527

恒軒所見所藏吉金錄不分卷　（清）吳大澂輯　清光緒十一年（1885）刻本　二册

440000－2561－0000974　20529

兩罍軒彝器圖釋十二卷　（清）吳雲撰　清同治十二年（1873）刻本　六册

440000－2561－0000975　20531

陶齋吉金錄八卷　（清）端方編　清光緒三十四年（1908）石印本　八册

440000－2561－0000976　20542

隨軒金石文字不分卷　（清）徐渭仁撰　清同治七年（1868）上海徐氏刻本　四册

440000－2561－0000977　20548

陶齋藏石記四十四卷首一卷陶齋藏甎記二卷　（清）端方撰　清宣統元年（1909）石印本　十二册

440000－2561－0000978　20557

漢石例六卷　（清）劉寶楠輯　清道光十六年（1836）刻本　六册

440000－2561－0000979　20558

語石十卷　葉昌熾撰　清宣統元年（1909）長洲葉氏刻文學山房印本　四册

440000－2561－0000980　20559

語石十卷　葉昌熾撰　清宣統元年（1909）長洲葉氏刻文學山房印本　四册

440000－2561－0000981　20574

封泥攷略十卷　（清）吳式芬　（清）陳介祺輯　清光緒三十年（1904）石印本　十册

440000－2561－0000982　20575

京畿金石考二卷　（清）孫星衍撰　清光緒十三年（1887）抱芳閣刻本　二册

440000－2561－0000983　20576

關中金石記八卷　（清）畢沅撰　清光緒三十四年（1908）渭南嚴氏刻本　四册

440000－2561－0000984　20591

欽定四庫全書簡明目錄二十卷首一卷　（清）紀昀等編　清刻本　十二册

440000－2561－0000985　20595

彙刻書目二十卷　（清）顧修編　清光緒十五年（1889）上海福瀛書局刻本　二十册

440000－2561－0000986　20601

鐵琴銅劍樓藏書目錄二十四卷　（清）瞿鏞編　清光緒二十四年（1898）常熟瞿氏刻本　十册

440000－2561－0000987　20604

儀顧堂題跋十六卷續跋十六卷　（清）陸心源撰　清光緒十六年（1890）刻本　六册

440000－2561－0000988　20606

留真譜初編十二卷二編八卷　楊守敬編　清光緒二十七年（1901）宜都楊氏刻本　二十册

440000－2561－0000989　20607

宋元舊本書經眼錄三卷附錄二卷　（清）莫友芝編　清同治十二年（1873）獨山莫繩孫刻影山草堂六種本　五册

440000－2561－0000990　20610

藏書紀事詩六卷　葉昌熾撰　清光緒二十三年（1897）江氏湖南使院刻靈鶼閣叢書本　六册

440000－2561－0000991　20612

史懷二十卷　（明）鍾惺撰　清光緒十七年（1891）三餘草堂刻湖北叢書本　四册

440000－2561－0000992　20614

歷代史事論海三十二卷　（清）知新子編　清光緒二十八年（1902）上海石印本　三十一册

440000－2561－0000993　20623

粵海關志三十卷 （清）梁廷枏纂 清道光廣
州刻本 三十冊

440000－2561－0000994 20624

明史稿三百十卷目錄二卷 （清）王鴻緒撰
清雍正元年(1723)王氏敬慎堂刻本 八十冊

440000－2561－0000995 20625

兩廣鹽法志三十五卷首一卷 （清）阮元修
（清）伍長華等纂 清道光十六年(1836)刻本
二十冊

440000－2561－0000996 20629

兩朝剝復錄六卷首一卷校證六卷 （明）吳應
箕撰 （清）夏燮校證 清同治二年(1863)皖
南夏燮江西省寓刻本 四冊

440000－2561－0000997 20631

欽定天祿琳琅書目十卷 （清）于敏中等編
後編二十卷 （清）彭元瑞等編 清光緒十年
(1884)長沙王氏刻本 十冊

440000－2561－0000998 20633

許竹篔出使函稿十四卷 （清）許景澄撰 清
光緒二十四年(1898)鉛印本 四冊

440000－2561－0000999 20634

平定關隴紀略十三卷 （清）易孔昭撰 清光
緒十三年(1887)刻本 十二冊

440000－2561－0001000 20637

澳門紀畧二卷 （清）印光任 （清）張汝霖撰
清抄本 四冊

440000－2561－0001001 20639

歷代輿地沿革險要圖不分卷 楊守敬編 清
光緒五年(1879)饒氏刻本 一冊

440000－2561－0001002 20640

廣東考古輯要四十六卷 （清）周廣纂修 清
光緒十九年(1893)還讀書屋刻本 十冊

440000－2561－0001003 20663

西巡迴鑾始末記六卷 （日本）吉田良太郎編
譯 清光緒二十八年(1902)石印本 六冊

440000－2561－0001004 20664

拳匪紀略十二卷 （清）僑析生輯 清光緒二

十九年(1903)上洋書局石印本 六冊

440000－2561－0001005 20666

南漢書十八卷 （清）梁廷枏撰 清道光九年
(1829)刻本 八冊

440000－2561－0001006 20669

光緒二十三年通商各關華洋貿易總冊不分卷
（清）上海通商海關造冊處譯 清光緒二十
四年(1898)鉛印本 一冊

440000－2561－0001007 20672

粵東金石略九卷首一卷附二卷 （清）翁方綱
撰 清乾隆三十六年(1771)石州草堂刻本
二冊

440000－2561－0001008 20686

欽定大清會典一百卷首一卷事例一千二百二
十卷目錄八卷圖二百七十卷首一卷 （清）崑
岡等纂 清光緒二十五年(1899)清會典館石
印本 四百九十四冊 缺二十七卷(欽定大
清會典六十六至八十一、圖二百六十至二百
七十)

440000－2561－0001009 20698

明清題名碑錄不分卷 （清）李周望輯 清刻
本 十冊

440000－2561－0001010 20702

西清續鑑甲編二十卷附錄一卷 （清）王傑等
輯 清宣統二年(1910)涵芬樓影印本 四十
二冊

440000－2561－0001011 20704

皕宋樓藏書志一百二十卷 （清）陸心源編
清光緒八年(1882)十萬卷樓刻本 三十二冊

440000－2561－0001012 20705

秋浦雙忠錄五種四十卷 劉世珩輯 清光緒
二十八年(1902)貴池劉氏唐石簃刻本 六冊

440000－2561－0001013 20709

欽定禮部則例二百二卷 （清）文孚等編 清
嘉慶二十五年(1820)刻本 二十五冊

440000－2561－0001014 20711

續資治通鑑長編五百二十卷目錄二卷 （宋）

李燾撰　清光緒七年(1881)浙江書局刻本
一百六十冊

440000－2561－0001015　20715
正藏書六十八卷續藏書二十七卷　(明)李贄
撰　明萬曆汪修能刻本　二十冊　缺七卷
(六十二至六十八)

440000－2561－0001016　20727
九通　(清)□□編　清光緒八年至二十二年
(1882－1896)浙江書局刻本　一千冊

440000－2561－0001017　20728
東三省政略十二卷　徐世昌輯　清宣統三年
(1911)鉛印本　四十冊

440000－2561－0001018　20741
駱文忠公奏議十六卷奏稿十一卷　(清)駱秉
章撰　清光緒四年(1878)刻本　二十四冊

440000－2561－0001019　20742
元史新編九十五卷　(清)魏源撰　清光緒三
十一年(1905)邵陽魏氏慎微堂刻本　三十二
冊

440000－2561－0001020　20743
十五家年譜叢書十五種二十二卷　(清)楊希
閔編　清光緒刻清末民國初書林陳履恆補刻
本　十六冊

440000－2561－0001021　20744
御撰資治通鑑綱目三編四十卷　(清)朱珪等
撰　清同治十一年(1872)江西書局刻本　八
冊

440000－2561－0001022　20745
苗防備覽二十二卷三省邊防備覽十四卷洋防
輯要二十四卷　(清)嚴如熤編　清光緒八年
(1882)溆浦嚴氏刻本　二十四冊

440000－2561－0001023　20749
貞觀政要十卷　(唐)吳兢撰　(元)戈直集論
　明成化元年(1465)內府刻本　四冊

440000－2561－0001024　20751
請纓日記十卷　(清)唐景崧撰　清光緒十九
年(1893)臺灣布政使署刻得一山房四種本

四冊

440000－2561－0001025　20756
小腆紀傳六十五卷　(清)徐鼒撰　清光緒十
三年(1887)刻本　十八冊

440000－2561－0001026　20759
古今錢略三十二卷首一卷末一卷　(清)倪模
輯　清光緒三年至五年(1877－1879)望江倪
模兩彊勉齋刻本　十六冊

440000－2561－0001027　20765
欽定錢錄十六卷　(清)梁詩正等撰　清乾隆
十六年(1751)紅杏山房刻本　六冊

440000－2561－0001028　20768
弘簡錄二百五十四卷　(明)邵經邦撰　清康
熙二十七年(1688)邵遠平刻本　八十冊

440000－2561－0001029　20769
新雕皇朝類苑七十八卷　(宋)江少虞撰　清
宣統三年(1911)武進董氏刻誦芬室叢刊本
十二冊

440000－2561－0001030　20771
清末郵傳部有關鐵路奏摺不分卷　(清)陳璧
等撰　清光緒三十四年(1908)抄本　八冊

440000－2561－0001031　20774
卞制軍奏議十二卷　(清)卞寶第撰　清光緒
二十年(1894)刻本　十二冊

440000－2561－0001032　20775
卞制軍政書四卷　(清)卞寶第撰　清光緒二
十年(1894)刻本　四冊

440000－2561－0001033　20780
竹里秦漢瓦當文存不分卷　(清)王福田輯
清咸豐二年(1852)王氏七橋草堂刻本　二冊

440000－2561－0001034　20783
長安獲古編二卷補一卷　(清)劉喜海輯　清
光緒三十一年(1905)刻本　二冊

440000－2561－0001035　20788
粵氛紀事十三卷　(清)夏燮輯　清同治八年
(1869)刻本　六冊

440000－2561－0001036　20789

度隴記四卷　（清）董醇撰　清咸豐元年(1851)刻本　四冊

440000－2561－0001037　20790

史通訓故補二十卷　（清）黃叔琳撰　（清）顧鎮參訂　（清）張鳳孫同訂　清乾隆十二年(1747)刻本　四冊

440000－2561－0001038　20796

欽定日下舊聞考一百六十卷　（清）朱彝尊原輯　（清）于敏中修　（清）竇光鼐等纂　清刻本　四十冊

440000－2561－0001039　20798

碧血錄五卷　（清）莊仲方撰　清光緒八年(1882)上海同文書局石印本　五冊

440000－2561－0001040　20799

水道提綱二十八卷　（清）齊召南編　清乾隆二十六年(1761)刻本　六冊

440000－2561－0001041　20806

東林同難錄一卷列傳一卷附錄一卷　（清）繆敬持輯　清道光五年(1825)刻本　四冊

440000－2561－0001042　20811

山東軍興紀略二十二卷　（清）張曜撰　清光緒十一年(1885)山東書局刻本　十冊

440000－2561－0001043　20812

臺灣外紀十卷　（清）江日昇撰　清求無不獲齋刻本　五冊

440000－2561－0001044　20813

臺灣外紀三十卷　（清）江日昇撰　清光緒四年(1878)申報館鉛印本　六冊

440000－2561－0001045　20814

元和郡縣圖志四十卷　（唐）李吉甫撰　清嘉慶二年(1797)陽湖孫星衍刻岱南閣叢書本　八冊

440000－2561－0001046　20815

括地志八卷　（唐）李泰撰　（清）孫星衍輯　清嘉慶三年(1798)蘭陵孫星衍刻岱南閣叢書本　二冊

440000－2561－0001047　20816

虎口日記一卷　（清）魯叔容撰　清光緒二十二年(1896)福州刻本　一冊

440000－2561－0001048　20817

津門奉使紀聞一卷　（清）曹和濟撰　清光緒二十一年(1895)刻本　一冊

440000－2561－0001049　20818

南疆繹史勘本三十卷首二卷　（清）溫睿臨原本　（清）李瑤勘定　繹史摭遺十八卷繹史卹諡考八卷　（清）李瑤撰　清道光十年(1830)北京琉璃廠半松居士刻本　十六冊

440000－2561－0001050　20827

霆軍紀略十六卷　（清）陳昌輯　清光緒八年(1882)上海申報館鉛印本　六冊

440000－2561－0001051　20830

淮軍平捻記十二卷　（清）周世澄撰　清同治六年(1867)刻本　三冊

440000－2561－0001052　20831

宋忠定趙周王別錄八卷　葉德輝輯　清光緒三十四年(1908)長沙葉氏刻本　六冊

440000－2561－0001053　20835

天一閣見存書目四卷首一卷末一卷　（清）薛福成編　清光緒十五年(1889)無錫薛福成甬上崇實書院刻本　四冊

440000－2561－0001054　20836

詞科掌錄十七卷詞科餘話七卷　（清）杭世駿編　清乾隆杭氏道古堂刻本　六冊

440000－2561－0001055　20839

輿地廣記三十八卷附校勘劄記二卷　（宋）歐陽忞撰　（清）黃丕烈校勘　清嘉慶十七年(1812)吳縣黃丕烈士禮居刻士禮居黃氏叢書本　四冊

440000－2561－0001056　20840

戊戌奏稿不分卷　康有爲撰　清宣統三年(1911)鉛印本　一冊

440000－2561－0001057　20844

平叛記二卷　（清）毛霦撰　清康熙五十五年

(1716)東萊毛氏刻本　　二冊

440000－2561－0001058　20846

水經注圖四十卷補一卷　楊守敬撰　清光緒
三十一年(1905)觀海堂刻本　　八冊

440000－2561－0001059　20847

六朝事蹟編類十四卷　(宋)張敦頤撰　清光
緒十三年(1887)寶章閣刻本　　四冊

440000－2561－0001060　20849

支那教案論不分卷　(英國)宓克著　嚴復譯
　鄭孝樨校　清光緒十八年(1892)南洋公學
譯書院鉛印本　　一冊

440000－2561－0001061　20850

郵傳部接辦粵川漢鐵路借款及分別接受各路
股款始末記不分卷　　(□)□□撰　清宣統三
年(1911)鉛印本　　一冊

440000－2561－0001062　20851

靖海紀事二卷首一卷　(清)施琅撰　清康熙
刻本　　二冊

440000－2561－0001063　20852

四川土司疆域志不分卷　(清)王毓藻撰　清
末抄本　　三冊

440000－2561－0001064　20854

見聞隨筆二卷　(清)馮甦撰　清嘉慶二十一
年(1816)臨海宋氏刻本　　一冊

440000－2561－0001065　20855

西征紀程四卷　(清)鄒代鈞撰　清光緒十七
年(1891)鉛印本　　二冊

440000－2561－0001066　20859

桐城耆舊傳十二卷　馬其昶撰　清宣統三年
(1911)桐城馬氏刻本　　六冊

440000－2561－0001067　20865

長安獲古編二卷補一卷　(清)劉喜海輯　清
光緒三十一年(1905)刻本　　二冊

440000－2561－0001068　20869

廣東輿地全圖不分卷　(清)張人駿編　清光
緒二十三年(1897)廣州石經堂石印本　　一冊

440000－2561－0001069　20871

洋防輯要二十四卷　(清)嚴如熤輯　清道光
二年(1822)刻本　　八冊

440000－2561－0001070　20872

東林列傳二十四卷末二卷　(清)陳鼎撰　清
刻本　　六冊

440000－2561－0001071　20875

三省邊防備覽十四卷　(清)嚴如熤輯　清道
光二年(1822)刻本　　六冊

440000－2561－0001072　20876

苗防備覽二十二卷　(清)嚴如熤編　清嘉慶
二十五年(1820)漵浦嚴氏刻本　　八冊

440000－2561－0001073　20879

新舊唐書互證二十卷　(清)趙紹祖撰　清嘉
慶十八年(1813)古墨齋刻本　　五冊

440000－2561－0001074　20885

教務紀略四卷首一卷　李剛己編撰　魏家驊
等修訂　清光緒三十年(1904)山東印書局鉛
印本　　五冊

440000－2561－0001075　20899

三國志注補六十五卷　(清)趙一清撰　清光
緒廣雅書局刻本　　八冊

440000－2561－0001076　20913

雲南地志三卷　(清)劉盛堂纂　清光緒三十
四年(1908)石印本　　三冊

440000－2561－0001077　20917

黔書二卷　(清)田雯撰　清嘉慶十三年
(1808)貴陽使署刻本　　二冊

440000－2561－0001078　20921

河海崑崙錄四卷　(清)裴景福撰　清宣統元
年(1909)上海文明書局鉛印本　　四冊

440000－2561－0001079　20923

新疆賦一卷　(清)徐松撰　清道光四年
(1824)刻本　　一冊

440000－2561－0001080　20929

廣東圖說九十二卷首一卷附總圖二十三卷
(清)毛鴻賓修　(清)桂文燦纂　清同治九年

至十年(1870－1871)萃文堂刻本　十八冊

440000－2561－0001081　20931

西域水道記五卷　（清）徐松撰　清道光三年
(1823)刻本　五冊

440000－2561－0001082　20932

庸盦尚書奏議十六卷　陳夔龍撰　清宣統三
年(1911)鉛印本　八冊

440000－2561－0001083　20933

李文恭公奏議二十二卷　（清）李星沅撰　清
光緒刻本　十八冊

440000－2561－0001084　20934

新疆山脈圖志六卷　王樹枬撰　清宣統元年
(1909)新城王樹枬刻陶廬叢刻本　六冊

440000－2561－0001085　20935

新疆國界圖志八卷附圖一冊　王樹枬撰　清
宣統元年(1909)新城王樹枬刻陶廬叢刻本
九冊

440000－2561－0001086　20936

合肥李勤恪公政書十卷　（清）李瀚章撰　清
光緒二十六年(1900)石印本　十冊

440000－2561－0001087　20940

養知書屋奏疏十二卷　（清）郭嵩燾撰　清光
緒十八年(1892)刻本　十二冊

440000－2561－0001088　20941

同治中興京外奏議約編八卷　（清）陳弢輯
清光緒元年(1875)刻本　四冊

440000－2561－0001089　20943

東藩紀要十二卷　（清）薛培榕編　清光緒八
年(1882)上海申報館鉛印本　二冊

440000－2561－0001090　20944

羅文恪公[惇衍]年譜一卷　（清）羅榘等撰
清同治十三年(1874)刻本　一冊

440000－2561－0001091　20945

丁未和會類要四卷　（□）□□撰　清光緒三
十三年(1907)鉛印本　三冊

440000－2561－0001092　20948

中俄界約斠注七卷　（清）錢恂撰　清光緒二
十年(1894)刻本　二冊

440000－2561－0001093　20949

蠻書十卷　（唐）樊綽撰　清乾隆三十九年
(1774)武英殿木活字印武英殿聚珍版書本
二冊

440000－2561－0001094　20953

金陀粹編二十八卷　（宋）岳珂撰　清光緒九
年(1883)浙江書局刻本　十二冊

440000－2561－0001095　20954

苗防備覽二十二卷　（清）嚴如熤編　清道光
二十三年(1843)刻本　八冊

440000－2561－0001096　20955

善本書室藏書志四十卷附錄一卷　（清）丁丙
撰　清光緒二十七年(1901)錢塘丁丙刻本
十六冊

440000－2561－0001097　20956

清雍正上諭旗務議覆十三卷諭行旗務奏議十
三卷　（清）允祿等撰　清雍正九年(1731)內
府刻本　十冊

440000－2561－0001098　20958

三洲日記八卷　（清）張蔭桓撰　清光緒二十
二年(1896)石印本　八冊

440000－2561－0001099　20959

鮮虞中山國事表疆域圖說一卷　王先謙撰
清光緒九年(1883)長沙王氏刻本　一冊

440000－2561－0001100　20961

宋名臣言行錄前集十卷後集十四卷　（宋）朱
熹撰　（明）張采評　明崇禎十一年(1638)刻
本　四十冊

440000－2561－0001101　20963

度支部通阜司奏案輯要六卷　（清）度支部編
清光緒至宣統京華書局京師鉛印本　六冊

440000－2561－0001102　20967

劉中丞奏議二十卷　（清）劉蓉撰　清光緒十
一年(1885)思賢講舍刻本　十冊

440000－2561－0001103　20968

季漢書六十卷正論一卷答問一卷　（明）謝陛撰　（明）臧懋循訂　明萬曆三十一年(1603)刻本　十冊

440000－2561－0001104　20970

四王傳二卷　（□）□□□撰　清刻本　二冊

440000－2561－0001105　20971

嘉靖以來首輔傳八卷　（明）王世貞撰　清光緒二十七年(1901)順德龍氏刻螺樹山房叢書本　二冊

440000－2561－0001106　20972

李文忠公外部函稿二十八卷　（清）吳汝編輯　清光緒二十八年(1902)保定蓮池書社鉛印本　八冊

440000－2561－0001107　20973

張忠武事錄四卷　（清）陳慶年輯　清光緒三十二年(1906)刻本　二冊

440000－2561－0001108　20975

錢塘遺事十卷　（元）劉一清撰　（清）席世臣訂　清嘉慶四年(1799)掃葉山房刻本　一冊

440000－2561－0001109　20977

吾學編六十九卷　（明）鄭曉撰　明隆慶元年(1567)鄭履淳刻本　二十四冊

440000－2561－0001110　20979

新舊唐書合鈔二百六十卷首一卷唐書宰相世系表訂譌十二卷　（清）沈炳震輯　唐書合鈔補正六卷　（清）丁子復撰　清同治十年(1871)武林吳氏清來堂刻本　六十冊

440000－2561－0001111　20982

校前漢書八表八卷　（漢）班固撰　（清）夏燮校　清光緒十六年(1890)刻本　六冊

440000－2561－0001112　20984

西疆交涉志要六卷　（清）鍾鏞撰　清宣統三年(1911)鉛印本　二冊

440000－2561－0001113　20985

西疆交涉志要六卷　（清）鍾鏞撰　清宣統三年(1911)鉛印本　二冊

440000－2561－0001114　20989

采風記五卷　宋育仁撰　清光緒二十一年(1895)刻本　三冊

440000－2561－0001115　21001

奧籍朝鮮三種　（清）周家祿著　清光緒二十五年(1899)刻本　一冊

440000－2561－0001116　21002

奏定學堂章程不分卷　（清）張百熙等纂　清光緒二十九年(1903)北洋官報局鉛印本　十一冊

440000－2561－0001117　21009

粵東葺勝記八卷首二卷　（清）徐琪撰　清光緒二十九年(1903)刻本　五冊

440000－2561－0001118　21010

王靖毅公[懿德]年譜二卷　（清）王家勤編　王靖毅公列傳一卷　（清）薛斯來撰　先靖毅公行述一卷　（清）王守愚等撰　鄉會試朱卷一卷　（清）王懿德撰　公餘瑣言一卷　（清）王懿德輯　清同治刻本　六冊

440000－2561－0001119　21012

拳匪紀事六卷　（日本）佐原篤介輯　（清）浙西漚隱輯　清光緒二十七年(1901)鉛印本　六冊

440000－2561－0001120　21013

史外八卷　（清）汪有典撰　清光緒三年(1877)刻本　八冊

440000－2561－0001121　21017

平浙紀略十六卷　（清）秦緗業　（清）陳鍾英撰　清同治十二年(1873)浙江書局刻本　四冊

440000－2561－0001122　21019

國朝歷科題名碑錄初集不分卷附明洪武至崇禎各科題名錄不分卷　（清）李周望等編　清光緒刻本　八冊

440000－2561－0001123　21021

史外八卷　（清）汪有典撰　清同治四年(1865)刻本　八冊

440000－2561－0001124　21023

二銘艸堂金石聚十六卷　（清）張德容輯　清同治十一年（1872）刻本　十六冊

440000－2561－0001125　21024

增修現行常例一卷　（清）戶部編　清同治五年（1866）刻本　四冊

440000－2561－0001126　21025

吳興科第表不分卷　（清）戴璐等編　清同治十一年（1872）刻本　二冊

440000－2561－0001127　21026

半窗史略四十二卷　（清）龍體剛輯　清雍正四年（1726）刻本　十冊

440000－2561－0001128　21029

四川官運鹽案類編二十七卷　（清）唐炯編　清光緒七年（1881）成都總局刻本　十冊

440000－2561－0001129　21031

四洪年譜四卷　（清）洪汝奎輯　清宣統三年（1911）刻本　四冊

440000－2561－0001130　21034

歷代同姓名錄二十三卷　（清）劉長華纂　清光緒五年（1879）刻本　五冊

440000－2561－0001131　21035

元史氏族表三卷　（清）錢大昕撰　清嘉慶十一年（1806）江蘇書局刻本　二冊

440000－2561－0001132　21036

元史藝文志四卷　（清）錢大昕撰　清江蘇書局刻本　一冊

440000－2561－0001133　21037

國朝全蜀貢舉備考九卷　（清）孫桐生　趙增榮重輯　清光緒九年（1883）刻本　四冊

440000－2561－0001134　21038

湖南財政說明書二十四卷　（清）湖南清理財政局編　清宣統三年（1911）鉛印本　六冊

440000－2561－0001135　21049

淮南鹽法紀略十卷　（清）龐際雲　（清）方濬頤撰　清同治十二年（1873）淮南書局刻本　十冊

440000－2561－0001136　21050

晉乘蒐略三十二卷　（清）康基田輯　（清）康綸鈞等校　清嘉慶十六年（1811）霞蔭堂刻本　二十二冊

440000－2561－0001137　21051

支那通史四卷附圖表一卷續支那通史二卷　（日本）那珂通世編　清光緒二十九年（1903）崇實書局石印本（續支那通史為清光緒三十二年會文堂石印本）　六冊

440000－2561－0001138　21053

五大洲政治通考四十八卷　（清）徐準宜編　清光緒二十七年（1901）武進徐氏急先務齋石印本　十二冊

440000－2561－0001139　21054

七家後漢書二十一卷　（清）汪文臺輯　清光緒八年（1882）刻本　六冊

440000－2561－0001140　21061

錦里新編十六卷首一卷　（清）張邦伸輯　清嘉慶五年（1800）敦彝堂刻本　六冊

440000－2561－0001141　21063

越南輯略二卷　（清）徐延旭撰　清光緒三年（1877）梧州郡署刻本　二冊

440000－2561－0001142　21066

淮軍平捻記十二卷　（清）周世澄撰　清同治六年（1867）刻本　六冊

440000－2561－0001143　21069

齊乘六卷　（元）于欽纂修　釋音一卷　（元）于潛撰　考證六卷　（清）周嘉猷撰　清乾隆四十六年（1781）桂林胡德琳刻本　四冊

440000－2561－0001144　21070

金韜籌筆四卷　（清）□□撰　清光緒十三年（1887）刻本　二冊

440000－2561－0001145　21071

嶺海勝四卷　（清）林輝著　（清）趙古農輯　清道光四年（1824）梅口山堂刻本　四冊

440000－2561－0001146　21074

三國郡縣表補正八卷　（清）吳增僅撰　楊守

敬補正　清光緒三十三年(1907)鄂城刻本
四冊

440000 – 2561 – 0001147　21075

弇州史料前集三十卷後集七十卷　（明）王世
貞撰　（明）董復表編　明萬曆四十二年
(1614)刻本　三十六冊

440000 – 2561 – 0001148　21076

西山題跋三卷　（宋）真德秀撰　**無咎題跋一
卷**　（宋）晁補之撰　**宛丘題跋一卷**　（宋）張
耒撰　**淮海題跋一卷**　（宋）秦觀撰　明崇禎
虞山毛氏汲古閣刻津逮祕書本　六冊

440000 – 2561 – 0001149　21081

東林書院志二十二卷　（清）高廷珍等編　清
光緒七年(1881)刻本　八冊

440000 – 2561 – 0001150　21082

蒙古遊牧記十六卷　（清）張穆撰　清同治六
年(1867)壽陽祁寯藻刻本　四冊

440000 – 2561 – 0001151　21083

閩都記三十三卷　（明）王應山撰　清道光十
一年(1831)求放心齋刻本　六冊

440000 – 2561 – 0001152　21085

太平寰宇記二百卷目錄二卷　（宋）樂史撰
清光緒八年(1882)金陵書局刻本　三十六冊

440000 – 2561 – 0001153　21086

三忠合編六卷　（清）胡長新編　清光緒八年
(1882)刻本　四冊

440000 – 2561 – 0001154　21089

**國朝耆獻類徵初編四百八十四卷首二百四卷
目錄二十卷通檢十卷賢媛類徵十二卷**　（清）
李桓撰　清光緒十六年(1890)湘陰李氏刻本
三百三冊

440000 – 2561 – 0001155　21098

南漢春秋十三卷　（清）劉應麟編　清道光七
年(1827)含章書屋刻本　四冊

440000 – 2561 – 0001156　21100

北海雜錄一卷　（清）梁鴻勳著　清光緒抄本
一冊

440000 – 2561 – 0001157　21101

鹿傳霖奏稿三卷　（清）鹿傳霖撰　清光緒二
十六年(1900)刻本　一冊

440000 – 2561 – 0001158　21102

靖海紀事二卷首一卷　（清）施琅撰　清光緒
元年(1875)刻本　二冊

440000 – 2561 – 0001159　21104

大清宣統新法令不分卷　（清）商務印書館編
譯所編　清宣統二年至三年(1910 – 1911)商
務印書館上海鉛印本　十三冊

440000 – 2561 – 0001160　21105

平叛記二卷　（清）毛霦撰　清康熙五十五年
(1716)東萊毛氏刻本　二冊

440000 – 2561 – 0001161　21106

東三省蒙務公牘彙編五卷　朱啟鈐編　清宣
統元年(1909)鉛印本　二冊

440000 – 2561 – 0001162　21111

邊事彙鈔十二卷續鈔八卷　（清）朱克敬編
清光緒六年(1880)刻本　八冊

440000 – 2561 – 0001163　21113

元祐黨人傳十卷　（清）陸心源撰　清光緒十
五年(1889)刻本　三冊

440000 – 2561 – 0001164　21114

建康實錄二十卷　（唐）許嵩撰　清光緒二十
八年(1902)金陵甘氏刻本　四冊

440000 – 2561 – 0001165　21115

求闕齋弟子記三十二卷　（清）王定安撰　清
光緒二年(1876)都門龍文齋刻本　十六冊

440000 – 2561 – 0001166　21120

通鑑總類二十卷　（宋）沈樞輯　明萬曆二十
三年(1595)孫隆刻本　二十冊

440000 – 2561 – 0001167　21121

尚史七十卷　（清）李鍇撰　清嘉慶十九年
(1814)晚香草堂刻本　二十冊

440000 – 2561 – 0001168　21122

于文定公讀史漫錄二十卷　（明）于慎行撰
（清）黃恩彤參訂　清道光二十六年(1846)刻

本 六冊

440000－2561－0001169　21125

金史詳校十卷附史論五答一卷　（清）施國祁
撰　清光緒六年(1880)會稽章氏刻本　十冊

440000－2561－0001170　21126

浙東籌防錄四卷　（清）薛福成纂輯　清光緒
十四年(1888)刻本　四冊

440000－2561－0001171　21132

郘亭知見傳本書目十六卷　（清）莫友芝撰
清同治十年(1871)刻本　四冊

440000－2561－0001172　21136

廣西存書目錄一卷　（清）桂垣書局編　清光
緒十六年(1890)桂林桂垣書局刻本　一冊

440000－2561－0001173　21145

天一閣書目四卷附碑目一卷　（明）范欽藏
（清）范邦甸等編　清嘉慶十三年(1808)揚州
阮元文選樓刻本　五冊

440000－2561－0001174　21146

日本訪書志十七卷　楊守敬撰　清光緒二十
三年(1897)宜都楊守敬鄰蘇園刻本　四冊

440000－2561－0001175　21147

銷燬抽燬書目一卷　（清）□□輯　清光緒九
年(1883)歸安姚氏刻咫進齋叢書本　一冊

440000－2561－0001176　21148

全燬書目一卷抽燬書目一卷附粵省奏燬書目
一卷　（清）□□輯　清刻本　一冊

440000－2561－0001177　21149

通志藝文略八卷校讎略一卷圖譜略一卷
(宋)鄭樵撰　明刻本　三冊

440000－2561－0001178　21150

劬書室藏書目錄十六卷　（清）金錫齡撰　清
稿本　盧子樞題　一冊

440000－2561－0001179　21151

宋元舊本書經眼錄三卷附錄二卷　（清）莫友
芝編　清同治十二年(1873)獨山莫繩孫刻影
山草堂六種本　一冊

440000－2561－0001180　21152

五萬卷閣書目記四卷　（清）李嘉績編　清光
緒三十年(1904)華清官舍刻本　一冊

440000－2561－0001181　21153

學堂書目附法國政學院章程不分卷　（清）張
百熙編　清光緒二十九年(1903)石印本　一
冊

440000－2561－0001182　21154

尊經閣募捐藏書章程一卷附山東公立農業專
門學校改訂圖書館職員服務規程一卷　（□）
□□撰　清末刻本　一冊

440000－2561－0001183　21156

帶經堂書目四卷　（清）陳樹杓編　清宣統順
德鄧實鉛印風雨樓叢書本　一冊

440000－2561－0001184　21169

江刻書目三種　（清）江標輯　清光緒十三年
(1887)元和江氏靈鶼閣刻民國蘇州振新書社
印本　一冊

440000－2561－0001185　21174

豐順丁氏持靜齋書目五卷　（清）丁日昌編
清光緒二十一年(1895)元和江標師鄦室刻朱
印本　一冊

440000－2561－0001186　21181

欽定天祿琳琅書目後編二十卷　（清）彭元瑞
等編　清光緒十年(1884)長沙王氏刻本　四
冊

440000－2561－0001187　21182

天祿琳琅書目十卷　（清）于敏中等編　清光
緒十年(1884)長沙王氏刻本　四冊

440000－2561－0001188　21184

留真譜初編十二卷　楊守敬編　清光緒二十
七年(1901)宜都楊氏刻本　四冊

440000－2561－0001189　21187

皕宋樓藏書志一百二十卷　（清）陸心源編
清光緒八年(1882)歸安陸心源十萬卷樓刻潛
園總集本　二十四冊

440000－2561－0001190　21193

漢書藝文志考證十卷　(宋)王應麟撰　清光
緒十一年(1885)刻本　二冊

440000－2561－0001191　21197
儀顧堂題跋十六卷續跋十六卷　(清)陸心源
撰　清光緒十六年(1890)刻本　六冊

440000－2561－0001192　21201
廣雅書院藏書目錄七卷　(清)廖廷相編　清
光緒二十七年(1901)刻本　三冊

440000－2561－0001193　21203
續語堂題跋一卷　(清)魏錫曾撰　清光緒九
年(1883)刻本　一冊

440000－2561－0001194　21209
知聖道齋讀書跋尾二卷　(清)彭元瑞撰　清
乾隆刻本　一冊

440000－2561－0001195　21210
五桂樓書目四卷　(清)黃澄量編　清光緒二
十一年(1895)姚江黃氏刻本　二冊

440000－2561－0001196　21211
山陰祁氏藏書目不分卷　(□)□□編　清抄
本　二冊

440000－2561－0001197　21214
經典釋文序錄一卷　(唐)陸德明撰　清刻本
一冊

440000－2561－0001198　21218
帶經堂書目四卷　(清)陳樹杓編　清宣統順
德鄧氏鉛印本　三冊

440000－2561－0001199　21220
[嘉慶]新修江寧府志五十六卷　(清)呂燕昭
修　(清)姚鼐纂　清嘉慶十六年(1811)刻本
一冊　存三卷(五十四至五十六)

440000－2561－0001200　21222
傳經閣書目不分卷　(□)□□編　清抄本
一冊

440000－2561－0001201　21223
皇朝經籍志六卷　(清)黃本驥輯　清道光二
十五年(1845)刻本　一冊

440000－2561－0001202　21226
南江書錄一卷　(清)邵晉涵撰　清光緒貴池
劉氏刻聚學軒叢書本　一冊

440000－2561－0001203　21237
浙江採集遺書總錄十卷　(清)鍾音等編　清
乾隆三十九年(1774)刻本　八冊

440000－2561－0001204　21238
鐵琴銅劍樓藏書目錄二十四卷　(清)瞿鏞編
清光緒二十四年(1898)常熟瞿氏刻本　六
冊

440000－2561－0001205　21239
藏書紀事詩七卷　葉昌熾撰　清光緒十七年
(1891)刻本　四冊

440000－2561－0001206　21245
四庫全書書目表四卷　李滋然編　清宣統三
年(1911)京師京華印書局鉛印本　二冊

440000－2561－0001207　21246
四庫簡明目錄標注二十卷附錄一卷　(清)邵
懿辰撰　清宣統三年(1911)仁和邵氏家祠刻
半巖廬所著書本　六冊

440000－2561－0001208　21247
結一廬書目四卷　(清)朱學勤藏並編　滂喜
齋宋元本書目一卷　(清)潘祖蔭藏並編　清
宣統元年(1909)番禺沈宗畸晨風閣刻晨風閣
叢書本　一冊

440000－2561－0001209　21249
學古堂捐藏書目一卷　學古堂編　清江蘇學
古堂刻本　一冊

440000－2561－0001210　21254
孫氏祠堂書目內編四卷外編三卷　(清)孫星
衍撰　清光緒九年(1883)德化李盛鐸木犀軒
刻木犀軒叢書本　一冊

440000－2561－0001211　21255
廉石居藏書記二卷　(清)孫星衍撰　(清)陳
宗彝編次　清道光十六年(1836)刻本　一冊

440000－2561－0001212　21256
稽瑞樓書目四卷　(清)陳揆撰　清光緒三年

(1877)吳縣潘氏八囍齋刻滂喜齋叢書本　一冊

440000－2561－0001213　21258
藝芸書舍宋元本書目二卷　（清）汪士鐘編
清同治十二年(1873)吳縣潘氏滂喜齋刻滂喜齋叢書本　一冊

440000－2561－0001214　21260
尊經書院初集十二卷　王闓運輯　清光緒十六年(1890)尊經書局刻本　一冊　存一卷（九）

440000－2561－0001215　21263
補晉書藝文志四卷附錄一卷　（清）丁國鈞撰（清）丁辰注　清末稿本　一冊

440000－2561－0001216　21264
皇清經解檢目八卷附縮本通用表一卷　（清）蔡啟盛編　清光緒十二年(1886)武林刻本　二冊

440000－2561－0001217　21266
書目提要初編六卷　（清）曼陀蘿花館主人編　清光緒二十四年(1898)湖南學報刻本　一冊

440000－2561－0001218　21268
算學書目提要三卷附錄一卷　丁福保述　清光緒二十五年(1899)無錫竢實學堂刻疇隱廬叢書本　一冊

440000－2561－0001219　21269
普通學書錄四卷　（清）黃慶澄編　清光緒二十七年(1901)杭州小學堂刻本　一冊

440000－2561－0001220　21270
既勤著述敘例不分卷　（清）錢東垣撰　清道光錢氏得自怡齋叢書本　一冊

440000－2561－0001221　21272
花近樓叢書序跋記二卷　（清）管廷芬撰　清宣統三年(1911)上海國學扶輪社鉛印本　一冊

440000－2561－0001222　21275
海虞藝文志六卷　（清）姚福均輯　清光緒二

十三年(1897)常熟姚氏慕程齋刻本　一冊

440000－2561－0001223　21278
善本書室藏書志四十卷附錄一卷　（清）丁丙輯　清光緒二十七年(1901)錢塘丁丙刻本　十冊

440000－2561－0001224　21280
昭德先生郡齋讀書志二十卷　（宋）晁公武撰（宋）姚應績編　清光緒十年(1884)長沙王氏刻本　十二冊

440000－2561－0001225　21281
順天藝文志五卷　繆荃孫輯　清光緒十二年(1886)刻本　二冊

440000－2561－0001226　21284
補後漢書藝文志考十卷首一卷補後漢書藝文志一卷　曾樸纂　清光緒二十一年(1895)常熟曾樸刻常熟曾氏叢書本　三冊

440000－2561－0001227　21285
經籍舉要一卷附錄一卷　（清）龍啟瑞撰　清光緒十九年(1893)中江講院刻本　一冊

440000－2561－0001228　21286
重編紅雨樓題跋二卷　（明）徐𤊹撰　清宣統三年(1911)峭帆樓刻本　一冊

440000－2561－0001229　21289
京師廣東學堂書藏捐書目錄十六卷　（清）□□編　清宣統元年(1909)湖北刷印官局鉛印本　一冊

440000－2561－0001230　21291
書目答問四卷　（清）張之洞撰　清光緒元年(1875)刻本　一冊

440000－2561－0001231　21293
春在堂全書錄要一卷　（清）俞樾編　清光緒十一年(1885)刻本　一冊

440000－2561－0001232　21294
文選理學權輿八卷　（清）汪師韓撰　清嘉慶四年(1799)桐川顧氏刻本　一冊　存一卷（二）

440000－2561－0001233　21295

綠萍池館書目不分卷　（□）□□編　清抄本
一冊

440000－2561－0001234　21298

廣雅書局史學叢書目錄一卷　（清）吳翊寅編
清光緒刻本　一冊

440000－2561－0001235　21299

天一閣見存書目四卷首一卷末一卷　（清）薛
福成編　清光緒十五年(1889)無錫薛福成甬
上崇實書院刻本　二冊

440000－2561－0001236　21305

補列史藝文志二十二卷　（清）錢大昭等撰
清光緒十三年至十九年(1887－1893)廣雅書
局刻本　六冊

440000－2561－0001237　21314

常蔭軒存書錄目一卷　潘飛聲撰　清抄本
一冊

440000－2561－0001238　21319

隋書經籍志四卷　（唐）長孫無忌等撰　清光
緒八年(1882)成都御風樓刻本　二冊

440000－2561－0001239　21320

經籍訪古志六卷　（日本）澀江全善　（日本）
森立之撰　清光緒十一年(1885)鉛印本　四
冊

440000－2561－0001240　21321

明史藝文志四卷　（清）張廷玉等撰　清刻本
一冊

440000－2561－0001241　21322

唐書藝文志四卷　（宋）歐陽修撰　清刻本
一冊

440000－2561－0001242　21323

舊唐書經籍志二卷　（五代）劉昫撰　清刻本
一冊

440000－2561－0001243　21324

補晉書經籍志四卷　吳士鑑纂　清光緒二十
一年(1895)錢塘吳氏刻本　一冊

440000－2561－0001244　21327

廷寄飭查書目一卷四庫館查辦條欵一卷四庫

館咨查書目一卷翰林院咨查書目一卷外省咨
查書目三卷　（□）□□編　清刻本　一冊

440000－2561－0001245　21331

袁氏藝文金石錄二卷　（清）袁昶撰　清光緒
二十三年(1897)漸西村舍刻本　一冊

440000－2561－0001246　21332

隋書經籍志考證十三卷　（清）章宗源撰　清
光緒三年(1877)湖北崇文書局刻本　四冊

440000－2561－0001247　21335

粵雅堂叢書題跋不分卷　（清）伍崇曜撰　清
道光三十年至光緒元年(1850－1875)刻粵雅
堂叢書題跋抽訂本　一冊

440000－2561－0001248　21336

共讀樓書目十卷　（清）國英撰　清光緒六年
(1880)吉林索綽絡氏家塾刻本　一冊

440000－2561－0001249　21344

申報館書目一卷　申報館編　清光緒三年
(1877)申報館鉛印本　一冊

440000－2561－0001250　21348

西學書目表三卷附一卷讀西學書法　梁啟超
撰　清光緒二十二年(1896)時務報館影印本
一冊

440000－2561－0001251　21349

古今算學叢書編目一卷　（清）劉鐸編　清光
緒二十四年(1898)上海算學書局石印本　二
冊

440000－2561－0001252　21353

蓮根館藏書目一卷　黎維樅藏并編　清末至
民國稿本　一冊

440000－2561－0001253　21355

武林藏書錄三卷首一卷末一卷　（清）丁申撰
清光緒二十六年(1900)錢塘丁氏嘉惠堂刻
武林掌故叢編本　一冊

440000－2561－0001254　21359

菉竹堂書目六卷　（明）葉盛編　清咸豐四年
(1854)南海伍氏刻本　二冊

440000－2561－0001255　21360

欽定四庫全書簡明目錄二十卷首一卷　（清）
紀昀等編　清刻本　十二冊

440000－2561－0001256　21361

東西學書錄二卷附錄一卷　（清）徐維則輯
清光緒二十五年(1899)石印本　一冊

440000－2561－0001257　21366

江陰藝文志二卷　金武祥輯　清光緒十七年
(1891)粟香室刻本　一冊

440000－2561－0001258　21370

玉函山房輯佚書目不分卷　（清）馬國翰輯
清末抄本　一冊

440000－2561－0001259　21371

欽定古今圖書集成一萬卷目錄三十二卷
（清）蔣廷錫　（清）陳夢雷等輯　清光緒圖書
集成局鉛印本　一冊　存九卷(經籍典一百
十二至一百二十)

440000－2561－0001260　21384

行素堂目睹書錄　（清）朱記榮輯　清光緒十
年(1884)吳縣朱氏槐廬刻本　一冊　存三卷
（藏經一至二、續藏經一）

440000－2561－0001261　21385

說郛目錄一卷　（明）陶宗儀撰　清光緒刻彙
刻書目續編抽訂本　一冊

440000－2561－0001262　21386

東西學書錄二卷附錄一卷　（清）徐維則輯
清光緒二十五年(1899)石印本　一冊

440000－2561－0001263　21387

道藏目錄不分卷　（清）朱記榮編　清光緒十
年(1884)吳縣朱氏槐廬刻本　一冊

440000－2561－0001264　21391

欽定四庫全書附存目錄十卷　（清）胡虔編
清光緒十年(1884)學海堂刻本　六冊

440000－2561－0001265　21393

直齋書錄解題二十二卷　（宋）陳振孫撰　清
刻本　九冊

440000－2561－0001266　21395

崇文總目五卷　（宋）王堯臣等編　（清）錢東

垣輯釋　補遺一卷附錄一卷　（清）錢侗輯
清咸豐三年(1853)南海伍崇曜粵雅堂刻粵雅
堂叢書本　五冊

440000－2561－0001267　21398

七略別錄不分卷　（漢）劉向撰　（清）馬國翰輯
清光緒九年(1883)長沙娜嬛館刻本　一冊

440000－2561－0001268　21399

江陰李氏得月樓書目摘錄一卷　（明）李鶚翀
撰　清光緒十四年(1888)刻粟香室叢書本
一冊

440000－2561－0001269　21400

遂初堂書目一卷　（宋）尤袤撰　　清道光二十
六年(1846)刻海山仙館叢書本　一冊

440000－2561－0001270　21401

古經解鉤沉目錄一卷　（清）余蕭客撰　清光
緒二十一年(1895)杭州竹簡齋石印本　一冊

440000－2561－0001271　21402

小學考五十卷　（清）謝啟昆撰　清光緒十五
年(1889)上海書局石印本　六冊

440000－2561－0001272　21404

曾文正公[國藩]年譜十二卷　（清）黎庶昌編
清光緒三年(1877)上海申報館鉛印本　三
冊

440000－2561－0001273　21406

望眉山人[顏嗣徽]年譜一卷　（清）顏嗣徽撰
清光緒二十六年(1900)刻本　一冊

440000－2561－0001274　21412

章午峰先生[邦元]年譜一卷　（清）章家祚撰
清光緒十八年(1892)銅陵章氏刻本　一冊

440000－2561－0001275　21414

施愚山先生[閏章]年譜四卷　（清）施念曾編
清宣統二年(1910)上海國學扶輪社石印本
一冊

440000－2561－0001276　21420

孟子年譜二卷　（清）曹之升編　清嘉慶十一
年(1806)遂初堂刻本　二冊

440000－2561－0001277　21421

孔子年譜一卷七十二子列傳一卷　(清)寇宗
編　孔子暨七十二子贊一卷　(清)王昶輯
清光緒九年(1883)樂道齋刻本　一冊

440000－2561－0001278　21430

鄭大司農[玄]蔡中郎[邕]年譜合表一卷
(清)林春溥編　清光緒九年(1883)侯官楊濬
冠悔堂刻本　一冊

440000－2561－0001279　21431

武進李申耆先生[兆洛]年譜三卷　(清)蔣彤
編　清光緒十三年(1887)嘉興金吳瀾木活字
印本　一冊

440000－2561－0001280　21433

宋仁山金先生[履祥]年譜一卷　(明)徐袍編
清乾隆九年(1744)金華金氏刻本　一冊

440000－2561－0001281　21434

謝皋羽[翱]年譜一卷　(明)徐沁輯　清光緒
三十二年(1906)國學保存會鉛印本　一冊

440000－2561－0001282　21435

陸象山[九淵]年譜二卷　(清)李紱撰　清末
刻本　一冊

440000－2561－0001283　21437

王深寧先生[應麟]年譜一卷　(清)張大昌編
清光緒十六年(1890)浙江書局刻本　一冊

440000－2561－0001284　21439

米海岳[芾]年譜一卷　(清)翁方綱編　清嘉
慶二十三年(1818)刻本　一冊

440000－2561－0001285　21440

頤志齋四譜四卷　(清)丁晏編　清道光二十
三年(1843)山陽丁氏六藝堂刻本　一冊

440000－2561－0001286　21442

宋儒龜山楊先生[時]年譜一卷　(清)毛念恃
編　清乾隆十年(1745)刻本　一冊

440000－2561－0001287　21445

孔子年譜輯註一卷　(清)江永撰　(清)黃定
宜輯注　清道光二十七年(1847)萍鄉文晟刻
本　一冊

440000－2561－0001288　21446

孔子編年五卷　(宋)胡仔撰　清嘉慶二十三
年(1818)刻本　二冊

440000－2561－0001289　21447

許君[慎]年表考一卷附錄一卷　(清)陶方琦
撰　清光緒十年(1884)長洲張氏儀鄭廬刻蘇
州振興書社印本　一冊

440000－2561－0001290　21448

全城陰德志四卷　(清)章煒輯　清道光二十
年(1840)刻本　二冊

440000－2561－0001291　21449

戴氏先德傳二卷　(清)戴鈞衡纂修　清道光
二十三年(1843)桐城刻本　一冊

440000－2561－0001292　21451

長興縣學表節錄不分卷　(清)孫德祖撰　清
光緒十七年(1891)刻本　一冊

440000－2561－0001293　21452

姚氏先德傳七卷　(清)姚瑩撰　清刻本　一
冊

440000－2561－0001294　21453

[四川鄒氏文獻]□□卷　(□)□□撰　清刻
本　一冊　存三卷(二至四)

440000－2561－0001295　21454

越女表微錄六卷首一卷　(清)汪輝祖撰　清
乾隆五十年(1785)刻本　一冊

440000－2561－0001296　21456

[□□]南安府志□□卷　(清)□□等修　清
刻本　一冊　存二卷(十六至十七)

440000－2561－0001297　21457

余黼山先生[龍光]年譜一卷　(清)余家鼎
(清)余香祖撰　清光緒二十二年(1896)刻本
　一冊

440000－2561－0001298　21458

朱文端公[軾]年譜一卷　(清)朱瀚編
(清)朱齡補編　清同治十年(1871)江西高安
朱齡刻本　一冊

440000－2561－0001299　21459

澄懷主人[張廷玉]自訂年譜六卷　(清)張廷

玉編　清光緒六年(1880)龐山刻本　一冊

440000－2561－0001300　21460

吳竹如先生[廷棟]年譜一卷　(清)方宗誠編
清光緒十一年(1885)桐城方氏志學堂刻柏
堂遺書本　一冊

440000－2561－0001301　21463

張文貞公[玉書]年譜一卷　丁傳靖編　清光
緒三十一年(1905)丹徒張氏刻本　一冊

440000－2561－0001302　21464

顏習齋先生[元]年譜二卷　(清)李塨編
(清)王源訂　清康熙四十六年(1707)刻本
一冊

440000－2561－0001303　21465

汪雙池先生[紱]年譜四卷　(清)余龍光編
清同治五年(1866)刻本　二冊

440000－2561－0001304　21469

胡石莊[承諾]年譜一卷　(清)胡玉章撰　全
謝山先生[祖望]年譜一卷　(清)董秉純撰
清光緒十七年(1891)三餘草堂刻本　一冊

440000－2561－0001305　21470

吳太夫人[董金鑑母]年譜三卷續一卷　(清)
董金鑑編　清光緒三十三年(1907)刻本　一
冊

440000－2561－0001306　21471

病榻夢痕錄二卷夢痕錄餘一卷　(清)汪輝祖
口授　(清)汪繼培　(清)汪繼壕記錄　清同
治元年(1862)刻本　三冊

440000－2561－0001307　21472

羅壯勇公[思舉]年譜二卷　(清)羅思舉撰
清光緒至宣統泉唐汪氏刻振綺堂叢書本　二
冊

440000－2561－0001308　21473

朱石君[珪]年譜三卷　(清)朱錫經編　清刻
本　一冊

440000－2561－0001309　21474

王船山先生[夫之]年譜二卷　(清)劉毓崧編
清光緒十二年(1886)江南書局刻本　一冊

440000－2561－0001310　21475

黃子[道周]年譜一卷　(明)洪思編　(清)
林廣獲校　清道光二十四年(1844)龍溪曾省
林廣邁刻本　一冊

440000－2561－0001311　21476

四朝先賢六家年譜不分卷　(清)楊希閔撰
清光緒四年(1878)新城楊希閔刻本　四冊

440000－2561－0001312　21477

周吏部子[順昌]年譜一卷　(明)殷獻臣編
清康熙四十年(1701)刻本　一冊

440000－2561－0001313　21478

陽明先生年譜不分卷　(清)曾省撰　清刻本
一冊

440000－2561－0001314　21480

呂明德先生[維祺]年譜四卷　(清)施化遠撰
清康熙二年(1663)新安施氏刻本　二冊

440000－2561－0001315　21481

丹魁堂[季芝昌]自訂年譜一卷感遇錄一卷
(清)季芝昌撰　清咸豐十一年(1861)崇川文
成堂刻本　一冊

440000－2561－0001316　21482

雷塘庵主弟子記八卷　(清)張鑑等編　清咸
豐琅嬛仙館刻本　二冊

440000－2561－0001317　21483

求可堂自記不分卷　(清)廖冀亨撰　清光緒
九年(1883)永定廖氏刻本　一冊

440000－2561－0001318　21484

王文成公年紀一卷　陳澹然撰　清光緒石印
本　一冊

440000－2561－0001319　21486

朱文端公[軾]年譜一卷　(清)朱瀚編
(清)朱翰補編　清同治十年(1871)江西高安
朱翰刻本　一冊

440000－2561－0001320　21487

方望溪[苞]年譜不分卷　(清)蘇惇元輯　清
咸豐元年(1851)刻本　一冊

440000－2561－0001321　21489

李文貞公[光地]年譜二卷 （清）李清植撰
清道光刻本 二冊

440000－2561－0001322 21490

紀時略一卷 （清）彭慰高撰 清光緒十四年
(1888)刻本 一冊

440000－2561－0001323 21491

左文襄公[宗棠]年譜十卷 （清）羅正鈞編
清光緒二十三年(1897)湘陰左氏刻本 五冊

440000－2561－0001324 21493

小酉腴山館主人[吳大廷]自著年譜二卷
（清）吳大廷撰 清光緒五年(1879)刻本 一
冊

440000－2561－0001325 21494

錢文端公[陳羣]年譜三卷 （清）錢儀吉輯
清光緒二十年(1894)刻本 二冊

440000－2561－0001326 21497

洪文惠公[适]年譜一卷洪文敏公[邁]年譜一
卷陸放翁[游]先生年譜一卷深寧先生[王應
麟]年譜一卷弇州山人[王世貞]年譜一卷
（清）錢大昕編 清嘉慶十二年(1807)江寧吳
仕達刻本 一冊

440000－2561－0001327 21498

白香山年譜一卷 （清）汪立名撰 清康熙四
十二年(1703)刻本 一冊

440000－2561－0001328 21501

列國政要一百三十二卷首一卷 （清）戴鴻慈
（清）端方輯 清光緒三十三年(1907)上海
商務印書館石印本 十二冊

440000－2561－0001329 21502

舊唐書逸文十二卷 （清）岑建功輯 清同治
十一年(1872)定遠方氏懼盈齋刻本 四冊

440000－2561－0001330 21503

金史詳校十卷附史論五答一卷 （清）施國祁
撰 清光緒六年(1880)會稽章氏刻本 六冊

440000－2561－0001331 21504

皇朝詞林典故六十四卷 （清）朱珪等編 清
光緒十三年(1887)刻本 十六冊

440000－2561－0001332 21505

新舊唐書互證二十卷 （清）趙紹祖撰 清光
緒十七年(1891)廣雅書局刻本 四冊

440000－2561－0001333 21506

五代會要三十卷 （宋）王溥撰 清光緒十二
年(1886)江蘇書局刻本 四冊

440000－2561－0001334 21507

廣東財政說明書十六卷 （清）廣東清理財政
局編 清宣統二年(1910)鉛印本 十六冊

440000－2561－0001335 21511

中東戰紀不分卷 （清）洪棄父纂 清光緒三
十二年(1906)鉛印本 一冊

440000－2561－0001336 21512

鄧尚書[廷楨]年譜一卷補遺一卷 （清）鄧邦
康編 清宣統元年(1909)江浦陳氏刻本 一
冊

440000－2561－0001337 21513

榕村譜錄合考二卷跋一卷 （清）李清馥撰
清道光九年(1829)李維迪刻本 二冊

440000－2561－0001338 21515

太常公[錢薇]年譜一卷 （清）錢泰吉編 清
光緒三十年(1904)刻本 一冊

440000－2561－0001339 21516

楊文憲升庵先生[慎]年譜一卷 （明）簡紹芳
編 （清）程封改輯 （清）孫鎮補訂 清道光
鵝溪孫氏刻古棠書屋叢書本 一冊

440000－2561－0001340 21517

貴池二妙集五十一卷 劉世珩輯 清光緒二
十七年(1901)劉氏唐石簃刻本 一冊 存四
卷(四十八至五十一)

440000－2561－0001341 21518

朱夫子年譜二卷前錄二卷後錄二卷 （清）朱
烈訂 清康熙二年(1663)世翰林第刻本 二
冊

440000－2561－0001342 21519

陸侍御[隴其]年譜一卷 （清）吳光西編 清
同治七年(1868)武林薇署刻本 一冊

440000－2561－0001343　21520

敝帚齋主人[徐鼐]年譜一卷補一卷　（清）徐鼐編　（清）徐承禧等補注　清同治十三年(1874)福州邸舍刻本　一冊

440000－2561－0001344　21522

遂翁[趙昀]自訂年譜一卷　（清）趙昀編　（清）趙繼元等補編　清光緒三年(1877)趙氏家刻本　一冊

440000－2561－0001345　21524

潘文恭公[世恩]自訂年譜一卷　（清）潘世恩撰　清同治二年(1863)刻本　一冊

440000－2561－0001346　21527

散樗老人[蔣祥墀]自紀年譜不分卷　（清）蔣祥墀編　清道光二十年(1840)刻本　一冊

440000－2561－0001347　21528

趙甌北先生[翼]年譜一卷　（清）姚鼐撰　清嘉慶刻本　一冊

440000－2561－0001348　21531

寒松老人[魏象樞]年譜一卷　（清）魏象樞口授　（清）魏學誠等編　清嘉慶十六年(1811)刻本　一冊

440000－2561－0001349　21533

沈端恪公[近思]年譜二卷　（清）沈日富編　清雍正杭州沈氏刻本　一冊

440000－2561－0001350　21534

頤壽老人[錢寶琛]年譜二卷　（清）錢寶琛撰　（清）錢鼎銘　（清）錢鼐銘補注　清同治七年至光緒六年(1868－1880)太倉錢氏存素堂刻本　一冊

440000－2561－0001351　21535

詒穀老人[彭蘊章]手訂年譜不分卷　（清）彭蘊章撰　清同治刻本　一冊

440000－2561－0001352　21536

孟子編年四卷　（清）狄子奇撰　清光緒十三年(1887)浙江書局刻本　一冊

440000－2561－0001353　21537

山谷[黃庭堅]年譜十四卷　（宋）黃𪿯編　清刻本　二冊

440000－2561－0001354　21538

豫章先賢九家年譜九種　（清）楊希閔編　清光緒四年(1878)刻本　六冊

440000－2561－0001355　21539

宋少保信國公文文山先生全集十六卷　（宋）文天祥撰　（清）文攀丹等輯　清道光二十五年(1845)刻本　一冊　存一卷(十五)

440000－2561－0001356　21546

客舍偶聞一卷　（清）彭孫貽撰　克服諒山大略一卷　（清）□□撰　拳匪聞見錄一卷　（清）管鶴撰　清宣統二年(1910)汪氏鉛印振綺堂叢書本　一冊

440000－2561－0001357　21547

李文襄公奏疏十卷首一卷別錄六卷奏議二卷年譜一卷　（清）李之芳等撰　清康熙四十一年(1702)刻本　十二冊

440000－2561－0001358　21553

各國條約彙編不分卷　（清）□□輯　清光緒木活字印本　十六冊

440000－2561－0001359　21554

廣西昭忠錄八卷　（清）蘇鳳文輯　清光緒十五年(1889)刻本　四冊

440000－2561－0001360　21555

廣西股匪總錄三卷　（清）蘇鳳文輯　清光緒十五年(1889)刻本　一冊

440000－2561－0001361　21556

廣西堂匪總錄十二卷附廣西道里表一卷　（清）蘇鳳文輯　清光緒十五年(1889)刻本　二冊

440000－2561－0001362　21557

平桂紀略四卷　（□）□□撰　清光緒十五年(1889)刻本　一冊

440000－2561－0001363　21558

元史類編四十二卷　（清）邵遠平輯　清乾隆六十年(1795)刻本　八冊

440000－2561－0001364　21560

玉函佚書跋不分卷　（清）馬國翰輯　清光緒十年(1884)石印本　五冊

440000－2561－0001365　21561

古越藏書樓書目二十卷　（清）徐樹蘭編　清光緒三十年(1904)石印本　四冊

440000－2561－0001366　21563

開有益齋讀書志六卷　（清）朱緒曾撰　清光緒六年(1880)刻本　五冊

440000－2561－0001367　21564

十三日備嘗記一卷　（清）曹晟撰　清光緒二年(1876)申報館鉛印本　一冊

440000－2561－0001368　21565

守濬日記一卷　（清）朱鳳森撰　清嘉慶十九年(1814)刻本　一冊

440000－2561－0001369　21566

赤溪雜志二卷　金武祥撰　清光緒十七年(1891)刻本　一冊

440000－2561－0001370　21569

東牟守城紀略一卷　（清）戴燮元編　清同治八年(1869)刻本　一冊

440000－2561－0001371　21572

法國黃皮書滇省交涉公文不分卷　（清）曾仰東譯　清光緒二十九年(1903)刻本　一冊

440000－2561－0001372　21573

英國藍皮書關于江西省攷察報告二卷　（清）鄭貞來譯　清光緒二十九年(1903)湖北洋務譯書局鉛印本　一冊

440000－2561－0001373　21574

交涉叢編不分卷　（清）余乾耀編　清光緒二十一年(1895)刻本　一冊

440000－2561－0001374　21575

元寇紀略二卷　（日本）大橋順撰　清光緒二十九年(1903)鉛印本　一冊

440000－2561－0001375　21576

金壇見聞記二卷　（清）強汝詢撰　清咸豐十一年(1861)刻本　一冊

440000－2561－0001376　21577

元聖武親征錄一卷　（元）□□撰　（清）何秋濤校　清道光二十九年(1849)刻本　一冊

440000－2561－0001377　21578

明朝國初事蹟一卷　（明）劉辰撰　清同治八年(1869)永康胡氏退補齋刻金華叢書本　一冊

440000－2561－0001378　21579

諫垣存稿二卷　余誠格撰　清光緒三十四年(1908)鉛印本　一冊

440000－2561－0001379　21580

兩淮戡亂記一卷　（清）張華墀撰　清同治十年(1871)刻本　一冊

440000－2561－0001380　21581

六合紀事四卷　（清）周長森撰　援守井研記署一卷　（清）董貽清撰　清同治七年(1868)刻本　一冊

440000－2561－0001381　21583

先拔志始二卷　（清）文秉撰　清道光二十七年(1847)讀未見書齋刻本　二冊

440000－2561－0001382　21586

薛文清公[瑄]年譜一卷　（明）楊鶴編　清康熙五十二年(1713)刻本　一冊

440000－2561－0001383　21587

上海閘幽釐正編八卷　（清）倪福穰編　清咸豐元年(1851)刻本　三冊

440000－2561－0001384　21588

前後漢書疏證六十六卷　（清）沈欽韓撰　清光緒二十六年(1900)浙江官書局刻本　二十七冊

440000－2561－0001385　21589

詩史十二卷　（清）葛震撰　清康熙四十二年(1703)刻本　八冊

440000－2561－0001386　21592

長安獲古編二卷補一卷　（清）劉喜海輯　清東武劉氏刻本　三冊

440000－2561－0001387　21599

二百蘭亭齋收藏金石記不分卷　（清）吳雲撰
清咸豐六年(1856)刻本　二冊

440000－2561－0001388　21606

遯盦秦漢瓦當存二卷　吳隱輯　清宣統二年
(1910)西泠印社拓印本　二冊

440000－2561－0001389　21612

金石圖說二卷　（清）牛運震集說　（清）褚峻
摹圖　劉世珩編補　清光緒二十年(1894)貴
池劉氏聚學軒刻本　四冊

440000－2561－0001390　21630

攀古樓彝器款識不分卷　（清）潘祖蔭撰　清
同治十一年(1872)滂喜齋刻本　二冊

440000－2561－0001391　21631

敬吾心室彝器款識不分卷　（清）朱善旂撰
清光緒三十四年(1908)石印本　二冊

440000－2561－0001392　21633

隨軒金石文字九種　（清）徐渭仁撰　清道光
十七年(1837)刻本　八冊

440000－2561－0001393　21637

恒軒所見所藏吉金錄不分卷　（清）吳大澂輯
清光緒十一年(1885)刻本　二冊

440000－2561－0001394　21638

藝風堂金石文字目十八卷　繆荃孫藏並編
清光緒三十二年(1906)刻本　六冊

440000－2561－0001395　21639

奇觚室吉金文述二十卷　（清）劉心源撰　清
光緒二十八年(1902)石印本　十冊

440000－2561－0001396　21641

陶齋吉金續錄二卷　（清）端方輯　清宣統元
年(1909)石印本　二冊

440000－2561－0001397　21642

寰宇貞石圖五卷　楊守敬編　清光緒八年
(1882)宜都楊守敬剪貼影印本　五冊

440000－2561－0001398　21644

瓊臺紀事錄不分卷　（清）戴肇辰編　清同治
八年(1869)刻本　一冊

益都金石記四卷　（清）段松苓撰　清光緒九
年(1883)刻本　四冊

440000－2561－0001399　21646

安陽縣金石錄十二卷　（清）武億撰　清嘉慶
二十四年(1819)鐵嶺貴泰刻本　四冊

440000－2561－0001400　21647

關中金石文字存逸考十二卷　（清）毛鳳枝撰
清光緒二十七年(1901)江西刻本　八冊

440000－2561－0001401　21648

粵東金石略九卷首一卷附二卷　（清）翁方綱
撰　清乾隆三十六年(1771)刻本　六冊

440000－2561－0001402　21649

湖北金石志十四卷　張仲炘輯　清光緒湖北
通志局刻本　十四冊

440000－2561－0001403　21651

浙江磚錄四卷　（清）馮登府輯　清道光十六
年(1836)刻本　二冊

440000－2561－0001404　21655

兩浙金石志十八卷　（清）阮元編　清光緒十
六年(1890)浙江書局刻本　十二冊

440000－2561－0001405　21656

粵西金石略十五卷　（清）謝啟昆撰　清嘉慶
六年(1801)刻本　四冊

440000－2561－0001406　21657

海東金石苑四卷　（清）劉喜海輯　清光緒七
年(1881)刻本　四冊

440000－2561－0001407　21661

巽齋所藏錢錄十二卷　（清）費錫申輯　清光
緒十六年(1890)刻本　四冊

440000－2561－0001408　21666

泉布統志九卷首一卷附錄一卷　（清）孟逸岡
輯　清道光十三年(1833)刻本　十六冊

440000－2561－0001409　21669

西域考古錄十八卷　（清）俞浩撰　清道光二
十七年(1847)刻本　十二冊

440000－2561－0001410　21671

440000 – 2561 – 0001411　21672

江西考古録十卷　（清）王謨撰　清乾隆三十二年(1767)刻本　四冊

440000 – 2561 – 0001412　21674

金石萃編一百六十卷　（清）王昶編　清光緒十九年(1893)上海鴻寶齋石印本　二十四冊

440000 – 2561 – 0001413　21675

金石索十二卷　（清）馮雲鵬　（清）馮雲鵷輯　清道光元年(1821)刻本　十二冊

440000 – 2561 – 0001414　21676

金石契不分卷　（清）張燕昌編　清乾隆四十三年(1778)刻本　八冊

440000 – 2561 – 0001415　21677

金石存十五卷　（清）吳玉搢撰　清嘉慶二十四年(1819)聞妙香室刻本　六冊

440000 – 2561 – 0001416　21679

筠清館金石文字五卷　（清）吳榮光撰　清道光二十二年(1842)南海吳氏筠清館刻本　五冊

440000 – 2561 – 0001417　21680

望堂金石文字不分卷　楊守敬編　清光緒二年(1876)飛青閣刻本　八冊

440000 – 2561 – 0001418　21681

小蓬萊閣金石文字不分卷　（清）黃易輯　清道光二十三年(1843)刻本　八冊

440000 – 2561 – 0001419　21684

香南精舍金石契一卷　（清）崇恩撰　清光緒二十六年(1900)石印本　二冊

440000 – 2561 – 0001420　21685

竹崦盦金石目錄五卷　（清）趙魏輯　（清）吳士鑑校　清宣統元年(1909)刻本　四冊

440000 – 2561 – 0001421　21686

張叔未解元所藏金石文字不分卷　（清）嚴荄輯　清光緒十年(1884)影印本　二冊

440000 – 2561 – 0001422　21689

金石錄三十卷　（宋）趙明誠撰　清順治七年(1650)刻本　六冊

440000 – 2561 – 0001423　21691

積古齋鐘鼎彝器款識十卷　（清）阮元編　清光緒八年(1882)常熟抱芳閣刻本　四冊

440000 – 2561 – 0001424　21692

兩罍軒彝器圖釋十二卷　（清）吳雲撰　清同治十二年(1873)刻本　四冊

440000 – 2561 – 0001425　21693

兩漢金石記二十二卷　（清）翁方綱撰　清乾隆五十四年(1789)南昌使院刻本　八冊

440000 – 2561 – 0001426　21694

古志石華三十卷　（清）黃本驥編　清道光二十七年(1847)刻本　八冊

440000 – 2561 – 0001427　21698

攈古録金文三卷　（清）吳式芬撰　清光緒二十一年(1895)刻本　九冊

440000 – 2561 – 0001428　21699

考古圖十卷　（宋）呂大臨輯　明萬曆刻清乾隆十七年(1752)亦政堂修補本　五冊

440000 – 2561 – 0001429　21700

宣和博古圖錄三十卷　（宋）王黼等撰　明萬曆寶古堂刻清乾隆十七年(1752)亦政堂修補東書堂印本　十八冊

440000 – 2561 – 0001430　21702

吉金志存四卷　（清）李光庭輯　清咸豐九年(1859)刻本　一冊

440000 – 2561 – 0001431　21704

從古堂欵識學十六卷　（清）徐同柏撰　清光緒三十二年(1906)石印本　八冊

440000 – 2561 – 0001432　21705

清儀閣金石題識四卷　（清）張廷濟撰　（清）陳其榮編　（清）徐士愷校　清光緒二十年(1894)觀自得齋刻本　四冊

440000 – 2561 – 0001433　21706

常山貞石志二十四卷　（清）沈濤撰　清道光二十二年(1842)刻本　二十四冊

440000 – 2561 – 0001434　21708

陶齋藏石記四十四卷附藏塼記二卷　（清）端

方輯　清宣統元年(1909)石印本　十二冊

440000－2561－0001435　21709

陶齋吉金錄八卷　(清)端方輯　清光緒三十四年(1908)石印本　八冊

440000－2561－0001436　21710

寰宇訪碑錄十二卷　(清)孫星衍　(清)邢澍撰　補寰宇訪碑錄五卷　(清)趙之謙撰　清光緒十一年(1885)刻本　八冊

440000－2561－0001437　21711

語石十卷　葉昌熾撰　清宣統元年(1909)長洲葉氏刻文學山房印本　四冊

440000－2561－0001438　21714

千甓亭古磚圖釋二十卷　(清)陸心源輯　清光緒十七年(1891)吳興陸氏影印本　四冊

440000－2561－0001439　21719

鐵雲藏龜不分卷　(清)劉鶚輯　清光緒三十年(1904)抱殘守缺齋石印本　六冊

440000－2561－0001440　21722

十二硯齋金石過眼錄十八卷　(清)汪鋆撰　清光緒元年(1875)刻本　八冊

440000－2561－0001441　21723

寶刻類編八卷　(宋)□□撰　清道光十八年(1838)東武劉氏刻本　四冊

440000－2561－0001442　21728

使俄日記八卷　(清)王之春撰　清光緒二十二年(1896)上海石印本　六冊

440000－2561－0001443　21730

漢書管見四卷　(清)朱一新撰　清光緒二十二年(1896)順德龍氏葆真堂刻本　四冊

440000－2561－0001444　21731

靖康要錄十六卷　(□)□□撰　清光緒歸安陸氏十萬卷樓刻本　六冊

440000－2561－0001445　21735

中日戰輯六卷　(清)王炳耀輯　清光緒二十一年(1895)鉛印本　四冊

440000－2561－0001446　21736

袁督師傳一卷督師文一卷白冤疏磯聲三旋聲剖肝錄督師詩一卷　(清)□□編　清嘉慶元年(1796)刻本　一冊

440000－2561－0001447　21737

光緒丙午年交涉要覽七卷　(清)北洋洋務局纂輯　清光緒三十四年(1908)北洋官報局鉛印本　六冊

440000－2561－0001448　21738

東西洋考十二卷　(明)張燮撰　清光緒二十二年(1896)惜陰軒刻本　四冊

440000－2561－0001449　21739

軌政紀要初編九卷次編三卷　陳毅編　陳宗藩續編　清光緒三十三年(1907)郵傳部圖書通譯局鉛印本　六冊　缺三卷(初編七至九)

440000－2561－0001450　21740

平臺紀略不分卷　(清)藍鼎元撰　清雍正十年(1732)刻本　一冊

440000－2561－0001451　21743

國朝翰詹源流編年二卷館選爵里諡法考二卷　(清)吳鼎雯輯　清道光二十八年(1848)刻本　三冊

440000－2561－0001452　21746

譚文勤公奏稿十二卷　(清)譚鍾麟撰　清刻本　六冊

440000－2561－0001453　21748

皇清開國方略三十二卷首一卷　(清)阿桂纂　清乾隆五十一年(1786)武英殿刻本　十六冊

440000－2561－0001454　21749

光緒乙巳年交涉要覽五卷　(清)北洋洋務局纂輯　清光緒三十一年(1905)鉛印本　五冊

440000－2561－0001455　21751

北洋公牘類纂續編二十四卷　(清)甘厚慈編　清宣統二年(1910)北洋官報印刷局鉛印本　二十冊

440000－2561－0001456　21752

明通紀纂八卷　(明)鍾惺輯　明刻本　十冊

440000－2561－0001457　21753

西樵遊覽記十四卷 （清）劉子秀撰 清乾隆
南畚草堂刻道光十三年(1833)補刻本 四冊

440000－2561－0001458 21755

粵西金石略十五卷 （清）謝啟昆撰 清嘉慶
六年(1801)刻本 六冊

440000－2561－0001459 21756

嶺西公牘彙存十一卷 （清）方濬師撰 清光
緒四年(1878)刻本 十冊

440000－2561－0001460 21760

廣雅書院藏書目錄七卷 （清）廖廷相編 清
光緒二十七年(1901)刻本 五冊

440000－2561－0001461 21761

滇考二卷 （清）馮甦撰 清道光元年(1821)
刻本 二冊

440000－2561－0001462 21762

中外大略四十八卷 （清）羅傳瑞輯 清光緒
二十三年(1897)鉛印本 二十六冊

440000－2561－0001463 21763

光緒二十四年中外大事彙記十二卷 （清）倚
劍生撰 清光緒二十四年(1898)廣州廣智報
局鉛印本 十四冊

440000－2561－0001464 21764

綱鑑會纂三十九卷首一卷 （明）王世貞編
御撰資治通鑑綱目三編二十卷 （清）張廷玉
纂 清刻本 四十冊

440000－2561－0001465 21765

北齊書五十卷 （唐）李百藥撰 明萬曆十一
年(1583)刻本 七冊

440000－2561－0001466 21766

皇朝掌故彙編內編六十卷首一卷外編四十卷
首一卷 張壽鏞等編 清光緒二十八年
(1902)上海求實書社鉛印本 六十冊

440000－2561－0001467 21768

郡齋讀書志二十卷附志二卷 （宋）晁公武撰
清光緒十年(1884)長沙王氏刻本 十冊

440000－2561－0001468 21769

皇朝政典挈要八卷 （日本）增田貢撰 （清）

毛澄補編 清光緒二十八年(1902)鉛印本
一冊

440000－2561－0001469 21770

申報時論摘鈔一卷（光緒廿一年至廿八年）
（□）□□抄 清抄本 一冊

440000－2561－0001470 21771

歷代輿地沿革險要圖不分卷 楊守敬編 清
光緒五年(1879)饒氏刻本 一冊

440000－2561－0001471 21773

新廣東不分卷 （清）太平洋客撰 清光緒二
十七年(1901)廣州鉛印本 一冊

440000－2561－0001472 21777

國朝學案小識十四卷 （清）唐鑑撰 清光緒
十年(1884)四砭齋刻本 九冊 存九卷（六
至十四）

440000－2561－0001473 21778

歷代輿地沿革險要圖不分卷 楊守敬編 清
光緒五年(1879)饒氏刻本 一冊

440000－2561－0001474 21780

皇朝掌故彙編內編六十卷首一卷外編四十卷
首一卷 張壽鏞等編 清光緒二十八年
(1902)上海求實書社鉛印本 十八冊 存三
十八卷(二十三至六十)

440000－2561－0001475 21781

史記宋史列傳彙訂（刺客、獨行、忠義）不分卷
（□）佚名輯訂 清光緒十四年(1888)上海
圖書集成印書局鉛印本 三冊

440000－2561－0001476 21782

後漢書至明史列傳彙訂本（逸民、隱逸）不分
卷 （□）佚名輯訂 清光緒十四年(1888)上
海圖書集成印書局鉛印本 二冊

440000－2561－0001477 21783

宋遼金元明史食貨志彙訂本不分卷 （□）佚
名輯訂 清光緒十四年(1888)上海圖書集成
印書局鉛印本 四冊

440000－2561－0001478 21784

漢書至明史地理志彙訂本不分卷 （□）佚名

輯訂　清光緒十四年（1888）上海圖書集成印書局鉛印本　八冊

440000－2561－0001479　21785

諸史目錄彙訂本不分卷　（□）佚名輯訂　清光緒十四年（1888）上海圖書集成印書局鉛印本　五冊

440000－2561－0001480　21786

諸史敘例不分卷　（□）佚名輯訂　清光緒十四年（1888）上海圖書集成印書局鉛印本　二冊

440000－2561－0001481　21787

諸史溝洫志河渠志彙訂本不分卷　（□）佚名輯訂　清光緒十四年（1888）上海圖書集成印書局鉛印本　二冊

440000－2561－0001482　21788

諸史音義釋音彙訂本不分卷　（□）佚名輯訂　清光緒十四年（1888）上海圖書集成印書局鉛印本　三冊

440000－2561－0001483　21789

金元明史天文志彙訂本不分卷　（□）佚名輯訂　清光緒十四年（1888）上海圖書集成印書局鉛印本　一冊

440000－2561－0001484　21790

漢書晉書五行志宋書符瑞志合訂本不分卷　（□）佚名輯訂　清光緒十四年（1888）上海圖書集成印書局鉛印本　三冊

440000－2561－0001485　21791

遼金元明史外國傳彙訂本不分卷　（□）佚名輯訂　清光緒十四年（1888）上海圖書集成印書局鉛印本　一冊

440000－2561－0001486　21792

唐書宰相表方鎮表世系表彙訂本不分卷　（□）佚名輯訂　清光緒十四年（1888）上海圖書集成印書局鉛印本　八冊

440000－2561－0001487　21793

史記年表漢書年表彙訂本不分卷　（□）佚名輯訂　清光緒十四年（1888）上海圖書集成印

書局鉛印本　九冊

440000－2561－0001488　21794

遼史紀事本末四十卷　（清）李有棠編　清光緒二十九年（1903）刻本　八冊

440000－2561－0001489　21795

金史紀事本末五十二卷　（清）李有棠編　清光緒二十九年（1903）刻本　十二冊

440000－2561－0001490　21800

談邊要刪十二卷　（清）黃壽袞輯　清光緒二十七年（1901）石印本　二冊

440000－2561－0001491　21801

東方兵事紀略五卷　（清）姚錫光撰　清光緒二十四年（1898）石印本　五冊

440000－2561－0001492　21802

水道提綱二十八卷　（清）齊召南編　清光緒四年（1878）刻本　八冊

440000－2561－0001493　21804

出山草譜八卷　（清）湯肇熙著　清光緒十一年（1885）東甌郭氏刻本　六冊

440000－2561－0001494　21806

欽定四庫全書簡明目錄二十卷首一卷　（清）紀昀等編　清刻本　十二冊

440000－2561－0001495　21807

平定粵匪紀略十八卷附記四卷　（清）杜文瀾撰　清同治十年（1871）京都聚珍齋木活字印本　十冊

440000－2561－0001496　21808

路史節讀十卷　（宋）羅沁撰　（清）廖文錦節訂　清光緒二十七年（1901）刻本　四冊

440000－2561－0001497　21809

宋書一百卷　（南朝梁）沈約撰　清同治十一年（1872）金陵書局刻本　四冊　存十三卷（二十八至四十）

440000－2561－0001498　21810

漢唐事箋十二卷後集八卷　（元）朱禮撰　清道光二年（1822）山陰李氏刻本　八冊

440000－2561－0001499　21812

遼金紀事本末五十二卷　(清)李有棠編　清光緒十九年(1893)同文書局石印本　十冊

440000－2561－0001500　21813

水道提綱二十八卷　(清)齊召南編　清乾隆二十六年(1761)傳經書屋刻本　四冊

440000－2561－0001501　21814

聖武記十四卷　(清)魏源撰　清道光二十二年(1842)古微堂刻本　六冊

440000－2561－0001502　21815

浙江忠義錄十卷續編二卷　(清)張景祁等纂　清光緒元年(1875)浙江采訪忠義總局刻本　三十二冊

440000－2561－0001503　21816

小蓬萊閣金石文字不分卷　(清)黃易輯　清道光十四年(1834)石墨軒刻本　五冊

440000－2561－0001504　21817

武夷山志二十四卷　(清)董天工編　清道光九年(1829)刻本　十冊

440000－2561－0001505　21818

景陸粹編十卷　(清)許仁沐輯　清光緒二十四年(1898)刻本　六冊

440000－2561－0001506　21819

吾學錄初編二十四卷　(清)吳榮光撰　清同治九年(1870)江蘇書局刻本　六冊

440000－2561－0001507　21820

金石三例十五卷　(清)盧見曾輯　清光緒四年(1878)讀有用書齋刻本　四冊

440000－2561－0001508　21821

志銘廣例二卷　(清)梁玉繩撰　清光緒三年(1877)行素草堂刻本　一冊

440000－2561－0001509　21822

漢魏六朝墓銘纂例四卷　(清)李富孫撰　清光緒十三年(1887)行素草堂刻本　一冊

440000－2561－0001510　21823

金石碑版廣例十卷　(清)王芑孫撰　清道光二十一年(1841)刻本　四冊

440000－2561－0001511　21824

書目答問五卷　(清)張之洞撰　清光緒元年(1875)刻本　一冊

440000－2561－0001512　21826

水經注四十卷　(漢)桑欽撰　(北魏)酈道元注　明崇禎二年(1629)刻本　八冊

440000－2561－0001513　21827

防海節要一卷　(清)施在鈺編　清光緒十年(1884)刻本　一冊

440000－2561－0001514　21828

五代史補五卷　(宋)陶岳撰　明末虞山毛氏汲古閣刻本　一冊

440000－2561－0001515　21829

史記索隱三十卷　(唐)司馬貞撰　明末虞山毛氏汲古閣刻本　三冊

440000－2561－0001516　21830

漢書地理志水道圖說七卷　(清)陳澧撰　清道光二十八年(1848)粵省富文齋刻本　二冊

440000－2561－0001517　21831

陝西財政說明書不分卷　(清)陝西清理財政局編　清宣統元年(1909)鉛印本　六冊

440000－2561－0001518　21832

放翁題跋六卷　(宋)陸游撰　明虞山毛氏汲古閣刻本　四冊

440000－2561－0001519　21833

顧亭林先生[炎武]年譜一卷　(清)張穆編　清道光二十四年(1844)刻本　四冊

440000－2561－0001520　21834

戰國策三十三卷附札記三卷　(漢)高誘注　(宋)姚宏校　清光緒二年(1876)尊經書院刻本　五冊

440000－2561－0001521　21835

二十二史策案十二卷　(清)王鎣輯　清道光十一年(1831)刻本　六冊

440000－2561－0001522　21836

歷代史表五十三卷　(清)萬斯同撰　清留香閣刻本　十六冊

440000－2561－0001523　21837

漁洋感舊集小傳四卷　（清）盧見曾編　清光緒四年(1878)上海淞隱閣鉛印本　二冊

440000－2561－0001524　21838

全蜀藝文志六十四卷　（明）楊慎輯　（清）譚言藹重校　清嘉慶二十二年(1817)刻本　二十四冊

440000－2561－0001525　21839

潛菴先生擬明史稿二十卷　（清）湯斌撰　清刻本　七冊　存八卷（十三至二十）

440000－2561－0001526　21840

皇朝通志一百二十六卷　（清）嵇璜等纂　清光緒二十七年(1901)上海圖書集成局鉛印本　十一冊　存一百十四卷（一至一百十四）

440000－2561－0001527　21843

金石稱例四卷續一卷　（清）梁廷枏纂　清光緒十三年(1887)行素草堂刻本　一冊

440000－2561－0001528　21844

金石綜例四卷附石經閣金石跋文一卷　（清）馮登府撰　清光緒十三年(1887)行素草堂刻本　二冊

440000－2561－0001529　21845

金石例補二卷　（清）郭麐撰　清光緒三年(1877)行素草堂刻本　一冊

440000－2561－0001530　21846

墓銘舉例四卷　（明）王行撰　金石要例一卷（清）黃宗羲撰　清金匱王氏刻朱墨套印本　一冊

440000－2561－0001531　21847

漢石例六卷　（清）劉寶楠輯　清光緒十一年(1885)吳縣朱氏槐廬刻本　三冊

440000－2561－0001532　21848

金石例十卷　（元）潘昂霄輯　清光緒四年(1878)讀有用書齋刻朱墨套印本　二冊

440000－2561－0001533　21849

皇清開國方略三十二卷首一卷　（清）阿桂纂　清光緒十三年(1887)廣百宋齋鉛印本　六冊

440000－2561－0001534　21850

出使英法意比四國日記六卷　（清）薛福成撰　清光緒十八年(1892)石印本　六冊

440000－2561－0001535　21851

各國約章纂要六卷　勞乃宣編　清光緒十八年(1892)上海圖書集成印書局石印本　四冊

440000－2561－0001536　21852

星軺考轍四卷　（清）劉啟彤譯　清光緒十五年(1889)同文書局石印本　八冊

440000－2561－0001537　21853

國朝先正事略六十卷　（清）李元度纂　清光緒二十五年(1899)上海圖書集成局鉛印本　八冊

440000－2561－0001538　21855

國朝先正事略六十卷　（清）李元度纂　清光緒二十五年(1899)上海圖書集成局鉛印本　九冊　存五十七卷（四至六十）

440000－2561－0001539　21856

新纂約章大全七十三卷　陸鳳石編　清宣統元年(1909)上海崇義堂石印本　四十八冊

440000－2561－0001540　21857

泉布統志九卷首一卷附錄一卷　（清）孟逸岡輯　清道光十三年(1833)刻本　三十二冊

440000－2561－0001541　21858

光緒通商綜覈續表不分卷　（清）沈商耆撰　清光緒二十七年(1901)石印本　二冊

440000－2561－0001542　21859

光緒通商綜覈續表不分卷　（清）沈商耆撰　清光緒二十七年(1901)石印本　二冊

440000－2561－0001543　21860

中國度支考一卷　（英國）哲美森編　（美國）林樂知譯　清光緒二十三年(1897)上海圖書集成局鉛印本　一冊

440000－2561－0001544　21861

理財考鏡五卷　孫德全著　清宣統二年(1910)鉛印本　二冊

440000 - 2561 - 0001545　21862

英國財政志二卷　（英國）懷爾森著　（清）南洋公學師範院譯　清光緒二十九年(1903)南洋公學鉛印本　二冊

440000 - 2561 - 0001546　21863

英國度支攷不分卷　（英國）司可開勒著（清）華龍譯　清光緒二十九年(1903)商務印書館鉛印本　一冊

440000 - 2561 - 0001547　21864

布路斯國暨德意志通商稅務各國和約章程不分卷　（清）□□編　清刻本　一冊

440000 - 2561 - 0001548　21866

逸周書補注二十二卷　（晉）孔晁注　（清）陳逢衡補注　清道光五年(1825)修梅山館刻本八冊

440000 - 2561 - 0001549　21867

頤情館聞過集十二卷　（清）宗源瀚著　清光緒三年(1877)刻本　六冊

440000 - 2561 - 0001550　21868

夢園公牘文集十卷　（清）劉曾騄著　清光緒十七年(1891)刻本　四冊

440000 - 2561 - 0001551　21869

奇觚室吉金文述二十卷　（清）劉心源撰　清光緒二十八年(1902)石印本　十冊

440000 - 2561 - 0001552　21870

中國近世輿地圖說二十三卷　（清）羅汝楠撰方新校繪　清宣統元年(1909)廣東教忠學堂石印本　八冊

440000 - 2561 - 0001553　21871

瀛環志略十卷　（清）徐繼畬撰　清光緒六年(1880)刻本　六冊

440000 - 2561 - 0001554　21873

唐律疏議三十卷　（唐）長孫無忌等撰　清嘉慶十二年(1807)蘭陵孫氏刻本　八冊

440000 - 2561 - 0001555　21874

吳中水利全書二十八卷　（明）張國維撰　明崇禎十年(1637)刻本　四十冊

440000 - 2561 - 0001556　21875

天下郡國利病書一百二十卷　（清）顧炎武撰清道光十年(1830)刻本　五十四冊　存一百一卷(二十至一百二十)

440000 - 2561 - 0001557　21876

晏子春秋八卷　（春秋）晏嬰撰　（清）顧廣圻校　清嘉慶二十一年(1816)刻本　二冊

440000 - 2561 - 0001558　21879

資治通鑑二百九十四卷　（宋）司馬光撰（元）胡三省音注　**釋文辨誤十二卷**　（元）胡三省撰　清同治八年(1869)江蘇書局刻本一百冊

440000 - 2561 - 0001559　21880

實行保甲條議不分卷　衛家壽輯　清鉛印本一冊

440000 - 2561 - 0001560　21882

揚子江流域現勢論一卷　（日本）林繁撰（清）汪國屏譯　清光緒二十八年(1902)上海廣智書局鉛印本　一冊

440000 - 2561 - 0001561　21883

畿輔水利四案四卷補案一卷附錄一卷　（清）潘錫恩輯　清道光三年(1823)刻本　六冊

440000 - 2561 - 0001562　21889

水經注釋四十卷附錄二卷注箋刊誤十二卷（清）趙一清撰　清乾隆五十九年(1794)小山堂刻本　二十冊

440000 - 2561 - 0001563　21891

西湖遊覽志二十四卷志餘二十六卷　（明）田汝成撰　清光緒二十二年(1896)錢塘丁氏刻錢塘掌故叢編本　十二冊

440000 - 2561 - 0001564　21892

水經注四十卷　（漢）桑欽撰　（北魏）酈道元注　清光緒三年(1877)湖北崇文書局刻本十二冊

440000 - 2561 - 0001565　21895

續資治通鑑二百二十卷　（清）畢沅編　清同治八年(1869)嘉興馮氏刻本　六十冊

440000－2561－0001566　21896

貞觀政要十卷　（唐）吳兢撰　（元）戈直集論
清嘉慶三年(1798)掃葉山房刻本　四冊

440000－2561－0001567　21897

戰國策三十三卷　（漢）高誘注　札記三卷
（清）黃丕烈撰　清嘉慶八年(1803)讀未見書
齋刻本　五冊

440000－2561－0001568　21898

歷代史表五十九卷　（清）萬斯同撰　清光緒
十五年(1889)廣雅書局刻本　六冊

440000－2561－0001569　21899

宋史紀事本末一百九卷　（明）馮琦撰　（明）
陳邦瞻增訂　（明）張溥論正　清同治十三年
(1874)江西書局刻本　二十冊

440000－2561－0001570　21900

方輿紀要簡覽三十四卷　（清）顧祖禹撰
（清）潘鐸輯錄　清咸豐八年(1858)紅杏書屋
刻本　十六冊

440000－2561－0001571　21901

浙江海運漕糧全案重編八卷　（清）馬新貽等
纂　清同治六年(1867)浙江糧儲道庫刻本
六冊

440000－2561－0001572　21902

大清一統志五百卷　（清）和珅等纂修　清光
緒二十七年(1901)上海寶善齋石印本　六十
冊

440000－2561－0001573　21903

前漢紀三十卷　（漢）荀悅撰　清康熙五十年
(1711)振鷺堂刻本　六冊

440000－2561－0001574　21904

後漢紀三十卷　（晉）袁宏撰　清康熙五十年
(1711)振鷺堂刻本　六冊

440000－2561－0001575　21905

元史紀事本末二十七卷　（明）陳邦瞻撰　清
同治十三年(1874)江西書局刻本　四冊

440000－2561－0001576　21906

東南水利略六卷　（清）凌介禧撰　清道光十

三年(1833)蕊珠僊館刻本　六冊

440000－2561－0001577　21907

明史紀事本末八十卷　（清）谷應泰撰　清同
治十三年(1874)江西書局刻本　二十冊

440000－2561－0001578　21908

朱子年譜四卷考異四卷附錄二卷　（清）王懋
竑編　清光緒九年(1883)武昌書局刻本　四
冊

440000－2561－0001579　21909

朱子年譜四卷考異四卷附錄二卷　（清）王懋
竑編　清光緒九年(1883)武昌書局刻本　四
冊

440000－2561－0001580　21910

史記一百三十卷　（漢）司馬遷撰　（南朝宋）
裴駰集解　清同治五年(1866)金陵書局刻本
二十冊

440000－2561－0001581　21911

皇宋通鑑長編紀事本末一百五十卷　（宋）楊
仲良撰　清光緒十九年(1893)廣雅書局刻本
三十二冊

440000－2561－0001582　21912

史鑑節要便讀六卷　（清）鮑東里編　清同治
十二年(1873)崇文書局刻本　二冊

440000－2561－0001583　21913

史記一百三十卷　（漢）司馬遷撰　（南朝宋）
裴駰集解　清同治九年(1870)崇文書局刻本
二十四冊

440000－2561－0001584　21914

御批歷代通鑑輯覽一百二十卷　（清）傅恆等
纂　清同治十年(1871)浙江書局刻本　四十
八冊

440000－2561－0001585　21915

大東合邦新義不分卷　（日本）森本吉田述
（清）陳高第校　清光緒二十四年(1898)上海
大同譯書局石印本　一冊

440000－2561－0001586　21916

財政四綱不分卷　（清）錢恂撰　清光緒二十

七年（1901）鉛印本　二冊

440000－2561－0001587　21917

光緒會計録二卷　（清）李希聖纂　清光緒二十二年（1896）上海時報館石印本　二冊

440000－2561－0001588　21918

礦政輯畧十二卷　劉嶽雲輯　清光緒二十九年（1903）教育世界社石印本　六冊　存九卷（四至十二）

440000－2561－0001589　21919

萬國通典輯要四卷　（日本）岡本監輔著（日本）三宅憲章校　清光緒二十八年（1902）石印本　四冊

440000－2561－0001590　21920

財政四綱不分卷　（清）錢恂撰　清光緒二十七年（1901）鉛印本　四冊

440000－2561－0001591　21921

西事類編十六卷　（清）沈純輯　清光緒十三年（1887）申報館鉛印本　六冊

440000－2561－0001592　21922

方輿全圖總說五卷　（清）顧祖禹輯　清光緒二十五年（1899）上海二林齋石印本　四冊

440000－2561－0001593　21923

列國變通興盛記四卷　（英國）李提摩太撰清光緒二十四年（1898）上海廣學會鉛印本一冊

440000－2561－0001594　21925

日本變法由遊俠義憤攷不分卷　康同薇纂清光緒二十四年（1898）上海大同譯書局石印本　一冊

440000－2561－0001595　21926

時事新論十二卷　（英國）李提摩太撰　清光緒二十年（1894）上海廣學會鉛印本　三冊

440000－2561－0001596　21927

皇朝政典挈要八卷　（日本）增田貢撰　（清）毛澄補編　清光緒二十八年（1902）上海書局石印本　四冊

440000－2561－0001597　21928

地球十五大戰記十五卷　（清）賴鴻翰譯　清光緒至宣統上海大同譯書局石印本　二冊

440000－2561－0001598　21929

岑襄勤公奏稿三十卷首一卷總目一卷　（清）岑毓英撰　清光緒二十三年（1897）武昌督糧官署止復園刻本　三十二冊

440000－2561－0001599　21930

綱鑑正史約三十六卷　（明）顧錫疇撰　（清）陳弘謀增訂　清同治八年（1869）浙江書局刻本　二十冊

440000－2561－0001600　21931

宋名臣言行録十卷　（宋）朱熹撰　明崇禎元年（1628）聚錦堂刻本　二十冊

440000－2561－0001601　21933

皇朝通典一百卷　（清）嵇璜等纂　清光緒八年（1882）浙江書局刻本　四十冊

440000－2561－0001602　21934

資治通鑑二百九十四卷　（宋）司馬光撰（元）胡三省音注　釋文辨誤十二卷　（元）胡三省撰　清同治十年（1871）湖北崇文書局刻本　一百冊

440000－2561－0001603　21935

續資治通鑑二百二十卷　（清）畢沅編　清同治六年（1867）刻本　六十冊

440000－2561－0001604　21936

續資治通鑑二百二十卷　（清）畢沅編　清同治八年（1869）江蘇書局刻本　七十四冊

440000－2561－0001605　21937

淮北票鹽志略十五卷　（清）童濂編　清同治七年（1868）刻本　六冊

440000－2561－0001606　21938

經世文故八卷　（清）龍廷弼輯　清光緒二十四年（1898）賁園刻本　四冊

440000－2561－0001607　21939

馬端敏公［新貽］年譜不分卷　（清）馬新祐編清光緒三年（1877）刻本　一冊

440000－2561－0001608　21940

河防芻議六卷　（清）崔維雅著　清康熙十三年(1674)刻本　六冊

440000 – 2561 – 0001609　21941

寶刻類編八卷　（宋）□□撰　清道光十八年(1838)刻本　八冊

440000 – 2561 – 0001610　21942

中興綱目十卷　（清）徐樹丕撰　清抄本　十二冊

440000 – 2561 – 0001611　21943

包孝肅公奏議十卷　（宋）包拯撰　（宋）張田輯　清同治二年(1863)李瀚章省心閣刻本　四冊

440000 – 2561 – 0001612　21944

通鑑紀事本末二百三十九卷　（宋）袁樞撰（明）張溥論正　清同治十二年(1873)江西書局刻本　七十二冊　存二百一十七卷（一至一百八、一百三十一至二百三十九）

440000 – 2561 – 0001613　21945

資治通鑑二百九十四卷　（宋）司馬光撰（元）胡三省音注　釋文辨誤十二卷　（元）胡三省撰　清同治八年(1869)江蘇書局刻本　一百冊

440000 – 2561 – 0001614　21946

讀史碎金六卷讀史碎金注八十卷　（清）胡文炳撰　清光緒元年(1875)刻本　七十九冊　存七十二卷（一至五十五、六十四至八十）

440000 – 2561 – 0001615　21947

明紀六十卷　（清）陳鶴撰　清同治十年(1871)江蘇書局刻本　二十冊

440000 – 2561 – 0001616　21949

金史一百三十五卷　（元）脫脫等撰　清光緒十四年(1888)上海圖書集成印書局鉛印本　十四冊　存一百一十七卷（一至四、十二至一百一十二、一百二十四至一百三十五）

440000 – 2561 – 0001617　21950

通志二百卷　（宋）鄭樵撰　清咸豐九年(1859)崇仁謝氏刻本　一百六十冊

440000 – 2561 – 0001618　21951

東華錄一百九十四卷續錄三百三十卷　王先謙編　清光緒十四年(1888)會稽籀三倉室刻本　一百十冊　存三百十四卷（東華錄一至一百九十四、續錄一至一百二十）

440000 – 2561 – 0001619　21952

東華錄一百九十四卷續錄三百三十卷　王先謙編　清光緒十四年(1888)會稽籀三倉室刻本　二百冊

440000 – 2561 – 0001620　21953

李文忠公奏稿八十卷　（清）李鴻章撰　（清）吳汝綸編　清光緒三十一年(1905)金陵刻本　五十冊

440000 – 2561 – 0001621　21954

常勝軍案略不分卷　（清）謝元壽輯　清光緒二十一年(1895)成德堂木活字印本　一冊

440000 – 2561 – 0001622　21956

十六國春秋一百卷　（北魏）崔鴻撰　清乾隆四十一年(1776)刻本　十冊

440000 – 2561 – 0001623　21957

本朝分省人物考一百五十卷　（明）過庭訓撰　明天啓刻本　五十九冊　存一百七卷（七至一百十三）

440000 – 2561 – 0001624　21961

孫文定公南遊記一卷　（清）孫嘉淦撰　清抄本　一冊

440000 – 2561 – 0001625　21962

皇朝文獻通考三百卷　（清）嵇璜纂　清光緒八年(1882)浙江書局刻本　一百六十冊

440000 – 2561 – 0001626　21963

續資治通鑑長編五百二十卷目錄二卷　（宋）李燾撰　清光緒七年(1881)浙江書局刻本　一百二十冊

440000 – 2561 – 0001627　21964

續資治通鑑長編拾補六十卷　（清）秦緗業等輯　清光緒九年(1883)浙江書局刻本　十六冊

440000－2561－0001628　21966

資治通鑑綱目前編二十五卷 （明）南軒撰
正編五十九卷 （宋）朱熹撰　**續編二十七卷**
（明）商輅撰　清嘉慶八年(1803)敬書堂刻
本　一百六十冊

440000－2561－0001629　21967

通鑑紀事本末二百三十九卷 （宋）袁樞撰
清光緒十三年(1887)廣雅書局刻本　四十八
冊

440000－2561－0001630　21968

九朝東華錄四百二十四卷 王先謙撰　清光
緒十年(1884)刻本　一百六十冊

440000－2561－0001631　21969

十六國春秋一百卷 （北魏）崔鴻撰　清乾隆
四十六年(1781)汪氏刻本　二十冊

440000－2561－0001632　21970

尊孔錄八卷 （清）金炳麟輯　清光緒三十二
年(1906)刻本　四冊

440000－2561－0001633　21971

漢官儀三卷 （宋）劉攽撰　清道光四年
(1824)歙縣鮑崇城刻清末印本　一冊

440000－2561－0001634　21972

稽城東南志不分卷 （清）王毓芝撰　清初抄
本　二冊

440000－2561－0001635　21973

歷代帝王年表十四卷 （清）齊召南撰　（清）
阮福續編　清道光四年(1824)小琅嬛仙館刻
本　三冊

440000－2561－0001636　21974

資治通鑑地理今釋十六卷 （清）吳熙載撰
清光緒八年(1882)江蘇書局刻本　三冊

440000－2561－0001637　21975

括地志八卷 （唐）李泰撰　（清）孫星衍輯
清嘉慶三年(1798)蘭陵孫星衍刻岱南閣叢書
本　四冊

440000－2561－0001638　21976

宋朝事實二十卷 （宋）李攸撰　清乾隆木活

字印武英殿聚珍版書本　八冊

440000－2561－0001639　21977

列國陸軍制不分卷 （美國）歐瀎登撰　（美
國）林樂知　（清）瞿昂來等譯　清光緒江南
製造總局刻本　三冊

440000－2561－0001640　21978

山東運河備覽十二卷 （清）陸燿纂　清同治
十年(1871)刻本　六冊

440000－2561－0001641　21979

水經注西南諸水考三卷 （清）陳澧撰　清道
光二十七年(1847)刻本　一冊

440000－2561－0001642　21980

邦畿水利集說五卷 （清）沈聯芳撰　清抄本
五冊

440000－2561－0001643　21981

資治通鑑地理今釋十六卷 （清）吳熙載撰
清光緒八年(1882)江蘇書局刻本　三冊

440000－2561－0001644　21982

湖墅小志四卷 （清）高鵬年輯　清光緒二十
二年(1896)石印本　二冊

440000－2561－0001645　21983

戰國策評苑十卷 （明）穆文熙輯　明萬曆二
十年(1592)刻本　十二冊

440000－2561－0001646　21984

東南水利略六卷 （清）凌介禧撰　清道光十
三年(1833)蕊珠僊館刻本　六冊

440000－2561－0001647　21985

宋名臣言行錄七十五卷 （宋）朱熹撰　（宋）
李幼武續纂　清道光元年(1821)洪氏歙績學
堂刻二十二年(1842)丹徒包氏重修同治七年
(1868)臨川桂氏遞修本　九冊　存七十四卷
(前集一至十、後集一至十四、續集一至八、別
集一至二十六、外集一至十六)

440000－2561－0001648　21986

崇禎五十宰相傳一卷 （清）曹溶撰　（清）朱
□楠重訂　清光緒順德龍氏刻知服齋叢書本
一冊

440000－2561－0001649　21987

崇禎閣臣行略一卷閣臣年表一卷　（明）陳盟撰　清光緒順德龍氏刻知服齋叢書本　一冊

440000－2561－0001650　21988

史記一百三十卷　（漢）司馬遷撰　（明）徐孚遠　（明）陳子龍測議　明刻本　八冊　存四十五卷（四十三至八十七）

440000－2561－0001651　21989

西湖志四十八卷　（清）李衛　（清）傅王露纂修　清光緒四年（1878）浙江書局刻本　二十冊

440000－2561－0001652　21990

皇朝通攷三百卷　（清）嵇璜等纂　清光緒二十七年（1901）上海圖書集成局鉛印本　四十八冊

440000－2561－0001653　21991

欽定四庫全書簡明目錄二十卷首一卷　（清）紀昀等編　清同治七年（1868）廣東書局刻本　十二冊

440000－2561－0001654　21992

天下郡國利病書一百二十卷　（清）顧炎武輯　清光緒五年（1879）桐華書屋刻本　十三冊　存四十卷（四至十八、五十八至八十二）

440000－2561－0001655　21993

尚史七十卷　（清）李鍇撰　清乾隆三十八年（1773）刻本　二十八冊

440000－2561－0001656　21994

大清律例統纂集成四十卷附督捕則例二卷　（清）刑部制訂　（清）陶駿　（清）陶念霖增修　清光緒四年（1878）刻本　二十四冊

440000－2561－0001657　21995

浙江海運漕糧全案新編八卷　（□）□□編　清同治刻本　六冊

440000－2561－0001658　21996

續後漢書九十卷札記四卷　（宋）蕭常撰　清道光二十一年（1841）宜稼堂刻本　三十二冊

440000－2561－0001659　21997

欽定明鑑二十四卷　（清）托津等撰　清嘉慶刻本　四冊

440000－2561－0001660　21998

曾文正公手書日記不分卷　（清）曾國藩撰　清宣統元年（1909）上海中國圖書公司石印本　四十冊

440000－2561－0001661　21999

水流雲在館奏議二卷　（清）宋晉撰　清光緒十三年（1887）刻本　二冊

440000－2561－0001662　22000

日本商務視察書四卷　（清）袁思永編　清光緒三十年（1904）鉛印本　四冊

440000－2561－0001663　22001

美國師船表補二卷　（清）謝希傅纂　清光緒元年（1875）刻本　一冊

440000－2561－0001664　22002

電報商局合同輯要一卷　（清）中國電報總局輯　清光緒鉛印本　一冊

440000－2561－0001665　22003

法國海軍職要不分卷　（清）適可居士纂　清光緒十七年（1891）上海城內三牌坊胡傳墨齋刻本　一冊

440000－2561－0001666　22004

奏準天津新議通商條款不分卷　（清）□□編　清咸豐十年（1860）刻本　一冊

440000－2561－0001667　22005

戰國策三十三卷　（漢）高誘注　清乾隆二十一年（1756）雅雨堂刻本　四冊

440000－2561－0001668　22006

李文襄公［之芳］年譜一卷　（清）程光裋編　清康熙四十一年（1702）刻本　一冊

440000－2561－0001669　22007

歷代地理指掌圖一卷　（宋）蘇軾編　明刻本　二冊

440000－2561－0001670　22008

歷代地理指掌圖一卷　（宋）蘇軾編　明刻本　一冊　存二十三圖（一至二十三）

440000 - 2561 - 0001671　22010

海國公餘輯錄六卷雜著三卷 （清）張煜南撰
清光緒二十六年(1900)刻本　十冊

440000 - 2561 - 0001672　22011

水經注四十卷 （漢）桑欽撰　（北魏）酈道元
注　清乾隆木活字印武英殿聚珍版書本　八
冊

440000 - 2561 - 0001673　22012

御批歷代通鑑輯覽一百二十卷 （清）傅恆等
纂　清同治八年(1869)刻本　四十冊

440000 - 2561 - 0001674　22013

沈文肅公政書七卷首一卷 （清）沈葆楨撰
清光緒六年(1880)掃葉山房刻本　八冊

440000 - 2561 - 0001675　22014

史記集解一百三十卷 （漢）司馬遷撰　（南
朝宋）裴駰集解　明崇禎十四年(1641)琴川
毛氏汲古閣刻本　八冊　存八十八卷(四十
三至一百三十)

440000 - 2561 - 0001676　22015

三國志六十五卷 （晉）陳壽撰　（南朝宋）裴
松之注　（明）陳仁錫評閱　明天啓六年
(1626)刻本　二十四冊

440000 - 2561 - 0001677　22016

御批歷代通鑑輯覽一百二十卷 （清）傅恆等
纂　清光緒五年(1879)刻本　五十八冊

440000 - 2561 - 0001678　22017

水法輯要二卷 （明）徐光啟輯　（清）羅仲玉
補注　（清）楊鉅沅校　清道光十三年(1833)
刻本　二冊

440000 - 2561 - 0001679　22018

淮揚水利圖說不分卷 （清）馮道立撰　清光
緒二年(1876)淮南書局刻本　一冊

440000 - 2561 - 0001680　22019

淮揚水利圖說不分卷 （清）馮道立撰　清光
緒二年(1876)淮南書局刻本　一冊

440000 - 2561 - 0001681　22020

直隸五道成規五卷 （□）□□撰　清乾隆八

年(1743)刻本　五冊

440000 - 2561 - 0001682　22021

河工則例十二卷 （□）□□撰　清雍正十二
年(1734)刻本　二冊

440000 - 2561 - 0001683　22022

靳文襄公奏疏十六卷 （清）靳輔撰　清遼陽
靳氏刻本　八冊

440000 - 2561 - 0001684　22023

西學書目表三卷附表一卷 梁啟超撰　清光
緒二十二年(1896)時務報館鉛印本　一冊

440000 - 2561 - 0001685　22024

西學書目表三卷附表一卷 梁啟超撰　清光
緒二十二年(1896)時務報館鉛印本　一冊

440000 - 2561 - 0001686　22025

意大利興國俠士傳不分卷 （日本）松井廣吉
撰　（日本）橋本大郎譯　清光緒二十四年
(1898)上海大同譯書局石印本　一冊

440000 - 2561 - 0001687　22026

讀西學書法不分卷 梁啟超撰　清光緒二十
二年(1896)時務報館影印本　一冊

440000 - 2561 - 0001688　22027

毘陵科第考八卷 （清）趙熙鴻編　清同治七
年(1868)刻本　一冊

440000 - 2561 - 0001689　22028

禹貢水道考異五卷 （清）方塏撰　清道光四
年(1824)紫霞仙館刻本　二冊

440000 - 2561 - 0001690　22029

營工要覽四卷 （英國）傅蘭雅　（清）汪振聲
譯　清光緒江南製造局鉛印本　二冊

440000 - 2561 - 0001691　22030

鐵甲叢談五卷附圖一卷 （英國）黎特著
(清)舒高第等譯　清光緒江南製造局鉛印本
二冊

440000 - 2561 - 0001692　22031

佐治芻言不分卷 （清）范玉琨撰　清道光十
五年(1835)刻本　二冊

440000－2561－0001693　22032

晏子春秋七卷音義二卷　（春秋）晏嬰撰
（清）孫星衍校並音義　清乾隆五十三年
（1788）刻本　二冊

440000－2561－0001694　22034

商邱史記十卷　（清）郭善鄰輯評　（清）孫澍
贅論　清道光鵝溪孫氏刻本　三冊

440000－2561－0001695　22035

五代史七十四卷　（宋）歐陽修撰　清嘉慶九
年（1804）刻本　十五冊

440000－2561－0001696　22036

中外大事彙記不分卷　（清）倚劍生撰　清光
緒二十四年（1898）廣智報局鉛印本　十四冊

440000－2561－0001697　22037

吾學錄初編二十四卷　（清）吳榮光撰　清同
治九年（1870）江蘇書局刻本　六冊

440000－2561－0001698　22038

逸周書十卷　（晉）孔晁注　清乾隆五十一年
（1786）盧文弨刻抱經堂叢書本　六冊

440000－2561－0001699　22039

國語校注本三種二十九卷漢書地理志校本三
卷　（清）汪遠孫撰　清道光二十六年（1846）
錢唐汪氏振綺堂刻振綺堂遺書本　六冊

440000－2561－0001700　22040

西魏書二十四卷　（清）謝啟昆撰　清乾隆六
十年（1795）樹經堂刻本　八冊

440000－2561－0001701　22041

詞林典故八卷　（清）張廷玉等輯　清乾隆十
三年（1748）刻本　八冊

440000－2561－0001702　22042

史記一百三十卷　（漢）司馬遷撰　（南朝宋）
裴駰集解　明崇禎十四年（1641）虞山毛氏汲
古閣刻本　十冊

440000－2561－0001703　22043

安東改河議二卷　（清）范玉琨撰　清道光二
十五年（1845）刻本　四冊

440000－2561－0001704　22044

唐鑑二十四卷　（宋）范祖禹撰　（宋）呂祖謙
注　清刻本　四冊

440000－2561－0001705　22045

梁書五十六卷　（唐）姚思廉撰　明崇禎六年
（1633）虞山毛氏汲古閣刻本　四冊

440000－2561－0001706　22046

合肥李勤恪公政書十卷首一卷　（清）李瀚章
撰　（清）李經畬等編　清光緒合肥李氏石印
本　十冊

440000－2561－0001707　22049

下河集要備考不分卷　（清）朱楹輯　清末抄
本　四冊

440000－2561－0001708　22050

荊楚修疏指要五卷　（清）胡祖翿撰　清同治
十一年（1872）湖北崇文書局刻本　二冊

440000－2561－0001709　22051

靳文襄公奏疏十六卷　（清）靳輔撰　清遼陽
靳氏刻本　八冊　存八卷（一至八）

440000－2561－0001710　22052

太平寰宇記二百卷目錄二卷　（宋）樂史撰
清嘉慶八年（1803）刻本　三十二冊

440000－2561－0001711　22053

朔方備乘六十八卷首十二卷　（清）何秋濤撰
　清光緒七年（1881）石印本　二十四冊

440000－2561－0001712　22054

左傳紀事本末五十三卷　（清）高士奇撰　清
康熙二十九年（1690）朗潤堂刻本　八冊

440000－2561－0001713　22055

明儒學案六十二卷　（清）黃宗羲撰　清康熙
三十二年（1693）紫筠齋刻本　十六冊

440000－2561－0001714　22057

寶刻叢編二十卷　（宋）陳思輯　清海豐吳式
芬刻本　八冊

440000－2561－0001715　22058

欽定四庫全書總目二百卷首四卷　（清）紀昀
等編　清同治七年（1868）廣東書局刻本　一
百二十冊

440000－2561－0001716　22059

戰國策三十三卷附札記三卷　（漢）高誘注
清光緒二十三年(1897)刻本　六冊

440000－2561－0001717　22061

左傳紀事本末五十三卷　（清）高士奇撰　清
同治十二年(1873)江西書局刻本　十二冊

440000－2561－0001718　22062

晉略六十五卷序目一卷　（清）周濟撰　清光
緒三年(1877)味雋齋刻本　八冊

440000－2561－0001719　22063

漢書補註一百卷　王先謙撰　清光緒二十六
年(1900)上海文瑞樓鉛印本　四十冊

440000－2561－0001720　22065

國語二十一卷　（三國吳）韋昭注　**校刊明道
本韋氏解國語札記一卷**　（清）黃丕烈撰　**國
語明道本攷異四卷**　（清）汪遠孫撰　清嘉慶
五年(1800)吳門黃氏讀未見書齋刻本　五冊

440000－2561－0001721　22066

國朝畫徵錄三卷　（清）張庚撰　清同治八年
(1869)翰墨園刻本　二冊

440000－2561－0001722　22067

欽定宗人府則例三十一卷　（清）宗人府修
清道光二十年(1840)刻本　十冊

440000－2561－0001723　22068

國語校注本三種二十九卷　（清）汪遠孫撰
清道光二十六年(1846)錢唐汪氏振綺堂刻振
綺堂遺書本　五冊

440000－2561－0001724　22069

天聖明道本國語二十一卷　（三國吳）韋昭注
　校刊明道本韋氏解國語札記一卷　（清）黃
丕烈撰　**國語明道本攷異四卷**　（清）汪遠孫
撰　清同治八年(1869)湖北崇文書局刻本
五冊

440000－2561－0001725　22070

戰國策三十三卷附札記三卷　（漢）高誘注
清同治八年(1869)湖北崇文書局刻本　五冊

440000－2561－0001726　22071

440000－2561－0001726　22071

竹書紀年集證五十卷首一卷　（清）陳逢衡編
清嘉慶十八年(1813)褱露軒刻本　十六冊

440000－2561－0001727　22072

**歷代地理志韻編今釋二十卷附皇朝輿地韻編
二卷**　（清）李兆洛撰　清同治九年(1870)合
肥李氏刻本　八冊

440000－2561－0001728　22073

文史通義八卷校讐通義三卷　（清）章學誠撰
清光緒三年(1877)貴陽刻本　六冊

440000－2561－0001729　22074

前漢紀三十卷　（漢）荀悅撰　**後漢紀三十卷**
（晉）袁宏撰　清光緒三年(1877)旴南三餘
書屋刻本　十六冊

440000－2561－0001730　22075

史記評林不分卷　（明）□□撰　清朱墨筆抄
本　六冊

440000－2561－0001731　22076

十六國春秋一百卷　（北魏）崔鴻撰　清光緒
十二年(1886)湖北官書局刻本　十二冊

440000－2561－0001732　22077

竹書紀年集證五十卷　（清）陳逢衡編　清嘉
慶十八年(1813)江都陳氏褱露軒刻本　十一
冊　存四十八卷(三至五十)

440000－2561－0001733　22078

荊州萬城隄續志十卷首一卷末一卷　（清）舒
惠編　清光緒二十年(1894)刻本　四冊

440000－2561－0001734　22079

水道提綱二十八卷　（清）齊召南編　清光緒
五年(1879)宏達堂刻本　六冊

440000－2561－0001735　22080

河防一覽十四卷　（明）潘季馴撰　清乾隆十
三年(1748)刻本　十冊

440000－2561－0001736　22081

續行水金鑑一百五十六卷　（清）黎世序等撰
清道光十二年(1832)河庫道署刻本　八十
冊

440000－2561－0001737　22082

學案小識十五卷 （清）唐鑑撰 清光緒十年（1884）四砭齋刻本 十二冊

440000－2561－0001738 22083

後漢列傳八十卷 （南朝宋）范曄撰 明刻本 五冊 存三十卷（二十五至五十四）

440000－2561－0001739 22084

大清會典四卷 （清）托津等纂修 清同治十一年（1872）湖北崇文書局刻本 四冊

440000－2561－0001740 22085

淮鹺駁案類編八卷 （清）陳方坦輯 清光緒十八年（1892）金陵刻本 六冊

440000－2561－0001741 22087

防海輯要十八卷首一卷 （清）俞昌會撰 清道光二十二年（1842）百甓山房刻本 二冊 存三卷（十六至十八）

440000－2561－0001742 22089

河防芻議一卷 （清）劉成忠撰 清同治十三年（1874）刻本 一冊

440000－2561－0001743 22092

南北史補志十四卷附贊一卷 （清）汪士鐸撰 清光緒四年（1878）淮南書局刻本 六冊

440000－2561－0001744 22093

讀史兵略四十六卷 （清）胡林翼撰 清咸豐十一年（1861）武昌節署刻本 十六冊

440000－2561－0001745 22094

戶部則例九十九卷 （清）載齡等纂 清道光二年（1822）刻本 十二冊 存二十三卷（一、七十八至九十九）

440000－2561－0001746 22096

水道提綱二十八卷 （清）齊召南編 清乾隆四十一年（1776）傳經書屋刻本 六冊

440000－2561－0001747 22097

瀛環志略十卷 （清）徐繼畬撰 清道光二十八年（1848）刻本 十冊

440000－2561－0001748 22098

二十二史考異一百卷 （清）錢大昕撰 清乾隆四十五年（1780）刻本 二十四冊

440000－2561－0001749 22099

吟香書室奏疏八卷 （清）徐炘撰 清嘉慶刻本 十二冊

440000－2561－0001750 22100

東華錄十六卷 （清）蔣良騏撰 清抄本 十六冊

440000－2561－0001751 22103

三省邊防備覽十四卷 （清）嚴如熤輯 清道光二年（1822）刻本 八冊

440000－2561－0001752 22105

榮工案牘四卷 （清）陳炳昌等撰 清同治八年（1869）抄本 四冊

440000－2561－0001753 22106

歐洲東方交涉記十二卷 （英國）麥高爾撰 （美國）林樂知 （清）瞿昂來譯 清光緒六年（1880）江南機器製造總局刻本 四冊

440000－2561－0001754 22107

公法總論一卷 （英國）羅柏村著 （英國）傅蘭雅 （清）汪振聲譯 清光緒江南製造局鉛印本 一冊

440000－2561－0001755 22108

公法會通十卷 （瑞士）步倫撰 （美國）丁韙良譯 清光緒六年（1880）鉛印本 五冊

440000－2561－0001756 22109

李勤恪公政書十卷 （清）李瀚章撰 （清）李經畬等編 清光緒三十二年（1906）石印本 十冊

440000－2561－0001757 22110

唐會要一百卷 （宋）王溥撰 清光緒十年（1884）江蘇書局刻本 二十四冊

440000－2561－0001758 22111

文獻通攷三百四十八卷 （元）馬端臨撰 清咸豐九年（1859）刻本 一百二十冊

440000－2561－0001759 22112

羊城古鈔八卷 （清）仇池石輯 清嘉慶十一年（1806）刻本 四冊

440000－2561－0001760 22113

石渠餘記六卷 （清）王慶雲撰 清光緒三年
（1877）刻本 六冊

440000－2561－0001761 22114

苗防備覽二十二卷 （清）嚴如熤編 清嘉慶
二十五年（1820）紹儀堂刻本 八冊

440000－2561－0001762 22115

南唐書四十八卷 （清）蔣國祥編 清同治十
三年（1874）盱南三餘書屋刻本 六冊

440000－2561－0001763 22116

碑傳集一百六十卷首二卷末二卷 （清）錢儀
吉纂輯 清光緒十九年（1893）江蘇書局刻本
六十冊

440000－2561－0001764 22117

顏山雜記四卷 （清）孫廷銓纂 清康熙四年
（1665）刻本 二冊

440000－2561－0001765 22118

宋名臣言行錄四十卷 （宋）朱熹撰 （宋）李
幼武續纂 清道光元年（1821）洪氏歊績學堂
刻本 十二冊

440000－2561－0001766 22119

讀史方輿紀要一百三十卷 （清）顧祖禹輯
清光緒二十五年（1899）圖書集成局鉛印本
二十八冊

440000－2561－0001767 22120

吳興合璧四卷 （清）陳文煜編 清光緒四年
（1878）聚珍齋木活字印本 一冊

440000－2561－0001768 22121

讀史方輿紀要一百三十卷 （清）顧祖禹輯
清光緒二十五年（1899）圖書集成局鉛印本
二十八冊

440000－2561－0001769 22123

會典簡明錄一卷 （清）張祥河輯 清光緒二
十三年（1897）刻本 一冊

440000－2561－0001770 22124

龍井見聞錄十卷 （清）汪孟鋗纂 清光緒十
年（1884）錢塘丁氏刻本 四冊

440000－2561－0001771 22125

莫愁湖志不分卷 （清）醉吟館主人纂 清光
緒十一年（1885）刻本 一冊

440000－2561－0001772 22127

名雋初集六卷附錄二卷 （清）戴咸弼編 清
光緒五年（1879）嘉善愛暉書屋刻本 四冊

440000－2561－0001773 22128

儒林錄十九卷 （清）張恒撰 清康熙四十七
年（1708）廣志堂刻本 十冊

440000－2561－0001774 22129

儒林宗派十六卷 （清）萬斯同撰 清宣統三
年（1911）浙江圖書館刻本 二冊

440000－2561－0001775 22130

荒政輯要九卷 （清）汪志伊纂 清道光二十
一年（1841）刻本 三冊

440000－2561－0001776 22131

迴瀾紀要二卷安瀾紀要二卷 （清）徐端撰
清道光二十二年（1842）刻本 三冊

440000－2561－0001777 22132

天下郡國利病書一百二十卷 （清）顧炎武輯
清光緒二十五年（1899）上海二林齋石印本
二十八冊

440000－2561－0001778 22133

通志略五十二卷 （宋）鄭樵撰 清乾隆十三
年（1748）錢塘汪氏刻本 三十二冊

440000－2561－0001779 22134

欽定禮部則例二百二卷 （清）特登額等編
清道光二十四年（1844）刻本 二十四冊

440000－2561－0001780 22135

鈔存河工條奏不分卷 （□）□□輯 清光緒
抄本 三冊

440000－2561－0001781 22137

墨妙亭碑目攷二卷 （清）張鑑撰 清光緒十
年（1884）江蘇書局刻本 二冊

440000－2561－0001782 22138

二十一史四譜五十四卷 （清）沈炳震撰 清
同治十年（1871）武林吳氏清來堂刻本 二十
冊

440000 – 2561 – 0001783　22140

黔記四卷　（清）李宗昉撰　清道光十四年（1834）刻本　一冊

440000 – 2561 – 0001784　22141

續黔書八卷　（清）張澍撰　清嘉慶九年（1804）刻本　一冊

440000 – 2561 – 0001785　22142

古懽錄八卷　（清）王士禎撰　清康熙三十九年（1700）快宜堂刻本　二冊

440000 – 2561 – 0001786　22143

金石三例續編十卷　（清）朱記榮編　清光緒十二年（1886）觀自得齋刻本　六冊

440000 – 2561 – 0001787　22144

十六國疆域志十六卷　（清）洪亮吉撰　清嘉慶三年（1798）京師刻本　六冊

440000 – 2561 – 0001788　22145

南河成案五十四卷　（清）□□編　清乾隆五十六年（1791）刻本　三十二冊

440000 – 2561 – 0001789　22146

管刻易言二卷　（清）杞憂生撰　清光緒十二年（1886）管可壽齋刻本　二冊

440000 – 2561 – 0001790　22147

東亞貿易地理不分卷　（日本）永野耕造撰　（清）南洋公學譯　清光緒二十九年（1903）南洋公學鉛印本　四冊

440000 – 2561 – 0001791　22148

光緒會計表四卷　（清）劉嶽雲撰　清光緒二十七年（1901）教育世界社石印本　四冊

440000 – 2561 – 0001792　22149

洋務新論二卷　（清）□□編　清光緒十二年（1886）寄月軒刻本　二冊

440000 – 2561 – 0001793　22151

宋元學案一百卷　（清）黃宗羲撰　清道光二十六年（1846）道州何氏刻本　二十四冊

440000 – 2561 – 0001794　22152

晉書一百三十卷　（唐）房玄齡等撰　清同治十年（1871）金陵書局刻本　二十冊

440000 – 2561 – 0001795　22153

淮南鹽法紀略十卷　（清）龐際雲　（清）方濬頤撰　清同治十二年（1873）淮南書局刻本　十冊

440000 – 2561 – 0001796　22154

西湖志四十八卷　（清）李衛　（清）傅王露纂修　清光緒四年（1878）浙江書局刻本　二十冊

440000 – 2561 – 0001797　22156

林文忠公政書三十七卷　（清）林則徐撰　清光緒二年（1876）三山林氏刻本　十五冊

440000 – 2561 – 0001798　22157

開縣李尚書政書八卷首一卷　（清）李宗義撰　清光緒十一年（1885）武昌刻本　五冊

440000 – 2561 – 0001799　22158

增訂南詔野史二卷　（明）楊慎輯　（清）胡蔚訂正　清光緒六年（1880）雲南書局刻雲南圖書館印本　二冊

440000 – 2561 – 0001800　22159

浯溪考二卷　（清）王士禎撰　清康熙四十年（1701）刻本　一冊

440000 – 2561 – 0001801　22160

今水經一卷表一卷　（清）黃宗羲撰　清光緒三年（1877）湖北崇文書局刻本　一冊

440000 – 2561 – 0001802　22161

欽定日下舊聞考一百六十卷　（清）于敏中等撰　清乾隆刻本　四十冊

440000 – 2561 – 0001803　22162

御批歷代通鑑輯覽一百二十卷　（清）傅恆等纂　清光緒十一年（1885）同文書局石印本　二十冊

440000 – 2561 – 0001804　22163

林文忠公政書三十七卷　（清）林則徐撰　清光緒十一年（1885）刻本　十六冊

440000 – 2561 – 0001805　22164

林文忠公政書三十七卷　（清）林則徐撰　清光緒五年（1879）刻本　十二冊

440000－2561－0001806　22165

前漢書一百二十卷　（漢）班固撰　（唐）顏師古注　清同治八年(1869)金陵書局刻本　十六冊

440000－2561－0001807　22166

後漢書一百卷　（南朝宋）范曄撰　（唐）李賢注　續後漢志三十卷　（晉）司馬彪撰　（南朝梁）劉昭注補　清同治八年(1869)金陵書局刻本　十六冊

440000－2561－0001808　22167

補後漢書年表十卷　（宋）熊方撰　清乾隆四十七年(1782)刻本　六冊

440000－2561－0001809　22169

金韶籌筆四卷　（清）□□撰　清光緒十三年(1887)刻本　四冊

440000－2561－0001810　22170

英國議事章程不分卷　（英國）李提摩太撰　清光緒二十五年(1899)上海吳雲記書局鉛印本　一冊

440000－2561－0001811　22171

英國頒行公司定例不分卷　（英國）哲美森著　（英國）李提摩太譯　（清）蔡子韍述　清光緒二十二年(1896)上海廣學會鉛印本　一冊

440000－2561－0001812　22172

集古錄十卷　（宋）歐陽修撰　清道光十五年(1835)刻本　二冊

440000－2561－0001813　22173

集古錄目五卷　（宋）歐陽棐撰　清道光十五年(1835)刻本　二冊

440000－2561－0001814　22174

大日本維新史二卷　（日本）重野安繹撰　清光緒二十五年(1899)上海商務印書館鉛印本　二冊

440000－2561－0001815　22175

泰西新史攬要八卷　（英國）馬懇西撰　（英國）李提摩太譯　周慶雲節錄　清光緒二十七年(1901)夢坡室刻本　二冊

440000－2561－0001816　22176

日本議會史第一期不分卷　（日本）工藤武重撰　（清）汪有齡譯　清光緒三十年(1904)通州翰墨林書局鉛印本　一冊

440000－2561－0001817　22177

貞觀政要十卷　（唐）吳兢撰　（元）戈直集論　清嘉慶三年(1798)掃葉山房刻本　八冊

440000－2561－0001818　22178

西湖集覽二十六種三十一卷　（清）丁丙輯　清光緒九年(1883)武林丁氏刻本　八冊　缺一卷(八)

440000－2561－0001819　22179

于山奏牘八卷　（清）于成龍撰　清康熙二十二年(1683)刻本　十冊

440000－2561－0001820　22180

江西農工商礦紀略二編不分卷　（清）傅春官編　清宣統石印本　六冊

440000－2561－0001821　22181

清秘述聞十六卷　（清）法式善編　清嘉慶四年(1799)刻本　六冊

440000－2561－0001822　22182

徐霞客遊記十卷外編一卷　（明）徐宏祖撰　清嘉慶十三年(1808)葉氏水心齋刻本　十二冊

440000－2561－0001823　22183

金石契不分卷　（清）張燕昌編　清光緒二十二年(1896)刻本　十冊

440000－2561－0001824　22184

史論五種十一卷　（清）李祖陶撰　清道光十七年(1837)敖陽李氏尚友樓刻本　三冊

440000－2561－0001825　22185

靳文襄公治河方略十卷首一卷　（清）靳輔撰　（清）崔應階重編　清乾隆三十二年(1767)聽泉齋刻本　八冊

440000－2561－0001826　22186

二十二史劄記三十六卷　（清）趙翼撰　清光緒二十八年(1902)廣雅書局刻本　十二冊

440000－2561－0001827　22188

南宋書六十八卷　（明）錢士升撰　清嘉慶二年(1797)掃葉山房刻本　六冊

440000－2561－0001828　22189

浙江忠義錄十卷　（清）張景祁等纂　清同治六年(1867)浙江采訪忠義總局刻本　四冊

440000－2561－0001829　22190

欽定兵部處分則例七十六卷　（清）伯麟修　（清）慶源等纂　清道光三年(1823)刻本　三十二冊

440000－2561－0001830　22191

新舊唐書合鈔二百六十卷首一卷唐書宰相世系表訂誤十二卷　（清）沈炳震輯　唐書合鈔補正六卷　（清）丁子復撰　清同治十年(1871)武林吳氏清來堂刻本　八十冊

440000－2561－0001831　22192

自強學齋治平十議不分卷　（清）自強學齋主人輯　清光緒二十年(1894)文瑞樓石印本　八冊

440000－2561－0001832　22193

籌洋芻議一卷　（清）薛福成撰　清光緒二十三年(1897)上海醉六堂吳俊書齋石印本　一冊

440000－2561－0001833　22194

宋史紀事本末一百九卷　（明）馮琦撰　（明）陳邦瞻增訂　（明）張溥論正　清光緒十四年(1888)上海書業公所鉛印本　八冊

440000－2561－0001834　22195

元史紀事本末二十七卷　（明）陳邦瞻撰　清光緒十四年(1888)上海書業公所鉛印本　二冊

440000－2561－0001835　22196

明史紀事本末八十卷　（清）谷應泰撰　清光緒十四年(1888)上海書業公所鉛印本　八冊

440000－2561－0001836　22197

左傳紀事本末三十六卷　（清）高士奇撰　清光緒十四年(1888)上海書業公所鉛印本　五冊

440000－2561－0001837　22198

伊洛淵源錄十四卷　（宋）朱熹撰　上蔡語錄四卷　（宋）謝良佐撰　清同治五年(1866)福州正誼書院刻本　一冊

440000－2561－0001838　22199

儀顧堂題跋十六卷續跋十六卷　（清）陸心源撰　清光緒十八年(1892)刻本　八冊

440000－2561－0001839　22200

通商各國條約不分卷　（清）總理各國事務衙門編　清光緒十三年(1887)鉛印本　十六冊

440000－2561－0001840　22202

交涉條約摘要二卷附編一卷　（清）王逸軒等輯　清光緒二十六年(1900)鉛印本　二冊

440000－2561－0001841　22203

宋史翼四十卷　（清）陸心源輯　清光緒三十二年(1906)萬卷樓刻本　十冊

440000－2561－0001842　22204

越絕書十五卷　（漢）袁康撰　清刻本　四冊

440000－2561－0001843　22205

十六國春秋一百卷　（北魏）崔鴻撰　清光緒十二年(1886)湖北官書局刻本　十二冊

440000－2561－0001844　22206

建炎以來繫年要錄二百卷　（宋）李心傳撰　清光緒十一年(1885)仁壽蕭氏刻本　六十冊

440000－2561－0001845　22208

十國春秋一百十四卷補遺二卷　（清）吳任臣撰　清乾隆五十八年(1793)刻本　二十四冊

440000－2561－0001846　22209

漢官六種十卷　（清）孫星衍輯　清嘉慶蘭陵孫氏刻平津館叢書本　一冊

440000－2561－0001847　22215

皇朝通志一百二十六卷　（清）嵇璜等纂　清光緒八年(1882)浙江書局刻本　四十冊

440000－2561－0001848　22216

江南製造局記十卷　（清）江南製造局考工處

編　清光緒三十一年（1905）上海文寶書局鉛印本　十冊

440000－2561－0001849　22217

齊乘六卷　（元）于欽纂修　**釋音一卷**　（元）于潛撰　**考證六卷**　（清）周嘉猷撰　清乾隆四十六年（1781）桂林胡德琳刻本　六冊

440000－2561－0001850　22218

安瀾紀要二卷迴瀾紀要二卷　（清）徐端撰　清同治十二年（1873）刻本　四冊

440000－2561－0001851　22219

三國志六十五卷　（晉）陳壽撰　（南朝宋）裴松之注　明崇禎十七年（1644）虞山毛氏汲古閣刻本　九冊

440000－2561－0001852　22220

雷塘庵主弟子記八卷　（清）張鑑等編　清道光三十年（1850）琅嬛僊館刻本　二冊

440000－2561－0001853　22221

呈請都察院代奏通籌本計條陳及其他不分卷　（□）□□撰　清光緒三十三年（1907）鉛印本　一冊

440000－2561－0001854　22222

前漢書一百二十卷　（漢）班固撰　（唐）顏師古注　明崇禎十五年（1642）虞山毛氏汲古閣刻本　十六冊

440000－2561－0001855　22223

文獻通攷二十四卷首一卷　（元）馬端臨撰　清光緒二十五年（1899）點石齋印本　二十四冊

440000－2561－0001856　22224

憲法治原四卷　陳瀞然撰　清光緒三十二年（1906）武昌鉛印本　二冊

440000－2561－0001857　22225

萬國憲法比較不分卷　（日本）辰巳小二郎撰　（清）戢翼翬譯　清光緒二十八年（1902）商務印書館鉛印本　一冊

440000－2561－0001858　22226

萬國憲法比較不分卷　（日本）辰巳小二郎撰　（清）戢翼翬譯　清光緒二十八年（1902）商務印書館鉛印本　一冊

440000－2561－0001859　22227

日本商律不分卷　（日本）丸山長渡撰　清光緒二十七年（1901）湖北商務報館鉛印本　二冊

440000－2561－0001860　22229

國語二十一卷　（三國吳）韋昭注　**校刊明道本韋氏解國語札記一卷**　（清）黃丕烈撰　**戰國策三十三卷附札記三卷**　（漢）高誘注　清嘉慶五年（1800）吳門黃氏讀未見書齋刻本十冊

440000－2561－0001861　22230

晉太康三年地記七卷　（清）畢沅撰　清乾隆四十九年（1784）西安靈巖山館刻本　四冊

440000－2561－0001862　22231

俄遊彙編十二卷　（清）繆祐孫纂　清光緒十五年（1889）上海秀文書局石印本　四冊

440000－2561－0001863　22232

故唐律疏議三十卷　（唐）長孫無忌等撰　清嘉慶十六年（1811）刻本　十二冊

440000－2561－0001864　22233

聖武記十四卷　（清）魏源撰　清道光二十二年（1842）古微堂刻本　八冊

440000－2561－0001865　22234

續碑傳集八十六卷首二卷　繆荃孫纂　清宣統二年（1910）江楚編譯書局刻本　二十四冊

440000－2561－0001866　22235

錫邑芙蓉圩續修治湖蹟四卷　（清）張定等撰　清咸豐四年（1854）刻本　四冊

440000－2561－0001867　22236

海鹽縣新辦塘工成案三卷　（清）汪仲洋輯　清道光四年（1824）刻本　三冊

440000－2561－0001868　22237

補刻荆州萬城隄志十卷首一卷末一卷　（清）倪文蔚撰　清光緒二十一年（1895）刻本　六冊

440000－2561－0001869　22238

日下舊聞四十二卷　（清）朱彝尊撰　清康熙二十七年（1688）六峰閣刻本　十五冊

440000－2561－0001870　22239

日本憲法義解不分卷　（日本）伊藤博文纂　沈紘譯　清光緒二十八年（1902）鉛印本　一冊

440000－2561－0001871　22240

日本明治法制史不分卷　（日本）清浦奎吾撰　商務印書館譯　清光緒二十九年（1903）商務印書館鉛印本　一冊

440000－2561－0001872　22241

從公三錄不分卷　（清）戴肇辰撰　清同治九年（1870）刻本　一冊

440000－2561－0001873　22242

六朝事蹟類編十四卷　（宋）張敦頤撰　清光緒十三年（1887）寶章閣刻本　四冊

440000－2561－0001874　22243

居濟一得八卷　（清）張伯行撰　清康熙刻本　四冊

440000－2561－0001875　22244

隨軒金石文字不分卷　（清）徐渭仁撰　清同治七年（1868）上海徐氏刻本　四冊

440000－2561－0001876　22245

洛陽伽藍記五卷　（北魏）楊衒之撰　明如隱堂刻本　二冊

440000－2561－0001877　22246

錢志新編二十卷　（清）張崇懿輯　清道光十年（1830）酌春堂刻本　四冊

440000－2561－0001878　22247

日本書目志不分卷　康有爲輯　清光緒上海大同譯書局石印本　八冊

440000－2561－0001879　22248

袁太常戊戌條陳不分卷　（清）袁昶撰　清光緒二十八年（1902）鉛印本　二冊

440000－2561－0001880　22249

平江奏議不分卷　（清）李平江撰　清光緒鉛

印本　一冊

440000－2561－0001881　22250

列國地說不分卷　（美國）衛羅氏著　（清）金向敷述　清光緒二十七年（1901）上海美華書局鉛印本　一冊

440000－2561－0001882　22251

俄國政俗通考不分卷　（美國）林樂知　（清）任廷旭譯　清光緒二十六年（1900）上海廣學會鉛印本　二冊

440000－2561－0001883　22252

萬國輿地韻編不分卷　（清）蛻學盦主人編　清光緒二十九年（1903）崇實書局石印本　六冊

440000－2561－0001884　22253

文獻通攷詳節二十四卷　（元）馬端臨撰　（清）嚴虞惇輯　清乾隆二十九年（1764）繩武堂刻本　八冊

440000－2561－0001885　22255

海國圖志一百卷　（清）魏源撰　海國圖志續集二十四卷首一卷　（英國）麥高爾撰　（美國）林樂知　（清）瞿昂來譯　清光緒二十一年（1895）上海書局石印本　十二冊　存七十二卷（四至六十七、九十三至一百）

440000－2561－0001886　22256

大清通禮五十卷　（清）來保等纂　清乾隆二十一年（1756）刻本　八冊

440000－2561－0001887　22257

政治汎論二卷後篇二卷　（美國）威爾遜著　（清）麥鼎華譯　清光緒二十九年（1903）上海廣智書局鉛印本　四冊

440000－2561－0001888　22258

十九世紀末世界之政治不分卷　（美國）靈綬著　（清）羅普譯　清光緒二十八年（1902）上海廣智書局鉛印本　一冊

440000－2561－0001889　22259

峨眉紀遊不分卷　（清）樓黎然撰　清宣統元年（1909）成都刻本　一冊

440000－2561－0001890　22260

江楚會奏變法三摺不分卷　(清)劉坤一
(清)張之洞撰　清光緒二十七年(1901)西湖
書院刻本　二冊

440000－2561－0001891　22262

荊州萬城隄志十卷首一卷末一卷　(清)倪文
蔚撰　清光緒二年(1876)刻本　六冊

440000－2561－0001892　22263

新斠注地理志十六卷　(清)錢坫撰　清嘉慶
二年(1797)刻本　十冊

440000－2561－0001893　22264

隨軺筆記四種四卷　吳宗濂撰　清光緒二十
八年(1902)著易堂鉛印本　八冊

440000－2561－0001894　22265

日本國志四十卷首一卷　(清)黃遵憲撰　清
光緒二十四年(1898)上海圖書集成書局鉛印
本　十冊

440000－2561－0001895　22266

明通鑑九十卷前編四卷附編六卷　(清)夏燮
編　清光緒二十六年(1900)上海掃葉山房石
印本　十六冊

440000－2561－0001896　22267

最近之支那不分卷　(英國)哥呼倫著　(清)
武生譯　清上海東陵譯社鉛印本　一冊

440000－2561－0001897　22268

清秘述聞續八卷　(清)王家相編　清道光元
年(1821)刻本　四冊

440000－2561－0001898　22269

畿輔水利四案四卷補案一卷附錄一卷　(清)
潘錫恩輯　清道光三年(1823)刻本　六冊

440000－2561－0001899　22270

內閣漢票簽中書舍人題名不分卷　(清)鮑康
輯　清咸豐十一年(1861)刻本　一冊

440000－2561－0001900　22271

秣陵集六卷　(清)陳文述撰　清光緒十年
(1884)淮南書局刻本　三冊

440000－2561－0001901　22272

建炎以來朝野雜記甲集二十卷乙集二十卷
(宋)李心傳撰　清刻本　十二冊

440000－2561－0001902　22273

求闕齋弟子記三十二卷　(清)王定安撰　清
光緒二年(1876)都門龍文齋刻本　十六冊

440000－2561－0001903　22274

得一齋雜著四種不分卷　(清)黃梣材述　清
光緒十二年(1886)夢花軒刻本　四冊

440000－2561－0001904　22275

剡錄十卷　(宋)高似孫纂　清道光八年
(1828)刻本　二冊

440000－2561－0001905　22276

國語二十一卷　(三國吳)韋昭注　校刊明道
本韋氏解國語札記一卷　(清)黃丕烈撰　清
光緒二十三年(1897)經綸元記刻本　四冊

440000－2561－0001906　22277

宋名臣言行錄六十二卷　(宋)朱熹等撰
(明)張采評　明崇禎十一年(1638)刻本　十
冊

440000－2561－0001907　22278

平津讀碑記八卷續記一卷　(清)洪頤煊撰
清嘉慶二十一年(1816)刻本　四冊

440000－2561－0001908　22280

焦山志二十六卷　(清)吳雲輯　焦山續志八
卷　(清)陳任暘輯　清同治四年(1865)刻本
十冊

440000－2561－0001909　22282

新唐書二百七十三卷　(宋)歐陽修等撰　明
崇禎二年(1629)虞山毛氏汲古閣刻本　二十
八冊

440000－2561－0001910　22283

寰宇訪碑錄十二卷　(清)孫星衍　(清)邢澍
撰　清嘉慶七年(1802)刻本　十二冊

440000－2561－0001911　22284

五代史記七十四卷　(宋)歐陽修撰　(宋)徐
無黨注　(清)彭元瑞補注　清道光八年
(1828)刻本　二十冊

440000 – 2561 – 0001912　22285

通鑑外紀十卷　（宋）劉恕撰　清同治十年
(1871)江蘇書局刻本　十冊

440000 – 2561 – 0001913　22287

史通通釋二十卷　（唐）劉知幾撰　（清）浦起
龍釋　清乾隆十七年(1752)梁溪浦氏刻本
八冊

440000 – 2561 – 0001914　22288

欽定康濟錄四卷　（清）陸曾禹撰　（清）倪國
璉釐正　清同治三年(1864)浙江撫署刻本
三冊

440000 – 2561 – 0001915　22289

竹書紀年統箋十二卷前編一卷雜述一卷
（清）徐文靖撰　商君書五卷　（清）嚴可均校
　清光緒二年至三年(1876 – 1877)浙江書局
刻本　五冊

440000 – 2561 – 0001916　22290

支那通史四卷　（日本）那珂通世編　清光緒
二十五年(1899)東文學社石印本　五冊

440000 – 2561 – 0001917　22291

東洋史要二卷　（日本）桑原騭藏著　樊炳清
譯　清光緒二十五年(1899)東文學社石印本
四冊

440000 – 2561 – 0001918　22292

籌蒙芻議二卷　（清）姚錫光撰　清光緒三十
四年(1908)京師寓齋刻本　二冊

440000 – 2561 – 0001919　22293

吳江水考增輯七卷　（明）沈□撰　清光緒二
十年(1894)刻本　四冊

440000 – 2561 – 0001920　22294

鹺政備覽不分卷　（清）方濬師撰　清光緒二
年(1876)兩廣運使署刻本　一冊

440000 – 2561 – 0001921　22295

小沖言事二卷　黃壽袞撰　清光緒三十二年
(1906)鉛印本　二冊

440000 – 2561 – 0001922　22296

吳越備史四卷　（宋）錢儼撰　清道光二年

(1822)掃葉山房刻本　四冊

440000 – 2561 – 0001923　22298

九華山志不分卷　（清）周贇纂　清光緒二十
六年(1900)刻本　八冊

440000 – 2561 – 0001924　22300

水經注圖一卷附錄一卷　（清）汪士鐸撰　清
咸豐十一年(1861)刻本　一冊

440000 – 2561 – 0001925　22302

防海新論十八卷　（德國）希理哈撰　（英國）
傅蘭雅口譯　（清）華蘅芳筆述　清同治七年
(1868)江南製造總局刻本　六冊

440000 – 2561 – 0001926　22303

三朝要典二十四卷　（明）顧秉謙等撰　明天
啓六年(1626)刻本　六冊

440000 – 2561 – 0001927　22305

東方兵事紀略六卷　（清）姚錫光撰　清光緒
二十三年(1897)武昌刻本　四冊

440000 – 2561 – 0001928　22307

麈史曆準四卷　（清）黃炳垕撰　清光緒二十
年(1894)留書種閣刻本　二冊

440000 – 2561 – 0001929　22308

英國文明史不分卷　（英國）勃克魯撰　（清）
南洋公學譯　清光緒二十九年(1903)南洋公
學譯書院鉛印本　五冊

440000 – 2561 – 0001930　22309

史通削繁四卷　（唐）劉知幾撰　（清）紀昀削
繁　（清）浦起龍注　清道光十三年(1833)粤
東芝香堂刻朱墨套印本　四冊

440000 – 2561 – 0001931　22310

北戶錄三卷附校勘記一卷　（唐）段公路纂
(唐)崔龜圖注　（清）陸心源校勘　清光緒六
年(1880)吳興陸氏十萬卷樓刻本　一冊

440000 – 2561 – 0001932　22311

七略別錄不分卷　（漢）劉向撰　清道光漢州
張氏刻本　一冊

440000 – 2561 – 0001933　22312

治浙成規八卷　（清）□□編　清道光刻本

八册

440000 - 2561 - 0001934　22323

國朝先正事略六十卷　(清)李元度纂　清同治五年(1866)循陔草堂刻本　二十四册

440000 - 2561 - 0001935　22324

高氏戰國策三十三卷　(漢)高誘注　清乾隆二十一年(1756)雅雨堂刻本　十册

440000 - 2561 - 0001936　22325

石柱記箋釋五卷　(清)鄭元慶撰　清康熙四十一年(1702)魚計亭刻本　二册

440000 - 2561 - 0001937　22326

明紀六十卷　(清)陳鶴撰　清同治十年(1871)江蘇書局刻本　二十册

440000 - 2561 - 0001938　22327

羅忠節公[澤南]年譜二卷　(清)□□撰　清同治二年(1863)長沙刻本　一册

440000 - 2561 - 0001939　22328

古列女傳八卷　(漢)劉向撰　列女傳考證一卷　(清)顧廣圻撰　清嘉慶元年(1796)刻本　四册

440000 - 2561 - 0001940　22329

居濟一得八卷　(清)張伯行撰　清康熙刻本　四册

440000 - 2561 - 0001941　22330

晉書纂十六卷　(明)錢岱撰　明萬曆四十一年(1613)刻本　十六册

440000 - 2561 - 0001942　22331

淮軍平捻記十二卷　(清)周世澄撰　清刻本　六册

440000 - 2561 - 0001943　22332

五代史七十四卷　(宋)歐陽修撰　明崇禎三年(1630)琴川毛氏刻本　六册

440000 - 2561 - 0001944　22333

五代史記七十四卷　(宋)歐陽修撰　(宋)徐無黨注　(清)彭元瑞補注　清道光八年(1828)刻本　四十册

440000 - 2561 - 0001945　22336

海寧念汛大口門二限三限石塘圖說不分卷　(清)李輔燿編　(清)袁鎮嵩繪　清光緒七年(1881)武林任有容齋刻本　一册

440000 - 2561 - 0001946　22337

季漢書九十卷　(清)章陶撰　清道光九年(1829)青山環漪軒刻本　十六册

440000 - 2561 - 0001947　22338

長安志二十卷附圖三卷　(宋)宋敏求撰　清乾隆五十二年(1787)經訓堂刻本　四册

440000 - 2561 - 0001948　22342

欽定續通志六百四十卷　(清)嵇璜等纂　清光緒二十七年(1901)上海圖書集成局鉛印本　五十八册　缺十卷(一百六十四至一百七十三)

440000 - 2561 - 0001949　22344

文獻通攷纂二十二卷續文獻通攷纂二十二卷皇朝文獻通攷纂二十六卷　(清)郎星等纂　清光緒二十八年(1902)上海鴻文書局石印本　十六册

440000 - 2561 - 0001950　22345

潛溪錄六卷　丁立中編　孫鏘增補　清宣統二年(1910)刻本　六册

440000 - 2561 - 0001951　22346

欽定學政全書八十六卷　(清)童璜纂修　清嘉慶十七年(1812)刻本　二十三册　缺五卷(三十一至三十五)

440000 - 2561 - 0001952　22347

藏書列傳六十卷　(明)李贄撰　明萬曆二十七年(1599)刻本　四十八册

440000 - 2561 - 0001953　22348

欽定續文獻通考二百五十卷　(清)嵇璜纂　清光緒二十七年(1901)上海圖書集成局鉛印本　三十六册

440000 - 2561 - 0001954　22349

皇朝道學名臣言行外錄十七卷　(宋)李幼武輯　清道光元年(1821)洪氏刻本　二册

440000 - 2561 - 0001955　22350

天下山河兩戒攷十四卷圖一卷　（清）徐文靖撰　清光緒二年(1876)刻本　五冊

440000 - 2561 - 0001956　22351

五代史記七十四卷　（宋）歐陽修撰　（宋）徐無黨注　清同治十一年(1872)湖北崇文書局刻本　十冊

440000 - 2561 - 0001957　22352

皇朝道學名臣言行外錄十七卷　（宋）李幼武輯　清道光元年(1821)洪氏刻本　三冊

440000 - 2561 - 0001958　22354

長河志籍考十卷　（清）田雯編　清康熙三十七年(1698)刻本　二冊

440000 - 2561 - 0001959　22355

疑年賡錄二卷　（清）張鳴珂編　清光緒二十八年(1902)寒松閣刻本　一冊

440000 - 2561 - 0001960　22356

籌海初集二卷　（清）關天培撰　清道光十六年(1836)刻本　六冊

440000 - 2561 - 0001961　22357

忠武志八卷　（清）張鵬翮輯　清康熙四十五年(1706)冰雪堂刻本　八冊

440000 - 2561 - 0001962　22359

世界三怪物不分卷　（美國）斯密哥德文著（清）李郁譯　清光緒二十九年(1903)上海文明書局鉛印本　一冊

440000 - 2561 - 0001963　22360

中國工商業考不分卷　（日本）緒方南溟撰（日本）古城貞吉譯　清光緒二十三年(1897)時務報館石印本　一冊

440000 - 2561 - 0001964　22361

商業實務志不分卷　（日本）佐佐木信夫撰（清）南洋公學譯　清光緒二十九年(1903)南洋公學譯書院鉛印本　四冊

440000 - 2561 - 0001965　22362

商業實務志不分卷　（日本）佐佐木信夫撰（清）南洋公學譯　清光緒二十九年(1903)南洋公學譯書院鉛印本　四冊

440000 - 2561 - 0001966　22363

威廉振興荷蘭紀略四卷　（清）上海廣學會校正　清光緒二十七年(1901)上海美華書館鉛印本　二冊

440000 - 2561 - 0001967　22365

新譯法史攬要不分卷　（法國）費克度著（清）劉翹翰等譯　清光緒二十八年(1902)上海廣智書局鉛印本　三冊

440000 - 2561 - 0001968　22366

西洋歷史教科書二卷　（英國）默爾化撰（清）出洋學生編輯所譯　清光緒三十二年(1906)上海南洋官書局鉛印本　四冊

440000 - 2561 - 0001969　22375

李文忠公奏議二十卷　（清）李鴻章撰　（清）吳汝綸編　清光緒保定蓮池書院石印本　二十冊

440000 - 2561 - 0001970　22376

宋元學案一百卷首一卷　（清）黃宗羲撰　清光緒五年(1879)長沙寄廬刻本　三十六冊

440000 - 2561 - 0001971　22377

中西紀事二十四卷　（清）夏燮撰　清光緒十年(1884)當塗夏氏江上草堂木活字印本　六冊

440000 - 2561 - 0001972　22378

督河奏疏十卷　（清）許振禕撰　清光緒元年(1875)刻本　四冊

440000 - 2561 - 0001973　22379

兩浙金石志十八卷　（清）阮元編　清光緒十六年(1890)浙江書局刻本　十二冊

440000 - 2561 - 0001974　22380

欽定續文獻通攷輯要二十六卷　（清）張羅澄編　清光緒夢孔山房鉛印本　八冊

440000 - 2561 - 0001975　22381

錢神志七卷　（清）李世熊撰　清同治十年(1871)甯化縣署木活字印本　七冊

440000 - 2561 - 0001976　22383

文獻通考輯要二十四卷　湯壽潛輯　清光緒二十八年(1902)夢孔山房石印本　七冊　缺四卷(五至八)

440000－2561－0001977　22384

中國歷史教科書不分卷　(清)祝震編　清光緒三十二年(1906)上海南洋官書局鉛印本　六冊

440000－2561－0001978　22385

國際公法大綱不分卷　(德國)雷士特著　商務印書館譯　清光緒二十九年(1903)上海商務印書館鉛印本　一冊

440000－2561－0001979　22386

鈔幣論不分卷　(清)許楣撰　清道光二十六年(1846)海鹽陳氏刻本　一冊

440000－2561－0001980　22387

憲法精理二卷　周逵編譯　清光緒二十八年(1902)上海廣智書局鉛印本　一冊

440000－2561－0001981　22388

憲法精理二卷　周逵編譯　清光緒二十九年(1903)上海廣智書局鉛印本　一冊

440000－2561－0001982　22389

憲政論不分卷　(日本)菊池學而撰　(清)林榮譯　清光緒二十九年(1903)上海商務印書館鉛印本　一冊

440000－2561－0001983　22390

讀通鑑綱目札記二十卷　(清)章邦元撰　清光緒十八年(1892)銅陵章氏刻本　八冊

440000－2561－0001984　22391

[嘉慶]東華續錄五十卷　王先謙編　清光緒十四年(1888)會稽籀三倉室刻本　三十二冊

440000－2561－0001985　22392

文獻通考輯要二十六卷　湯壽潛輯　清光緒二十八年(1902)夢孔山房石印本　十二冊

440000－2561－0001986　22393

出使英法意比四國日記六卷　(清)薛福成撰　清光緒十八年(1892)石印本　三冊

440000－2561－0001987　22394

初使泰西記不分卷　(清)志剛撰　(清)宣垕撰　清光緒十一年(1885)鉛印本　一冊

440000－2561－0001988　22395

五千年中外交涉史九十七卷　(清)屯廬主人撰　清光緒二十九年(1903)上海蜚英書局鉛印本　二十冊

440000－2561－0001989　22397

德國陸軍攷四卷　(法國)歐盟撰　(清)吳宗濂譯　清光緒二十七年(1901)上海日新書所鉛印本　四冊

440000－2561－0001990　22398

軍樂稿四卷　(清)李映庚撰　清宣統元年(1909)石印本　二冊

440000－2561－0001991　22399

日本武學兵隊紀略不分卷　(清)張大鏞撰　清光緒二十五年(1899)浙江書局刻本　一冊

440000－2561－0001992　22400

前漢紀三十卷　(漢)荀悅撰　清康熙三十五年(1696)振鷺堂刻本　六冊

440000－2561－0001993　22401

後漢紀三十卷　(晉)袁宏撰　清康熙三十五年(1696)振鷺堂刻本　六冊

440000－2561－0001994　22404

通商約章彙纂三十五卷　(清)張蔭舫等修纂　清光緒十二年(1886)天津官書局刻本　二十冊

440000－2561－0001995　22405

北齊書五十卷　(唐)李百藥撰　明崇禎十一年(1638)琴川毛氏刻本　四冊

440000－2561－0001996　22406

水經注箋四十卷　(漢)桑欽撰　(北魏)酈道元注　(明)朱謀㙔箋　明萬曆四十三年(1615)李長庚刻本　八冊

440000－2561－0001997　22407

牧令書輯要十卷保甲書輯要四卷　(清)徐棟編　(清)丁日昌重編　牧民忠告二卷　(元)張養浩著　欽頒州縣事宜一卷　(清)田文鏡

編　**庸史庸言二卷**　（清）劉衡存稿　**讀律心得三卷**　（清）劉衡纂輯　**蜀僚問答一卷**（清）劉衡存稿　**清訟事宜一卷**　（清）曾國荃撰　清同治十年(1871)黔陽官署刻本　十五冊

440000－2561－0001998　22408

梁書五十六卷　（唐）姚思廉撰　明萬曆三十三年(1605)刻本　十冊

440000－2561－0001999　22409

河防一覽十四卷　（明）潘季馴撰　明萬曆十八年(1590)潘季馴刻本　十冊

440000－2561－0002000　22410

海國圖志一百卷　（清）魏源撰　清同治六年(1867)郴州陳氏刻本　二十四冊

440000－2561－0002001　22411

帝京景物略八卷　（明）劉侗撰　清乾隆三十一年(1766)刻本　六冊　存六卷(一至四、六、八)

440000－2561－0002002　22412

河防須知不分卷　（□）□□撰　清抄本　二冊

440000－2561－0002003　22413

列女傳八卷　（漢）劉向撰　（清）梁瑞校注　清道光十四年(1834)振綺堂刻本　二冊

440000－2561－0002004　22414

西魏書二十四卷　（清）謝啟昆撰　清乾隆六十年(1795)樹經堂刻本　四冊

440000－2561－0002005　22415

陳書三十六卷　（唐）姚思廉撰　明萬曆三十三年(1605)刻本　六冊

440000－2561－0002006　22416

顧[炎武]閤[若璩]年譜不分卷　（清）張穆撰　清道光二十四年(1844)刻本　二冊

440000－2561－0002007　22417

憲法古義三卷　（清）衛石生著　清光緒三十一年(1905)上海商務印書館鉛印本　一冊

440000－2561－0002008　22418

鳳臺祇謁筆記不分卷　（清）董恂撰　清同治九年(1870)刻本　二冊

440000－2561－0002009　22420

資治通鑑刊本識誤三卷　（清）張敦仁撰　清光緒十二年(1886)新陽趙氏刻本　三冊

440000－2561－0002010　22421

遊志續編不分卷　（明）陶宗儀輯　清光緒十二年(1886)新陽趙氏刻本　一冊

440000－2561－0002011　22422

戰國策釋地二卷　（清）張琦撰　清光緒十一年(1885)新陽趙氏刻本　一冊

440000－2561－0002012　22423

楚漕江程十六卷　（清）董恂輯　清光緒二年至三年(1876－1877)刻本　十六冊

440000－2561－0002013　22424

河渠紀聞三十一卷　（清）康基田撰　清嘉慶九年(1804)霞蔭堂刻本　二十四冊

440000－2561－0002014　22425

馬氏繹史一百六十卷　（清）馬驌撰　清同治七年(1868)姑蘇亦西齋刻本　五十冊

440000－2561－0002015　22426

萬國公法四卷　（美國）惠頓撰　（美國）丁韙良譯　清同治三年(1864)京都崇實館刻本　四冊

440000－2561－0002016　22427

鶴徵錄八卷首一卷後錄十二卷首一卷　（清）李集　（清）李富孫輯　清嘉慶刻本　十冊

440000－2561－0002017　22428

金石錄三十卷　（宋）趙明誠撰　清乾隆二十八年(1763)雅雨堂刻本　六冊

440000－2561－0002018　22429

吳江水考五卷　（明）沈□撰　清乾隆五年(1740)刻道光四年(1824)印本　六冊

440000－2561－0002019　22431

海國圖志一百卷　（清）魏源撰　清光緒二十一年(1895)上海積山書局石印本　十六冊

440000－2561－0002020　22432

司馬溫公稽古錄二十卷　（宋）司馬光撰　清同治十一年(1872)湖北崇文書局刻本　四冊

440000－2561－0002021　22433

大清會典四卷　（清）托津等纂修　清同治十一年(1872)湖北崇文書局刻本　四冊

440000－2561－0002022　22434

上諭不分卷　（清）蔣廷錫等編　清雍正七年(1729)刻本　八冊

440000－2561－0002023　22435

敕修兩浙海塘通志二十卷　（清）方觀承纂修　清乾隆十六年(1751)刻本　十冊

440000－2561－0002024　22436

史記菁華錄六卷　（清）姚祖恩輯　清道光四年(1824)扶荔山房刻朱墨套印本　八冊

440000－2561－0002025　22437

海塘擥要十二卷　（清）楊鑅撰　清嘉慶十四年(1809)刻本　十二冊

440000－2561－0002026　22439

淮北票鹽續略十二卷　（清）許寶書編　清同治九年(1870)刻本　四冊

440000－2561－0002027　22440

晉書校文五卷補晉書藝文志四卷　（清）丁國鈞撰　清光緒二十年(1894)木活字印本　四冊

440000－2561－0002028　22441

兩河奏議不分卷　（清）嚴烺撰　清道光刻本　七冊

440000－2561－0002029　22442

國朝學案小識十五卷　（清）唐鑑撰　清道光二十六年(1846)四砭齋刻本　八冊

440000－2561－0002030　22443

海寧念汛大口門二限三限石塘圖說不分卷　（清）李輔燿編　（清）袁鎮嵩繪　清光緒七年(1881)武林任有容齋刻本　一冊

440000－2561－0002031　22444

歷代名臣奏議三百十九卷　（明）黃淮　（明）楊士奇等輯　（明）張溥刪正　明崇禎八年(1635)菁華樓刻本　五十一冊　缺五十六卷(二百六十四至三百十九)

440000－2561－0002032　22445

御定月令輯要二十四卷　（清）李光地等撰　清康熙五十四年(1715)刻本　十二冊

440000－2561－0002033　22446

海國圖志一百卷　（清）魏源撰　清咸豐二年(1852)刻本　二十三冊　存九十八卷(三至一百)

440000－2561－0002034　22447

行水金鑑一百七十五卷　（清）傅澤洪撰　清雍正三年(1725)淮揚官舍刻本　三十六冊

440000－2561－0002035　22448

讀史方輿紀要一百三十卷輿圖要覽四卷　（清）顧祖禹輯　清嘉慶敷文閣刻本　七十二冊

440000－2561－0002036　22449

輿地紀勝二百卷　（宋）王象之編　**補闕十卷**　（清）岑建功輯　**校勘記五十二卷**　（清）劉文淇撰　清道光二十九年(1849)刻本　五十冊

440000－2561－0002037　22450

輿地紀勝二百卷　（宋）王象之編　**補闕十卷**　（清）岑建功輯　**校勘記五十二卷**　（清）劉文淇撰　清道光二十九年(1849)刻本　六十四冊

440000－2561－0002038　22451

宋史四百九十六卷　（元）脫脫等撰　清同治金陵書局刻本　九十六冊　存三百九十七卷(五十二至三百一十九、三百二十九至三百七十六、四百二至四百二十、四百三十五至四百九十六)

440000－2561－0002039　22452

漢書評林一百卷　（明）凌稚隆輯校　明萬曆九年(1581)刻本　二十八冊

440000－2561－0002040　22453

御批歷代通鑑輯覽一百二十卷　（清）傅恆等
纂　清同治十一年(1872)湖北崇文書局刻本
五十冊　存一百卷(一至四十一、六十二至
一百二十)

440000－2561－0002041　22454

天下郡國利病書一百二十卷　（清）顧炎武撰
清嘉慶四川成都龍氏萬育燮堂木活字印本
二十七冊　存七十三卷(十九至五十七、八
十三至九十六、一百一至一百二十)

440000－2561－0002042　22455

元豐九域志十卷　（宋）王存等撰　清乾隆木
活字印武英殿聚珍版書本　十冊

440000－2561－0002043　22456

乾隆府廳州縣圖志五十卷　（清）洪亮吉撰
清乾隆五十三年(1788)刻本　十六冊

440000－2561－0002044　22457

庸庵筆記二卷　（清）薛福成撰　清光緒二十
七年(1901)掃葉山房石印本　一冊

440000－2561－0002045　22458

竹書紀年統箋十二卷前編一卷雜述一卷
(清)徐文靖撰　清光緒三年(1877)浙江書局
刻本　三冊　存九卷(一至六、十至十二)

440000－2561－0002046　22459

職官分紀三卷　（宋）孫逢吉撰　清抄本　四
冊

440000－2561－0002047　22466

太學進士題名碑錄不分卷　（清）李周望編
清光緒三十年(1904)刻本　十六冊

440000－2561－0002048　22467

國朝歷科題名碑錄初集不分卷　（清）李周望
等編　清雍正刻本　八冊

440000－2561－0002049　22468

常山貞石志二十四卷　（清）沈濤撰　清光緒
二十年(1894)靈溪精舍刻本　十冊

440000－2561－0002050　22469

豫東碑石方價成規不分卷　（□）□□撰　清
道光十年(1830)刻本　一冊

440000－2561－0002051　22470

陶齋吉金錄八卷　（清）端方輯　清光緒三十
四年(1908)石印本　八冊

440000－2561－0002052　22471

陶齋吉金錄八卷　（清）端方輯　清光緒三十
四年(1908)石印本　八冊

440000－2561－0002053　22472

粵東金石略九卷首一卷附二卷　（清）翁方綱
撰　清光緒十一年(1885)廣州石經堂書局影
印本　四冊

440000－2561－0002054　22473

河防一覽十四卷　（明）潘季馴撰　清乾隆十
三年(1748)刻本　十冊

440000－2561－0002055　22476

月令粹編二十四卷　（清）秦嘉謨編輯　清嘉
慶十七年(1812)琳琅仙館刻本　八冊

440000－2561－0002056　22477

袁氏藝文志一卷文錄一卷詩錄一卷金石錄一
卷附錄一卷　（清）袁渭漁撰　（清）袁昶輯
清光緒桐廬袁氏刻漸西村舍彙刊本　一冊

440000－2561－0002057　22478

粵西金石略十五卷　（清）謝啟昆撰　清嘉慶
六年(1801)刻本　四冊

440000－2561－0002058　22479

武林舊事六卷後集四卷　（宋）周密撰　清乾
隆四十二年(1777)夙夜齋刻本　六冊

440000－2561－0002059　22480

疑年表一卷超辰表三卷　（清）汪曰楨撰　清
刻本　一冊

440000－2561－0002060　22482

江蘇省例不分卷　（清）□□編　清同治八年
(1869)江蘇書局刻本　四冊

440000－2561－0002061　22483

江蘇省例續編不分卷　（清）□□編　清光緒
元年(1875)江蘇書局刻本　二冊

440000－2561－0002062　22484

江蘇省例三編不分卷　（清）□□編　清光緒
九年(1883)江蘇書局刻本　二冊

440000－2561－0002063　22485

江蘇省例四編不分卷　（清）□□編　清光緒
十六年(1890)江蘇書局刻本　四冊

440000－2561－0002064　22486

河務初模不分卷　（清）林紹清編　清末抄本
　一冊

440000－2561－0002065　22487

河工器具圖說四卷　（清）麟慶輯　清道光十
六年(1836)刻本　二冊

440000－2561－0002066　22488

治河通考十卷　（明）吳山輯　明崇禎十一年
(1638)刻本　二冊

440000－2561－0002067　22490

史學薪傳八卷　（宋）朱熹撰　清同治五年
(1866)刻本　八冊

440000－2561－0002068　22491

史記索隱三十卷　（唐）司馬貞撰　明末虞山
毛氏汲古閣刻本　四冊

440000－2561－0002069　22492

晏子春秋七卷　（春秋）晏嬰撰　音義二卷
(清)孫星衍撰　校勘二卷　（清）黃以周撰
清光緒元年(1875)浙江書局刻子書二十二種
本　四冊

440000－2561－0002070　22493

皇朝武功紀盛四卷　（清）趙翼撰　清光緒二
十七年(1901)掃葉山房石印本　一冊

440000－2561－0002071　22494

三藩紀事本末二十二卷　（清）楊陸榮編　清
光緒十四年(1888)上洋書業公所崇德堂鉛印
本　一冊

440000－2561－0002072　22496

兩浙鹽務同官錄不分卷　（清）□□編　清光
緒十二年(1886)刻本　二冊

440000－2561－0002073　22497

南漢紀五卷南漢地理志一卷南漢金石志二卷
　（清）吳蘭修編　清道光十四年(1834)刻本
　一冊

440000－2561－0002074　22498

金鰲退食筆記二卷　（清）高士奇撰　清康熙
二十三年(1684)刻本　一冊

440000－2561－0002075　22499

史記菁華錄六卷　（清）姚祖恩輯　清道光四
年(1824)扶荔山房刻朱墨套印本　六冊

440000－2561－0002076　22500

古品節錄六卷　（清）松筠撰　清嘉慶四年
(1799)刻本　六冊

440000－2561－0002077　22501

揚州水道記四卷　（清）劉文淇撰　清道光十
八年(1838)刻本　一冊

440000－2561－0002078　22502

古泉彙首集四卷元集十四卷亨集十四卷利集
十八卷貞集十四卷　（清）李佐賢編　清同治
三年(1864)刻本　三十二冊

440000－2561－0002079　22503

錢塘遺事十卷　（元）劉一清撰　（清）席世臣
訂　清嘉慶四年(1799)掃葉山房刻本　四冊

440000－2561－0002080　22504

西夏紀事本末三十六卷　（清）張鑑撰　清光
緒十四年(1888)上洋書業公所崇德堂鉛印本
　二冊　存三十五卷(一至三十五)

440000－2561－0002081　22505

御撰資治通鑑綱目三編四十卷　（清）朱珪等
撰　清同治十一年(1872)江西書局刻本　十
二冊

440000－2561－0002082　22506

通典二百卷　（唐）杜佑撰　清咸豐九年
(1859)崇仁謝氏刻本　四十冊

440000－2561－0002083　22508

北齊書五十卷　（唐）李百藥撰　清乾隆四年
(1739)武英殿刻本　八冊

440000－2561－0002084　22509

欽定續通典一百五十卷　（清）嵇璜等纂　清
光緒二十七年(1901)上海圖書集成局鉛印本
　十二冊

440000－2561－0002085　22510

皇朝通典一百卷　（清）嵇璜等纂　清光緒二
十七年(1901)上海圖書集成局鉛印本　十二
冊

440000－2561－0002086　22511

皇朝經世文統編一百七卷　（清）□□輯　清
光緒二十七年(1901)上海寶善齋石印本　五
十二冊

440000－2561－0002087　22512

學統五十六卷　（清）熊賜履撰　清康熙二十
四年(1685)刻本　十二冊

440000－2561－0002088　22513

史記一百三十卷　（漢）司馬遷撰　（南朝宋）
裴駰集解　（唐）司馬貞索隱　（唐）張守節正
義　清同治五年至九年(1866－1870)金陵書
局刻本　二十冊

440000－2561－0002089　22514

皇朝文典七十四卷　（清）李兆洛編　清嘉慶
二十年(1815)揚州李氏刻本　二十冊

440000－2561－0002090　22515

皇朝掌故彙編內編六十卷首一卷外編四十卷
首一卷　張壽鏞等編　清光緒二十八年
(1902)上海求實書社鉛印本　四十七冊　存
八十八卷(內編一至二十二、二十九至四十
一、四十四至五十四、五十七至六十,外篇一
至二十八、三十一至四十)

440000－2561－0002091　22516

蔡氏九儒書九卷首一卷　（清）蔡有鷴編　清
同治七年(1868)盱南蔡學蘇三餘書屋刻本
六冊

440000－2561－0002092　22517

資治通鑑二百九十四卷　（宋）司馬光撰　續
資治通鑑二百二十卷　（清）畢沅撰　清光緒
二十五年(1899)上海蜚英館石印本　八十冊

440000－2561－0002093　22518

新疆賦一卷　（清）徐松撰　清光緒七年
(1881)讀有用書齋刻本　一冊

440000－2561－0002094　22519

宋史紀事本末十卷　（明）馮琦編　明萬曆三
十三年(1605)刻本　十冊

440000－2561－0002095　22520

黔語二卷　（清）吳振棫撰　清咸豐四年
(1854)刻本　一冊

440000－2561－0002096　22521

黔書二卷　（清）田雯撰　清嘉慶十三年
(1808)刻本　二冊

440000－2561－0002097　22522

通鑑紀事本末二百三十九卷　（宋）袁樞撰
清光緒十四年(1888)上洋書業公所鉛印本
二十四冊

440000－2561－0002098　22523

續後漢書四十二卷義例一卷音義四卷札記一
卷　（宋）蕭常撰　清道光二十一年(1841)上
海郁氏刻宜稼堂叢書本　四冊　缺八卷(二
十至二十七)

440000－2561－0002099　22524

元史九十五卷　（清）魏源撰　清光緒三十一
年(1905)邵陽魏氏慎微堂刻本　三十二冊

440000－2561－0002100　22525

續後漢書九十卷　（元）郝經撰　札記四卷
（清）郁松年撰　清道光二十一年(1841)上海
郁氏刻宜稼堂叢書本　二十七冊

440000－2561－0002101　22526

宋史紀事本末十卷　（明）馮琦編　明萬曆三
十三年(1605)鬱岡山房刻本　十冊

440000－2561－0002102　22527

通鑑紀事本末前編十二卷　（明）沈朝陽撰
明萬曆鬱岡山房刻本　八冊

440000－2561－0002103　22528

通鑑紀事本末四十二卷　（宋）袁樞撰　明萬
曆鬱岡山房刻本　四十二冊

440000－2561－0002104　22529

皇朝蓄艾文編八十卷　（清）于寶軒輯　清光
緒二十九年(1903)上海官書局鉛印本　四十

冊

440000－2561－0002105　22530

宋元學案一百卷首一卷 （清）黃宗羲撰　清
光緒五年(1879)長沙寄廬刻本　五十冊

440000－2561－0002106　22531

明史稿三百十卷 （清）王鴻緒撰　清敬慎堂
刻本　六十四冊

440000－2561－0002107　22532

行水金鑑一百七十五卷 （清）傅澤洪撰　清
雍正三年(1725)刻本　三十六冊

440000－2561－0002108　22534

治河方略十卷 （清）靳輔撰　（清）崔應階重
編　清乾隆三十二年(1767)匯古堂刻本　八
冊

440000－2561－0002109　22535

河防紀略四卷 （清）孫鼎臣撰　清咸豐九年
(1859)刻本　二冊

440000－2561－0002110　22536

河防紀略四卷 （清）孫鼎臣撰　清咸豐九年
(1859)刻本　二冊

440000－2561－0002111　22538

河防志十二卷 （清）張希良撰　清雍正三年
(1725)刻本　十二冊

440000－2561－0002112　22539

河防志十二卷 （清）張希良撰　清雍正三年
(1725)刻本　十二冊

440000－2561－0002113　22540

江蘇全省輿圖不分卷 （清）鄧華熙修　（清）
諸寶可纂　清光緒二十一年(1895)江蘇書局
刻本　三冊

440000－2561－0002114　22541

列女傳八卷 （漢）劉向撰　（清）梁瑞校注
清道光十七年(1837)振綺堂刻本　二冊

440000－2561－0002115　22543

明清題名碑錄不分卷 （清）李周望等編　清
光緒刻本　十四冊

440000－2561－0002116　22545

通鑑釋文辨誤十二卷 （元）胡三省撰　清嘉
慶二十一年(1816)刻本　四冊

440000－2561－0002117　22546

漁洋書籍跋尾二卷 （清）王士禎撰　清光緒
四年(1878)刻本　二冊

440000－2561－0002118　22547

敏求軒述記十六卷 （清）陳世箴輯　清道光
二十八年(1848)刻本　八冊

440000－2561－0002119　22548

東西學書錄二卷附錄一卷 （清）徐維則輯
清光緒二十五年(1899)石印本　三冊

440000－2561－0002120　22549

袁氏藝文志一卷金石錄一卷 （清）袁昶撰
清光緒二十三年(1897)漸西村舍刻本　一冊

440000－2561－0002121　22550

實政錄七卷 （明）呂坤撰　清同治十一年
(1872)浙江書局刻本　六冊

440000－2561－0002122　22551

蜀中水利記不分卷 （□）□□撰　清抄本
四冊

440000－2561－0002123　22552

惠濟河輯說四卷 （清）王儒行撰　清同治九
年(1870)汲古堂刻本　二冊

440000－2561－0002124　22553

楚北水利隄防紀要二卷 （清）俞昌烈撰　清
同治四年(1865)湖北藩署刻本　一冊

440000－2561－0002125　22554

環游地球新錄四卷 （清）李圭撰　清光緒四
年(1878)刻本　四冊

440000－2561－0002126　22555

東遊日記不分卷 （清）黃慶澄撰　清光緒二
十年(1894)刻本　一冊

440000－2561－0002127　22556

藕盦東游日記不分卷 （清）樓藜然撰　清光
緒三十三年(1907)中合印書公司鉛印本　一
冊

440000－2561－0002128　22558

吳侍御奏稿三卷　（清）吳峋撰　清光緒刻本
　三冊

440000－2561－0002129　22563

九華紀勝二十三卷　（清）陳蔚撰　清道光元
年(1821)梅緣書屋刻本　三冊　存十七卷
（七至二十三）

440000－2561－0002130　22564

欽定新疆識略十二卷　（清）松筠纂修　清道
光元年(1821)武英殿修書處刻本　十冊

440000－2561－0002131　22566

元史紀事本末四卷　（明）陳邦瞻撰　明萬曆
鬱岡山房刻本　四冊

440000－2561－0002132　22567

黎襄勤公奏議六卷　（清）黎世序撰　清道光
七年(1827)刻本　四冊

440000－2561－0002133　22570

三江水利紀略四卷　（清）蘇爾德等纂　清乾
隆吳門刻本　四冊

440000－2561－0002134　22571

揚州水道記四卷　（清）劉文淇撰　清道光二
十五年(1845)刻本　四冊

440000－2561－0002135　22572

大清一統輿圖三十一卷　（清）嚴樹森等撰
清同治二年(1863)湖北撫署刻本　八冊

440000－2561－0002136　22579

六朝事蹟類編十四卷　（宋）張敦頤撰　清光
緒十三年(1887)刻本　四冊

440000－2561－0002137　22580

［咸豐］東華續錄一百卷　王先謙撰　清光緒
十六年(1890)會稽籀三倉室石印本　五十八冊

440000－2561－0002138　22582

浙江沿海圖說不分卷　（清）朱正元撰　清光
緒二十五年(1899)上海鉛印本　一冊

440000－2561－0002139　22583

江蘇沿海圖說不分卷　（清）朱正元撰　清光
緒二十五年(1899)上海鉛印本　一冊

440000－2561－0002140　22584

朱子年譜四卷考異四卷附錄二卷　（清）王懋
竑編　清乾隆十七年(1752)刻本　四冊

440000－2561－0002141　22585

太平寰宇記二百卷目錄二卷　（宋）樂史撰
清乾隆五十八年(1793)刻本　三十

440000－2561－0002142　22586

綱鑑正史約三十六卷　（明）顧錫疇撰　（清）
陳弘謀增訂　清同治八年(1869)浙江書局刻
本　二十冊

440000－2561－0002143　22587

續纂江蘇水利全案正編四十卷首一卷附編十
二卷　（清）李慶雲等纂　清光緒十五年
(1889)江蘇水利工程局木活字印本　二十二
冊

440000－2561－0002144　22588

左恪靖侯奏稿初編三十八卷　（清）左宗棠撰
　清同治七年(1868)刻本　十二冊　存十八
卷（一、九至十五、二十至二十六、三十一至三
十三）

440000－2561－0002145　22589

左恪靖侯奏稿續編七十六卷　（清）左宗棠撰
　清光緒十二年(1886)刻本　三十七冊　存
七十一卷（四、六、八至七十六）

440000－2561－0002146　22590

左恪靖侯奏稿三編六卷　（清）左宗棠撰　清
光緒十二年(1886)刻本　二冊

440000－2561－0002147　22591

續纂江蘇水利全案正編四十卷首一卷附編十
二卷　（清）李慶雲等纂　清光緒十五年
(1889)江蘇水利工程局木活字印本　二十一
冊

440000－2561－0002148　22592

欽定戶部漕運全書九十二卷　（清）潘世恩等
纂　清道光二十四年(1844)刻本　四十六冊

440000－2561－0002149　22593

北史一百卷　（唐）李延壽撰　明萬曆二十一

年(1593)刻本　二十八冊　缺七卷(十至十六)

440000－2561－0002150　22594
金石萃編一百六十卷　(清)王昶編　清嘉慶十年(1805)經訓堂刻本　六十四冊

440000－2561－0002151　22595
通志二百卷　(宋)鄭樵撰　元大德三山郡庠刻元明遞修本　二百二十六冊

440000－2561－0002152　22596
讀西學書法不分卷　梁啟超撰　清光緒二十二年(1896)時務報館影印本　一冊

440000－2561－0002153　22597
儒林宗派十六卷　(清)萬斯同撰　清抄本　二冊

440000－2561－0002154　22598
求闕齋弟子記三十二卷　(清)王定安撰　清光緒二年(1876)都門龍文齋刻本　十六冊

440000－2561－0002155　22601
廣東考古輯要四十六卷　(清)周廣纂修　清光緒十九年(1893)還讀書屋刻本　十冊

440000－2561－0002156　22602
湖雅九卷　(清)汪曰楨撰　清光緒六年(1880)刻本　三冊

440000－2561－0002157　22603
校讎通義三卷　(清)章學誠撰　清道光十三年(1833)大梁刻本　一冊

440000－2561－0002158　22604
平津館鑒藏記三卷附錄二卷　(清)孫星衍撰　清道光十六年(1836)刻本　二冊

440000－2561－0002159　22605
知聖道齋讀書跋二卷　(清)彭元瑞撰　清刻本　一冊

440000－2561－0002160　22606
癖談六卷　(清)蔡雲撰　清光緒十一年(1885)刻本　一冊

440000－2561－0002161　22607

廉石居藏書記二卷　(清)孫星衍撰　(清)陳宗彝編次　清道光十六年(1836)刻本　一冊

440000－2561－0002162　22608
揚州畫舫錄十八卷　(清)李斗撰　清道光十九年(1839)刻本　六冊

440000－2561－0002163　22610
吾學錄二十四卷　(清)吳榮光撰　清光緒十年(1884)刻本　八冊

440000－2561－0002164　22611
南北史捃華八卷　(清)周嘉猷輯　清同治四年(1865)鑑止水齋刻本　四冊

440000－2561－0002165　22612
翼教叢編六卷　(清)蘇輿編　清光緒二十四年(1898)石印本　四冊

440000－2561－0002166　22613
揚州畫舫錄十八卷　(清)李斗撰　清乾隆六十年(1795)自然盦刻本　八冊

440000－2561－0002167　22614
覺迷要錄二卷　葉德輝編　清光緒三十一年(1905)刻本　一冊

440000－2561－0002168　22615
兩漢蒙拾五卷　(清)杭世駿撰　清乾隆刻本　二冊

440000－2561－0002169　22618
竹書紀年校正十四卷　(清)郝懿行撰　清光緒五年(1879)東路廳署刻郝氏遺書本　二冊

440000－2561－0002170　22619
汲冢周書輯要一卷　(清)郝懿行撰　清光緒八年(1882)刻本　一冊

440000－2561－0002171　22620
孝經列傳十六章　(明)胡時化撰　(明)陳文慶繪圖　明萬曆三十七年(1609)刻本　五冊

440000－2561－0002172　22621
國語二十一卷　(春秋)左丘明撰　清光緒二年(1876)尊經書院刻本　五冊

440000－2561－0002173　22622

積古齋鐘鼎彝器款識十卷　（清）阮元編　清光緒五年(1879)武昌刻本　六冊

440000 - 2561 - 0002174　22623

續漢書八志三十卷　（晉）司馬彪撰　（南朝梁）劉昭注補　清同治十二年(1873)韓江書局刻本　二冊

440000 - 2561 - 0002175　22624

七家後漢書二十一卷　（清）汪文臺輯　清光緒八年(1882)刻本　六冊

440000 - 2561 - 0002176　22625

十六國春秋一百卷　（北魏）崔鴻撰　清乾隆四十六年(1781)竹素山房刻本　二十三冊　存九十四卷(一至九十四)

440000 - 2561 - 0002177　22629

晏子春秋七卷　（春秋）晏嬰撰　音義二卷（清）孫星衍撰　校勘二卷　（清）黃以周撰　清光緒元年(1875)浙江書局刻子書二十二種本　五冊

440000 - 2561 - 0002178　22630

揚州畫舫錄十八卷　（清）李斗撰　清乾隆六十年(1795)自然盦刻本　六冊

440000 - 2561 - 0002179　22637

三國志六十五卷　（晉）陳壽撰　（南朝宋）裴松之注　清光緒十三年(1887)江南書局刻本　八冊

440000 - 2561 - 0002180　22638

三國志補注六卷　（清）杭世駿撰　清光緒元年(1875)南海伍氏刻粵雅堂叢書本　二冊

440000 - 2561 - 0002181　22639

南史八十卷　（唐）李延壽撰　清光緒十四年(1888)圖書集成印書局鉛印本　十二冊

440000 - 2561 - 0002182　22641

五代史纂誤三卷　（宋）吳縝撰　清乾隆武英殿木活字印武英殿聚珍版書本　一冊

440000 - 2561 - 0002183　22642

竹書紀年統箋十二卷前編一卷雜述一卷（清）徐文靖撰　清光緒三年(1877)浙江書局

刻本　三冊　缺二卷(一至二)

440000 - 2561 - 0002184　22650

東都事略一百三十卷　（宋）王偁撰　清乾隆六十年(1795)掃葉山房刻本　十六冊

440000 - 2561 - 0002185　22653

國語校注本三種二十九卷　（清）汪遠孫撰　清道光二十六年(1846)錢唐汪氏振綺堂刻振綺堂遺書本　六冊

440000 - 2561 - 0002186　22656

七雄策纂八卷　（明）穆文熙纂　明萬曆十四年(1586)刻本　七冊

440000 - 2561 - 0002187　22661

國朝獻徵錄一百二十卷　（明）焦竑撰　明刻本　十四冊

440000 - 2561 - 0002188　22664

廣東考古輯要四十六卷　（清）周廣纂修　清光緒十九年(1893)還讀書屋刻本　十冊

440000 - 2561 - 0002189　22672

東漢會要四十卷　（宋）徐天麟撰　清刻武英殿聚珍版書本　八冊

440000 - 2561 - 0002190　22673

文獻通考三百四十八卷　（宋）馬端臨纂　清乾隆十二年(1747)武英殿刻本　一百二十冊

440000 - 2561 - 0002191　22675

廣雅書局藏書目錄七卷　（清）廖廷相編　清光緒二十七年(1901)刻本　四冊

440000 - 2561 - 0002192　22687

文史通義八卷校讎通義三卷　（清）章學誠撰　清光緒三年(1877)貴陽刻本　五冊

440000 - 2561 - 0002193　22693

畿輔金石略稿本不分卷　（清）趙烈文撰　清稿本　十四冊

440000 - 2561 - 0002194　22698

東林書院志二十二卷　（清）高廷珍等編　清光緒七年(1881)刻本　八冊

440000 - 2561 - 0002195　22703

新廣東不分卷　（清）太平洋客撰　清刻本
一冊

440000－2561－0002196　22704
新廣東不分卷　（清）太平洋客撰　清刻本
一冊

440000－2561－0002197　22705
湘變紀實不分卷　葉德輝錄　清末鉛印本
一冊

440000－2561－0002198　22720
明史竊一百五卷　（明）尹守衡著　清康熙四
十五年(1706)刻本　十八冊

440000－2561－0002199　22732
鼎湖山志八卷　（清）丁易修　（清）釋成鷲纂
述　清康熙五十六年(1717)刻本　四冊

440000－2561－0002200　22744
古玉圖考不分卷　（清）吳大澂撰　清光緒十
五年(1889)上海同文書局石印本　二冊

440000－2561－0002201　22745
粵東金石略九卷首一卷附二卷　（清）翁方綱
撰　清光緒十七年(1891)廣州石經堂書局影
印本　四冊

440000－2561－0002202　22746
南海吳氏筠清館所藏周金文字拓片冊　（清）
□□輯　清拓本　一冊

440000－2561－0002203　22750
浮山志五卷　（清）陳銘珪撰　清光緒七年
(1881)荔莊刻本　五冊

440000－2561－0002204　22760
江表忠略二十卷　陳澹然撰　清光緒二十六
年(1900)刻本　六冊　存十六卷(五至二十)

440000－2561－0002205　22761
郎潛紀聞十四卷二筆十六卷　（清）陳康祺著
清光緒十年(1884)刻本　八冊

440000－2561－0002206　22762
曾文正公榮哀錄不分卷　（清）黃翼升等撰
清同治十一年(1872)刻本　一冊

440000－2561－0002207　22763
明季北略二十四卷明季南略十八卷　（清）計
六奇輯　清道光都城硫璃廠半松居士木活字
印本　二十四冊

440000－2561－0002208　22768
四庫簡明目錄標注二十卷附錄一卷　（清）邵
懿辰撰　清宣統三年(1911)仁和邵氏鉛印本
六冊

440000－2561－0002209　22769
臺灣戰紀二卷　（清）洪棄父撰　清光緒三十
二年(1906)鉛印本　二冊

440000－2561－0002210　22772
李鴻章不分卷　梁啟超撰　清光緒二十七年
(1901)鉛印本　一冊

440000－2561－0002211　22780
李文忠公奏議二十卷　（清）李鴻章撰　（清）吳
汝綸編　清光緒保定蓮池書院石印本　二十冊

440000－2561－0002212　22785
滿洲名臣傳四十八卷漢名臣傳三十二卷
(清)國史館編　清京都琉璃廠榮錦書屋刻本
八十冊

440000－2561－0002213　22787
新政論議不分卷　何啟　胡禮垣著　清光緒
二十一年(1895)寶文書局印本　一冊

440000－2561－0002214　22788
十駕齋養新餘錄三卷錢辛楣先生[大昕]年譜
一卷　（清）錢大昕　（清）錢慶曾校注　竹汀
居士[大昕]年譜續一卷　（清）錢慶曾編　清
刻本　一冊

440000－2561－0002215　22789
國朝掌故輯要二十四卷　（清）林熙春編　清
光緒二十九年(1903)湖南官報局鉛印本　一
冊　存八卷(十七至二十四)

440000－2561－0002216　22790
強恕書社策論新選二卷　（清）強恕書社編
清光緒二十八年(1902)強恕書社鉛印本　一
冊

440000－2561－0002217　22794

光緒二十五年通商各關華洋貿易總冊二卷
（清）上海通商海關編　清光緒二十六年
（1900）上海通商海關造冊處鉛印本　一冊

440000－2561－0002218　22797

蒙古史二卷　（日本）河野元三述　（清）歐陽
瑞驊譯　清宣統三年（1911）江南圖書館鉛印
本　二冊

440000－2561－0002219　22803

吳中平寇記八卷　（清）錢勖撰　清同治四年
（1865）刻本　二冊

440000－2561－0002220　22810

東三省移民開墾意見書一卷附錄一卷　熊希
齡撰　清宣統鉛印本　一冊

440000－2561－0002221　22813

籌國芻言二卷　劉次源撰　清宣統二年
（1910）石印本　一冊

440000－2561－0002222　22815

南皮張宮保政書十二卷　（清）張之洞撰　清
光緒二十七年（1901）上海圖書集成印書局鉛
印本　三冊

440000－2561－0002223　22817

重訂法國志略二十四卷　（清）王韜撰　清光
緒十六年（1890）鉛印本　十冊

440000－2561－0002224　22833

中日新訂商約一卷中美新訂商約一卷附奏定
約束出洋學書並鼓勵章程一卷　中外日報館
輯　清光緒二十九年（1903）鉛印本　一冊

440000－2561－0002225　22834

鴉片專賣條陳不分卷　鄭嘉謨撰　清光緒三
十四年（1908）鉛印本　一冊

440000－2561－0002226　22837

中日議和紀略不分卷　（清）□□撰　清光緒
石印本　一冊

440000－2561－0002227　22850

社會黨不分卷　（日本）西川光次郎撰　（清）
周子高譯　清光緒二十八年（1902）上海廣智

書局鉛印本　一冊

440000－2561－0002228　22858

尺木堂綱鑑易知錄九十二卷明鑑易知錄十五
卷　（清）吳乘權　（清）周之炯　（清）周之
燦輯　清光緒二十四年（1898）上海宏文閣鉛
印本　十六冊

440000－2561－0002229　22860

鼎湖山志八卷　（清）丁易修　（清）釋成鷲纂
述　清康熙五十六年（1717）刻本　四冊

440000－2561－0002230　22861

明史三百三十二卷目錄四卷　（清）張廷玉等
撰　清光緒十八年（1892）武林竹簡齋石印本
二十四冊

440000－2561－0002231　22862

欽定四庫全書總目二百卷首四卷　（清）紀昀
等編　清同治七年（1868）廣東書局刻本　一
百二十冊

440000－2561－0002232　22871

日本維新三十年史十二卷　（日本）東京博文
館編　（清）廣智書局譯　清光緒二十八年
（1902）上海廣智書局鉛印本　一冊

440000－2561－0002233　22872

光緒上諭不分卷　（□）□□編　清光緒刻本
一冊

440000－2561－0002234　22874

李鴻章不分卷　梁啟超撰　清光緒二十七年
（1901）鉛印本　一冊

440000－2561－0002235　22878

中西紀事二十四卷　（清）夏燮撰　清刻本
二冊

440000－2561－0002236　22880

中國歷史戰爭形勢圖說附論二卷　盧彤撰
清宣統二年（1910）集文印書館鉛印本　一冊

440000－2561－0002237　22882

中東戰紀本末初編八卷續編四卷附文學興國
策二卷　（美國）林樂知譯　蔡爾康輯　清光
緒二十三年（1897）上海廣學會石印本　十三

冊

440000 - 2561 - 0002238　22883

[咸豐]東華續錄六十九卷　（清）潘頤福編
清光緒十三年(1887)京都琉璃廠欽文書局刻
本　二十四冊

440000 - 2561 - 0002239　22884

邵陽魏府君事略不分卷　（清）魏耆撰　清刻
本　一冊

440000 - 2561 - 0002240　22887

西行日記一卷　（清）馮焌光撰　清光緒七年
(1881)刻本　一冊

440000 - 2561 - 0002241　22888

續瀛環志略初編不分卷　（清）薛瑩中編　清
光緒二十八年(1902)無錫傳經樓石印本　四
冊

440000 - 2561 - 0002242　22889

國朝先正事略續編八卷　朱孔彰撰　清光緒
二十五年(1899)上海圖書集成書局鉛印本
四冊

440000 - 2561 - 0002243　22891

瀛環新志十卷　（清）李慎儒撰　清光緒二十
八年(1902)退思軒石印本　六冊

440000 - 2561 - 0002244　22892

甕牖餘談八卷　（清）王韜撰　清光緒元年
(1875)申報館鉛印本　一冊

440000 - 2561 - 0002245　22894

隨軺筆記四種四卷　吳宗濂撰　清光緒二十
八年(1902)上海著易堂鉛印本　四冊

440000 - 2561 - 0002246　22897

義和拳教門源流考一卷　勞乃宣撰　清光緒
刻本　一冊

440000 - 2561 - 0002247　22898

萬國史記二十卷　（日本）岡本監輔撰　程世
爵譯　清光緒二十四年(1898)上海書局石印
本　十冊

440000 - 2561 - 0002248　22900

合肥相國七十賜壽圖不分卷　（清）羅豐祿等

輯　清光緒十八年(1892)石印本　四冊

440000 - 2561 - 0002249　22904

皇朝通志一百二十六卷　（清）嵇璜等纂　清
光緒二十八年(1902)上海鴻寶書局石印本
八冊

440000 - 2561 - 0002250　22905

皇朝文獻通考三百卷　（清）嵇璜纂　清光緒
二十八年(1902)上海鴻寶書局石印本　三十
二冊

440000 - 2561 - 0002251　22908

新出皖案徐錫麟遺事不分卷　（清）□□撰
清光緒三十三年(1907)石印本　一冊

440000 - 2561 - 0002252　22909

湘軍記二十卷　（清）王定安撰　清光緒十五
年(1889)上海書局石印本　四冊

440000 - 2561 - 0002253　22913

國朝先正事略六十卷　（清）李元度纂　清光
緒二十八年(1902)上海點石齋石印本　八冊

440000 - 2561 - 0002254　22914

國朝先正事略續編三十卷　朱孔彰撰　清光
緒二十八年(1902)上海書局石印本　二冊
存四卷(一至四)

440000 - 2561 - 0002255　22926

泰西新史攬要二十三卷附記一卷　（英國）馬
懇西撰　（英國）李提摩太譯　蔡爾康述　清
光緒二十四年(1898)鉛印本　七冊

440000 - 2561 - 0002256　22928

乘槎筆記二卷　（清）斌椿纂　清同治十三年
(1874)刻本　一冊

440000 - 2561 - 0002257　22929

泰西各國名人言行錄十六卷　（清）張兆蓉纂
清光緒二十九年(1903)明達聖教會石印本
六冊

440000 - 2561 - 0002258　22932

宦遊紀略二卷　（清）高廷瑤撰　清同治十二
年(1873)成都李氏刻本　一冊

440000 - 2561 - 0002259　22933

東華錄四十五卷續錄七十五卷　王先謙撰
清光緒十年(1884)石印本　五十九冊　缺二
卷(乾隆朝卷三十五至三十六)

440000－2561－0002260　22934

[咸豐]東華續錄六十九卷　(清)潘頤福編
清光緒十八年(1892)上海圖書集成印書局石
印本　十六冊

440000－2561－0002261　22935

[同治]東華續錄一百卷　王先謙撰　清光緒
二十四年(1898)上海文瀾書局石印本　二十
四冊

440000－2561－0002262　22936

欽定大清會典一百卷首一卷欽定大清會典事
例一千二百二十卷目錄八卷　(清)崑岡等纂
清宣統元年(1909)上海商務印書館石印本
一百六十冊

440000－2561－0002263　22954

金石文字跋尾六卷附墓誌銘一卷　(清)朱彝
尊撰　清光緒九年(1883)刻本　一冊

440000－2561－0002264　22955

古史考年異同表二卷考年後說一卷　(清)林
春溥撰　清道光十八年(1838)竹柏山房刻本
二冊

440000－2561－0002265　22957

國朝名家詩鈔小傳四卷　(清)鄭方坤撰　清
光緒十二年(1886)萬山草堂刻本　一冊

440000－2561－0002266　22971

華嶽志八卷　(清)李榕纂　清道光十一年
(1831)刻光緒九年(1883)重修本　四冊

440000－2561－0002267　22972

固始吳氏一綫譜續纂四卷　(清)吳元炳纂修
清光緒九年(1883)思源堂刻本　八冊

440000－2561－0002268　22974

碑版文廣例十卷　(清)王芑孫撰　清道光二
十一年(1841)刻本　四冊

440000－2561－0002269　22975

碑版文廣例十卷　(清)王芑孫撰　清道光二

十一年(1841)刻本　四冊

440000－2561－0002270　22976

歷代甲子紀元表不分卷　(清)董醇輯　清咸
豐五年(1855)東阜書堂刻本　二冊

440000－2561－0002271　22979

守汴日志一卷　(明)李光壂撰　清刻本　一
冊

440000－2561－0002272　22981

遼史紀事本末四十卷　(清)李有棠編　清光
緒十九年(1893)同文書局石印本　四冊

440000－2561－0002273　22982

誥授振威將軍稐圭府君[周之琦]年譜一卷
(清)周汝筠　(清)周汝策編　清同治刻本
一冊

440000－2561－0002274　22983

金史詳校十卷首一卷末一卷　(清)施國祁撰
清光緒二十年(1894)廣雅書局刻本　十二
冊

440000－2561－0002275　22984

靈鶼閣叢書六集五十六種　(清)江標輯　清
光緒元和江標湖南使院刻本　一冊　存十種
(第二集一至十)

440000－2561－0002276　22985

三朝北盟會編二百五十卷首一卷　(宋)徐夢
莘撰　清光緒四年(1878)越東鉛印本　四十
二冊

440000－2561－0002277　22986

欽定續通志六百四十卷　(清)嵇璜等纂　清
光緒鉛印本　四十冊

440000－2561－0002278　22987

通典二百卷附考證一卷　(唐)杜佑撰　清光
緒二十八年(1902)上海鴻寶書局石印本　十
二冊

440000－2561－0002279　22988

欽定續通典一百五十卷　(清)嵇璜等纂　清
光緒二十八年(1902)上海鴻寶書局石印本
八冊

440000 – 2561 – 0002280　22989

通志二百卷　（宋）鄭樵撰　清光緒二十八年(1902)上海鴻寶書局石印本　四十冊

440000 – 2561 – 0002281　22990

南菁書院叢書八集四十一種　王先謙輯　清光緒十四年(1888)江陰南菁書院刻本　二冊　存三種(第四集四至六)

440000 – 2561 – 0002282　22991

明季南略十八卷　（清）計六奇輯　清道光都城琉璃廠半松居士木活字印本　八冊

440000 – 2561 – 0002283　22993

疇人傳三編七卷　（清）諸可寶撰　清光緒十四年(1888)南菁書院刻本　二冊

440000 – 2561 – 0002284　22994

續弘簡錄元史類編四十二卷　（清）邵遠平撰　清康熙刻本　十六冊

440000 – 2561 – 0002285　22995

二十一史四譜五十四卷　（清）沈炳震撰　清同治十年(1871)武林吳氏清來堂刻本　二十冊

440000 – 2561 – 0002286　22998

求古錄一卷　（清）顧炎武撰　清光緒十四年(1888)吳縣朱氏槐廬刻本　一冊

440000 – 2561 – 0002287　23010

悅城龍母廟志二卷首一卷末一卷　（清）黃應奎輯　清光緒十三年(1887)錦書堂刻本　一冊

440000 – 2561 – 0002288　23013

先文恭公[陳宏謀]年譜十二卷　（清）陳鍾珂輯　清刻本　六冊

440000 – 2561 – 0002289　23014

盛京典制備考八卷　（清）特慎庵撰　（清）崇厚輯　清光緒四年(1878)刻本　六冊

440000 – 2561 – 0002290　23018

竹雲題跋四卷　（清）王澍撰　清刻本　四冊

440000 – 2561 – 0002291　23019

虛舟題跋十卷　（清）王澍撰　清刻本　六冊

440000 – 2561 – 0002292　23021

欽定錢錄十六卷　（清）梁詩正等撰　清刻本　四冊

440000 – 2561 – 0002293　23022

觀古閣泉說一卷續叢稿一卷　（清）鮑康撰
李竹朋續泉說一卷　（清）李竹朋撰　清同治十二年至十三年(1873 – 1874)刻本　二冊

440000 – 2561 – 0002294　23023

南史識小錄十四卷北史識小錄十四卷　（清）沈名蓀　（清）朱昆田編　（清）張應昌補正　清同治十年(1871)清來堂刻本　十冊

440000 – 2561 – 0002295　23025

天臺山方外志三十卷　（明）釋傳燈撰　清光緒二十年(1894)刻本　八冊

440000 – 2561 – 0002296　23026

諸史考異十八卷　（清）洪頤煊撰　清光緒十五年(1889)廣雅書局刻本　三冊

440000 – 2561 – 0002297　23027

讀史鏡古編三十二卷　（清）潘世恩輯　清同治十三年(1874)冶城飛霞閣刻本　六冊

440000 – 2561 – 0002298　23028

人表考九卷　（清）梁玉繩撰　清光緒十四年(1888)廣雅書局刻本　四冊

440000 – 2561 – 0002299　23119

求闕齋日記類鈔二卷　（清）曾國藩撰　（清）王啟原輯　清光緒二年(1876)傳忠書局刻本　一冊

440000 – 2561 – 0002300　23120

星槎勝覽四卷　（明）費信撰　清抄本　一冊

440000 – 2561 – 0002301　23122

錫山遊庠錄二卷　（清）秦麗昌撰　清末抄本　二冊

440000 – 2561 – 0002302　23123

百將圖傳二卷　（清）丁日昌輯　清同治八年(1869)江蘇書局刻本　二冊

440000 – 2561 – 0002303　23177

孝肅公奏議十卷　（宋）包拯撰　清同治二年

(1863)省心閣刻本　六冊

440000－2561－0002304　23179

歷代帝王年表十四卷　（清）齊召南撰　（清）阮福續編　清道光四年(1824)小琅嬛仙館刻本　四冊

440000－2561－0002305　23189

廣輿記二十四卷　（明）陸應陽輯　（清）蔡方炳增輯　清嘉慶七年(1802)聚文堂刻本　十六冊

440000－2561－0002306　23190

夏峯先生集十四卷補遺二卷　（清）孫奇逢撰　清道光二十五年(1845)大梁書院刻本　十六冊

440000－2561－0002307　23193

國朝中州文徵五十四卷首一卷　（清）蘇源生編　清道光二十三年至二十五年(1843－1845)刻本　二十八冊

440000－2561－0002308　23194

南齊書五十九卷　（南朝梁）蕭子顯撰　明萬曆十七年(1589)南京國子監刻明清遞修本　十二冊

440000－2561－0002309　23195

欽定四庫全書總目二百卷首四卷　（清）紀昀等編　清乾隆刻本　一百四十四冊　缺二卷(三十九、一百九十五)

440000－2561－0002310　23196

守汴日志一卷　（明）李光壂撰　清道光六年(1826)刻本　一冊

440000－2561－0002311　23197

元史譯文證補三十卷　（清）洪鈞撰　清光緒二十三年(1897)刻本　四冊

440000－2561－0002312　23198

元朝秘史十五卷跋一卷　（清）李文田注　清光緒二十九年(1903)史學齋編譯石印書局影印本　八冊

440000－2561－0002313　23199

南詔野史二卷　（明）楊慎撰　（清）胡蔚訂正

清道光八年(1828)思益山房刻本　三冊

440000－2561－0002314　23200

三國志證聞三卷跋一卷　（清）錢儀吉撰　清光緒十一年(1885)江蘇書局刻本　二冊

440000－2561－0002315　23210

亦政堂重修宣和博古圖錄三十卷　（宋）王黼等撰　明萬曆寶古堂刻清乾隆十七年(1752)亦政堂修補東書堂印本　十八冊

440000－2561－0002316　23214

金石文字記六卷附石經考一卷　（清）顧炎武輯　清刻本　三冊

440000－2561－0002317　23215

集古錄目五卷　（宋）歐陽棐撰　**集古錄跋尾十卷**　（宋）歐陽修撰　清光緒十三年(1887)刻槐廬叢書本　五冊

440000－2561－0002318　23216

漢石例六卷　（清）劉寶楠輯　清光緒十一年(1885)吳縣朱氏槐廬刻本　三冊

440000－2561－0002319　23217

廣川書跋十卷　（宋）董逌撰　清光緒十三年(1887)行素堂刻本　二冊

440000－2561－0002320　23218

金石錄補二十七卷　（清）葉奕苞著　清光緒十三年(1887)行素堂刻本　二冊　存十六卷(一至十六)

440000－2561－0002321　23219

寰宇訪碑錄十二卷　（清）孫星衍　（清）邢澍撰　清光緒十一年(1885)吳縣朱氏刻槐廬叢書本　四冊　存六卷(七至十二)

440000－2561－0002322　23220

金石例補二卷　（清）郭麐撰　**志銘廣例二卷**　（清）梁玉繩撰　清光緒三年(1877)行素草堂刻本　一冊

440000－2561－0002323　23223

安陽縣金石錄十二卷　（清）武億撰　清嘉慶二十四年(1819)安陽縣署刻本　四冊

440000－2561－0002324　23228

廬山紀遊一卷　（清）蔣湘南撰　清道光三十年(1850)刻本　一冊

440000－2561－0002325　23229

陶齋藏石記四十四卷附藏塼記二卷　（清）端方撰　清宣統元年(1909)石印本　十二冊

440000－2561－0002326　23230

古文審八卷首一卷　（清）劉心源撰　清光緒十七年(1891)嘉魚劉心源龍江樓刻本　四冊

440000－2561－0002327　23231

筠清館金石文字五卷　（清）吳榮光撰　清道光二十二年(1842)南海吳氏筠清館刻本　五冊

440000－2561－0002328　23234

槐廬叢書五編四十六種　（清）朱記榮輯　清光緒吳縣朱氏槐廬家塾刻本　五冊　存三種

440000－2561－0002329　23235

寰宇訪碑錄十二卷　（清）孫星衍撰　補寰宇訪碑錄五卷　（清）趙之謙撰　清光緒十一年(1885)吳縣朱氏槐廬家塾刻本　七冊　缺二卷(補寰宇訪碑錄四至五)

440000－2561－0002330　23238

陶齋藏石記四十四卷附藏塼記二卷　（清）端方撰　清宣統元年(1909)石印本　十二冊

440000－2561－0002331　23242

金石苑不分卷　（清）劉喜海輯　清道光二十六年(1846)東武劉氏來鳳堂刻本　六冊

440000－2561－0002332　23244

金石續錄四卷　（清）劉青藜撰　清康熙四十九年(1710)傅經堂刻本　二冊

440000－2561－0002333　23245

徵君孫先生[奇逢]年譜二卷　（清）湯斌等編　（清）方苞訂正　清刻本　二冊

440000－2561－0002334　23246

孫徵君日譜錄存三十六卷　（清）孫奇逢撰　清光緒兼山堂刻本　二冊　存二卷(二十二、二十八)

440000－2561－0002335　23247

陶齋吉金錄八卷　（清）端方輯　清光緒三十四年(1908)石印本　八冊

440000－2561－0002336　23262

積古齋鐘鼎彝器款識八卷　（清）阮元編　清嘉慶九年(1804)刻本　六冊

440000－2561－0002337　23263

攈古錄二十卷　（清）吳式芬撰　清光緒海豐吳氏刻本　十九冊　存十九卷(一至三、五至二十)

440000－2561－0002338　23265

金石一跋四卷二跋四卷三跋二卷授堂金石文字續跋十四卷　（清）武億撰　清道光二十三年(1843)刻授堂遺書本　五冊

440000－2561－0002339　23266

皇清處士明功授知縣欽賜拔貢郡庠生員李公崇祀錄二卷　（清）李爲淦編次　清道光刻本　二冊

440000－2561－0002340　23267

光緒三十年通商各關華洋貿易論畧　（清）上海通商海關編　清光緒三十一年(1905)上海通商海關造冊處鉛印本　一冊

440000－2561－0002341　23268

光緒三十年都澳口華洋貿易情形論畧不分卷　（清）上海通商海關編　清光緒三十一年(1905)上海通商海關造冊處鉛印本　一冊

440000－2561－0002342　30001

廿二子　（清）浙江書局輯　清光緒元年(1875)浙江書局刻本　八十三冊

440000－2561－0002343　30006

荀子集解二十卷首一卷　王先謙撰　清光緒十七年(1891)刻本　六冊

440000－2561－0002344　30007

孔子家語十卷　（三國魏）王肅注　清吳郡寶翰樓刻本　六冊

440000－2561－0002345　30008

孔子家語二卷　（三國魏）王肅注　清光緒六年(1880)掃葉山房刻本　二冊

440000－2561－0002346　30014

弈萃不分卷　（清）卡文恆著　清味書齋刻本
　　一冊

440000－2561－0002347　30015

張子全書十五卷附張子年譜一卷　（宋）張載
　　撰　清同治九年(1870)鳳翔府知府李慎刻本
　　八冊　存十二卷(一至十二)

440000－2561－0002348　30016

橫渠先生經學理窟五卷　（宋）張載撰　清康
熙四十四年(1705)刻本　二冊

440000－2561－0002349　30017

二程全書六十七卷　（宋）程頤　（宋）程灝撰
　　清康熙二十五年(1686)刻本　二十冊

440000－2561－0002350　30018

河南二程全書六十七卷　（宋）程頤　（宋）程
灝撰　清康熙呂氏寶誥堂刻本　十六冊

440000－2561－0002351　30023

西山先生真文忠公讀書記四十卷　（宋）真德
秀撰　清乾隆四年(1739)刻本　二十二冊

440000－2561－0002352　30024

西山先生真文忠公讀書記四十卷　（宋）真德
秀撰　清同治三年(1864)刻本　三十冊

440000－2561－0002353　30025

小學纂注六卷朱子年譜不分卷　（清）高愈纂
注　清同治十一年(1872)浙江書局刻本　二
冊

440000－2561－0002354　30031

近思錄集注十四卷　（宋）朱熹　（宋）呂祖謙
　　撰　（清）江永集注　清道光三年(1823)刻本
　　一冊

440000－2561－0002355　30032

近思錄集注十四卷　（宋）朱熹　（宋）呂祖謙
　　撰　（清）江永集注　清光緒二十五年(1899)
浙江官書局刻本　四冊

440000－2561－0002356　30033

近思錄集注十四卷　（宋）朱熹　（宋）呂祖謙
　　撰　（清）江永集注　清光緒二十五年(1899)

浙江官書局刻本　四冊

440000－2561－0002357　30034

近思錄集注十四卷　（宋）朱熹　（宋）呂祖謙
　　撰　（清）江永集注　清同治四年(1865)望三
益齋刻本　四冊

440000－2561－0002358　30035

近思錄集注十四卷　（宋）朱熹　（宋）呂祖謙
　　撰　（清）江永集注　清同治七年(1868)湖北
崇文書局刻本　四冊

440000－2561－0002359　30036

近思錄集解十四卷　（宋）朱熹編　（宋）葉采
集解　清刻本　六冊

440000－2561－0002360　30038

近思錄集解十四卷　（宋）朱熹編　（宋）葉采
集解　清刻本　四冊

440000－2561－0002361　30039

近思錄集解十四卷　（宋）朱熹編　（宋）葉采
集解　清刻本　四冊

440000－2561－0002362　30040

五子近思錄發明十四卷　（清）施璜注　清康
熙四十四年(1705)刻本　八冊

440000－2561－0002363　30041

朱子遺書十七種　（宋）朱熹撰　清刻本　三
十二冊　存十二種

440000－2561－0002364　30042

御纂朱子全書六十六卷　（清）李光地等纂
清淵鑒齋刻本　三十五冊　存六十五卷(二
至六十六)

440000－2561－0002365　30043

朱子語略二十卷　（宋）楊燦編　（清）程弘校
　　清嘉慶十三年(1808)絳雪書堂刻本　三冊

440000－2561－0002366　30045

朱子語類一百四十卷　（宋）黎靖德編　清同
治十一年(1872)應元書院刻本　四十八冊

440000－2561－0002367　30047

黃氏日鈔九十七卷　（宋）黃震撰　清光緒耕
餘樓刻本　二十四冊

440000－2561－0002368　30048

金華王魯齋先生傳集二卷　（宋）王柏撰
（明）趙鶴輯　清乾隆十年(1745)郡東藕塘奎
光閣刻本　二冊

440000－2561－0002369　30049

新刊群書攷正性理大全七十卷　（明）胡廣等
纂　明永樂十三年(1415)內府刻本　十二冊

440000－2561－0002370　30051

王文成公傳習錄三卷　（明）王守仁撰　清宣
統二年(1910)國學研究會刻本　三冊

440000－2561－0002371　30053

性理三解一卷　（明）韓邦奇撰　清嘉慶七年
(1802)刻本　一冊

440000－2561－0002372　30054

金華章楓山先生正學編不分卷　（明）章懋撰
　清乾隆十年(1745)郡東藕塘奎光閣刻本
一冊

440000－2561－0002373　30056

御纂性理精義十二卷　（清）李光地等纂　清
康熙五十六年(1717)刻本　四冊

440000－2561－0002374　30058

陸桴亭思辨錄輯要三十五卷　（清）陸世儀撰
　（清）張伯行重訂　清康熙四十八年(1709)
張氏正誼堂刻本　四冊　存二十九卷（七至
三十五）

440000－2561－0002375　30059

胡子知言六卷疑義一卷附錄一卷　（宋）胡宏
撰　清道光三十年(1850)南海伍氏刻粵雅堂
叢書本　二冊

440000－2561－0002376　30060

白沙陳子語錄二卷　（明）陳獻章撰　（明）楊
起元　（明）周汝登輯　清康熙四十九年
(1710)刻本　四冊

440000－2561－0002377　30061

學蔀通辯四編十二卷　（明）陳建撰　清康熙
十七年(1678)刻本　四冊

440000－2561－0002378　30062

學蔀通辯續編三卷　（明）陳建撰　明嘉靖刻
本　二冊

440000－2561－0002379　30063

顏氏學記十卷　（清）戴望撰　清光緒朱氏蛻
廬鉛印本　四冊

440000－2561－0002380　30064

漢學商兌四卷　（清）方東樹撰　清光緒二十
六年(1900)浙江書局刻本　二冊

440000－2561－0002381　30065

國朝儒林正論四卷　（清）汪正編　清道光十
八年(1838)刻本　四冊

440000－2561－0002382　30066

餘山先生遺書十卷附錄一卷　（清）勞史撰
（清）沈廷芳　（清）桑調元等編　清乾隆須友
堂刻本　二冊

440000－2561－0002383　30067

餘山先生遺書十卷附錄一卷　（清）勞史撰
（清）沈廷芳　（清）桑調元等編　清乾隆須友
堂刻本　二冊

440000－2561－0002384　30068

記疑纂修二十四卷　（□）□□撰　清康熙四
十九年(1710)抄本　十六冊　存二十卷（一
至四、七至八、十一至二十四）

440000－2561－0002385　30069

時習編六卷　（清）周炳琦撰　清光緒十六年
(1890)刻本　二冊

440000－2561－0002386　30070

知聖篇二卷　廖平撰　清光緒二十八年
(1902)刻本　二冊

440000－2561－0002387　30071

知聖篇二卷　廖平撰　清宣統三年(1911)上
海國學扶輪社鉛印本　一冊

440000－2561－0002388　30083

老子翼八卷　（明）焦竑輯　清光緒二十一年
(1895)漸西村舍刻本　四冊

440000－2561－0002389　30085

莊子集解八卷　王先謙撰　清宣統元年

(1909)刻本　四冊

440000－2561－0002390　30087

墨子閒詁十五卷目錄一卷附錄一卷後語二卷
（清）孫詒讓撰　清宣統二年(1910)瑞安孫氏刻本　八冊

440000－2561－0002391　30088

墨子閒詁十五卷目錄一卷附錄一卷後語二卷
（清）孫詒讓撰　清宣統二年(1910)瑞安孫氏刻本　八冊

440000－2561－0002392　30090

墨子經說解二卷　（清）張惠言撰　清宣統元年(1909)國學保存會影印本　一冊

440000－2561－0002393　30091

韓非子集解二十卷首一卷　（清）王先慎撰　清光緒二十二年(1896)長沙刻本　六冊

440000－2561－0002394　30093

武經七書二十一卷　（宋）□□輯　清光緒二十四年(1898)志古堂刻本　四冊

440000－2561－0002395　30094

讀史兵略四十六卷　（清）胡林翼纂　清光緒二十一年(1895)儷峯書屋刻本　二十四冊

440000－2561－0002396　30095

戊笈談兵十卷首一卷　（清）汪紱撰　清光緒二十年(1894)刻本　八冊

440000－2561－0002397　30096

御製曆象考成十六卷　（清）允祿等纂修　清雍正二年(1724)刻本　三十冊

440000－2561－0002398　30097

欽定授時通攷七十八卷　（清）鄂爾泰等撰　清道光六年(1826)四川藩署刻本　十六冊

440000－2561－0002399　30099

高厚蒙求五集　（清）徐朝俊纂　清嘉慶十二年至道光九年(1807－1829)雲間徐氏刻本　五冊

440000－2561－0002400　30100

御製數理精蘊上編五卷下編四十卷　（清）允祉等編纂　清光緒八年(1882)梅啟照等刻本

四十二冊

440000－2561－0002401　30101

聲學八卷　（英國）田大里著　（英國）傅蘭雅譯　（清）徐建寅筆述　清刻本　二冊

440000－2561－0002402　30102

焦氏易林四卷　（漢）焦贛撰　清光緒元年(1875)湖北崇文書局刻本　四冊

440000－2561－0002403　30103

皇極經世緒言九卷首二卷　（宋）邵雍撰（明）黃畹洲注釋　清嘉慶四年(1799)刻本　十一冊

440000－2561－0002404　30104

洪範圖解一卷　（明）韓邦奇撰　明正德十六年(1521)刻本　一冊

440000－2561－0002405　30105

御纂醫宗金鑑九十卷　（清）吳謙等輯　清乾隆內府刻本　七冊　存十五卷(三至七、十至十三、四十五至四十八、六十一至六十二)

440000－2561－0002406　30107

校正醫林狀元壽世保元甲集十卷　（明）龔廷賢撰　清嘉慶二十二年(1817)光華堂刻本　三冊　存六卷(一至二、五至八)

440000－2561－0002407　30108

白喉忌表抉微不分卷　（清）耐修子錄並注　清光緒二十年(1894)刻本　一冊

440000－2561－0002408　30109

集驗良方二卷　（清）張燮承撰　清咸豐三年(1853)刻本　一冊　存一卷(一)

440000－2561－0002409　30110

經史證類大觀本草三十一卷　（宋）唐慎微纂　元大德六年(1302)小桑園刻本　三十冊

440000－2561－0002410　30112

淮南子二十一卷　（漢）劉安撰　（漢）高誘注　清光緒二年(1876)浙江書局刻本　六冊

440000－2561－0002411　30113

淮南許注異同詁四卷　（清）陶方琦撰　清光緒七年(1881)湘南使院刻本　二冊

440000－2561－0002412　30114

白虎通疏證十二卷　（清）陳立撰　清光緒元年(1875)淮南書局刻本　四冊

440000－2561－0002413　30115

困學紀聞二十卷　（宋）王應麟撰　清同治九年(1870)揚州書局刻本　四冊

440000－2561－0002414　30116

困學紀聞注二十卷　（宋）王應麟撰　（清）翁元圻注　清光緒八年(1882)四川新都廖氏刻本　十四冊

440000－2561－0002415　30117

困學紀聞注二十卷　（宋）王應麟撰　（清）翁元圻注　清道光五年(1825)餘姚守福堂刻本　十二冊

440000－2561－0002416　30118

日知錄集釋三十二卷栞誤二卷續栞誤二卷　(清)顧炎武撰　（清）黃汝成集釋　清同治八年(1869)廣州述古堂刻本　十六冊

440000－2561－0002417　30119

日知錄三十二卷　（清）顧炎武撰　清康熙三十四年(1695)潘耒遂初堂刻本　八冊

440000－2561－0002418　30120

倘湖樵書初編六卷二編六卷　（清）來集之撰　清乾隆五十三年(1788)刻本　十二冊

440000－2561－0002419　30121

十駕齋養新錄二十卷餘錄三卷　（清）錢大昕撰　清光緒二年(1876)浙江書局刻本　八冊

440000－2561－0002420　30122

玉函山房目耕帖三十一卷　（清）馬國翰輯　清同治十年(1871)濟南皇華館書局刻本　二十四冊

440000－2561－0002421　30123

玉函山房目耕帖三十一卷　（清）馬國翰輯　清光緒九年(1883)長沙娜嬛館刻本　二十冊

440000－2561－0002422　30124

物理小識十二卷　（清）方以智撰　清光緒十年(1884)寧靜堂刻本　六冊

440000－2561－0002423　30125

晚書訂疑三卷　（清）程廷祚撰　清三餘書屋刻本　二冊

440000－2561－0002424　30126

讀書雜誌八十二卷餘編二卷　（清）王念孫撰　清刻本　二十四冊

440000－2561－0002425　30127

讀書雜誌八十二卷餘編二卷　（清）王念孫撰　清同治九年(1870)南京金陵書局刻本　二十四冊

440000－2561－0002426　30128

札樸十卷　（清）桂馥撰　清光緒九年(1883)長洲蔣氏心矩齋刻本　八冊

440000－2561－0002427　30129

札樸十卷　（清）桂馥撰　清光緒九年(1883)長洲蔣氏心矩齋刻本　五冊

440000－2561－0002428　30130

學古堂日記　（清）雷浚　（清）汪之昌輯　清光緒十六年(1890)刻本　二冊

440000－2561－0002429　30131

東塾讀書記十五卷　（清）陳澧撰　清光緒七年(1881)大泉書局刻本　四冊

440000－2561－0002430　30132

東塾讀書記十五卷　（清）陳澧著述　清光緒刻本　四冊

440000－2561－0002431　30135

札迻十二卷　（清）孫詒讓撰　清光緒二十年(1894)刻本　四冊

440000－2561－0002432　30136

札迻十二卷　（清）孫詒讓撰　清光緒二十年(1894)刻本　四冊

440000－2561－0002433　30137

酉陽雜俎二十卷續集十卷　（唐）段成式撰　（明）毛晉訂　明崇禎虞山毛氏汲古閣刻本　四冊

440000－2561－0002434　30141

七修類稿五十一卷　（明）郎瑛撰　清光緒六

年(1880)廣州翰墨園刻本 十二冊

440000－2561－0002435 30142

幽夢影二卷 （清）張潮撰 清刻本 一冊

440000－2561－0002436 30143

佩文齋書畫譜一百卷 （清）孫岳頒等纂輯
清光緒九年(1883)同文書局石印本 十六冊

440000－2561－0002437 30146

江邨消夏錄三卷 （清）高士奇撰 清康熙三
十二年(1693)刻本 六冊

440000－2561－0002438 30148

篆刻鍼度八卷 （清）陳克恕述 清乾隆五十
一年(1786)刻本 二冊

440000－2561－0002439 30149

端谿硯史三卷 （清）吳蘭修撰 **陽羨名陶錄
二卷** （清）許增輯 清光緒十五年(1889)榆
園刻本 一冊

440000－2561－0002440 30151

藝文類聚一百卷 （唐）歐陽詢輯 明嘉靖六
年至七年(1527－1528)胡纘宗、陸采刻本
十三冊 存九十四卷(一至五、十二至一百)

440000－2561－0002441 30152

北堂書鈔一百六十卷 （唐）虞世南輯 （清）
孔廣陶校注 清光緒十四年(1888)南海孔氏
刻本 二十四冊

440000－2561－0002442 30153

初學記三十卷 （唐）徐堅等輯 清光緒十三
年(1887)安康黃氏蘊石齋刻本 十六冊

440000－2561－0002443 30155

冊府元龜一千卷 （宋）王欽若等纂 明崇禎
十五年(1642)五繡堂刻本 二百六十八冊
存九百九十一卷(一至四百十四、四百十八至
五百二十一、五百二十五至五百二十六、五百
三十至一千)

440000－2561－0002444 30156

玉海二百四卷附刻十二種 （宋）王應麟撰
清光緒成都王氏刻本 一百二十冊

440000－2561－0002445 30157

錦繡萬花谷前集四十卷續集四十卷 （宋）
□□撰 明嘉靖十五年(1536)秦汸繡石書堂
刻本 六冊 存四十卷(前集一至四十)

440000－2561－0002446 30158

山堂肆考宮集三十八卷商集四十八卷羽集四
十八卷角集四十八卷徵集四十八卷 （明）彭
大翼撰 明萬曆四十七年(1619)張幼學刻本
七十六冊

440000－2561－0002447 30159

子史精華一百六十卷 （清）吳襄等纂 清光
緒二十三年(1897)上海順成書局石印本 八
冊

440000－2561－0002448 30160

大方廣佛華嚴經八十卷 （唐）釋實叉難陀譯
清刻本 二十冊

440000－2561－0002449 30161

大方廣佛華嚴經著述集要不分卷 （清）金陵
刻經處輯 清光緒二十二年(1896)金陵刻經
處刻本 十二冊

440000－2561－0002450 30162

大方廣佛華嚴經要解不分卷 （宋）釋戒環集
清同治十一年(1872)金陵刻經處刻本 一
冊

440000－2561－0002451 30163

大方廣佛華嚴經要解不分卷 （宋）釋戒環集
清同治十一年(1872)金陵刻經處刻本 一
冊

440000－2561－0002452 30165

佛華嚴入如來德智不思議境界經不分卷
(隋)釋闍那崛多譯 清同治十三年(1874)雞
園刻經處刻本 一冊

440000－2561－0002453 30166

華嚴經決疑論四卷 （唐）李通玄撰 清同治
九年(1870)如皋刻本 二冊

440000－2561－0002454 30167

大方廣佛華嚴經懸談二十八卷 （唐）釋澄觀

撰　清光緒三十三年（1907）金陵刻經處刻本
八冊

440000 - 2561 - 0002455　30168
大方廣佛華嚴經懸談二十八卷　（唐）釋澄觀
撰　清光緒三十三年（1907）金陵刻經處刻本
八冊

440000 - 2561 - 0002456　30169
華嚴一乘教義分齊章四卷　（唐）釋法藏述
清光緒二十二年（1896）金陵刻經處刻本　一
冊

440000 - 2561 - 0002457　30170
華嚴一乘十玄門一卷華嚴五十要問答二卷
（唐）釋智儼撰　清光緒二十二年（1896）金陵
刻經處刻本　一冊

440000 - 2561 - 0002458　30171
大方廣佛華嚴經合論一百二十卷　（唐）李通
玄撰　清同治十一年（1872）金陵刻經處刻本
三十冊

440000 - 2561 - 0002459　30172
大方廣佛華嚴經吞海集三卷　（宋）釋道通撰
清光緒十六年（1890）金陵刻經處刻本　一
冊

440000 - 2561 - 0002460　30173
賢首五教儀六卷　（清）釋續法集錄　清康熙
十四年（1675）金陵刻經處刻本　二冊

440000 - 2561 - 0002461　30175
大方廣圓覺經大疏十六卷首一卷　（唐）釋宗
密撰　清宣統元年（1909）金陵刻經處刻本
四冊

440000 - 2561 - 0002462　30176
佛說無量壽經二卷　（三國魏）康僧鎧譯　清
同治十三年（1874）金陵刻經處刻本　一冊

440000 - 2561 - 0002463　30177
佛說無量壽經義疏六卷　（隋）釋慧遠疏　清
光緒二十年（1894）金陵刻經處刻本　二冊

440000 - 2561 - 0002464　30178
佛說無量壽經義疏六卷　（隋）釋慧遠疏　清

光緒二十年（1894）金陵刻經處刻本　二冊

440000 - 2561 - 0002465　30179
佛說無量壽經義疏六卷　（隋）釋慧遠疏　清
光緒二十年（1894）金陵刻經處刻本　二冊

440000 - 2561 - 0002466　30180
無量壽經宗要不分卷　（唐）釋元曉撰　清末
刻本　一冊

440000 - 2561 - 0002467　30181
無量壽經宗要不分卷　（唐）釋元曉撰　清末
刻本　一冊

440000 - 2561 - 0002468　30182
觀無量壽佛經四帖疏四卷　（唐）釋善導撰
清光緒二十年（1894）金陵刻經處刻本　二冊

440000 - 2561 - 0002469　30183
觀無量壽佛經四帖疏四卷　（唐）釋善導撰
清光緒二十年（1894）金陵刻經處刻本　二冊

440000 - 2561 - 0002470　30184
觀無量壽佛經四帖疏四卷　（唐）釋善導撰
清光緒二十年（1894）金陵刻經處刻本　二冊

440000 - 2561 - 0002471　30185
觀無量壽佛經四帖疏四卷　（唐）釋善導撰
清光緒二十年（1894）金陵刻經處刻本　二冊

440000 - 2561 - 0002472　30186
大乘本生心地觀經八卷　（唐）釋般若等譯
清光緒金陵刻經處刻本　二冊

440000 - 2561 - 0002473　30187
佛說觀無量壽佛經疏妙宗鈔四卷　（宋）釋知
禮譯　清同治十二年（1873）刻本　三冊

440000 - 2561 - 0002474　30188
觀經義疏鈔宗鈔證義二卷　（明）釋廣承撰
清同治十三年（1874）杭州昭慶寺慧空經房刻
本　一冊

440000 - 2561 - 0002475　30189
佛說菩薩念佛三昧經六卷　（南朝宋）釋功德
直　（南朝宋）釋玄暢譯　清同治十一年
（1872）金陵刻經處刻本　二冊

無量壽經起信論三卷約論一卷阿彌陀經約論
一卷 （清）彭際清述 清同治十一年（1872）
如皋刻經處刻本 二冊

440000－2561－0002477 30191

無量壽經起信論三卷約論一卷阿彌陀經約論
一卷 （清）彭際清述 清同治十一年（1872）
如皋刻經處刻本 一冊

440000－2561－0002478 30192

佛說阿彌陀經疏鈔四卷事義四卷問辯一卷問
答一卷疑辯一卷 （明）釋袾宏述 清光緒十
八年（1892）金陵刻經處刻本 五冊

440000－2561－0002479 30194

佛說阿彌陀經義疏不分卷 （宋）釋元照述
清光緒二十四年（1898）金陵刻經處刻本 一
冊

440000－2561－0002480 30195

佛說阿彌陀經要解不分卷 （後秦）釋鳩摩羅
什譯 （清）釋智旭解 清光緒三十四年
（1908）刻本 一冊

440000－2561－0002481 30197

金光明經四卷 （北涼）釋曇無讖譯 清同治
十年（1871）金陵刻經處刻本 一冊

440000－2561－0002482 30198

金光明最勝王經十卷 （唐）釋義淨譯 清同
治十年（1871）常熟刻經處刻本 二冊

440000－2561－0002483 30200

金光明經玄義拾遺記五卷 （宋）釋知禮述
清金陵刻經處刻本 一冊

440000－2561－0002484 30201

楞伽阿跋多羅寶經四卷 （南朝宋）釋求那跋
陀羅譯 清同治九年（1870）金陵刻經處刻本
二冊

440000－2561－0002485 30202

入楞伽經十卷 （北魏）釋菩提留支譯 清宣
統元年（1909）常州天寧寺刻本 三冊

440000－2561－0002486 30203

大乘入楞伽經七卷 （唐）釋實叉難陀譯 清
光緒三十四年（1908）金陵刻經處刻本 二冊

440000－2561－0002487 30204

大乘入楞伽經七卷 （唐）釋實叉難陀譯 清
光緒三十四年（1908）金陵刻經處刻本 二冊

440000－2561－0002488 30205

入楞伽心玄義不分卷 （唐）釋法藏撰 清光
緒十八年（1892）金陵刻經處刻本 一冊

440000－2561－0002489 30206

入楞伽心玄義不分卷 （唐）釋法藏撰 清光
緒十八年（1892）金陵刻經處刻本 一冊

440000－2561－0002490 30207

觀楞伽阿跋多羅寶經記十八卷首一卷 （南
朝宋）釋求那跋陀羅譯 （明）釋德清筆記
清光緒三十一年（1905）金陵刻經處刻本 六
冊

440000－2561－0002491 30208

楞伽阿跋多羅寶經科解十卷 （宋）蔣之奇撰
（明）釋普真貴述 清末金陵刻經處刻本
十冊

440000－2561－0002492 30209

楞伽阿跋多羅寶經會譯四卷 （明）釋員珂會
譯 清光緒三十四年（1908）金陵刻經處刻本
四冊

440000－2561－0002493 30210

楞伽阿跋多羅寶經玄義四卷 （南朝宋）釋求
那跋陀羅譯 （明）釋智旭疏 清宣統元年
（1909）金陵刻經處刻本 五冊

440000－2561－0002494 30211

大寶積經一百二十卷 （隋）釋闍那崛多
（唐）釋菩提流志譯 清光緒四年（1878）常熟
刻經處刻本 二十四冊

440000－2561－0002495 30212

三劫三千佛名經三卷 （南朝宋）釋畺良耶舍
譯 清光緒元年（1875）金陵刻經處刻本 一
冊

440000－2561－0002496 30213

大方等大集經三十卷 （北涼）釋曇無讖譯
清光緒八年(1882)常熟刻經處刻本 八冊

440000－2561－0002497 30214
勝鬘經寶窟十五卷 （唐）釋吉藏撰 清光緒
二十六年(1900)金陵刻經處刻本 四冊

440000－2561－0002498 30215
入法界體性經一卷 （隋）釋闍那崛多譯 清
光緒四年(1878)金陵刻經處刻本 一冊

440000－2561－0002499 30216
觀佛三昧海經十卷 （晉）釋佛陀跋陀羅譯
清光緒十七年(1891)金陵刻經處刻本 二冊

440000－2561－0002500 30217
地藏菩薩本願經三卷 （唐）釋實叉難陀譯
清光緒十六年(1890)浙杭瑪瑙經房刻本 一
冊

440000－2561－0002501 30218
地藏菩薩本願經三卷 （唐）釋實叉難陀譯
清光緒三十年(1904)金陵刻經處刻本 一冊

440000－2561－0002502 30219
地藏菩薩本願經三卷 （唐）釋實叉難陀譯
清光緒三十年(1904)金陵刻經處刻本 一冊

440000－2561－0002503 30220
大乘密嚴經三卷 （唐）釋不空譯 清光緒二
十三年(1897)金陵刻經處刻本 一冊

440000－2561－0002504 30221
諸佛要集經二卷 （晉）釋竺法護譯 清光緒
二十一年(1895)金陵刻經處刻本 一冊

440000－2561－0002505 30222
大乘理趣六波羅密多經十卷 （唐）釋般若譯
清光緒十九年(1893)金陵刻經處刻本 二
冊

440000－2561－0002506 30223
菩薩瓔珞經二十卷 （後秦）釋竺佛念譯 清
光緒十八年(1892)江北刻經處刻本 五冊

440000－2561－0002507 30224
佛說大淨法門品經一卷 （晉）釋竺法護譯
清光緒元年(1875)江北刻經處刻本 一冊

440000－2561－0002508 30225
善住意天子所問經三卷 （北魏）釋毗目智仙
等譯 清光緒六年(1880)常熟刻經處刻本
一冊

440000－2561－0002509 30226
悲華經十卷 （北涼）釋曇無讖譯 清光緒四
年(1878)金陵刻經處刻本 三冊

440000－2561－0002510 30227
六度集經八卷 （三國吳）釋康僧會譯 清光
緒五年(1879)金陵刻經處刻本 二冊

440000－2561－0002511 30228
佛說盂蘭盆經疏不分卷 （唐）釋宗密述
(宋)淨源錄疏注 清光緒三十二年(1906)金
陵刻經處刻本 一冊

440000－2561－0002512 30229
佛說巨力長者所問大乘經三卷 （南朝宋）釋
智吉祥等譯 清光緒元年(1875)江北刻經處
刻本 一冊

440000－2561－0002513 30231
大乘造像功德經二卷 （唐）釋提曇般若譯
佛說作佛形象經一卷 （後漢）□□錄 佛說
造立形象福報經一卷 （晉）□□錄 佛說灌
佛經一卷 （晉）釋法炬譯 佛說灌洗佛經一
卷 （秦）釋聖堅譯 佛說浴像功德經一卷
(唐)寶思惟譯 浴像功德經一卷 （唐）釋義
淨譯 佛說校量數珠功德經一卷 （唐）寶思
惟譯 曼殊室利咒藏中校量數珠功德經一卷
（唐）釋義淨譯 佛說龍施女經一卷 （三
國吳）支謙譯 佛說龍施菩薩本起經一卷
(晉)釋竺法譯 佛說八吉祥神咒經一卷
(三國吳)支謙譯 佛說八陽神咒經一卷
(晉)竺法譯 佛說八吉祥經一卷 （梁）伽
婆羅譯 佛說八佛名號經一卷 （隋）闍那
屈多譯 佛說盂蘭盆經一卷 （晉）竺法譯
佛說報恩奉盆經一卷 （晉）□□錄 佛
說觀藥王藥上二菩薩經一卷 （宋）畺良耶
舍譯 清同治十一年(1872)常熟刻經處刻
本 一冊

440000－2561－0002514 30232

廣東省社會科學院圖書館古籍普查登記目錄

115

佛說觀彌勒菩薩上生兜率陀天經不分卷
（南朝宋）釋沮渠京聲譯　清光緒三年(1877)
金陵刻經處刻本　一冊

440000－2561－0002515　30233
大緣方便經合譯不分卷　（宋）施護譯　清刻
本　一冊

440000－2561－0002516　30234
貝多樹下思惟十二因緣經一卷　（三國吳）釋
支謙譯　佛說緣起聖道經一卷　（唐）釋玄奘
譯　清光緒三年(1877)金陵刻經處刻本　一
冊

440000－2561－0002517　30235
佛說造像量度經不分卷　（清）工布查布譯
清同治十三年(1874)金陵刻經處刻本　一冊

440000－2561－0002518　30236
占察善惡業報經玄義一卷　（明）釋智旭述
占察善惡業報經疏二卷　（隋）釋菩提登譯
清同治七年(1868)刻本　二冊

440000－2561－0002519　30237
大佛頂首楞嚴經十卷　（唐）釋般刺密帝譯
清同治八年(1869)金陵刻經處刻本　二冊

440000－2561－0002520　30239
大佛頂首楞嚴經玄義四卷　（明）釋傳燈撰
清光緒十四年(1888)杭州慧空經房刻本　二
冊

440000－2561－0002521　30240
大佛頂經玄義二卷文句十卷　（明）釋智旭撰
　清同治十三年(1874)金陵刻經處刻本　十
冊

440000－2561－0002522　30241
大佛頂經文句十卷　（明）釋智旭撰　清同治
十三年(1874)金陵刻經處刻本　九冊

440000－2561－0002523　30242
大佛頂首楞嚴經正脈疏四十卷　（明）釋真鑑
撰　清光緒二十二年(1896)金陵刻經處刻本
　十四冊　存三十四卷(一至三十四)

440000－2561－0002524　30243

大佛頂首楞嚴經圓通疏十卷　（明）釋傳燈撰
　清光緒三年(1877)杭州昭慶寺慧空經房刻
本　十冊

440000－2561－0002525　30244
楞嚴經指掌疏十卷　（清）釋通理撰　清光緒
二十七年(1901)揚州藏經院刻本　十冊

440000－2561－0002526　30245
楞嚴合轍十卷　（明）釋通潤述　清刻本　十
冊

440000－2561－0002527　30246
大佛頂首楞嚴經宗通十卷　（明）曾鳳儀輯
清道光十年(1830)天童寺刻本　十冊

440000－2561－0002528　30247
大佛頂如來密因修證了義諸菩薩萬行首楞嚴
直指十卷　（唐）房融筆受　（明）釋函昰疏
清刻本　六冊

440000－2561－0002529　30248
首楞嚴經懸鏡十卷楞嚴通義補遺一卷　（明）
釋德清述　清光緒二十年(1894)金陵刻經處
刻本　六冊

440000－2561－0002530　30249
佛母大孔雀明王經三卷　（唐）釋不空譯　清
光緒十四年(1888)江寧王本龍刻本　一冊

440000－2561－0002531　30250
佛說七俱胝佛母準提大明陀羅尼經一卷
（唐）釋金剛智譯　清同治九年(1870)金陵刻
經處刻本　一冊

440000－2561－0002532　30251
修設瑜伽集要施食壇儀不分卷　（明）釋袾宏
輯注　清光緒二十五年(1899)金陵刻經處刻
本　一冊

440000－2561－0002533　30252
修設瑜伽集要施食壇儀不分卷　（明）釋袾宏
輯注　清光緒二十五年(1899)金陵刻經處刻
本　一冊

440000－2561－0002534　30253
蒙山施食略解不分卷　（□）□□輯　清同治

十二年（1873）金陵刻經處刻本　一冊

440000 – 2561 – 0002535　30254

金剛般若波羅密經不分卷　（後秦）釋鳩摩羅
什譯　清道光二年（1822）金陵刻經處刻本
一冊

440000 – 2561 – 0002536　30258

金剛三昧經通宗記十二卷首一卷末一卷
（清）釋誌震述　清光緒十三年（1887）天臺真
覺寺刻本　三冊

440000 – 2561 – 0002537　30259

金剛經註解不分卷　（明）釋洪蓮撰　清同治
十三年（1874）浙江昭慶寺慧空經房刻本　四
冊

440000 – 2561 – 0002538　30260

**金剛般若多羅蜜經二卷金剛金心得四卷般若
波羅密多心經三經補註一卷**　（清）葉錫鳳編
　清嘉慶十七年（1812）磨兜堅齊刻本　五冊
　缺二卷（金剛金心得一至二）

440000 – 2561 – 0002539　30261

如是經義不分卷　（清）季貞輯　清光緒十八
年（1892）杭省昭慶寺慧空經房刻本　一冊

440000 – 2561 – 0002540　30262

般若波羅密多心經一卷　（唐）釋玄奘譯　**摩
訶般若波羅密大明咒經一卷**　（後秦）鳩摩羅
什譯　**實相般若波羅密經一卷**　（唐）釋菩提
流志譯　**十一面神咒心經一卷**　（唐）釋玄奘
譯　清同治十年（1871）金陵刻經處刻本　一
冊

440000 – 2561 – 0002541　30263

金剛三昧經二卷　（□）□□撰　清同治十二
年（1873）金陵刻經處刻本　一冊

440000 – 2561 – 0002542　30264

仁王護國般若波羅密經二卷　（後秦）釋鳩摩
羅什譯　清光緒刻本　一冊

440000 – 2561 – 0002543　30265

仁王護國般若波羅密多經二卷　（唐）釋不空
撰　清同治九年（1870）金陵刻經處刻本　一

冊

440000 – 2561 – 0002544　30267

文殊師利所說摩訶般若波羅密經一卷　（南
朝梁）釋曼陀羅仙譯　清光緒元年（1875）江
北刻經處刻本　一冊

440000 – 2561 – 0002545　30268

勝天王般若波羅密經七卷　（南朝陳）釋月婆
首那譯　清光緒二年（1876）江北刻經處刻本
　二冊

440000 – 2561 – 0002546　30269

勝天王般若波羅密經七卷　（南朝陳）釋月婆
首那譯　清光緒二年（1876）江北刻經處刻本
　二冊　存三卷（一至三）

440000 – 2561 – 0002547　30271

**金剛般若波羅蜜經一卷無量壽經二卷無量壽
佛經一卷**　（南朝宋）畺良耶舍　（後秦）鳩摩
羅什　（三國魏）康僧鎧等譯　清同治十年
（1871）金陵刻經處刻本　一冊

440000 – 2561 – 0002548　30272

無量義經一卷　（南朝齊）釋曇摩伽佗耶舍譯
　佛說觀普賢菩薩行法經一卷　（南朝宋）曇
摩密多譯　清光緒七年（1881）金陵刻經處刻
本　一冊

440000 – 2561 – 0002549　30273

無量義經一卷　（南朝齊）釋曇摩伽佗耶舍譯
　佛說觀普賢菩薩行法經一卷　（南朝宋）曇
摩密多譯　清光緒七年（1881）金陵刻經處刻
本　一冊

440000 – 2561 – 0002550　30274

正法華經十卷　（晉）釋竺法護等譯　清宣統
元年（1909）常州天寧寺刻經處刻本　四冊

440000 – 2561 – 0002551　30275

妙法蓮華經八卷　（隋）釋闍那崛多　（隋）釋
笈多添品譯　清宣統三年（1911）揚州梁友信
刻本　四冊

440000 – 2561 – 0002552　30277

妙法蓮華經七卷　（後秦）釋鳩摩羅什譯　清

光緒六年(1880)昭慶寺慧空經房刻本　三冊

440000－2561－0002553　30279

妙法蓮華經玄義釋籤四十卷　（隋）釋智顗說
（唐）釋湛然釋　清光緒七年(1881)刻本
二十冊

440000－2561－0002554　30280

妙法蓮華經玄義釋籤四十卷　（隋）釋智顗說
（唐）釋湛然釋　清光緒七年(1881)刻本
十九冊　存三十八卷(三至四十)

440000－2561－0002555　30281

妙法蓮華經通義二十卷　（明）釋德清述　清
光緒三十四年(1908)金陵刻經處刻本　五冊

440000－2561－0002556　30282

妙法蓮華經科注七卷　（明）釋一如集注　清
同治十一年(1872)刻本　八冊

440000－2561－0002557　30283

妙法蓮華經台宗會義十六卷　（明）釋智旭述
清光緒十五年(1889)思古齋刻本　十六冊

440000－2561－0002558　30285

論法華二卷　（清）咫觀老人述　（清）妙諦子
筆受　清光緒三年(1877)江北刻經處刻本
一冊

440000－2561－0002559　30286

大般涅槃經四十卷後分二卷　（北涼）釋曇無
讖譯　（唐）釋若那跋陀羅等譯　清光緒五年
(1879)刻本　十冊

440000－2561－0002560　30287

大般涅槃經四十卷後分二卷　（北涼）釋曇無
讖譯　清同治十三年(1874)刻本　九冊　存
三十二卷(一至四、九至三十六)

440000－2561－0002561　30288

大般涅槃經玄義二卷　（隋）釋灌頂撰　清光
緒八年(1882)金陵刻經處刻本　一冊

440000－2561－0002562　30289

大般涅槃經後分二卷　（唐）釋若那跋陀羅等
譯　明天啓四年(1624)吳江接待寺刻徑山藏
本　一冊

440000－2561－0002563　30290

佛說四諦經一卷　（後漢）釋安世高譯　清光
緒六年(1880)金陵刻經處刻本　一冊

440000－2561－0002564　30292

佛說目連問戒律中五百輕重事經二卷　（□）
□□譯　清光緒二年(1876)江北刻經處刻本
一冊

440000－2561－0002565　30293

大智度論一百卷　（後秦）釋鳩摩羅什譯　清
光緒九年(1883)姑蘇刻經處刻本　二十五冊

440000－2561－0002566　30296

論法華二卷　（清）咫觀老人述　（清）妙諦子
筆受　清光緒三年(1877)江北刻經處刻本
一冊

440000－2561－0002567　30297

大乘起信論不分卷　（南朝陳）釋真諦譯　清
光緒二十四年(1898)金陵刻經處刻本　一冊

440000－2561－0002568　30298

大乘起信論疏記會本六卷　（南朝陳）釋真諦
譯　（唐）釋元曉疏　清光緒二十五年(1899)
金陵刻經處刻本　二冊

440000－2561－0002569　30299

起信論疏記會閱十卷　（清）釋續法輯　清光
緒十五年(1889)刻本　十冊

440000－2561－0002570　30300

起信論疏記會閱十卷　（清）釋續法輯　清光
緒十五年(1889)刻本　十冊

440000－2561－0002571　30302

十二門論宗致義記三卷　（唐）釋法藏述　清
光緒二十一年(1895)金陵刻經處刻本　一冊

440000－2561－0002572　30303

中論六卷　（後秦）釋鳩摩羅什譯　清光緒三
十三年(1907)揚州藏經院刻本　二冊

440000－2561－0002573　30305

大乘中觀釋論十卷　（宋）釋惟淨等譯　清光
緒三十四年(1908)金陵刻經處刻本　二冊

440000－2561－0002574　30307

般若燈論十五卷 （唐）釋波羅頗密多羅譯
清光緒二十四年(1898)金陵刻經處刻本 三
冊

440000－2561－0002575 30313
摩訶止觀輔行傳弘決十卷 （隋）釋智顗說
（唐）釋湛然撰 清光緒十年(1884)刻本 二
十冊

440000－2561－0002576 30320
佛說迦葉禁戒經一卷 （南朝宋）沮渠京聲譯
　佛說戒消災經一卷 （三國吳）支謙譯 佛
說優婆塞五戒相經一卷 （南朝宋）釋求那跋
摩譯 清同治十年(1871)常熟刻經處刻本
一冊

440000－2561－0002577 30325
出曜經二十卷 （後秦）釋竺佛念譯 清光緒
十五年(1889)金陵江北刻經處刻本 六冊
存十七卷(一至十七)

440000－2561－0002578 30328
慈悲道場懺法十卷 （南朝梁）蕭衍集 清道
光二十一年(1841)瑪瑙寺南房刻本 三冊

440000－2561－0002579 30330
誦戒法儀不分卷 （明）釋袾宏輯 清同治十
三年(1874)瑪瑙明一經房刻本 一冊

440000－2561－0002580 30331
百丈叢林清規證義記九卷 （唐）釋懷海編
（清）釋儀潤 （清）釋源洪證義 清同治十年
(1871)刻本 六冊

440000－2561－0002581 30333
勸發菩提心文不分卷 （清）釋實賢撰 清光
緒陳宜甫等刻本 一冊

440000－2561－0002582 30334
禪門日誦不分卷 （□）□□編 清末金陵刻
經處刻本 一冊

440000－2561－0002583 30335
淨土論三卷 （唐）釋迦才撰 清光緒金陵刻
經處刻本 一冊

440000－2561－0002584 30336

淨土論三卷 （唐）釋迦才撰 清光緒金陵刻
經處刻本 一冊

440000－2561－0002585 30337
十四經合訂本 （東漢）釋優婆塞支謙等譯
清同治十年至光緒二十二年(1871－1896)刻
本 四冊

440000－2561－0002586 30338
淨土十要十卷 （明）釋智旭輯 清同治六年
(1867)刻本 四冊

440000－2561－0002587 30340
淨土警語一卷 （清）釋截流撰 清光緒六年
(1880)常熟刻經處刻本 一冊

440000－2561－0002588 30341
淨土警語一卷 （清）釋截流撰 清光緒六年
(1880)常熟刻經處刻本 一冊

440000－2561－0002589 30344
無量壽經優婆提舍願生偈註二卷附略論安樂
淨土義一卷讚阿彌陀佛偈一卷 （北魏）曇鸞
注解 清光緒十九年(1893)金陵刻經處刻本
一冊

440000－2561－0002590 30345
無量壽經優婆提舍願生偈註二卷附略論安樂
淨土義一卷讚阿彌陀佛偈一卷 （北魏）曇鸞
注解 清光緒十九年(1893)金陵刻經處刻本
一冊

440000－2561－0002591 30346
大佛頂首楞嚴經大勢至菩薩念佛圓通章二卷
首一卷 （唐）釋般剌密帝譯 楞嚴經至念佛
圓通章疏鈔二卷 （清）繼法集 清康熙十九
年(1680)慈雲觀堂刻本 一冊

440000－2561－0002592 30347
念佛鏡不分卷 （清）釋智朗撰 清同治十年
(1871)刻本 一冊

440000－2561－0002593 30348
念佛四大要訣不分卷 （清）釋古崑集 清光
緒七年(1881)杭州昭慶寺慧空經房刻本 一
冊

440000 – 2561 – 0002594　30349

牧牛圖頌淨修指要合刊不分卷　（清）釋普明
等撰　清光緒元年(1875)浙省昭慶慧空經房
刻本　一冊

440000 – 2561 – 0002595　30350

往生集三卷　（明）釋袾宏輯　清光緒二十四
年(1898)金陵刻經處刻本　一冊

440000 – 2561 – 0002596　30351

西歸行儀一卷　（清）釋古崑錄輯　清光緒九
年(1883)刻本　一冊

440000 – 2561 – 0002597　30352

西歸直指四卷　（清）周夢顏撰　清光緒十二
年(1886)金陵刻經處刻本　一冊

440000 – 2561 – 0002598　30354

樂邦文類五卷　（宋）釋宗曉輯　清金陵刻經
處刻本　五冊

440000 – 2561 – 0002599　30355

龍舒淨土文十卷　（宋）王日休撰　清光緒九
年(1883)金陵刻經處刻本　一冊

440000 – 2561 – 0002600　30356

龍舒淨土文十卷　（宋）王日休撰　清光緒九
年(1883)金陵刻經處刻本　一冊

440000 – 2561 – 0002601　30357

龍舒淨土文十卷　（宋）王日休撰　清光緒二
十五年(1899)韓江大士庵刻經處刻本　二冊

440000 – 2561 – 0002602　30358

十不二門指要鈔詳解二卷　（宋）釋可度撰
清光緒八年(1882)刻本　四冊

440000 – 2561 – 0002603　30360

宗鏡錄一百卷　（宋）釋延壽集　清光緒二十
五年(1899)江北刻經處刻本　二十冊

440000 – 2561 – 0002604　30361

五燈會元五十七卷　（宋）釋大川濟纂　清光
緒三十三年(1907)長沙刻經處刻本　十九冊

440000 – 2561 – 0002605　30362

佛祖心燈不分卷五家宗派不分卷　（□）□□
撰　清武林彌教坊瑪瑙寺明臺南房刻本　一

440000 – 2561 – 0002606　30363

列祖提綱錄四十二卷　（清）釋行悅集　清同
治十三年(1874)杭省西湖昭慶慧空經房刻本
三冊　存十一卷(一至十一)

440000 – 2561 – 0002607　30364

密雲圓悟禪師天童直說九卷　（明）釋通雲編
清刻本　四冊

440000 – 2561 – 0002608　30365

萬善同歸集六卷　（宋）釋延壽撰　清同治十
一年(1872)金陵刻經處刻本　二冊

440000 – 2561 – 0002609　30366

萬法歸心錄三卷　（清）釋超溟撰　（清）釋明
貫輯　清道光二十九年(1849)古山釋寶霖刻
光緒十五年(1889)增刻本　一冊

440000 – 2561 – 0002610　30368

禪關策進不分卷　（明）釋袾宏輯　清光緒二
十四年(1898)金陵刻經處刻本　一冊

440000 – 2561 – 0002611　30369

石門文字禪三十卷　（宋）釋德洪撰　清光緒
二十五年(1899)錢塘丁氏刻本　八冊

440000 – 2561 – 0002612　30370

高峰大師語錄不分卷　（元）釋原妙撰　清光
緒十五年(1889)金陵刻經處刻本　一冊

440000 – 2561 – 0002613　30371

慧文正辯佛日普照元叟端禪師語錄四卷
（元）釋法琳編　明洪武七年(1374)刻本　一
冊

440000 – 2561 – 0002614　30372

方聚成禪師語錄三十卷續錄四卷　（清）釋悟
成撰　清嘉慶二十年(1815)刻本　九冊

440000 – 2561 – 0002615　30373

箬菴和尚語錄十卷　（清）釋行昱編　清光緒
二十七年(1901)清鎔刻本　二冊

440000 – 2561 – 0002616　30374

龍池幻有禪師語錄十卷　（明）釋圓悟等編
清宣統二年(1910)常州天寧寺刻本　四冊

440000 – 2561 – 0002617　30375

恒贊如禪師語錄十卷　（清）釋悟潔等編　清宣統二年(1910)常州天寧寺刻本　四冊

440000 – 2561 – 0002618　30376

天慧徹禪師語錄二卷　（清）釋實徹撰　清光緒三十二年(1906)刻本　二冊

440000 – 2561 – 0002619　30377

福源石屋珙禪師語錄二卷　（元）釋至柔編　清光緒十三年(1887)瑪瑙經房刻本　一冊

440000 – 2561 – 0002620　30378

南嶽山茨際禪師語錄四卷　（清）釋達尊等編　清刻本　一冊

440000 – 2561 – 0002621　30379

天隱禪師語錄二十卷　（清）釋通琇編　清宣統元年(1909)常州天寧寺刻本　五冊

440000 – 2561 – 0002622　30380

楚石琦禪師語錄十六卷　（明）釋祖光編　清末刻本　五冊

440000 – 2561 – 0002623　30381

無隱禪師略錄不分卷　（清）普願居士集校　清光緒十六年(1890)金陵刻經處刻本　一冊

440000 – 2561 – 0002624　30382

御選語錄十九卷　（清）世宗胤禛選　清光緒四年(1878)金陵刻經處刻本　十四冊

440000 – 2561 – 0002625　30383

省庵法師語錄二卷　（清）釋實賢撰　（清）彭際清重訂　清雍正四年(1726)刻本　二冊

440000 – 2561 – 0002626　30385

博山和尚參禪警語不分卷　（明）釋成正集　清光緒三十四年(1908)金山江天寺刻本　一冊

440000 – 2561 – 0002627　30386

撮黑豆集八卷首一卷　（清）火蓮居士集　清刻本　四冊

440000 – 2561 – 0002628　30387

溈山警策句釋記二卷　（清）釋弘贊注　清順治十七年(1660)刻本　一冊

440000 – 2561 – 0002629　30388

博山和尚參禪警語不分卷　（明）釋成正集　清光緒三十四年(1908)金山江天寺刻本　一冊

440000 – 2561 – 0002630　30389

夢東禪師遺集二卷　（清）釋際醒撰　清嘉慶二十二年(1817)隆福寺刻本　二冊

440000 – 2561 – 0002631　30390

心賦註四卷　（宋）釋延壽撰　清光緒三年(1877)金陵刻經處刻本　四冊

440000 – 2561 – 0002632　30391

月心笑巖寶祖南集二卷北集二卷　（明）釋曇芝編　清光緒十二年(1886)昭慶慧空經房刻本　二冊

440000 – 2561 – 0002633　30392

成唯識論十卷　（唐）釋玄奘譯　清光緒二十二年(1896)金陵刻經處刻本　二冊

440000 – 2561 – 0002634　30393

唯識二十論述記四卷　（唐）釋窺基撰　清宣統二年(1910)江西刻經處刻本　四冊

440000 – 2561 – 0002635　30397

因明入正理論疏八卷　（唐）釋窺基撰　清光緒二十二年(1896)金陵窺經處刻本　二冊

440000 – 2561 – 0002636　30399

八識論義不分卷　（清）釋性起論譯　清光緒三年(1877)刻本　一冊

440000 – 2561 – 0002637　30400

唯識開蒙問答二卷　（元）釋雲峯撰　清宣統三年(1911)揚州藏經禪院刻本　二冊

440000 – 2561 – 0002638　30401

唯識心要十卷　（明）釋智旭撰　清光緒二十六年(1900)金陵刻經處刻本　十冊

440000 – 2561 – 0002639　30411

華嚴金師子章一卷　（唐）釋法藏述　清光緒二十一年(1895)金陵刻經處刻本　一冊

440000 – 2561 – 0002640　30413

禮釋迦牟尼佛真身舍利塔寶號不分卷　（清）

釋元賢撰　阿育王舍利瑞應集不分卷　（清）釋妙然撰　清光緒元年(1875)刻本　一冊

440000 – 2561 – 0002641　30415

智證傳一卷附寶鏡三昧一卷　（宋）釋慧洪（宋）釋覺慈編　清光緒二年(1876)金陵刻經處刻本　一冊

440000 – 2561 – 0002642　30416

高僧傳初集十五卷　（南朝梁）釋慧皎撰　清光緒十年(1884)金陵刻經處刻本　四冊

440000 – 2561 – 0002643　30418

蓮宗九祖傳略不分卷　（清）釋悟開編　清同治十一年(1872)昭慶經房刻本　一冊

440000 – 2561 – 0002644　30419

居士傳五十六卷　（清）知歸子撰　清刻本二冊　存三十一卷(一至三十一)

440000 – 2561 – 0002645　30422

大明三藏法數五十卷　（明）釋一如等注　清光緒六年(1880)杭州六通寺刻本　十六冊

440000 – 2561 – 0002646　30423

重訂教乘法數十二卷　（明）釋圓瀞集　清光緒四年(1878)杭州昭慶慧空經房刻本　六冊

440000 – 2561 – 0002647　30425

法化老和尚貪瞋癡註一卷　（清）釋法化撰清光緒元年(1875)浙江杭州昭慶慧空經房刻本　一冊

440000 – 2561 – 0002648　30426

辯偽錄六卷　（元）釋寶錄撰　清光緒三十三年(1907)揚州藏經院刻本　二冊

440000 – 2561 – 0002649　30427

護法論不分卷　（宋）張商英撰　清光緒二年(1876)常熟刻經處刻本　一冊

440000 – 2561 – 0002650　30429

蕅益中庸直指不分卷　（明）釋智旭述　清光緒金陵刻經處刻本　一冊

440000 – 2561 – 0002651　30430

四書小參不分卷　（明）朱斯行撰　清光緒三年(1877)姑蘇刻經處刻本　一冊

440000 – 2561 – 0002652　30431

鐔津文集十九卷　（宋）釋契嵩撰　清光緒二十八年(1902)揚州藏經院刻本　四冊

440000 – 2561 – 0002653　30432

禪月集十二卷　（唐）釋貫休撰　清同治八年(1869)永康胡氏退補齋刻本　二冊

440000 – 2561 – 0002654　30433

慧日永明智覺壽禪師山居詩一卷　（宋）釋延壽撰　福源石屋珙禪師山居詩一卷　（元）釋清珙撰　清光緒十一年(1885)江北刻經處刻本　一冊

440000 – 2561 – 0002655　30434

中觀道人集十二種　（清）黎端甫撰　清末刻本　一冊

440000 – 2561 – 0002656　30435

大明三藏聖教目錄四卷　（明）□□編　明刻本　二冊

440000 – 2561 – 0002657　30436

閱藏知津四十四卷總目四卷　（明）釋智旭輯　清光緒十八年(1892)金陵刻經處刻本　十冊

440000 – 2561 – 0002658　30442

閱藏隨筆二卷　（清）釋元度撰　清光緒四年(1878)刻本　二冊

440000 – 2561 – 0002659　30444

孔子家語十卷　（三國魏）王肅注　清光緒二十四年(1898)貴池劉氏刻本　四冊

440000 – 2561 – 0002660　30466

薛文清公讀書錄十七卷　（明）薛瑄撰　清刻本　六冊

440000 – 2561 – 0002661　30467

學蔀通辯前編三卷後編三卷續編三卷終編三卷　（明）陳建撰　清福州正誼堂刻本　四冊

440000 – 2561 – 0002662　30468

繹志十九卷　（清）胡承諾撰　清光緒十七年(1891)三餘草堂刻本　六冊

440000 – 2561 – 0002663　30469

學統五十三卷 (清)熊賜履撰 清光緒十七年(1891)三餘草堂刻本 九冊

440000－2561－0002664 30480

莊子集釋十卷 (清)郭慶藩輯 清光緒二十年(1894)湘陰思賢講舍刻本 八冊

440000－2561－0002665 30495

管子二十四卷 (春秋)管仲撰 (唐)房玄齡注 清光緒五年(1879)影印本 六冊

440000－2561－0002666 30498

管子校正二十四卷 (清)戴望纂 清同治十二年(1873)刻本 四冊

440000－2561－0002667 30504

鬼谷子三卷 (南朝梁)陶弘景注 清嘉慶十年(1805)江都秦氏刻本 一冊

440000－2561－0002668 30505

孫子選注十三卷 夏壽田選注 清末石印本 一冊

440000－2561－0002669 30509

則克錄三卷 (德國)湯若望口授 (明)焦勖纂 清道光二十一年(1841)刻本 一冊

440000－2561－0002670 30510

大龍秘書四卷 (明)朱焦玉傳本 清抄本 四冊

440000－2561－0002671 30511

兵書十二種 (清)王緯輯 清光緒二十四年(1898)杭城衢樽局石印本 八冊

440000－2561－0002672 30512

新譯西洋兵書五種 (清)張之洞輯 清光緒二十年(1894)三益齋刻本 十六冊

440000－2561－0002673 30514

齊民要術十卷 (北魏)賈思勰撰 清光緒二十二年(1896)桐廬袁氏中江榷署刻本 四冊

440000－2561－0002674 30518

皇極經世易知八卷 (清)何夢瑤輯 清道光十三年(1833)滾雪樓刻本 四冊

440000－2561－0002675 30522

容齋隨筆十六卷續筆十六卷三筆十六卷四筆十六卷五筆十卷 (宋)洪邁撰 清光緒元年(1875)新豐洪氏十三公祠刻本 十四冊

440000－2561－0002676 30523

困學紀聞注二十卷 (宋)王應麟撰 (清)翁元圻注 清道光五年(1825)餘姚守福堂刻本 八冊

440000－2561－0002677 30524

困學紀聞注二十卷 (宋)王應麟撰 (清)翁元圻注 清道光五年(1825)餘姚守福堂刻本 十二冊

440000－2561－0002678 30525

草木子四卷 (明)葉子奇撰 清光緒四年(1878)居德堂刻本 二冊

440000－2561－0002679 30528

無邪堂答問五卷 (清)朱一新撰 清光緒二十一年(1895)廣雅書局刻本 五冊

440000－2561－0002680 30530

鄴中記一卷 (晉)陸翽撰 清光緒二十五年(1899)廣雅書局刻武英殿聚珍版書本 一冊

440000－2561－0002681 30531

嶺表錄異三卷 (唐)劉恂撰 清光緒二十五年(1899)廣雅書局刻武英殿聚珍版書本 一冊

440000－2561－0002682 30532

杜陽雜編三卷 (唐)蘇鶚撰 清嘉慶十年(1805)虞山張氏照曠閣刻本 一冊

440000－2561－0002683 30533

唐語林八卷 (宋)王讜撰 (清)錢熙祚校 清光緒十九年(1893)湖北官書處刻本 二冊

440000－2561－0002684 30534

七修類稿五十一卷續稿七卷 (明)郎瑛撰 清光緒六年(1880)廣州翰墨園刻本 十二冊

440000－2561－0002685 30535

池北偶談二十六卷 (清)王士禎撰 清康熙三十九年(1700)臨汀郡署刻本 八冊

440000－2561－0002686 30537

藤陰雜記十二卷　(清)戴璐撰　清光緒刻本
　一冊

440000－2561－0002687　30538
金壺七墨十八卷　(清)黃鈞宰撰　清同治十
二年(1873)刻本　八冊

440000－2561－0002688　30539
廣東新語二十八卷　(清)屈大均撰　清康熙
三十九年(1700)刻本　八冊

440000－2561－0002689　30540
羊城古鈔八卷　(清)仇池石輯　清嘉慶十一
年(1806)文畣堂刻本　五冊

440000－2561－0002690　30541
羊城古鈔八卷　(清)仇池石輯　清嘉慶十一
年(1806)文畣堂刻本　五冊

440000－2561－0002691　30542
粵東筆記十六卷　(清)李調元撰　清刻本
四冊

440000－2561－0002692　30543
粵中見聞三十五卷　(清)范端昂輯　清嘉慶
六年(1801)同安刻本　六冊

440000－2561－0002693　30544
冷廬雜識八卷　(清)陸以湉撰　清光緒十九
年(1893)烏程龐氏刻本　八冊

440000－2561－0002694　30545
麗廔薈錄十四卷附爽鳩要錄二卷　(清)蔣超
伯撰　清同治五年(1866)江都蔣氏刻本　六
冊

440000－2561－0002695　30546
庸閒齋筆記八卷　(清)陳其元撰　清同治十
三年(1874)吳下刻本　四冊

440000－2561－0002696　30551
山海經十八卷山海經圖五卷　(晉)郭璞傳
清光緒十四年(1888)掃葉山房刻本　四冊

440000－2561－0002697　30554
閱微草堂筆記二十四卷　(清)紀昀撰　清道
光十三年(1833)羊城刻本　十冊

440000－2561－0002698　30556
今古奇觀四十卷　(明)抱甕老人輯　清光緒
三十二年(1906)上海書局石印本　六冊　存
六卷(一至六)

440000－2561－0002699　30565
點石齋畫報不分卷　(清)□□編　清宣統二
年(1910)上海集成圖書館公司石印本　八十
八冊

440000－2561－0002700　30566
點石齋畫報大全不分卷　(清)□□編　清宣
統二年(1910)上海集成圖書館公司石印本
十冊

440000－2561－0002701　30580
朱次琦日記　(清)朱次琦撰　清稿本　一冊

440000－2561－0002702　30593
太平御覽一千卷　(宋)李昉等纂　清嘉慶十
二年(1807)歙縣鮑氏刻本　一百二十冊

440000－2561－0002703　30595
事物原會四十卷　(清)汪汲撰　清嘉慶元年
(1796)古愚山房刻本　八冊

440000－2561－0002704　30596
駢字類編二百四十卷　(清)張廷玉等編　清
光緒十三年(1887)上海同文書局石印本　四
十八冊

440000－2561－0002705　30598
三才藻異三十三卷　(清)屠粹忠撰　清康熙
二十八年(1689)栩栩園刻本　二十二冊

440000－2561－0002706　30599
四書典林三十卷　(清)江永編　清刻本　十
二冊

440000－2561－0002707　30601
地藏菩薩本願經科注六卷　(清)釋靈椉輯
清光緒七年(1881)天臺山真覺寺慧空經房刻
本　六冊

440000－2561－0002708　30602
大佛頂首楞嚴經正脈疏四十卷　(明)釋真鑑
撰　清光緒二十二年(1896)金陵刻經處刻本

十四冊

440000－2561－0002709　30612

金剛深密門九經　（唐）釋不空等譯　清刻本
一冊

440000－2561－0002710　30613

佛說妙吉祥瑜伽大教金剛陪囉嚩觀想成就儀
軌經不分卷　（宋）釋法賢譯　清刻本　一冊

440000－2561－0002711　30617

妙法蓮華經臺宗會義五卷　（明）智旭撰　清
刻本　六冊

440000－2561－0002712　30623

大唐西域記十二卷　（唐）釋辯機撰　（唐）釋
玄奘譯　清吳興沈氏抱經樓抄本　五冊

440000－2561－0002713　30640

一切經音義二十五卷　（唐）釋元應撰　清同
治八年(1869)釋明證刻本　四冊

440000－2561－0002714　30643

北堂書鈔一百六十卷　（唐）虞世南輯　（清）
孔廣陶校注　清光緒十四年(1888)南海孔氏
刻本　二十冊

440000－2561－0002715　30648

性理諸家解三十四卷　（明）楊維聰輯　明嘉
靖十五年(1536)楊維聰、高叔嗣刻本　三十
八冊

440000－2561－0002716　30649

錦繡萬花谷前集四十卷後集四十卷續集四十
卷　（宋）□□撰　明嘉靖十五年(1536)錫山
秦氏刻本　十八冊

440000－2561－0002717　30650

藝文類聚一百卷　（唐）歐陽詢撰　明萬曆十
五年(1587)南京王元貞刻本　二十四冊

440000－2561－0002718　30651

三子口義三種三十二卷　（宋）林希逸注　明
萬曆四年(1576)敬義堂刻本　六冊

440000－2561－0002719　30652

翼梅八卷　（清）江永撰　清乾隆抄本　二冊

440000－2561－0002720　30653

新刊荆川唐先生稗編一百二十卷目錄三卷
（明）唐順之撰　（明）左烝考校　明萬曆九年
(1581)茅一相文霞閣刻本　三十二冊

440000－2561－0002721　30654

唐荆川先生纂輯武編十二卷　（明）唐順之撰
明萬曆四十六年(1618)徐象橒曼山館刻本
十二冊

440000－2561－0002722　30670

焦氏說楛七卷　（明）焦周撰　明萬曆四十一
年(1613)南京周氏懷德堂刻本　四冊

440000－2561－0002723　30673

燕京開教略三篇　（法國）樊國梁撰　清光緒
三十一年(1905)北京救世堂鉛印本　三冊

440000－2561－0002724　30674

羅湖野錄四卷　（宋）釋曉瑩撰　明萬曆刻寶
顏堂秘笈本　四冊

440000－2561－0002725　30680

榕村語錄續集二十卷　（清）李光地撰　清光
緒二十二年(1896)江安傅氏藏園刻本　六冊

440000－2561－0002726　30686

唐類函二百卷　（明）俞安期纂　明萬曆三十
一年(1603)東吳俞氏刻本　四十冊

440000－2561－0002727　30689

庭聞遺述不分卷　（明）顧其志著　明崇禎十
六年(1643)顧氏覽鎮居刻本　四冊

440000－2561－0002728　30690

世說新語三卷　（南朝宋）劉義慶撰　明嘉靖
十四年(1535)三畏堂刻本　六冊

440000－2561－0002729　30691

唐世說新語十三卷　（唐）劉肅撰　明萬曆三
十一年(1603)潘玄度刻本　六冊

440000－2561－0002730　30692

本草綱目五十二卷附拾遺十卷　（明）李時珍
撰　清光緒十一年(1885)合肥張氏味古齋刻
本　四十冊

440000－2561－0002731　30693

通雅五十二卷首三卷　（清）方以智輯著
（清）姚文燮校　清康熙五年(1666)龍眠姚氏
刻本　八冊

440000－2561－0002732　30695

西溪叢語二卷　（宋）姚寬撰　明崇禎六年
(1633)虞山毛氏汲古閣刻本　二冊

440000－2561－0002733　30700

鐵綱珊瑚書品十卷畫品六卷　（明）朱存理集
錄　清雍正六年(1728)年希堯刻本　十冊

440000－2561－0002734　30701

穀山筆麈十八卷　（明）于慎行撰　明萬曆四
十一年(1613)于緯刻本　四冊

440000－2561－0002735　30704

農政全書六十卷　（明）徐光啟纂輯　（明）張
國維　（明）方岳貢鑒定　明崇禎十二年
(1639)平露堂刻本　二十冊

440000－2561－0002736　30706

甌海軼聞五十五卷　（清）孫衣言撰　清光緒
十二年(1886)瑞安孫氏刻本　二十冊

440000－2561－0002737　30711

通俗編三十八卷　（清）翟灝撰　清乾隆十六
年(1751)仁和翟氏無不宜齋刻本　八冊

440000－2561－0002738　30712

小滄浪筆談四卷　（清）阮元撰　清嘉慶三年
(1798)刻本　四冊

440000－2561－0002739　30715

歸石軒畫談十卷　（清）楊翰撰　清同治至光
緒刻本　四冊

440000－2561－0002740　30716

懺盦隨筆八卷　沈澤棠撰　清宣統二年
(1910)番禺沈氏刻本　二冊

440000－2561－0002741　30718

履園叢話二十四卷　（清）錢泳輯　清道光五
年(1825)述德堂刻本　十二冊

440000－2561－0002742　30721

賭棋山莊筆記五種　（清）謝章鋌撰　清光緒
二十七年(1901)刻賭棋山莊全集本　八冊

440000－2561－0002743　30722

慈溪黃氏日鈔分類九十七卷古今紀要十九卷
　（宋）黃震編輯　清刻本　二十四冊

440000－2561－0002744　30725

劉子十卷　（北齊）劉晝撰　（唐）袁孝政注
清抄本　五冊

440000－2561－0002745　30726

照相鏤版印圖法不分卷　（美國）貝列尼著
（美國）衛理譯　清光緒二十六年(1900)江南
製造局刻本　一冊

440000－2561－0002746　30728

四經薈刊四種　（清）永瑢輯　清乾隆四十三
年(1778)質郡王府刻本　四冊

440000－2561－0002747　30729

廣博物志五十卷　（明）董斯張纂　清乾隆二
十六年(1761)高暉堂刻本　二十六冊

440000－2561－0002748　30731

戰略攷三十一卷　（明）茅元儀撰　（清）潘鐸
評　清咸豐八年(1858)刻本　五冊

440000－2561－0002749　30732

氏族博攷六卷　（明）凌迪知撰　明萬曆刻本
　三冊

440000－2561－0002750　30733

歷代三寶紀十五卷　（隋）費長房撰　清順治
八年(1651)嘉興楞嚴寺刻本　三冊

440000－2561－0002751　30736

賓退錄十卷　（宋）趙與旹撰　清光緒江陰繆
荃孫刻本　四冊

440000－2561－0002752　30738

湖上答問不分卷　（清）黃慶澄撰　清光緒二
十一年(1895)東甌詠古齋刻本　一冊

440000－2561－0002753　30739

粵西筆述不分卷　（清）張祥河輯　清道光二
十五年(1845)刻小重山房叢書本　一冊

440000－2561－0002754　30740

佛祖統紀五十四卷　（宋）釋志磐撰　清光緒
三十四年(1908)慈邑西方寺刻本　十冊

440000－2561－0002755　30741

雜阿含經五十卷　（南朝宋）釋求那跋陀羅譯　清光緒十四年(1888)常熟刻經處刻本　十二冊

440000－2561－0002756　30744

穆天子傳注疏六卷首一卷末一卷　（晉）郭璞注　（清）檀萃疏　清光緒巴陵方氏碧琳琅館刻宣統元年(1909)印碧琳琅館叢書本　二冊

440000－2561－0002757　30745

玉壺野史十卷　（宋）釋文瑩撰　清嘉慶十五年(1810)刻本　一冊

440000－2561－0002758　30749

雙溪集四卷　（清）釋月賓撰　清宣統二年(1910)刻本　二冊

440000－2561－0002759　30762

武備志二百四十卷　（明）茅元儀輯　清廣州明經閣刻本　八十冊

440000－2561－0002760　30763

庭立紀聞四卷　（清）梁玉繩撰　（清）梁學昌輯　清嘉慶十七年(1812)刻本　一冊

440000－2561－0002761　30764

維摩經疏八卷　（後秦）釋鳩摩羅什譯　（隋）智顗說　清刻本　八冊

440000－2561－0002762　30773

御纂朱子全書六十六卷　（宋）朱熹撰　（清）李光地等編　清康熙五十二年(1713)淵鑒齋刻本　二十二冊　存三十九卷(二至四十)

440000－2561－0002763　30774

群學肄言不分卷　（英國）斯賓塞爾撰　嚴復譯　清光緒二十九年(1903)上海文明編譯書局鉛印本　四冊

440000－2561－0002764　30775

天演論二卷　（英國）赫胥黎著　嚴復譯　清光緒二十四年(1898)侯官嗜奇精舍石印本　一冊

440000－2561－0002765　30776

穆勒名學不分卷　（英國）穆勒約翰著　嚴復譯　清光緒二十八年(1902)金粟齋鉛印本　二冊

440000－2561－0002766　30803

金剛根本大教經三卷　（唐）釋金剛智譯　清刻本　一冊

440000－2561－0002767　30805

大同學十卷　（英國）李提摩太節譯　蔡爾康纂述　清光緒二十五年(1899)鉛印本　一冊

440000－2561－0002768　30806

浩然齋雅談三卷　（宋）周密撰　清刻本　一冊

440000－2561－0002769　30807

日知錄集釋三十二卷㼈誤二卷續㼈誤二卷　（清）顧炎武撰　（清）黃汝成集釋　**日知錄刊誤二卷續刊誤二卷**　（清）黃汝成撰　清光緒元年(1875)湖北崇文書局刻本　十六冊

440000－2561－0002770　30815

管子二十四卷　（春秋）管仲撰　（唐）房玄齡注　明天啓五年(1625)西湖沈鼎新花齋刻本　六冊

440000－2561－0002771　30816

韓非子二十卷　（戰國）韓非撰　**韓非子識誤三卷**　（清）顧廣圻撰　清嘉慶二十三年(1818)全椒吳氏刻本　六冊

440000－2561－0002772　30817

新纂門目五臣音注揚子法言十卷　（漢）揚雄撰　（宋）司馬光等注　明嘉靖十二年(1533)顧春世德堂刻本　四冊

440000－2561－0002773　30818

新纂門目五臣音注揚子法言十卷　（漢）揚雄撰　（唐）柳宗元注　（宋）司馬光添重注　明刻本　八冊

440000－2561－0002774　30819

孫子十家注十三卷　（春秋）孫武撰　（三國魏）曹操等注　（宋）吉天保輯　清嘉慶二年(1797)陽湖孫氏刻本　八冊

440000－2561－0002775　30820

孫子十家注十三卷　（春秋）孫武撰　（三國魏）曹操等注　（宋）吉天保輯　**叙錄一卷**（清）畢以珣撰　**遺說一卷**（宋）鄭友賢撰清嘉慶二年(1797)陽湖孫氏刻本　四冊

440000－2561－0002776　30821

因樹屋書影十卷　（清）周亮工撰　清懷德堂刻本　六冊

440000－2561－0002777　30822

札樸十卷　（清）桂馥撰　清嘉慶十八年(1813)小李山房刻本　五冊

440000－2561－0002778　30823

書法集要不分卷　（清）皇甫鯤撰　清乾隆七年(1742)蘭苕書舍刻本　二冊

440000－2561－0002779　30825

汪氏六種不分卷　（明）汪士賢編　明刻本六冊

440000－2561－0002780　30826

二程子遺書纂二卷　（清）李光地纂　清初汪瀧刻本　六冊

440000－2561－0002781　30827

御纂性理精義十二卷　（清）李光地等纂　清康熙五十六年(1717)武英殿刻本　十二冊

440000－2561－0002782　30828

御纂性理精義十二卷　（清）李光地等纂　清康熙五十六年(1717)武英殿刻本　十六冊

440000－2561－0002783　30829

翁注困學紀聞二十卷首一卷　（宋）王應麟撰　（清）翁元圻輯　清道光五年(1825)刻本十六冊

440000－2561－0002784　30830

中說十卷　（隋）王通撰　（宋）阮逸注　明嘉靖十二年(1533)顧春世德堂刻六子書本　一冊

440000－2561－0002785　30831

莊子旁注五卷　（清）吳承漸輯注　清康熙三十八年(1699)思訓堂刻本　四冊

440000－2561－0002786　30834

荀子二十卷　（戰國）荀況撰　（唐）楊倞注明刻本　六冊

440000－2561－0002787　30835

唐段少卿酉陽雜俎二十卷續集十卷　（唐）段成式撰　明萬曆三十六年(1608)李雲鵠刻本八冊

440000－2561－0002788　30836

墨子三卷　（戰國）墨翟撰　王闓運注　**墨子佚文一卷**（清）畢沅輯　清光緒三十年(1904)江西官書局刻本　四冊

440000－2561－0002789　30837

燕泉何先生餘冬序錄畢辜十六卷極陽閏四卷（明）何孟春撰　明黃齊賢刻本　八冊

440000－2561－0002790　30838

榕村講授不分卷　（清）李光地撰　清抄本二冊

440000－2561－0002791　30841

十二門論不分卷　（後秦）釋鳩摩羅什譯　清光緒二十一年(1895)金陵刻經處刻本　一冊

440000－2561－0002792　30842

困學紀聞注二十卷　（宋）王應麟撰　（清）翁元圻注　清道光五年(1825)餘姚守福堂刻本十二冊

440000－2561－0002793　30843

南華經十六卷　（晉）郭象注　（宋）林希逸口義　（宋）劉辰翁點校　（明）王世貞評點（明）陳仁錫批注　明萬曆三十三年(1605)刻四色套印本　十二冊

440000－2561－0002794　30844

榕村語錄三十卷　（清）李光地撰　清康熙刻榕村全書本　八冊

440000－2561－0002795　30845

繪圖本草綱目彙言二十卷　（明）倪朱謨選集清順治二年(1645)刻本　二十四冊

440000－2561－0002796　30846

儒門事親不分卷　（金）張從正撰　明嘉靖二十年(1541)刻本　五冊

440000 – 2561 – 0002797　30847

韓非子二十卷 （戰國）韓非撰　**韓非子識誤三卷** （清）顧廣圻撰　**晏子春秋八卷** （戰國）晏嬰撰　清嘉慶二十三年(1818)全椒吳氏刻本　十冊

440000 – 2561 – 0002798　30848

墨子十六卷 （戰國）墨翟撰　（清）畢沅校　清乾隆四十九年(1784)畢氏靈巖山館刻本　四冊

440000 – 2561 – 0002799　30849

通俗編三十八卷 （清）翟灝撰　清乾隆十六年(1751)仁和翟氏無不宜齋刻本　八冊

440000 – 2561 – 0002800　30850

通俗編三十八卷 （清）翟灝撰　清乾隆十六年(1751)仁和翟氏無不宜齋刻本　六冊

440000 – 2561 – 0002801　30851

管子二十四卷 （明）趙用賢　（明）朱長春等評　明萬曆四十八年(1620)凌汝亨刻朱墨套印本　十六冊

440000 – 2561 – 0002802　30852

荀子二十卷 （戰國）荀況撰　（唐）楊倞注　清光緒十年(1884)黎氏影印本　六冊

440000 – 2561 – 0002803　30853

莊子南華經解不分卷 （戰國）莊周撰　（清）宣穎解　清康熙六十年(1721)經綸堂刻本　六冊

440000 – 2561 – 0002804　30854

內經知要二卷 （清）李中梓輯　（清）薛生白校正　清乾隆二十九年(1764)南園掃葉莊刻本　四冊

440000 – 2561 – 0002805　30855

博物志十卷 （晉）張華撰　（清）汪士漢校　清康熙七年(1668)新安汪士漢刻本　二冊

440000 – 2561 – 0002806　30856

續博物志十卷 （宋）李石撰　（清）汪士漢校　清康熙七年(1668)新安汪士賢刻本　三冊

440000 – 2561 – 0002807　30857

博異記不分卷 （唐）谷神子撰　清康熙七年(1668)新安汪士賢刻本　一冊

440000 – 2561 – 0002808　30858

爻山筆話十四卷 （清）蘇時學撰　清同治元年(1862)羊城味經堂刻本　八冊

440000 – 2561 – 0002809　30859

昭代名人尺牘續集二十四卷 陶湘編　清宣統三年(1911)石印本　十二冊

440000 – 2561 – 0002810　30860

新刊荊川唐先生稗編一百二十卷目錄三卷 （明）唐順之撰　（明）左烝考校　明萬曆九年(1581)刻本　一百二十冊

440000 – 2561 – 0002811　30862

幼幼集成六卷 （清）陳復正編　清乾隆十五年(1750)冬至會刻本　六冊

440000 – 2561 – 0002812　30863

履園叢話二十四卷 （清）錢泳輯　清道光十八年(1838)述德堂刻本　六冊

440000 – 2561 – 0002813　30864

鬼谷子三卷 （南朝梁）陶弘景注　清嘉慶十年(1805)江都秦氏刻本　二冊

440000 – 2561 – 0002814　30865

讀書雜識十二卷 （清）勞格撰　清光緒三年(1877)刻本　四冊

440000 – 2561 – 0002815　30866

管子校正二十四卷 （清）戴望纂　清同治十二年(1873)刻本　四冊

440000 – 2561 – 0002816　30867

新增格古要論十三卷 （明）曹昭著　（明）舒敏校　明天順三年(1459)刻本　八冊

440000 – 2561 – 0002817　30868

宋本管子二十四卷 （春秋）管仲撰　清光緒五年(1879)影印本　六冊

440000 – 2561 – 0002818　30869

匏瓜錄十卷 （清）芮長恤撰　清光緒十年(1884)毗陵惲氏懷永堂刻本　六冊

440000 – 2561 – 0002819　30870

松筠閣鈔異十二卷　（清）高承勳撰　清道光
八年(1828)渤海高氏刻本　六冊

440000 – 2561 – 0002820　30871

池北偶談二十六卷　（清）王士禎撰　清金谿
李氏自怡草堂刻本　八冊

440000 – 2561 – 0002821　30872

大佛頂如來密因修證了義諸菩薩萬行首楞嚴
經二卷　（唐）釋般刺密諦譯　明刻本　十冊

440000 – 2561 – 0002822　30873

文選十三種四十五卷　（清）張道緒評　清嘉
慶十六年(1811)人境軒刻本　十八冊　存十
九卷(二十七至四十五)

440000 – 2561 – 0002823　30874

粟香隨筆八卷二筆八卷三筆六卷　金武祥撰
清光緒七年(1881)江陰金氏刻本　十冊

440000 – 2561 – 0002824　30875

鍾山札記四卷　（清）盧文弨撰　清乾隆五十
五年(1790)抱經堂刻本　四冊

440000 – 2561 – 0002825　30876

畫禪室隨筆四卷　（明）董其昌撰　清乾隆三
十三年(1768)刻本　六冊

440000 – 2561 – 0002826　30877

黃嬭餘話八卷　（清）陳錫路撰　清乾隆三十
七年(1772)芸香窩刻本　四冊

440000 – 2561 – 0002827　30878

顏氏家訓註七卷附北齊書文苑傳　（北齊）顏
之推撰　（清）趙曦明注　（清）盧文弨補　清
乾隆五十四年(1789)抱經堂刻本　二冊

440000 – 2561 – 0002828　30879

蘿藦亭札記八卷　（清）喬松年撰　清同治十
二年(1873)刻本　四冊

440000 – 2561 – 0002829　30880

定香亭筆談四卷小滄浪筆談四卷廣陵詩事十
卷　（清）阮元撰　清嘉慶五年(1800)揚州阮
氏琅嬛仙館刻本　六冊

440000 – 2561 – 0002830　30881

呂氏春秋二十六卷　（秦）呂不韋撰　（清）畢
沅輯　清乾隆五十三年(1788)靈巖山館刻本
四冊

440000 – 2561 – 0002831　30882

佩文齋廣群芳譜一百卷目錄二卷　（清）劉灝
等纂　清康熙四十七年(1708)刻本　三十八
冊

440000 – 2561 – 0002832　30883

夢園叢說內編八卷外編八卷　（清）方濬頤撰
清光緒元年(1875)揚州刻本　四冊

440000 – 2561 – 0002833　30884

天文指掌圖考不分卷　（□）□□撰　清抄本
十冊

440000 – 2561 – 0002834　30885

無欺錄二卷　（清）朱用純撰　清光緒二十六
年(1900)玉山書院刻本　二冊

440000 – 2561 – 0002835　30886

山志初集六卷二集六卷　（清）王弘撰撰　清
光緒二十六年(1900)敬義堂刻本　六冊

440000 – 2561 – 0002836　30887

文子纘義十二卷　（宋）杜道堅撰　清光緒三
年(1877)浙江書局刻本　二冊

440000 – 2561 – 0002837　30888

義門讀書記五十八卷　（清）何焯撰　清乾隆
三十四年(1769)刻本　十二冊

440000 – 2561 – 0002838　30889

呂氏春秋二十六卷　（秦）呂不韋撰　（清）畢
沅輯　清乾隆五十三年(1788)靈巖山館刻本
四冊

440000 – 2561 – 0002839　30890

涑水紀聞十六卷　（宋）司馬光撰　清乾隆武
英殿木活字印本　六冊

440000 – 2561 – 0002840　30892

吹網錄六卷　（清）葉廷琯撰　清同治八年
(1869)刻本　六冊

440000 – 2561 – 0002841　30893

蘭雪堂古事苑定本十二卷　（明）鄧志謨撰

清康熙刻本 三冊

440000－2561－0002842 30895

郎潛紀聞十四卷 （清）陳康祺著 清刻本
六冊

440000－2561－0002843 30897

的天髓不分卷 （□）□□撰 （清）陳泉川參
訂 清抄本 四冊

440000－2561－0002844 30898

孫子三卷吳子二卷司馬法一卷 （戰國）孫臏
（戰國）吳起等著 清光緒元年（1875）湖北
崇文書局刻本 一冊

440000－2561－0002845 30899

孔叢二卷新語三卷 （周）孔鮒 （漢）陸賈著
清光緒元年（1875）湖北崇文書局刻本 一
冊

440000－2561－0002846 30900

家語疏證六卷 （清）孫志祖撰 清咸豐三年
（1853）刻本 二冊

440000－2561－0002847 30901

揚子法言十三卷揚子法言音義一卷 （漢）揚
雄撰 （晉）李軌注 清光緒二年（1876）浙江
書局刻本 一冊

440000－2561－0002848 30902

蕉軒隨錄十二卷 （清）方濬師撰 清同治十
二年（1873）退一步齋刻本 十二冊

440000－2561－0002849 30903

恩福堂筆記二卷 （清）英和撰 清道光十七
年（1837）刻本 二冊

440000－2561－0002850 30904

五子近思錄發明十四卷 （清）施璜注 清康
熙四十四年（1705）刻本 六冊

440000－2561－0002851 30905

漢儒通義七卷 （清）陳澧撰 清咸豐六年
（1856）番禺陳氏刻本 二冊

440000－2561－0002852 30906

容齋隨筆十六卷續筆十六卷三筆十六卷四筆
十六卷五筆十卷 （宋）洪邁撰 清同治十一

年（1872）洪氏刻本 十四冊

440000－2561－0002853 30907

墨子閒詁十五卷目錄一卷附錄一卷後語二卷
（清）孫詒讓撰 清光緒二十一年（1895）蘇
州毛上珍刻本 八冊

440000－2561－0002854 30908

顏氏家訓二卷 （北齊）顏之推撰 明萬曆六
年（1578）茶陵顏志邦刻本 一冊

440000－2561－0002855 30909

新纂門目五臣音注揚子法言十卷 （漢）揚雄
撰 （晉）李軌 （唐）柳宗元 （宋）宋咸
（宋）吳祕 （宋）司馬光注 明嘉靖十二年
（1533）顧春世德堂刻六子書本 一冊

440000－2561－0002856 30910

荀子二十卷 （戰國）荀況撰 （唐）楊倞注
明刻本 二冊

440000－2561－0002857 30911

曾子注釋四卷首一卷 （清）阮元注釋 清道
光二十五年（1845）揚州阮氏刻本 四冊

440000－2561－0002858 30912

弘明集十四卷 （南朝梁）釋僧祐撰 明刻本
十冊

440000－2561－0002859 30913

大明三藏法數五十卷 （明）釋一如等注 清
光緒六年（1880）杭州六通寺刻本 十六冊

440000－2561－0002860 30914

壇經不分卷 （唐）釋慧能說 清同治十一年
（1872）如皋刻經處刻本 一冊

440000－2561－0002861 30915

大佛頂首楞嚴經十卷 （唐）釋般剌密帝譯
清同治八年（1869）金陵刻經處刻本 二冊

440000－2561－0002862 30916

大佛頂如來密因修證了義諸菩薩萬行首楞嚴
經纂註十卷 （唐）釋般剌密帝譯 （明）釋真
界注 清光緒三十四年（1908）金陵刻經處刻
本 五冊

440000－2561－0002863 30917

翻譯名義集二十卷　（宋）釋法雲編　清光緒四年（1878）金陵刻經處刻本　六冊

440000－2561－0002864　30918

欽定協紀辯方書三十六卷　（清）允祿等纂　清乾隆六年（1741）武英殿刻本　四十二冊

440000－2561－0002865　30919

全謝山先生經史問答十卷　（清）全祖望撰　清乾隆三十年（1765）董秉純刻本　四冊

440000－2561－0002866　30920

習苦齋畫絮十卷　（清）戴熙撰　（清）惠年編輯　清光緒十九年（1893）惠氏杭州鱣署刻本　六冊

440000－2561－0002867　30921

欽定授時通攷七十八卷　（清）張廷玉等撰　清光緒四年（1878）上海富文局石印本　六冊

440000－2561－0002868　30922

廣東新語二十八卷　（清）屈大均撰　清文江堂刻本　十冊

440000－2561－0002869　30923

閑道錄三卷　（清）李玉如　（清）李光地等校　清康熙十年（1671）刻本　三冊

440000－2561－0002870　30924

農桑輯要七卷　（元）司農司撰　清乾隆三十八年（1773）武英殿聚珍版書本　七冊

440000－2561－0002871　30926

籌廊瑣記九卷　（清）王濟宏撰　清咸豐四年（1854）晉文齋刻本　四冊

440000－2561－0002872　30928

重增格物入門七卷　（美國）丁韙良撰　清光緒二十五年（1899）京師大學堂鉛印本　七冊

440000－2561－0002873　30929

桐陰論畫三卷桐陰畫訣四卷　（清）秦祖永撰　清同治三年至五年（1864－1866）刻朱墨套印本　四冊

440000－2561－0002874　30930

桐陰論畫三卷桐陰畫訣二卷桐陰論畫二編二卷三編二卷　（清）秦祖永撰　清同治三年

（1864）無錫秦氏刻光緒八年（1882）續刻朱墨套印本　四冊

440000－2561－0002875　30931

畫禪室隨筆四卷　（明）董其昌撰　清康熙五十九年（1720）大魁堂刻本　二冊

440000－2561－0002876　30932

水龍經不分卷　（明）劉基著　（清）蔣平階輯　清抄本　十冊

440000－2561－0002877　30933

巢氏諸病源候總論五十卷　（隋）巢元方撰　清嘉慶十三年（1808）吳門經義齋刻本　十六冊

440000－2561－0002878　30934

海昌二妙集三卷首一卷　（清）范世勳　（清）施紹闇撰　（清）浮曇末齋主人輯　清光緒二十三年（1897）刻本　六冊

440000－2561－0002879　30935

涑水紀聞十六卷補遺一卷　（宋）司馬光撰　清光緒三年（1877）湖北崇文書局刻本　四冊

440000－2561－0002880　30936

宅元秘書不分卷　（□）□□撰　明天啓三年（1623）會稽湯氏抄本　四冊

440000－2561－0002881　30937

博物典彙二十卷　（明）黃道周撰　明崇禎八年（1635）大雅堂刻本　四冊

440000－2561－0002882　30939

分類字錦六十四卷　（清）張廷玉等纂　清康熙六十一年（1722）武英殿刻本　三十二冊

440000－2561－0002883　30940

欽定授時通攷七十八卷　（清）張廷玉等纂修　清乾隆七年（1742）刻本　十六冊

440000－2561－0002884　30941

子品金函二卷　（明）陳仁錫纂　明刻本　二十冊

440000－2561－0002885　30942

列子八卷　（戰國）列禦寇撰　（唐）盧重元解

鬼谷子三卷　（戰國）鬼谷先生撰　（南朝

（梁）陶弘景注　清嘉慶九年（1804）江都秦氏石研齋刻本　三冊

440000－2561－0002886　30943

定本墨子閒詁十五卷目錄一卷附錄一卷後語二卷　（清）孫詒讓撰　清宣統二年（1910）瑞安孫氏刻本　八冊

440000－2561－0002887　30944

近思錄十四卷　（清）江永集注　清同治七年（1868）湖北崇文書局刻本　四冊

440000－2561－0002888　30945

希賢錄十卷　（清）魏裔介著　清康熙二十年（1681）刻本　八冊

440000－2561－0002889　30946

篆學瑣著三十種　（清）顧湘輯　清道光二十年（1840）海虞顧氏刻本　六冊

440000－2561－0002890　30947

薛子條貫篇十三卷　（明）薛瑄撰　（清）戴楫編　清光緒十九年（1893）廣州府署刻本　四冊

440000－2561－0002891　30948

絳雪園古方選注二卷　（清）王子接注　清雍正十年（1732）行素堂刻本　四冊

440000－2561－0002892　30949

孔子集語十七卷　（清）孫星衍輯　清光緒三年（1877）浙江書局刻本　四冊

440000－2561－0002893　30950

退菴題跋二十卷　（清）梁章鉅撰　清道光二十五年（1845）刻本　五冊

440000－2561－0002894　30951

韻府拾遺一百六卷　（清）汪灝等編　（清）張廷玉等校勘　清康熙五十九年（1720）內府刻本　二十冊

440000－2561－0002895　30952

能改齋漫錄十八卷　（宋）吳曾撰　清乾隆武英殿木活字印武英殿聚珍版書本　十六冊

440000－2561－0002896　30953

原人四編不分卷　陳澹然撰　清光緒三十二年（1906）武昌鉛印本　二冊

440000－2561－0002897　30954

花箋錄二十卷　（清）孫兆溎撰　清咸豐二年（1852）景福堂刻本　十六冊

440000－2561－0002898　30955

佩文韻府一百六卷　（清）張玉書等纂　韻府拾遺一百六卷　（清）張廷玉等編　清嶺南潘氏海山仙館刻本　一百六十冊

440000－2561－0002899　30956

淵鑑類函四百五十卷目錄四卷　（清）張英等撰　清康熙四十九年（1710）清吟堂刻本　一百四十冊

440000－2561－0002900　30957

居易錄三十四卷　（清）王士禎撰　清康熙四十年（1701）博文堂刻本　十六冊

440000－2561－0002901　30958

鹽鐵論十二卷　（漢）桓寬撰　明嘉靖三十二年（1553）張之象刻本　四冊

440000－2561－0002902　30959

廣東新語二十八卷　（清）屈大均撰　清康熙三十九年（1700）木天閣刻本　八冊

440000－2561－0002903　30960

艮齋雜說十卷　（清）尤侗撰　清康熙刻西堂全集本　一冊　存三卷（八至十）

440000－2561－0002904　30961

三教搜神大全七卷　（□）□□撰　清宣統元年（1909）長沙葉德輝刻本　二冊

440000－2561－0002905　30962

管子二十四卷　（春秋）管仲撰　（唐）房玄齡注　明天啓五年（1625）趙用賢刻本　六冊

440000－2561－0002906　30963

有不為齋隨筆十卷　（清）光聰諧著　清光緒十三年（1887）蘇州藩署刻本　二冊

440000－2561－0002907　30964

求艾錄十卷　（清）楊以貞撰　清光緒二十七年（1901）志遠齋刻本　二冊

440000－2561－0002908　30965

醫林改錯二卷　（清）王清任撰　清咸豐三年
（1853）刻本　二冊

440000－2561－0002909　30966

困學紀聞集證二十卷附補遺一卷　（宋）王應
麟撰　（清）萬希槐輯　清聚秀堂刻本　八冊

440000－2561－0002910　30967

困學紀聞集證二十卷　（宋）王應麟撰　（清）
萬希槐輯　清會友堂刻本　十二冊

440000－2561－0002911　30968

困學紀聞注二十卷　（宋）王應麟撰　（清）翁
元圻注　清道光五年（1825）餘姚守福堂刻本
十二冊

440000－2561－0002912　30969

困學紀聞二十卷　（宋）王應麟撰　（清）何焯
校　清桐華書塾刻本　六冊

440000－2561－0002913　30970

校訂困學紀聞五箋二十卷　（宋）王應麟撰
（清）萬希槐輯　清經正堂刻本　十冊

440000－2561－0002914　30971

郎潛紀聞十四卷　（清）陳康祺著　清光緒十
年（1884）琴川刻本　六冊

440000－2561－0002915　30972

剪愁雜誌二卷　（清）王椿齡撰　清咸豐十年
（1860）吟碧山房稿本　二冊

440000－2561－0002916　30973

洗冤錄詳義四卷　（清）許槤編校　**摭遺二卷**
（清）葛元煦編　**摭遺補一卷**　（清）□□編
清光緒三年（1877）湖北藩署刻本　六冊

440000－2561－0002917　30974

鷗陂漁話六卷　（清）葉廷琯撰　清同治八年
（1869）刻本　六冊

440000－2561－0002918　30975

文中子中說十卷　（隋）王通撰　（宋）阮逸注
清嘉慶九年（1804）姑蘇求文堂刻本　一冊

440000－2561－0002919　30976

巵林十卷補遺一卷　（明）周嬰撰　清嘉慶二

十年（1815）湖海樓刻本　五冊

440000－2561－0002920　30977

唐類函二百卷　（明）俞安期纂　明萬曆三十
一年（1603）東吳俞氏刻本　六十冊

440000－2561－0002921　30978

冷廬雜識八卷　（清）陸以湉撰　清咸豐六年
（1856）掃葉山房刻本　八冊

440000－2561－0002922　30979

定香亭筆談四卷　（清）阮元撰　（清）吳文
溥錄　清光緒十年（1884）瀨江宋氏刻本　四
冊

440000－2561－0002923　30980

詩畸八卷外編二卷謎拾二卷　（清）唐景崧撰
清光緒十九年（1893）得一山房刻本　五冊

440000－2561－0002924　30981

六經天文編二卷　（宋）王應麟撰　清光緒九
年（1883）浙江書局刻本　二冊

440000－2561－0002925　30982

衍極五卷　（元）鄭杓撰　（清）劉有定釋　清
光緒八年（1882）刻十萬卷樓叢書本　三冊

440000－2561－0002926　30983

書畫跋跋三卷續三卷　（明）孫鑛撰　清順治
六年（1649）居業堂刻本　二冊

440000－2561－0002927　30984

無邪堂答問五卷　（清）朱一新撰　清光緒二
十一年（1895）義烏朱氏刻本　二冊

440000－2561－0002928　30985

翻譯名義集二十卷　（宋）釋法雲編　清光緒
四年（1878）金陵刻經處刻本　六冊

440000－2561－0002929　30986

大佛頂首楞嚴經十卷　（唐）釋般刺密帝譯
清同治八年（1869）金陵刻經處刻本　二冊

440000－2561－0002930　30987

徑中徑又徑四卷　（清）張師誠撰　（清）余肇
鈞校　清同治六年（1867）杭州雲樓寺刻本
二冊

440000 - 2561 - 0002931　30988

補注黃帝內經素問二十四卷　（唐）王冰注
清光緒三年(1877)浙江書局刻本　十冊

440000 - 2561 - 0002932　30989

練兵實紀九卷襍集六卷　（明）戚繼光撰　清
道光十四年(1834)來鹿堂刻本　六冊

440000 - 2561 - 0002933　30990

格物中法十二卷　（清）劉嶽雲撰　清光緒刻
本　三冊　存三卷(一至三)

440000 - 2561 - 0002934　30991

墨子經說解二卷　（清）張惠言撰　清宣統元
年(1909)國學保存會影印本　一冊

440000 - 2561 - 0002935　30992

新書十卷　（漢）賈誼撰　清光緒元年(1875)
浙江書局刻本　二冊

440000 - 2561 - 0002936　30993

浮邱子十二卷　（清）湯鵬撰　清同治四年
(1865)湘陰李黼堂刻本　四冊

440000 - 2561 - 0002937　30994

淮南鴻烈解二十一卷　（漢）劉安撰　（明）茅
坤等評　明刻朱墨套印本　八冊　存十三卷
(九至二十一)

440000 - 2561 - 0002938　30995

武備新書不分卷　（清）廖壽豐輯　清光緒二
十三年(1897)浙江書局刻本　五冊

440000 - 2561 - 0002939　30996

雲棲法彙五種　（明）釋袾宏輯　清刻本　十
一冊

440000 - 2561 - 0002940　30997

文字會寶不分卷　（明）朱文治輯　明萬曆三
十六年(1608)朱文治刻本　八冊

440000 - 2561 - 0002941　30999

艮齋雜説七卷　（清）尤侗撰　清康熙二十九
年(1690)刻本　三冊

440000 - 2561 - 0002942　31000

紉齋畫賸不分卷　（清）陳允升繪　清光緒三
年(1877)刻本　三冊

440000 - 2561 - 0002943　31001

詞林海錯類選四卷　（明）夏樹芳輯　清道光
十年(1830)同安陳氏鶴鳴書屋刻本　四冊

440000 - 2561 - 0002944　31002

求是於古齋三種附一種　（清）周耿光撰　清
咸豐二年(1852)刻本　一冊

440000 - 2561 - 0002945　31003

巾經纂二十卷　（清）宋宗元撰　清乾隆十六
年(1751)網師園刻本　五冊

440000 - 2561 - 0002946　31005

皇華紀聞四卷　（清）王士禎撰　清康熙刻雍
正印本　二冊

440000 - 2561 - 0002947　31006

湘煙錄十六卷　（明）閔元京　（明）凌義渠輯
　明天啓六年(1626)刻本　四冊

440000 - 2561 - 0002948　31007

修辭指南二十卷　（明）浦南金撰　明嘉靖三
十六年(1557)浦氏五樂堂刻本　十二冊

440000 - 2561 - 0002949　31008

皇明世説新語八卷　（明）李紹文撰　明萬曆
刻本　八冊

440000 - 2561 - 0002950　31009

連環帳譜二卷　（清）蔡錫勇著　清光緒三十
一年(1905)湖北官書局刻本　二冊

440000 - 2561 - 0002951　31010

列子八卷　（戰國）列禦寇撰　明天啓五年
(1625)王立乾刻本　一冊

440000 - 2561 - 0002952　31011

莊子十卷　（戰國）莊周撰　（晉）郭象注
（唐）陸德明音義　清光緒二十三年(1897)新
化三味書室刻本　六冊

440000 - 2561 - 0002953　31012

老子注二卷　（三國魏）王弼注　明刻本　一
冊

440000 - 2561 - 0002954　31013

老子章義二卷　（清）姚鼐撰　清同治九年
(1870)桐城吳氏刻本　一冊

440000－2561－0002955　31014

莊子內篇注二卷莊子襍篇注一卷　王闓運注
　清末刻本　二冊

440000－2561－0002956　31015

列子八卷　（戰國）列禦寇撰　（唐）盧重元解
　清嘉慶九年（1804）江都秦氏石研齋刻本
　一冊

440000－2561－0002957　31016

蠶桑說不分卷　（清）趙敬如撰　清光緒二十
二年（1896）漸西村舍刻本　一冊

440000－2561－0002958　31017

五畝居桑蠶清課四卷　（清）曹笙南撰　清同
治十一年（1872）青陽曹守成莊刻本　一冊

440000－2561－0002959　31018

水陸攻守戰略秘書七種三十四卷　（清）澼絖
道人輯　清咸豐三年（1853）麟桂活字印本
二十冊

440000－2561－0002960　31019

薛院判醫案良方二十四種　（明）陳自明編著
　（明）薛己補注　明嘉靖二十六年（1547）書
業堂刻本　四十冊

440000－2561－0002961　31020

記事珠十卷　（清）張以謙撰　（清）王燮廷校
　（清）王剛重訂　清嘉慶二十年（1815）刻本
十冊

440000－2561－0002962　31021

記事珠十卷　（清）張以謙撰　（清）王燮廷校
　（清）王剛重訂　清嘉慶二十年（1815）刻本
十冊

440000－2561－0002963　31022

韓非子二十卷　（戰國）韓非撰　韓非子識誤
三卷　（清）顧廣圻撰　清光緒二十三年
（1897）新化三味書局刻本　六冊

440000－2561－0002964　31023

文中子中說十卷　（隋）王通撰　（宋）阮逸注
　清光緒二十三年（1897）新化三味書局刻本
一冊

440000－2561－0002965　31024

列子八卷　（戰國）列禦寇撰　（晉）張湛注
（唐）殷敬順釋文　清光緒二十三年（1897）新
化三味書局刻本　二冊

440000－2561－0002966　31025

淮南子二十一卷　（漢）劉安撰　（漢）高誘注
　清光緒二十三年（1897）新化三味書局刻本
六冊

440000－2561－0002967　31026

鶡冠子三卷　（周）鶡冠子撰　（宋）陸佃解
（明）王寧評　（明）汪明際等參評　（明）朱
養和訂　清光緒三十三年（1907）新化三味書
局刻本　一冊

440000－2561－0002968　31027

鶡冠子三卷　（周）鶡冠子撰　（宋）陸佃解
明天啓五年（1625）朱氏花齋刻本　三冊

440000－2561－0002969　31028

管子二十四卷　（春秋）管仲撰　（唐）房玄齡
注　清光緒二年（1876）浙江書局刻本　六冊

440000－2561－0002970　31029

管子二十四卷　（春秋）管仲撰　（唐）房玄齡
注　清光緒五年（1879）影印本　四冊

440000－2561－0002971　31030

孫子十家注十三卷　（春秋）孫武撰　（三國
魏）曹操等注　（宋）吉天保輯　清光緒三年
（1877）浙江書局刻本　六冊

440000－2561－0002972　31031

荀子二十卷　（戰國）荀況撰　（唐）楊倞注
清光緒二年（1876）浙江書局刻本　六冊

440000－2561－0002973　31032

呻吟語六卷　（明）呂坤著　清道光七年
（1827）開封府署刻本　三冊　存三卷（三至
五）

440000－2561－0002974　31033

輶軒語不分卷　（清）張之洞著　清光緒元年
（1875）江左書林刻本　一冊

440000－2561－0002975　31034

齊民要術十卷　(北魏)賈思勰撰　清光緒二十二年(1896)中江権署刻本　四冊

440000－2561－0002976　31035

呂氏春秋二十六卷　(秦)呂不韋撰　(漢)高誘注　清乾隆五十四年(1789)靈巖山館刻本　十二冊

440000－2561－0002977　31036

太乙統宗寶鑑不分卷　(元)曉山老人撰　清抄本　二十八冊

440000－2561－0002978　31037

繹志十九卷　(清)胡承諾撰　清同治十一年(1872)浙江書局刻本　八冊

440000－2561－0002979　31038

理學宗傳二十六卷　(清)孫奇逢輯　清康熙六年(1667)刻本　十冊

440000－2561－0002980　31039

儒門語要六卷　(清)倪醒坦輯　清嘉慶二十二年(1817)讀易樓刻本　二冊

440000－2561－0002981　31040

串雅外編四卷　(清)趙學敏編　清抄本　二冊

440000－2561－0002982　31041

新義錄一百卷　(清)孫璧文撰　清光緒八年(1882)漱石山房刻本　四十冊

440000－2561－0002983　31042

虞初續志十卷　(清)鄭澍若輯　清嘉慶七年(1802)養花草堂刻本　六冊

440000－2561－0002984　31043

無邪堂答問五卷　(清)朱一新撰　清光緒二十二年(1896)上海鴻寶齋石印本　五冊

440000－2561－0002985　31044

識小編二卷　(清)董豐垣撰　清光緒八年(1882)學古齋刻本　二冊

440000－2561－0002986　31045

潛研堂答問十二卷　(清)錢大昕撰　清光緒七年(1881)謨觴室刻本　八冊

440000－2561－0002987　31046

幼科證治準繩九集　(明)王肯堂輯　(清)程永培校　清影印本　十四冊

440000－2561－0002988　31047

說鈴前集三十三種後集十九種續集七種　(清)吳震方輯　清康熙四十四年(1705)刻本　二十冊

440000－2561－0002989　31048

弈萃不分卷　(清)卡文恆著　清光緒二十五年(1899)養雲仙館刻本　一冊

440000－2561－0002990　31049

蛾術編八十二卷　(清)王鳴盛著　清道光二十一年(1841)世楷堂刻本　十六冊

440000－2561－0002991　31050

五緯捷算四卷　(清)黃炳垕撰述　清光緒二十二年(1896)上海博文書局石印本　二冊

440000－2561－0002992　31051

雨韭盦筆記四卷　(清)汪鼎撰　清咸豐八年(1858)刻本　二冊

440000－2561－0002993　31056

遠西奇器圖說錄最三卷　(瑞士)鄧玉函口授　(明)王徵譯繪　清嘉慶二十一年(1816)王企刻本　四冊

440000－2561－0002994　31058

格致餘論一卷　(元)朱震亨撰　(明)吳中珩校　明刻本　一冊

440000－2561－0002995　31059

韻府拾遺一百六卷　(清)汪灝等編　清刻本　二十冊

440000－2561－0002996　31060

世說新語補二十卷　(南朝宋)劉義慶撰　(明)何良俊補　清乾隆二十七年(1762)茂清書屋刻本　十冊

440000－2561－0002997　31061

北東園筆錄六卷續編六卷三編六卷四編六卷　(清)梁恭辰撰　清同治五年(1866)汴城義文齋刻本　八冊

440000－2561－0002998　31062

憑山閣纂輯詩林切玉八卷　（清）陳枚選　清康熙五十年(1711)憑山閣刻本　八冊

440000－2561－0002999　31063

格致鏡原一百卷　（清）陳元龍著　清雍正十三年(1735)刻本　三十二冊

440000－2561－0003000　31064

外臺秘要四十卷　（唐）王燾撰　清同治十三年(1874)廣東翰墨園刻本　三十一冊

440000－2561－0003001　31065

人極衍義一卷　（清）羅澤南撰　清咸豐九年(1859)長沙刻本　一冊

440000－2561－0003002　31066

代數備旨不分卷　（美國）狄考文選譯　（清）鄒立文等筆述　清光緒二十三年(1897)上海美華書館鉛印本　一冊

440000－2561－0003003　31067

畚塘芻論二卷　（清）孫鼎臣撰　清咸豐九年(1859)刻本　二冊

440000－2561－0003004　31068

淳化秘閣法帖考正十卷附淳化閣帖釋文二卷　（清）王澍撰　清雍正八年(1730)詩鼎齋刻本　六冊

440000－2561－0003005　31069

廣博物志五十卷　（明）董斯張纂　明萬曆三十五年(1607)高暉堂刻本　二十四冊

440000－2561－0003006　31070

性理指歸二十八卷　（明）姚舜牧撰　明萬曆三十八年(1610)刻本　四冊

440000－2561－0003007　31071

明夷待訪錄不分卷　（清）黃宗羲撰　清光緒二十三年(1897)上海鴻文書局石印本　二冊

440000－2561－0003008　31072

四朝聞見錄五卷　（宋）葉紹翁撰　清嘉慶十九年(1814)留香室刻本　三冊

440000－2561－0003009　31073

汽機必以十二卷首一卷附一卷　（英國）蒲爾捺撰　（英國）傅蘭雅口譯　（清）徐建寅筆述　清光緒江南製造局刻本　六冊

440000－2561－0003010　31074

讀問學錄一卷　（清）汪紱著　清光緒二十年(1894)刻本　一冊

440000－2561－0003011　31075

礦法求新六卷附編一卷補編一卷　（英國）烏理治官礦局原書　（清）舒高第等譯　清光緒鉛印本　八冊

440000－2561－0003012　31076

古事比五十二卷　（清）方中德輯著　清光緒十三年(1887)上海點石齋石印本　六冊

440000－2561－0003013　31077

姚江學辨二卷　（清）羅澤南撰　清咸豐九年(1859)長沙刻本　一冊

440000－2561－0003014　31079

解深密經五卷　（唐）釋玄奘譯　清同治十年(1871)金陵刻經處刻本　一冊

440000－2561－0003015　31080

日知錄集釋三十二卷栞誤二卷續栞誤二卷　（清）顧炎武撰　（清）黃汝成集釋　清光緒元年(1875)湖北崇文書局刻本　十六冊

440000－2561－0003016　31082

續學言三卷隨時問學再集一卷　（明）陳龍正撰　明崇禎十一年(1638)刻本　一冊

440000－2561－0003017　31083

潛書不分卷　（清）金蓉鏡纂　清末鉛印本　一冊

440000－2561－0003018　31084

御製數理精蘊表八卷　（清）何國宗　（清）梅瑴成編　清刻本　八冊

440000－2561－0003019　31085

管城碩記三十卷　（清）徐文靖撰　清乾隆九年(1744)志寧堂刻本　十冊

440000－2561－0003020　31087

顧曲錄四卷　（清）謝嘉玉輯　清嘉慶十五年(1810)刻本　四冊

440000－2561－0003021　31090

釋氏十三經十三種　（清）金陵刻經處編　清
金陵刻經處刻本　十冊

440000－2561－0003022　31091

孔子家語十卷　（三國魏）王肅注　清末上海
同文書局石印本　四冊

440000－2561－0003023　31092

孔氏家語十卷　（三國魏）王肅注　明正德二
年(1507)刻本　二冊

440000－2561－0003024　31093

隴蜀餘聞一卷諡法考一卷　（清）王士禎撰
清康熙刻本　一冊

440000－2561－0003025　31094

秦淮畫舫錄二卷　（清）捧花生撰　清嘉慶二
十二年(1817)捧花樓刻本　二冊

440000－2561－0003026　31095

朱子經濟文衡類編前集二十五卷後集二十五
卷續集二十二卷　（宋）朱熹著　（宋）滕珙集
錄　清乾隆四年(1739)徽州府刻本　十二冊

440000－2561－0003027　31096

補注洗冤錄集證五卷　（宋）宋慈撰　（清）王
又槐增輯　（清）阮其新補注　清光緒四年
(1878)阮氏誠本堂刻本　四冊

440000－2561－0003028　31097

洗冤錄提要不分卷　（□）□□撰　清抄本
一冊

440000－2561－0003029　31098

墨子十六卷　（戰國）墨翟撰　（清）畢沅校
清光緒二年(1876)浙江書局刻本　四冊

440000－2561－0003030　31099

春明夢餘錄七十卷　（清）孫承澤撰　清光緒
九年(1883)廣州惜分陰館刻本　二十四冊

440000－2561－0003031　31100

莊子十卷　（戰國）莊周撰　（晉）郭象注
(唐)陸德明音義　清光緒二年(1876)浙江書
局刻本　四冊

440000－2561－0003032　31101

大方廣圓覺經大疏十六卷首一卷　（唐）釋宗
密撰　清宣統元年(1909)金陵刻經處刻本
四冊

440000－2561－0003033　31102

大乘入楞伽經七卷　（唐）釋實叉難陀譯　清
光緒三十四年(1908)金陵刻經處刻本　二冊

440000－2561－0003034　31103

維摩詰所說經三卷　（後秦）釋鳩摩羅什譯
清康熙三年(1664)戴京曾刻本　三冊

440000－2561－0003035　31104

補注黃帝內經素問二十四卷　（唐）王冰注
清光緒三年(1877)浙江書局刻本　十冊

440000－2561－0003036　31105

淮南子二十一卷　（漢）劉安撰　（漢）高誘注
清光緒二年(1876)浙江書局刻本　六冊

440000－2561－0003037　31106

淮南子二十一卷　（漢）劉安撰　（漢）高誘注
清光緒二年(1876)浙江書局刻本　六冊

440000－2561－0003038　31107

新書十卷　（漢）賈誼撰　清光緒元年(1875)
浙江書局刻本　二冊

440000－2561－0003039　31108

熙朝新語十六卷　（清）余金輯　清道光四年
(1824)鳴盛堂刻本　六冊

440000－2561－0003040　31109

香祖筆記十二卷　（清）王士禎撰　清康熙四
十四年(1705)刻本　四冊

440000－2561－0003041　31110

文中子中說十卷　（隋）王通撰　（宋）阮逸注
清光緒二年(1876)浙江書局刻本　二冊

440000－2561－0003042　31111

荊園小語不分卷　（清）申涵光撰　清康熙十
六年(1677)刻本　一冊

440000－2561－0003043　31112

440000－2561－0003044　31113

鹽鐵論十卷附考證一卷　（漢）桓寬撰　清嘉慶十二年(1807)張氏刻本　六冊

440000－2561－0003045　31114

校訂困學紀聞三箋二十卷　（宋）王應麟撰　清嘉慶九年(1804)刻本　六冊

440000－2561－0003046　31115

校訂困學紀聞集證二十卷　（宋）王應麟撰　清嘉慶十二年(1807)刻本　八冊

440000－2561－0003047　31116

小學紺珠十卷　（宋）王應麟撰　（明）毛晉訂　明海虞毛晉汲古閣刻本　十冊

440000－2561－0003048　31117

尸子二卷存疑一卷　（戰國）尸佼撰　**尹文子一卷**　（戰國）尹文撰　清嘉慶十七年(1812)蕭山陳氏刻湖海樓叢書本　一冊

440000－2561－0003049　31118

鬻子一卷　（西周）鬻熊撰　**計倪子一卷**（春秋）計然撰　**於陵子一卷**　（戰國）田仲撰　**子華子二卷**（春秋）程本撰　清光緒元年(1875)湖北崇文書局刻子書百家本　一冊

440000－2561－0003050　31119

草木子四卷　（明）葉子奇撰　清光緒元年(1875)處州府署刻本　二冊

440000－2561－0003051　31120

義門讀書記五十八卷　（清）何焯撰　清乾隆三十四年(1769)石香齋刻本　十二冊

440000－2561－0003052　31121

大乘起信論義記七卷別記一卷　（唐）釋法藏撰　（清）楊文會校　清光緒二十四年(1898)金陵刻經處刻本　二冊

440000－2561－0003053　31122

林間錄二卷　（宋）釋德洪集　清光緒二十七年(1901)揚州藏經院刻本　二冊

440000－2561－0003054　31123

蠶桑粹編十五卷首一卷　（清）衛杰編　清光緒二十六年(1900)浙江書局刻本　八冊

440000－2561－0003055　31124

湖蠶述四卷　（清）汪曰楨述　清光緒六年(1880)刻本　一冊

440000－2561－0003056　31126

西銘講義一卷　（清）羅澤南撰　清咸豐七年(1857)長沙刻本　一冊

440000－2561－0003057　31127

幾何原本十五卷　（希臘）歐幾里得撰　（意大利）利瑪竇口譯　（明）徐光啟筆受　（英國）偉烈亞力續譯　（清）李善蘭續筆　清同治四年(1865)金陵刻本　八冊

440000－2561－0003058　31128

漢學商兌四卷　（清）方東樹撰　清光緒二十六年(1900)浙江書局刻本　四冊

440000－2561－0003059　31129

淮南天文訓補注二卷　（清）錢塘注　清光緒三年(1877)湖北崇文書局刻本　二冊

440000－2561－0003060　31130

農候雜占四卷　（清）梁章鉅撰　清同治十二年(1873)浙江書局刻本　二冊

440000－2561－0003061　31131

程氏家塾綱領一卷讀書分年日程二卷　（元）程端禮撰　清同治七年(1868)湖北崇文書局刻本　一冊

440000－2561－0003062　31132

淳化秘閣法帖考正十二卷　（清）王澍撰　清雍正八年(1730)詩鼎齋刻本　十二冊

440000－2561－0003063　31133

金湯借箸十二籌十二卷　（明）李盤著　清琉璃廠刻本　八冊

440000－2561－0003064　31134

椒生隨筆八卷　（清）王之春撰　清光緒七年(1881)上洋文藝齋刻本　六冊

440000－2561－0003065　31135

封氏聞見記十卷　（唐）封演撰　清乾隆二十一年(1756)雅雨堂刻本　二冊

440000－2561－0003066　31136

圖民錄四卷　（清）袁守定撰　清同治十二年(1873)武林節署刻本　二冊

440000－2561－0003067　31137

潛書上篇二卷下篇二卷附西蜀唐圃亭先生行畧　（清）唐甄著　清光緒九年(1883)中江李氏刻本　四冊

440000－2561－0003068　31138

格物入門七卷　（美國）丁韙良撰　清同治七年(1868)京都同文館刻本　七冊

440000－2561－0003069　31140

丹鉛總錄二十七卷　（明）楊慎撰　清乾隆五十九年(1794)九思堂刻本　十冊

440000－2561－0003070　31141

勸學篇二卷　（清）張之洞著　清光緒二十四年(1898)中江書院刻本　一冊

440000－2561－0003071　31142

本草三家合注六卷附徐靈胎百種錄一卷　（清）郭汝聰集注　清末兩儀堂刻本　六冊

440000－2561－0003072　31144

世說新語六卷　（南朝宋）劉義慶撰　清光緒三年(1877)湖北崇文書局刻本　四冊

440000－2561－0003073　31145

世說新語補二十卷　（南朝宋）劉義慶撰（南朝梁）劉孝標注　（明）何良俊等增補　明嘉靖三十五年(1556)刻本　四冊

440000－2561－0003074　31146

藝文類聚一百卷　（唐）歐陽詢撰　（明）王元貞校　清光緒五年(1879)華陽宏達堂刻本　四十冊

440000－2561－0003075　31147

古事比五十二卷　（清）方中德輯著　清光緒十三年(1887)上海點石齋石印本　六冊

440000－2561－0003076　31148

三農紀十卷　（清）張宗法撰　清乾隆十五年(1750)三讓堂刻本　十冊

440000－2561－0003077　31149

名句文身表異錄十四卷　（明）王志堅輯　清

異錄二卷　（宋）陶穀撰　清康熙四十七年(1708)刻本　四冊

440000－2561－0003078　31150

鍊石編三卷　（英國）亨利黎特撰　（清）舒高第　（清）鄭昌棪譯　清光緒三年(1877)刻本　二冊

440000－2561－0003079　31151

測地膚言不分卷　（清）陶保廉述　清光緒十六年(1890)守拙軒刻本　一冊

440000－2561－0003080　31152

化學源流論四卷　（英國）方尼司輯　（清）王汝騊譯　清光緒二十六年(1900)江南製造總局鉛印本　二冊

440000－2561－0003081　31153

測地志要六卷　（清）黃炳垕著　清同治六年(1867)餘姚黃氏留書種閣刻本　一冊

440000－2561－0003082　31155

池北偶談二十六卷　（清）王士禎撰　清康熙四十年(1701)高都廷掄刻本　八冊

440000－2561－0003083　31156

雜病證治類方八卷　（明）王肯堂輯　（清）程永培校　明修敬堂刻本　十三冊

440000－2561－0003084　31157

耐俗軒課兒文訓不分卷　（清）申頤撰　清康熙四十二年(1703)刻本　一冊

440000－2561－0003085　31158

河南程氏遺書二十五卷附錄一卷外書十二卷二程粹言二卷河南程氏經說八卷伊川文集八卷附錄一卷明道文集五卷伊川易傳四卷　（宋）程頤　（宋）程灝撰　清光緒三十四年(1908)澹雅堂刻本　二十冊

440000－2561－0003086　31162

教會史記三卷　（瑞士）韶波撰　清光緒二十二年(1896)馬崗晉文堂龐意記鉛印本　二冊

440000－2561－0003087　31163

無聞子不分卷　（清）汪琛撰　清光緒三年(1877)刻本　一冊

440000－2561－0003088　31164

朱子學的二卷　（明）丘濬輯　清咸豐十一年(1861)正誼堂刻本　四冊

440000－2561－0003089　31165

墨池編二十卷　（宋）朱長文輯　清雍正十一年(1733)就間堂刻本　六冊

440000－2561－0003090　31167

佩文齋書畫譜一百卷　（清）孫岳頒等纂輯　清康熙四十七年(1708)刻本　三十八冊

440000－2561－0003091　31168

先正遺規四卷　（清）汪正輯　清光緒十九年(1893)浙江書局刻本　二冊

440000－2561－0003092　31169

退菴隨筆二十卷　（清）梁章鉅編　清道光十六年(1836)李廷錫陝西刻本　六冊

440000－2561－0003093　31170

繹志十九卷　（清）胡承諾撰　清同治十一年(1872)浙江書局刻本　八冊

440000－2561－0003094　31171

呂子節錄四卷補遺二卷　（明）呂坤撰　（清）陳宏謀評輯　清嘉慶二十三年(1818)嘉興錢臻潤齋刻本　四冊

440000－2561－0003095　31172

農政全書六十卷　（明）徐光啟纂輯　清道光二十三年(1843)曙海樓刻本　二十四冊

440000－2561－0003096　31173

文子纘義十二卷　（宋）杜道堅撰　清光緒三年(1877)浙江書局刻本　四冊

440000－2561－0003097　31174

韓非子二十卷　（戰國）韓非撰　韓非子識誤三卷　（清）顧廣圻撰　清光緒元年(1875)浙江書局刻本　六冊

440000－2561－0003098　31175

曲洧舊聞十卷　（宋）朱弁撰　清乾隆四十九年(1784)振綺堂刻本　二冊

440000－2561－0003099　31176

大乘起信論疏筆削記會閱十卷　（唐）釋法藏

述　（清）釋續法輯　清光緒十五年(1889)刻本　十冊

440000－2561－0003100　31177

異方便淨土傳燈歸元鏡三祖寶録二卷　（清）釋智達撰　清光緒十六年(1890)師林寺刻本　二冊

440000－2561－0003101　31178

異方便淨土傳燈歸元鏡三祖寶録二卷　（清）釋智達撰　清刻本　二冊

440000－2561－0003102　31179

選佛譜六卷　（明）釋智旭述　清光緒十九年(1893)昭慶慧空經房刻本　二冊

440000－2561－0003103　31180

龍舒淨土文十卷　（宋）王日休撰　清光緒九年(1883)金陵刻經處刻本　一冊

440000－2561－0003104　31181

鈔海心珠二卷廣鈔海心珠二卷　（清）鶴洞子編　清同治九年(1870)耐齋刻本　二冊

440000－2561－0003105　31182

事物原會四十卷　（清）汪汲撰　清嘉慶元年(1796)古愚山房刻本　八冊

440000－2561－0003106　31183

大乘起信論疏二卷　（印度）釋馬鳴造論　(南朝陳)釋真諦譯　（唐）釋法藏述　清光緒三年(1877)長沙刻經處刻本　二冊

440000－2561－0003107　31184

無始以來天人性命之本原不分卷　（清）金晦著　清光緒三十三年(1907)永嘉葉氏刻本　一冊

440000－2561－0003108　31185

讀書做人譜不分卷　（清）龍炳垣輯　清道光三十年(1850)新繁龍氏刻本　一冊

440000－2561－0003109　31186

彭氏類編雜說六卷　（明）彭好古編　明萬曆十九年(1591)金亭毛氏五德堂刻本　十二冊

440000－2561－0003110　31187

中等格致課本四卷　（法國）包爾培著　（清）

徐兆熊譯　清光緒二十八年(1902)南洋公學石印本　六冊　存三卷(一至三)

440000－2561－0003111　31188

交食捷算四卷　(清)黃炳垕撰述　(清)胡秉成校　清光緒十年(1884)留香種閣刻本　一冊

440000－2561－0003112　31189

五緯捷算四卷　(清)黃炳垕撰述　清光緒四年(1878)留香種閣刻本　一冊

440000－2561－0003113　31190

證治準繩八卷　(明)王肯堂輯　(清)程永培校　清乾隆五十八年(1793)修敬堂刻本　十冊

440000－2561－0003114　31191

瘍醫準繩六卷　(明)王肯堂輯　(清)程永培校　清乾隆修敬堂刻本　十冊

440000－2561－0003115　31192

史姓韻編六十四卷　(清)汪輝祖輯　(清)馮祖憲重校　清光緒十年(1884)馮祖憲耕餘樓鉛印本　十六冊

440000－2561－0003116　31193

四六纂組十卷　(清)胡吉豫輯　清康熙刻本　一冊　存二卷(一至二)

440000－2561－0003117　31194

純正蒙求三卷　(元)胡炳文撰　清光緒五年(1879)茹古閣刻本　一冊

440000－2561－0003118　31195

毖緯瑣言一卷　(清)厲之鍔纂　清刻本　一冊

440000－2561－0003119　31196

格致古微六卷　(清)王仁俊述　清光緒二十二年(1896)吳縣王氏刻本　四冊

440000－2561－0003120　31197

斯陶說林十二卷　(清)王用臣輯　清光緒十八年(1892)王氏刻本　十二冊

440000－2561－0003121　31202

履園叢話二十四卷　(清)錢泳輯　清道光十

八年(1838)勾吳錢氏刻本　十二冊

440000－2561－0003122　31203

益智編四十一卷　(明)孫能傳纂輯　明萬曆三十二年(1604)刻本　十六冊

440000－2561－0003123　31204

近思錄十四卷　(清)江永集注　清光緒二十五年(1899)浙江官書局刻本　四冊

440000－2561－0003124　31205

子平四言集腋六卷　(清)廖冀亨著　清道光三十年(1850)求可堂刻本　四冊

440000－2561－0003125　31206

經效產寶三卷續篇一卷　(唐)昝殷撰　清光緒七年(1881)影印本　一冊

440000－2561－0003126　31207

琴學叢書十種　楊宗稷輯　清宣統三年至民國十四年(1911－1925)楊氏刻本　七冊

440000－2561－0003127　31208

唐詩金粉十卷　(清)沈炳震輯　清雍正二年(1724)冬讀書齋刻本　十冊

440000－2561－0003128　31209

轉劫輪六部不分卷　(明)周鑑編輯　清康熙五十年(1711)刻本　十二冊

440000－2561－0003129　31210

佩文齋廣群芳譜一百卷目錄二卷　(清)劉灝等纂　清康熙四十七年(1708)刻本　四十冊

440000－2561－0003130　31211

廣蒙求十六卷　(清)查元偁撰　清初抄本　四冊

440000－2561－0003131　31212

經史初學辨體不分卷　(清)徐與喬輯評　清康熙十七年(1678)易安齋刻本　二十冊

440000－2561－0003132　31213

智囊補二十八卷　(明)馮夢龍重輯　清乾隆十一年(1746)斐齋刻本　八冊

440000－2561－0003133　31214

通俗編三十八卷　(清)翟灝撰　清乾隆十六

143

年(1751)無不宜齋刻本 十冊

440000－2561－0003134 31215
薛氏醫案一百七卷 （明）薛己等撰 清兩儀
堂刻本 六十四冊

440000－2561－0003135 31216
潛確居類書一百二十卷 （明）陳仁錫纂輯
明崇禎刻本 六十四冊

440000－2561－0003136 31217
莊子集釋十卷 （清）郭慶藩輯 清光緒二十
年(1894)湘陰郭氏刻本 八冊

440000－2561－0003137 31218
正學編八卷 （清）潘世恩輯 清同治六年
(1867)吳縣潘氏刻本 四冊

440000－2561－0003138 31219
虛齋名畫錄十六卷 （清）龐元濟撰 清宣統
元年(1909)烏程龐氏刻本 十六冊

440000－2561－0003139 31220
人譜類記二卷 （明）劉宗周撰 清同治七年
(1868)蕺山書院刻本 二冊

440000－2561－0003140 31221
陸清獻公治嘉格言不分卷 （清）陸隴其撰
清同治七年(1868)上海徐氏刻本 一冊

440000－2561－0003141 31222
澤古齋語錄不分卷 （清）吳士模撰 清光緒
十九年(1893)刻本 一冊

440000－2561－0003142 31223
韓非子纂二卷 （明）張榜纂 明刻本 二冊

440000－2561－0003143 31224
呂語集粹四卷 （明）呂坤著 （清）陳宏謀評
清光緒五年(1879)龍城官廨刻本 二冊

440000－2561－0003144 31225
管子榷二十四卷 （明）朱長春撰 明萬曆刻
本 十六冊

440000－2561－0003145 31226
玉芝堂談薈三十六卷 （清）徐應秋輯 清光
緒元年(1875)蒨園刻本 三十四冊

440000－2561－0003146 31227
淮南鴻烈解二十一卷 （漢）劉安撰 （漢）高
誘注 明黃焯刻本 十二冊

440000－2561－0003147 31228
家塾邇言六卷 （清）楊汝毅輯 清同治五年
(1866)刻本 一冊

440000－2561－0003148 31230
大雲輪清雨經二卷 （隋）釋那連提耶舍譯
清嘉慶十八年(1813)山陰何氏抄本 二冊

440000－2561－0003149 31231
癸巳存稿十五卷 （清）俞正燮撰 清道光二
十八年(1848)靈石楊氏刻本 五冊

440000－2561－0003150 31232
管窺輯要八十卷 （清）黃鼎撰 清順治十年
(1653)刻本 三十二冊

440000－2561－0003151 31233
東坡題跋二卷 （宋）蘇軾撰 山谷題跋三卷
（宋）黃庭堅著 清乾隆五十年(1785)又嘗
齋刻本 五冊

440000－2561－0003152 31234
國朝書人輯略十一卷天咫偶聞十卷 （清）震
鈞輯 清光緒三十三年(1907)甘棠轉舍刻本
十六冊

440000－2561－0003153 31235
本草綱目五十二卷圖三卷 （明）李時珍撰
（清）吳毓昌重訂 清順治十二年(1655)刻本
三十五冊

440000－2561－0003154 31236
新義錄一百卷 （清）孫璧文撰 清光緒八年
(1882)漱石山房刻本 四十冊

440000－2561－0003155 31237
新鋟葛稚川內篇四卷外篇四卷 （晉）葛洪著
（明）盧舜治評校 清柏筠堂刻本 四冊

440000－2561－0003156 31238
昭代名人尺牘三十四卷 （清）吳修輯 清光
緒三十四年(1908)西泠印社影印本 二十四
冊

440000－2561－0003157　31239

抱朴子内篇二十卷外篇五十卷　（晉）葛洪撰
　　清嘉慶二十四年(1819)冶城山館刻本　四
冊

440000－2561－0003158　31241

救文格論不分卷　（清）顧炎武撰　清光緒七
年(1881)瀹雅齋刻本　一冊

440000－2561－0003159　31242

文中子中說十卷　（隋）王通撰　（宋）阮逸注
　　山海經十八卷　（晉）郭璞傳　清光緒二年
(1876)浙江書局刻本　五冊

440000－2561－0003160　31243

地理五訣八卷　（清）趙廷棟著　清乾隆五十
二年(1787)聚盛堂刻本　四冊

440000－2561－0003161　31244

擇識錄九卷　（清）方中編輯　清乾隆五十八
年(1793)桐城方中都昌刻本　四冊

440000－2561－0003162　31245

靈憲書屋算草八卷　（清）張鴻勛撰　清光緒
二十八年(1902)綿竹山房刻本　四冊

440000－2561－0003163　31246

海軍調度要言三卷　（英國）挐核甫撰　（清）
舒高第　（清）鄭昌棪譯　清鉛印本　二冊

440000－2561－0003164　31247

撼龍經批註校補六卷　（唐）楊益撰　（清）榮
錫勳校補　清光緒十八年(1892)四川善成堂
刻本　六冊

440000－2561－0003165　31248

潛室陳先生木鍾集十一卷　（宋）陳埴撰　明
弘治十四年(1501)鹿城書院鄧淮、高賓刻本
四冊

440000－2561－0003166　31249

經史管窺六卷　（清）蕭曇撰　清嘉慶讀五千
卷齋刻本　六冊

440000－2561－0003167　31250

香祖筆記十二卷　（清）王士禎撰　清康熙四
十四年(1705)刻本　四冊

440000－2561－0003168　31251

神農本草經疏三十卷　（明）繆希雍撰　明天
啓五年(1625)刻本　十五冊

440000－2561－0003169　31252

女科證治準繩五卷　（明）王肯堂撰　明萬曆
三十年(1602)刻本　九冊

440000－2561－0003170　31253

玉臺畫史五卷別錄一卷　（清）湯漱玉輯　清
道光十一年(1831)錢唐汪氏振綺堂刻本　一
冊

440000－2561－0003171　31254

國朝畫徵錄三卷續錄二卷　（清）張庚撰　清
刻本　二冊

440000－2561－0003172　31255

人道大義錄不分卷　（清）夏震武撰　清光緒
二十六年(1900)鉛印本　一冊

440000－2561－0003173　31256

呻吟語約鈔二卷　（明）呂坤著　（清）郭式昌
校訂　清光緒三十年(1904)衢州刻本　二冊

440000－2561－0003174　31257

野客叢書三十卷　（宋）王楙撰　明刻本　十
二冊

440000－2561－0003175　31258

銅熨斗齋隨筆八卷　（清）沈濤撰　清刻本
二冊

440000－2561－0003176　31259

春秋夏正二卷　（清）胡天游輯　清道光十年
(1830)刻本　一冊

440000－2561－0003177　31260

鍾山札記四卷龍城札記三卷　（清）盧文弨撰
　　清乾隆五十五年(1790)抱經堂刻本　二冊

440000－2561－0003178　31261

隨時問學再集八卷　（明）陳龍正撰　明刻本
　　一冊　存一卷(二)

440000－2561－0003179　31262

合諸名家點評諸子鴻藻十二卷　（明）姜思濬
編　明刻本　十二冊

440000 - 2561 - 0003180　31263

事物異名錄四十卷　（清）厲荃輯　清乾隆五十三年(1788)粵東刻本　八冊

440000 - 2561 - 0003181　31264

晚學集八卷　（清）桂馥著　清光緒二年(1876)刻本　二冊

440000 - 2561 - 0003182　31265

後甲集二卷　（清）章大來撰　清康熙五十六年(1717)刻本　一冊

440000 - 2561 - 0003183　31266

中藏經八卷　（三國魏）華佗撰　（清）徐舜山校　清光緒六年(1880)上虞徐氏刻本　二冊

440000 - 2561 - 0003184　31267

洄溪醫案一卷　（清）徐大椿撰　清咸豐七年(1857)海昌蔣氏刻本　一冊

440000 - 2561 - 0003185　31268

瘟疫論二卷　（明）吳有性撰　（清）黃文炳重訂　清天祿齋刻本　二冊

440000 - 2561 - 0003186　31269

區種五種五卷附錄一卷　（清）趙夢齡輯　清光緒二十四年(1898)致知書局鉛印本　一冊

440000 - 2561 - 0003187　31270

困學紀聞二十卷　（宋）王應麟撰　清嘉慶刻本　十一冊　存十九卷(二至二十)

440000 - 2561 - 0003188　31271

海南一勺合編內函十卷首二卷外函三十二卷　（清）鶴洞子纂　清光緒九年(1883)浙江止水樓刻本　十冊

440000 - 2561 - 0003189　31272

近思錄集注十四卷　（宋）朱熹　（宋）呂祖謙撰　（清）江永集注　清同治七年(1868)湖北崇文書局刻本　四冊

440000 - 2561 - 0003190　31273

輟耕錄三十卷　（明）陶宗儀撰　清光緒十一年(1885)上海福瀛書局刻本　八冊

440000 - 2561 - 0003191　31274

傷寒論後條辯十五卷　（清）程應旄著　清康

熙九年(1670)博古堂刻本　十冊

440000 - 2561 - 0003192　31275

理虛元鑑二卷　（明）汪綺石撰　（清）柯懷祖訂　清光緒二十二年(1896)蕭山陳氏刻本　一冊

440000 - 2561 - 0003193　31277

佛說四十二章經不分卷　（漢）迦葉摩騰等譯　清同治六年(1867)龔橙寫本　一冊

440000 - 2561 - 0003194　31278

張子全書十四卷附錄一卷　（宋）張載撰　（清）武澄輯　清道光二十三年(1843)鳳郡祠刻本　八冊

440000 - 2561 - 0003195　31279

新刻重校增補圓機活法詩學全書二十四卷新刊校正增補圓機詩韻活法全書十四卷　（明）李衡輯　（明）王世貞校　（明）蔣先庚重訂　清刻本　二十四冊

440000 - 2561 - 0003196　31280

東垣先生此事難知集二卷　（元）王好古撰　（明）吳勉學校　明成化二十年(1484)刻本　二冊

440000 - 2561 - 0003197　31281

農政全書六十卷　（明）徐光啟纂輯　清道光二十三年(1843)曙海樓刻本　二十冊

440000 - 2561 - 0003198　31282

農政全書六十卷　（明）徐光啟纂輯　清道光二十三年(1843)曙海樓刻本　二十四冊

440000 - 2561 - 0003199　31283

淵鑒齋御纂朱子全書六十六卷　（宋）朱熹撰　（清）李光地等編　清康熙五十三年(1714)武英殿刻本　六十四冊

440000 - 2561 - 0003200　31284

讀書雜誌八十二卷餘編二卷　（清）王念孫撰　清同治九年(1870)南京金陵書局刻本　二十四冊

440000 - 2561 - 0003201　31285

太平御覽一千卷　（清）李昉等纂　（清）鮑崇

城校訂 清嘉慶二十三年(1818)姑蘇寶仁堂刻本 一百十一冊 存九百二十卷(一至九百二十)

440000－2561－0003202 31286

穆天子傳註補正六卷 (晉)郭璞注 (清)陳逢衡補正 清道光二十三年(1843)刻本 四冊

440000－2561－0003203 31287

東塾讀書記二十五卷 (清)陳澧撰 清光緒二十四年(1898)紐蘭書館刻本 六冊 存十七卷(一至十六、二十一)

440000－2561－0003204 31288

古今醫案十卷 (清)俞震東纂輯 清光緒九年(1883)吳江李氏刻本 十冊

440000－2561－0003205 31289

十七史蒙求十六卷 (宋)王令撰 (清)程宗琠校 清康熙五十二年(1713)刻本 六冊

440000－2561－0003206 31290

備急千金要方三十卷 (唐)孫思邈撰 (清)林億等校訂 清光緒四年(1878)上海黃氏影印本 十四冊

440000－2561－0003207 31291

千金翼方三十卷 (唐)孫思邈撰 (清)林億等校訂 清光緒四年(1878)上海孫氏影印本 十冊

440000－2561－0003208 31292

玉洞遺經三部集方一部不分卷 (□)□□撰 清末抄本 四冊

440000－2561－0003209 31293

讀書分年日程三卷 (元)程端禮撰 清同治五年(1866)錢塘丁氏刻本 二冊

440000－2561－0003210 31294

呂氏春秋二十六卷 (秦)呂不韋撰 (漢)高誘注 清光緒元年(1875)浙江書局刻本 六冊

440000－2561－0003211 31295

記事珠十卷 (清)張以謙撰 (清)王燮廷校

（清)王剛重訂 清嘉慶二十一年(1816)刻本 十冊

440000－2561－0003212 31296

十駕齋養新錄二十卷餘錄三卷 (清)錢大昕撰 清光緒二年(1876)浙江書局刻本 八冊

440000－2561－0003213 31298

南華經四卷 (清)徐廷槐輯 清乾隆六年(1741)藜照樓刻本 八冊

440000－2561－0003214 31299

日知錄集釋三十二卷栞誤二卷續栞誤二卷 (清)顧炎武撰 (清)黃汝成集釋 清同治八年(1869)廣州述古堂刻本 十六冊

440000－2561－0003215 31301

太平廣記五百卷 (宋)李昉等輯 清道光二十六年(1846)三讓睦記刻本 六十四冊

440000－2561－0003216 31302

子史精華一百六十卷 (清)張廷玉等編 清雍正五年(1727)武英殿刻本 三十二冊

440000－2561－0003217 31303

庸閒齋筆記八卷 (清)陳其元撰 清同治十三年(1874)吳下刻本 四冊

440000－2561－0003218 31305

蕙㯕雜記不分卷 (清)嚴元照著 清光緒十一年(1885)新陽趙氏刻本 一冊

440000－2561－0003219 31306

寒夜籔談三卷 (清)沈赤然著 清光緒十一年(1885)新陽趙氏刻本 一冊

440000－2561－0003220 31307

通雅五十二卷首三卷 (清)方以智輯著 (清)姚文燮校 清康熙五年(1666)琴書閣刻本 十六冊

440000－2561－0003221 31308

新刻茶具圖贊不分卷 (宋)胡文煥校 清澍賢抄本 一冊

440000－2561－0003222 31310

塾言不分卷 陳澹然撰 清光緒二十八年(1902)金陵鉛印本 一冊

440000－2561－0003223　31311

諸子詹詹錄二卷　（清）袁樹輯　清光緒九年(1883)濟南臥雪堂刻本　二冊

440000－2561－0003224　31312

入楞伽心玄義不分卷　（唐）釋法藏撰　清光緒十八年(1892)金陵刻經處刻本　一冊

440000－2561－0003225　31313

楞伽阿跋多羅寶經四卷　（南朝宋）釋求那跋陀羅譯　清同治九年(1870)金陵刻經處刻本　二冊

440000－2561－0003226　31314

湖船錄不分卷　（清）厲鶚輯　清同治十年(1871)退補齋刻本　一冊

440000－2561－0003227　31315

驗方新編十八卷　（清）譚國思等校訂　清光緒十七年(1891)鉛印本　二冊

440000－2561－0003228　31316

增訂二三場群書備考四卷　（明）袁黃撰　明崇禎十五年(1642)致和堂刻本　四冊

440000－2561－0003229　31317

類書粹鈔二十二卷　（清）譚鄰鈔錄　清康熙稿本　三冊

440000－2561－0003230　31318

河圖道原不分卷　（清）朱雲龍撰　清乾隆六十年(1795)二南軒刻本　一冊

440000－2561－0003231　31319

待菴日札一卷　（清）王弘撰撰　（清）李孌龍評　清光緒二十六年(1900)刻本　一冊

440000－2561－0003232　31320

意林五卷　（唐）馬總撰　清光緒三年(1877)湖北崇文書局刻本　二冊

440000－2561－0003233　31322

渼陂存愚二卷　（清）李清植著　清光緒十八年(1892)浙江書局刻本　一冊

440000－2561－0003234　31323

率性修道論不分卷　（清）朱雲龍集著　清嘉慶二南軒刻本　一冊

440000－2561－0003235　31324

新語二卷　（漢）陸賈著　新書十卷　（漢）賈誼著　新序十卷　（漢）劉向著　新論十卷　（梁）劉勰著　明刻本　四冊

440000－2561－0003236　31325

蔣氏游藝秘錄二卷　（清）蔣和著　清乾隆五十九年(1794)刻本　二冊

440000－2561－0003237　31326

式古編五卷　（清）莊瑤輯　清道光十八年(1838)留有餘齋刻本　二冊

440000－2561－0003238　31327

嘐嘐言六卷　（清）郭柏蔭撰　清道光三十年(1850)刻本　一冊

440000－2561－0003239　31328

養正遺規二卷補編一卷　（清）陳宏謀編　清同治七年(1868)上海普育堂刻本　二冊

440000－2561－0003240　31329

洗冤錄詳義四卷摭餘三卷　（宋）宋慈撰　（清）許槤校　清光緒三年(1877)湖北藩署刻本　六冊

440000－2561－0003241　31330

原富不分卷　（英國）斯密亞丹著　（清）嚴復譯　清光緒二十七年(1901)清芬書屋刻本　十二冊

440000－2561－0003242　31331

靈徵錄不分卷　（清）劉毓奇等編輯　清光緒二十年(1894)毘陵何氏刻本　四冊

440000－2561－0003243　31332

正蒙二卷　（宋）張載著　（清）李光地注解　清康熙教忠堂刻本　四冊

440000－2561－0003244　31333

子書類纂七卷　（明）胡胤嘉輯　明天啓五年(1625)張鴻舉刻本　八冊

440000－2561－0003245　31334

山洋指迷原本四卷　（明）周景一著　清乾隆五十二年(1787)經園堂刻本　四冊

440000－2561－0003246　31335

保赤存真十卷 （清）余含棻輯 **脈理存真三卷** （元）滑壽著 清光緒二年(1876)慎德堂刻本 六冊

440000－2561－0003247 31336

五代名畫補遺不分卷 （明）劉道醇纂 清抄本 一冊

440000－2561－0003248 31338

紀效新書十八卷 （明）戚繼光撰 清嘉慶九年(1804)虞山張氏照曠閣刻本 四冊

440000－2561－0003249 31339

比例匯通四卷 （清）羅士琳演 清光緒二十二年(1896)上海書局石印本 四冊

440000－2561－0003250 31340

三命通會十二卷 （清）萬民英撰 明萬曆刻清雍正十三年(1735)善成堂補刻 十二冊

440000－2561－0003251 31341

澄懷園語二卷 （清）張廷玉撰 清光緒四年(1878)葛氏嘯園刻本 二冊

440000－2561－0003252 31342

書蕉二卷 （明）陳繼儒撰 清光緒四年(1878)葛氏嘯園刻本 二冊

440000－2561－0003253 31343

劇談錄二卷 （宋）康駢述 清光緒四年(1878)葛氏嘯園刻本 二冊

440000－2561－0003254 31344

松煙小錄六卷 （清）汪璪撰 清光緒十三年(1887)隨山館刻本 三冊

440000－2561－0003255 31345

寓意錄四卷 （清）繆曰藻撰 （清）徐渭仁校 清道光二十年(1840)上海徐氏刻本 二冊

440000－2561－0003256 31346

小學集註六卷小學總論一卷宋史列傳一卷校勘記六卷首一卷 （宋）朱熹撰 （明）陳選集注 清同治元年至二年(1862－1863)刻本 四冊

440000－2561－0003257 31347

蔣氏秘函四種 （明）蔣平階撰 清乾隆三十六年(1771)刻本 一冊

440000－2561－0003258 31348

青囊解惑四卷 （清）汪沆述 清乾隆三十二年(1767)刻本 二冊

440000－2561－0003259 31349

禪餘集三卷 （清）釋元賢著 清道光刻本 六冊

440000－2561－0003260 31350

大乘中觀釋論十卷 （宋）釋惟淨等譯 清光緒三十四年(1908)金陵刻經處刻本 二冊

440000－2561－0003261 31351

十二門論不分卷 （後秦）釋鳩摩羅什譯 清光緒二十一年(1895)金陵刻經處刻本 一冊

440000－2561－0003262 31352

十二門論宗致義記三卷 （唐）釋法藏述 清光緒二十一年(1895)金陵刻經處刻本 一冊

440000－2561－0003263 31353

十二門論宗致義記三卷 （唐）釋法藏述 清光緒二十一年(1895)金陵刻經處刻本 一冊

440000－2561－0003264 31354

性相通說不分卷 （明）釋德清述 清同治十二年(1873)金陵刻經處刻本 一冊

440000－2561－0003265 31355

肇論略註六卷 （明）釋德清述 清光緒十四年(1888)金陵刻經處刻本 二冊

440000－2561－0003266 31356

唯識開蒙問答二卷 （元）釋雲峯撰 清宣統三年(1911)揚州藏經禪院刻本 二冊

440000－2561－0003267 31357

成唯識論十卷 （唐）釋玄奘譯 清光緒二十二年(1896)金陵刻經處刻本 二冊

440000－2561－0003268 31358

相宗八要解八卷 （唐）釋玄奘譯 清光緒二十八年(1902)金陵刻經處刻本 三冊

440000－2561－0003269 31359

大乘起信論不分卷 （南朝陳）釋真諦譯 清

光緒二十四年(1898)金陵刻經處刻本　　一冊

440000－2561－0003270　31360

大乘起信論科註不分卷　　（南朝陳）釋真諦譯
（清）桂伯華科注　清光緒三十年(1904)盧
陵黃氏武昌刻高等佛學教科書本　　一冊

440000－2561－0003271　31361

宗孔編二卷　　（清）江瀚撰　清宣統元年
(1909)金陵刻經處刻本　　一冊

440000－2561－0003272　31362

悔言六卷　　（清）夏震武撰　清光緒七年
(1881)武林刻本　　一冊

440000－2561－0003273　31363

勸學篇二卷　　（清）張之洞撰　清光緒二十四
年(1898)河洞書院刻本　　二冊

440000－2561－0003274　31364

莊子解三卷　　（清）吳世尚評注　清康熙五十
四年(1715)光裕堂刻本　　六冊

440000－2561－0003275　31365

傷寒證治準繩八卷　　（明）王肯堂輯　明萬曆
三十二年(1604)敬修堂刻本　　八冊

440000－2561－0003276　31366

疫證集說四卷補遺一卷　　（清）余德壎編　清
宣統三年(1911)素盦刻本　　四冊

440000－2561－0003277　31367

錢氏小兒藥證直訣三卷附方一卷目録二卷
（宋）錢乙撰　（宋）閻孝忠輯　清光緒十八年
(1892)五桂樓刻本　　二冊

440000－2561－0003278　31368

治喉捷要不分卷　　（清）張紹修著　清光緒三
十年(1904)浙江官書局刻本　　一冊

440000－2561－0003279　31369

慎疾芻言一卷　　（清）徐大椿著　隨山宇方鈔
一卷　　（清）汪曰楨撰　清光緒十一年(1885)
會稽學署刻本　　一冊

440000－2561－0003280　31371

養蒙金鑑二卷　　（清）林之望編　清光緒元年
(1875)鄂垣藩署刻本　　一冊

440000－2561－0003281　31372

日知録集釋三十二卷　　（清）顧炎武撰　（清）
黃汝成集釋　清光緒三年(1877)高要馮氏刻
本　　十六冊

440000－2561－0003282　31373

吳越所見書畫録六卷　　（清）陸時化撰　清光
緒五年(1879)懷煙閣刻本　　六冊

440000－2561－0003283　31376

翠薇山房數學十五種不分卷　　（清）張作楠撰
清嘉慶二十五年(1820)息園刻本　　十二冊

440000－2561－0003284　31377

殘局類選二卷　　（清）錢長澤選　清乾隆三十
五年(1770)笙雅堂刻本　　四冊

440000－2561－0003285　31378

南華真經旁註五卷　　（戰國）莊周著　（明）方
虛名輯注　明刻本　　十冊

440000－2561－0003286　31379

測圓海鏡細草十二卷　　（元）李冶撰　清同治
十二年(1873)古荷池精舍刻本　　四冊

440000－2561－0003287　31380

慈溪黃氏日鈔分類九十七卷古今紀要十九卷
（宋）黃震編輯　清刻本　　二十冊

440000－2561－0003288　31381

物理學上編四卷　　（日本）飯盛挺造編纂
(日本)藤田豐八譯　（清）王季烈重編　清光
緒二十六年(1900)製造局刻本　　六冊

440000－2561－0003289　31382

酒令叢鈔四卷　　（清）俞敦培輯　清光緒四年
(1878)藝雲軒刻本　　四冊

440000－2561－0003290　31383

中西算學大成一百卷　　（清）陳維祺纂　清光
緒十五年(1889)上海同文書局石印本　　二十
冊

440000－2561－0003291　31384

百子金丹十卷　　（清）郭偉撰　清光緒二十一
年(1895)煥文書局石印本　　六冊

440000－2561－0003292　31385

弟子職集解不分卷 （清）莊述祖輯 清光緒十四年(1888)江蘇書局刻本 一冊

440000 - 2561 - 0003293 31386

明賢蒙正錄二卷 （清）彭定求纂輯 清康熙三十六年(1697)天都汪氏刻本 二冊

440000 - 2561 - 0003294 31387

寄龕雜著四種十六卷 （清）宛委山民撰 清光緒四年(1878)會稽刻本 四冊

440000 - 2561 - 0003295 31388

日知錄三十二卷 （清）顧炎武撰 清康熙三十四年(1695)刻本 十二冊

440000 - 2561 - 0003296 31389

別下齋書畫錄七卷 （清）蔣光煦編 清同治四年(1865)刻本 二冊

440000 - 2561 - 0003297 31390

退菴隨筆二十二卷 （清）梁章鉅編 清道光十九年(1839)刻本 八冊

440000 - 2561 - 0003298 31391

東西學書錄總敘二卷 （清）沈桐生撰 清光緒二十三年(1897)讀有用書齋刻本 二冊

440000 - 2561 - 0003299 31392

金石識別十二卷 （美國）代那撰 （美國）瑪高溫口譯 （清）華蘅芳筆述 清同治十一年(1872)江南機器製造總局刻本 六冊

440000 - 2561 - 0003300 31393

溫病條辨六卷 （清）吳瑭著 清咸豐九年(1859)天津孫氏刻本 四冊

440000 - 2561 - 0003301 31394

讀書紀數略五十四卷 （清）宮夢仁纂 清刻本 十四冊

440000 - 2561 - 0003302 31395

子史精華一百六十卷 （清）吳襄等纂 清雍正五年(1727)聚錦堂刻本 四十冊

440000 - 2561 - 0003303 31396

求闕齋讀書錄十卷附錄一卷 （清）曾國藩撰 清光緒二年(1876)傳忠書局刻本 五冊

440000 - 2561 - 0003304 31397

校正增廣驗方新編二十四卷 （清）鮑相璈輯 清光緒十六年(1890)上海鴻寶齋石印本 六冊

440000 - 2561 - 0003305 31398

校正增廣驗方新編二十三卷 （清）鮑相璈輯 清光緒四年(1878)上洋珍藝書局石印本 十冊

440000 - 2561 - 0003306 31400

測地繪圖十一卷附錄二卷 （英國）富路瑪撰 （英國）傅蘭雅口譯 （清）徐壽筆述 清光緒二十二年(1896)小倉山房鉛印本 二冊

440000 - 2561 - 0003307 31401

旅譚五卷 （清）汪琬撰 清光緒十一年(1885)刻本 三冊

440000 - 2561 - 0003308 31402

困學紀聞二十卷首一卷 （宋）王應麟撰 清道光十二年(1832)錦江書院刻本 一冊 存一卷(一)

440000 - 2561 - 0003309 31403

格致彙編不分卷 （英國）傅蘭雅輯 清光緒三年(1877)上海格致書院鉛印本 二十四冊

440000 - 2561 - 0003310 31404

增補事類統編九十三卷 （清）黃葆真輯 清光緒三年(1877)群玉書屋刻本 四十八冊

440000 - 2561 - 0003311 31405

時務通考三十一卷 （清）杞廬主人撰 清光緒二十三年(1897)點石齋石印本 二十冊

440000 - 2561 - 0003312 31406

管城碩記三十卷 （清）徐文靖撰 清乾隆九年(1744)志寧堂刻本 九冊

440000 - 2561 - 0003313 31407

事類賦三十卷 （宋）吳淑撰 廣事類賦四十卷 （清）華希閔撰 清康熙三十八年(1699)刻本 六冊

440000 - 2561 - 0003314 31408

史姓韻編六十四卷 （清）汪輝祖輯 清同治

九年(1870)金陵書局木活字印本　二十四冊

440000－2561－0003315　31409

紅琳琅集四種不分卷　（清）王椿齡集　清同治二年(1863)刻本　四冊

440000－2561－0003316　31410

小石山房印譜四卷附譜二卷　（清）顧湘（清）顧浩編　清道光八年(1828)海虞顧氏小石山房鈐印本　六冊

440000－2561－0003317　31411

萬國人名韻編不分卷　（清）蛻學盦主人編　清光緒二十九年(1903)崇實書局石印本　四冊

440000－2561－0003318　31412

蘇米齋蘭亭考八卷　（清）翁方綱撰　清嘉慶八年(1803)吳江趙氏刻本　四冊

440000－2561－0003319　31413

山海經存九卷首一卷　（清）汪紱釋　清光緒二十一年(1895)石印本　四冊

440000－2561－0003320　31414

鑑語經世編二十七卷　（清）魏裔介撰　清康熙十四年(1675)兼濟堂刻本　十冊　存二十三卷(一至二十三)

440000－2561－0003321　31415

陔餘叢考四十三卷　（清）趙翼撰　清乾隆五十五年(1790)湛貽堂刻本　十冊

440000－2561－0003322　31416

人壽金鑑二十二卷　（清）程得齡輯　清光緒元年(1875)湖北崇文書局刻本　六冊

440000－2561－0003323　31417

姓氏急就篇二卷　（宋）王應麟撰　清光緒浙江書局刻本　一冊

440000－2561－0003324　31418

丹泉海島錄四卷　（清）徐景福著　清光緒四年(1878)遂昌徐氏刻本　一冊　存二卷(一至二)

440000－2561－0003325　31419

宋稗類鈔八卷　（清）潘永因輯　清康熙八年

(1669)刻本　二十四冊

440000－2561－0003326　31420

嘯亭雜錄八卷續錄二卷　（清）昭槤輯　清光緒二十七年(1901)掃葉山房石印本　六冊

440000－2561－0003327　31421

嘯亭雜錄八卷續錄二卷　（清）昭槤輯　清宣統元年(1909)中國圖書公司鉛印本　四冊

440000－2561－0003328　31423

鷗陂漁話六卷　（清）葉廷琯撰　清同治八年(1869)刻本　六冊

440000－2561－0003329　31424

名疑不分卷　（明）陳士元撰　明抄本　一冊

440000－2561－0003330　31425

選集漢印分韻二卷　（清）袁日省編　（清）謝雲生摹錄　（清）謝景卿編　清嘉慶二年至八年(1797－1803)漱藝堂刻本　十冊

440000－2561－0003331　31426

涑水紀聞十六卷補遺一卷　（宋）司馬光撰　清光緒三年(1877)湖北崇文書局刻本　四冊

440000－2561－0003332　31427

闕史二卷　（唐）參寥子述　清光緒三年(1877)湖北崇文書局刻本　一冊

440000－2561－0003333　31428

三才略七種　（清）蔣德鈞輯　清刻本　一冊

440000－2561－0003334　31429

雞窗叢話不分卷　（清）蔡澄著　清光緒十二年(1886)新陽趙氏刻本　一冊

440000－2561－0003335　31430

陔餘叢考四十三卷　（清）趙翼撰　清乾隆五十五年(1790)壽考堂刻本　十二冊

440000－2561－0003336　31431

權衡度量實驗考一卷　（清）吳大澂撰　清光緒二十年(1894)長沙節署刻本　一冊

440000－2561－0003337　31433

蘇米齋蘭亭考八卷　（清）翁方綱撰　清道光二十四年(1844)吳江趙氏五羊城刻本　二冊

440000 – 2561 – 0003338　31434

山海經新校正十八卷　（晉）郭璞傳　（清）畢沅校　清乾隆四十八年(1783)經訓堂刻本　四冊

440000 – 2561 – 0003339　31435

鑑語經世編二十七卷　（清）魏裔介撰　清康熙十四年(1675)兼濟堂刻本　二冊　存四卷（二十四至二十七）

440000 – 2561 – 0003340　31436

選集漢印分韻二卷　（清）袁日省編　（清）謝雲生摹錄　清嘉慶二年(1797)粵省城漱藝堂刻本　四冊

440000 – 2561 – 0003341　31437

理學宗傳辨正十六卷　（清）劉廷詔撰　清同治十一年(1872)六安求我齋刻本　八冊

440000 – 2561 – 0003342　31438

佩文韻府一百六卷　（清）張玉書等纂　清康熙五十年(1711)嶺南潘氏海山仙館刻本　九十五冊

440000 – 2561 – 0003343　31439

古香齊新刻袖珍淵鑑類函四百五十卷目錄四卷　（清）張英等纂　清古香齊刻本　一百八十冊

440000 – 2561 – 0003344　31440

淵鑑類函四百五十卷目錄四卷　（清）張英等纂　清刻本　九十六冊

440000 – 2561 – 0003345　31441

淵鑑類函四百五十卷目錄四卷　（清）張英等纂　清清吟堂刻本　九十九冊　存二百八十卷(一至二十二、五十七至八十五、一百至一百三十二、一百六十至二百二十九、二百四十一至二百八十四、三百三十二至三百七十七、四百一十二至四百一十七、四百二十一至四百五十)

440000 – 2561 – 0003346　31442

醫方選要十卷　（明）周文采輯　明嘉靖二十四年(1545)費寀刻本　十冊

440000 – 2561 – 0003347　31443

佩文韻府一百六卷　（清）張玉書等纂　清康熙五十年(1711)刻本　二百冊

440000 – 2561 – 0003348　31444

潛確居類書一百二十卷　（明）陳仁錫纂輯　明崇禎十五年(1642)長洲陳氏刻本　八十冊

440000 – 2561 – 0003349　31445

文選集腋六卷　（清）胥斌纂輯　清道光三年(1823)京都琉璃廠刻本　四冊

440000 – 2561 – 0003350　31446

任兆麟述記三卷　（清）任兆麟撰　清光緒二十一年(1895)煥文書局石印本　二冊

440000 – 2561 – 0003351　31447

兩般秋雨盦隨筆八卷　（清）梁紹壬撰　清光緒十年(1884)著易堂鉛印本　三冊　存六卷(一至四、七至八)

440000 – 2561 – 0003352　31448

朱子古文書疑一卷　（清）閻詠輯　清眷西堂刻本　一冊

440000 – 2561 – 0003353　31449

白虎通四卷附補遺一卷　（漢）班固撰　白虎通義考一卷　（清）莊述祖著　清抱經堂刻本　二冊

440000 – 2561 – 0003354　31450

白虎通疏證十二卷　（清）陳立撰　清光緒元年(1875)淮南書局刻本　四冊

440000 – 2561 – 0003355　31451

白虎通四卷附補遺一卷　（漢）班固等撰　清乾隆四十九年(1784)抱經堂刻本　二冊

440000 – 2561 – 0003356　31452

華氏學算筆談十二卷　（清）華蘅芳撰　清光緒二十二年(1896)上海文海書局石印本　三冊

440000 – 2561 – 0003357　31453

壹是紀始二十二卷補遺一卷　（清）魏崧撰　清光緒十四年(1888)甬北寄廬刻本　八冊

440000 – 2561 – 0003358　31455

宜鑑無雙論不分卷　（清）朱雲龍撰　清嘉慶元年（1796）二南軒刻本　一冊

440000－2561－0003359　31456

經餘必讀八卷　（清）錢樹棠等輯　清嘉慶八年（1803）大中堂刻本　四冊

440000－2561－0003360　31457

管子二十四卷　（唐）房玄齡注釋　（明）劉績增注　明花齋刻本　六冊　存十二卷（十三至二十四）

440000－2561－0003361　31459

易傳三卷　（漢）京房著　**焦氏易林四卷**（漢）焦贛撰　清從馮錢吟刻本　三冊

440000－2561－0003362　31460

焦氏易林四卷　（漢）焦贛著　明末何允中刻廣漢魏叢書本　四冊

440000－2561－0003363　31461

焦氏易林四卷　（漢）焦贛著　清愛日堂刻本　四冊

440000－2561－0003364　31462

焦氏易林四卷　（漢）焦贛著　明虞山毛氏汲古閣刻本　八冊

440000－2561－0003365　31463

易林釋文二卷　（清）丁晏撰　清光緒十六年（1890）廣雅書局刻本　一冊

440000－2561－0003366　31464

大學衍義補一百六十卷首一卷　（明）丘濬撰　明刻本　三十二冊

440000－2561－0003367　31465

學一齋句股代數草四卷　徐紹楨編　清光緒二十四年（1898）刻本　二冊

440000－2561－0003368　31466

山門新語二卷　（清）周贇撰　清光緒十九年（1893）六聲草堂刻本　二冊

440000－2561－0003369　31468

廣增四書典腋二十卷　（清）松軒主人輯　清道光七年（1827）倚雲書屋刻本　二冊　存十卷（一至十）

440000－2561－0003370　31469

山門新語五卷　（清）周贇撰　清光緒三十三年（1907）刻本　四冊

440000－2561－0003371　31470

大學衍義輯要六卷　（宋）真德秀撰　（清）陳弘謀纂輯　清乾隆二年（1737）刻本　八冊

440000－2561－0003372　31471

大學衍義四十三卷　（宋）真德秀撰　**大學衍義補一百六十卷首一卷**　（明）丘濬撰　清嘉慶元年（1796）刻本　二十冊　存九十九卷（大學衍義一至四十三、大學衍義補一至五十六）

440000－2561－0003373　31473

大學衍義補刪三十卷　（明）丘濬輯　（清）張能鱗刪　清順治十三年（1656）張能鱗刻本　三十二冊

440000－2561－0003374　31474

大學衍義補一百六十卷首一卷　（明）丘濬撰　（明）陳仁錫評　明萬曆刻本　三十二冊

440000－2561－0003375　31475

餘冬錄六十一卷　（明）何孟春輯　清同治三年（1864）恭壽堂刻本　十二冊

440000－2561－0003376　31476

大學衍義四十三卷　（宋）真德秀撰　清刻本　八冊

440000－2561－0003377　31477

大學衍義輯要六卷補輯要十二卷　（宋）真德秀撰　（清）陳弘謀纂輯　清道光二十二年（1842）寶恕堂刻本　十六冊

440000－2561－0003378　31478

大學衍義四十三卷　（宋）真德秀撰　清乾隆二年（1737）武陵楊氏刻本　十冊

440000－2561－0003379　31479

草字彙不分卷　（清）石樑集　清乾隆五十三年（1788）碩儒堂刻本　十二冊

440000－2561－0003380　31480

御纂朱子全書六十六卷　（宋）朱熹撰　（清）李光地等編　清康熙五十三年（1714）江西書

局刻本　四十冊

440000－2561－0003381　31488

四六纂組十卷　(清)胡吉豫輯　清康熙刻本
　一冊　存四卷(二至五)

440000－2561－0003382　31489

經史論存四卷　(清)吳成佐撰　清道光五年
(1825)吳氏真意堂刻璜川吳氏經學叢刻本
二冊　存三卷(一至三)

440000－2561－0003383　31501

玉海二百卷詞學指南四卷附刻十二種　(宋)
王應麟撰　清光緒九年(1883)浙江書局刻本
　一百十二冊

440000－2561－0003384　31502

四六雕龍八卷　(明)王世貞選　明萬曆十七
年(1589)書林葉近山刻本　八冊

440000－2561－0003385　31503

荀子集解二十卷首一卷　王先謙撰　清光緒
十七年(1891)刻本　六冊

440000－2561－0003386　31504

荀子集解二十卷首一卷　王先謙撰　清光緒
十七年(1891)刻本　六冊

440000－2561－0003387　31514

法言疏證十三卷附校補一卷　汪榮寶撰　清
宣統元年(1909)鉛印本　四冊

440000－2561－0003388　31524

補注洗冤錄集證六卷　(宋)宋慈撰　(清)王
又槐增輯　(清)李觀瀾補輯　(清)阮其新補
注　(清)王又梧校訂　清光緒八年(1882)京
都文寶堂刻五色套印本　六冊

440000－2561－0003389　31525

齊民要術十卷　(北魏)賈思勰撰　清光緒二
十二年(1896)漸西村舍刻本　四冊

440000－2561－0003390　31527

農書二十二卷　(元)王禎撰　清末石印本
二冊

440000－2561－0003391　31528

農書二十二卷　(元)王禎撰　清刻本　四冊

440000－2561－0003392　31534

金剛經註解不分卷　(明)成祖朱棣纂　清光
緒十五年(1889)鼎湖山房刻本　四冊

440000－2561－0003393　31535

維摩詰所說經注八卷　(後秦)釋鳩摩羅什譯
　(後秦)釋僧肇注　清光緒十三年(1887)金
陵刻經處刻本　一冊

440000－2561－0003394　31537

因明入正理論直解不分卷　(明)釋智旭撰
清同治九年(1870)金陵刻經處刻本　一冊

440000－2561－0003395　31540

因明入正理論疏八卷　(唐)釋窺基撰　清光
緒二十二年(1896)金陵刻經處刻本　二冊

440000－2561－0003396　31542

六祖大師法寶壇經不分卷　(唐)釋法海編集
　明萬曆二十八年(1600)刻本　一冊

440000－2561－0003397　31544

佛國記一卷　(南朝宋)釋法顯撰　清光緒八
年(1882)四明群玉山房刻本　一冊

440000－2561－0003398　31546

五燈會元十卷首一卷　(宋)釋普濟撰　明刻
本　十冊

440000－2561－0003399　31550

老子翼八卷　(明)焦竑輯　清光緒二十一年
(1895)金陵刻經處刻本　四冊

440000－2561－0003400　31551

讀老札記二卷淮南許注鈎沉一卷　易順鼎撰
　清光緒十年(1884)刻寶瓠齋雜俎本　一冊

440000－2561－0003401　31553

莊子集解八卷　王先謙撰　清宣統元年
(1909)湖南思賢書局刻本　四冊

440000－2561－0003402　31558

賢首傳燈錄二卷　(清)釋興宗輯　清光緒八
年(1882)賢良寺刻本　四冊

440000－2561－0003403　31563

墨子十六卷　(戰國)墨翟撰　(清)畢沅校
清光緒二年(1876)浙江書局刻本　三冊

440000－2561－0003404　31564

墨子閒詁十五卷目錄一卷附錄一卷後語二卷
　(清)孫詒讓撰　清光緒二十一年(1895)刻
本　八冊

440000－2561－0003405　31568

墨子注不分卷　王闓運注　清光緒三十年
(1904)江西官書局刻本　四冊

440000－2561－0003406　31569

墨子注不分卷　王闓運注　清光緒三十年
(1904)江西官書局刻本　二冊

440000－2561－0003407　31580

翁注困學紀聞二十卷首一卷　(宋)王應麟撰
　(清)翁元圻輯　清光緒十三年(1887)上海
同文書局石印本　六冊

440000－2561－0003408　31581

攷古質疑六卷　(宋)葉大慶撰　清刻武英殿
聚珍版書本　一冊

440000－2561－0003409　31583

札迻十二卷　(清)孫詒讓撰　清上海千頃堂
書局石印本　六冊

440000－2561－0003410　31587

物理小識十二卷　(清)方以智撰　清光緒十
年(1884)寧靜堂刻本　六冊

440000－2561－0003411　31592

天祿閣外史八卷　(漢)黃憲撰　(明)鍾惺評
　明嘉靖三年(1524)姑蘇王氏刻本　二冊

440000－2561－0003412　31598

西京雜記六卷　(晉)葛洪集　(明)毛晉訂
明虞山毛氏汲古閣刻本　一冊

440000－2561－0003413　31601

宋瑣語不分卷　(清)郝懿行著　清嘉慶二十
一年(1816)曬書堂刻本　三冊

440000－2561－0003414　31606

龍文鞭影初集二卷二集二卷　(明)蕭良有撰
　(清)楊臣諍增訂　清光緒十五年(1889)藝
德堂刻本　四冊

440000－2561－0003415　31607

古事比五十二卷　(清)方中德輯著　清光緒
三十年(1904)上海點石齋石印本　六冊

440000－2561－0003416　31608

墨子箋六卷　曹耀湘箋　清光緒湖南官書報
局鉛印本　一冊

440000－2561－0003417　31610

因明入正理論直疏不分卷　(唐)釋玄奘譯
(明)釋明昱疏　清刻本　一冊

440000－2561－0003418　31619

畫傳合編不分卷　(清)沈心友輯　清嘉慶五
年(1800)金陵芥子園刻本　二冊

440000－2561－0003419　31622

圖書編一百二十七卷　(明)章潢撰　明萬曆
四十一年(1613)刻本　八十冊

440000－2561－0003420　31624

菰中隨筆不分卷　(清)顧炎武撰　清道光十
二年(1832)長白鄂山刻本　一冊

440000－2561－0003421　31627

珊瑚舌雕談初筆六卷　(清)許起撰　清光緒
十一年(1885)王氏弢園鉛印本　六冊

440000－2561－0003422　31629

莊子解三十三卷　(清)王夫之撰　清同治四
年(1865)湘鄉曾氏刻船山遺書本　五冊

440000－2561－0003423　31630

椒生隨筆八卷　(清)王之春撰　清光緒七年
(1881)上洋文藝齋刻本　四冊

440000－2561－0003424　31636

大乘掌珍論疏二卷　(□)□□撰　清末刻本
　一冊　存一卷(下)

440000－2561－0003425　31637

瑟譜六卷　(元)熊朋來撰　清道光二十七年
(1847)聚文齋刻本　一冊

440000－2561－0003426　31639

鄒子觀心約不分卷　(清)鄒森著　(清)武之
烈等輯　清順治十二年(1655)刻本　一冊

440000－2561－0003427　31641

尚友錄二十二卷 （清）廖用賢纂 （清）張伯琮補輯 清末鉛印本 六冊

440000－2561－0003428 31646

支那哲學史四卷 （日本）遠藤隆吉著 （清）金范臣譯 清光緒二十八年（1902）刻本 一冊

440000－2561－0003429 31648

瀛壖雜志六卷 （清）王韜撰 清光緒元年（1875）刻本 二冊

440000－2561－0003430 31649

西學八種 （清）王韜輯 清光緒二十三年（1897）刻本 八冊

440000－2561－0003431 31650

翁松禪手札不分卷 （清）翁同龢書 清石印本 十冊

440000－2561－0003432 31666

兩般秋雨盦隨筆八卷 （清）梁紹壬撰 清宣統元年（1909）掃葉山房石印本 四冊

440000－2561－0003433 31671

韻史二卷 （清）許遯翁著 韻史補一卷 （清）李玉岑著 清光緒十年（1884）上海同文書局石印本 一冊

440000－2561－0003434 31672

繪圖增註歷史三字經不分卷 （□）□□撰 清刻本 一冊

440000－2561－0003435 31688

王文愍公手札不分卷 （清）王懿榮書 清光緒三十三年（1907）石印本 一冊

440000－2561－0003436 31691

明齋小識十二卷 （清）諸聯輯 清上海進步書局鉛印本 一冊

440000－2561－0003437 31692

郎潛紀聞十四卷 （清）陳康祺撰 清上海進步書局石印本 一冊

440000－2561－0003438 31693

郎潛紀聞初筆七卷二筆八卷三筆六卷 （清）陳康祺撰 清宣統二年（1910）掃葉山房石印本 十冊

440000－2561－0003439 31694

角山樓增補類腋天部八卷地部二十四卷人部十五卷 （清）姚培謙撰 （清）趙克宜增輯 清光緒十二年（1886）上海同文書局石印本 六冊

440000－2561－0003440 31696

名賢手札不分卷 （清）郭慶藩輯 清光緒十一年（1885）上海同文書局石印本 四冊

440000－2561－0003441 31698

池上草堂六卷筆記續錄六卷筆記三錄六卷筆記四錄六卷 （清）梁恭辰撰 清道光二十三年（1843）羊城緯文堂刻本 八冊

440000－2561－0003442 31699

西學大成不分卷 （清）王西清撰 清光緒二十一年（1895）上海醉六堂書坊石印本 十二冊

440000－2561－0003443 31700

燕下鄉脞錄十六卷 （清）陳康祺撰 清光緒七年（1881）上海進步書局石印本 一冊

440000－2561－0003444 31702

墨餘錄四卷 （清）毛祥麟撰 清上海進步書局石印本 一冊

440000－2561－0003445 31704

鋤經書舍零墨四卷 （清）黃協塤撰 清光緒四年（1878）上海申報館鉛印本 二冊

440000－2561－0003446 31705

勸學篇二卷 （清）張之洞撰 清光緒二十四年（1898）兩湖書院刻本 二冊

440000－2561－0003447 31711

新譯海道圖說十五卷附一卷 （英國）金約翰輯 （美國）金楷里口譯 （清）王德鈞筆述 清光緒二十二年（1896）上海圖書局石印本 八冊

440000－2561－0003448 31712

浮邱子十二卷 （清）湯鵬撰 清宣統二年（1910）上海掃葉山房石印本 六冊

440000－2561－0003449　31720

淥水亭雜識四卷　（清）納蘭性德撰　清末鉛
印本　一冊

440000－2561－0003450　31721

粟香隨筆八卷二筆八卷三筆八卷四筆八卷五
筆八卷四十卷　（清）金武祥撰　清上海掃葉
山房石印本　十六冊

440000－2561－0003451　31722

翁松禪手札不分卷　（清）翁同龢書　清宣統
三年(1911)石印本　十冊

440000－2561－0003452　31726

御題棉花圖一卷　（清）方觀承撰　清拓本
一冊

440000－2561－0003453　31742

山海經十八卷　（晉）郭璞傳　清宏道堂刻本
四冊

440000－2561－0003454　31755

種樹書一卷　（元）俞宗本撰　廣蠶桑說輯補
二卷　（清）沈練撰　（清）仲昂庭輯補　蠶桑
說不分卷　（清）趙敬如撰　清光緒二十三年
(1897)桐廬袁氏漸西村舍刻本　一冊

440000－2561－0003455　31756

省身錄十卷　（清）蘇源生撰　清同治元年
(1862)蘇氏刻本　四冊

440000－2561－0003456　31757

讀書說四卷　（清）胡承諾撰　年譜一卷
（清）胡玉章撰　清道光二十五年(1845)胡氏
刻本　六冊

440000－2561－0003457　31758

新嘉坡風土記一卷　（清）李鍾珏撰　中西度
量權衡表一卷　（清）□□編　光論一卷
（清）張福僖譯　清光緒二十一年(1895)元和
江氏長沙使院刻靈鶼閣叢書本　一冊

440000－2561－0003458　31759

董華亭書畫錄一卷　（明）董其昌撰　（清）青
浮山人編輯　畫友詩一卷　（清）趙彥修撰
清光緒元和江氏湖南使院刻靈鶼閣叢書本

一冊

440000－2561－0003459　31760

蠕範八卷　（清）李元撰　清同治十三年
(1874)傳經堂刻本　四冊

440000－2561－0003460　31762

墨子經說解二卷　（清）張惠言撰　清宣統元
年(1909)國學保存會石印本　一冊

440000－2561－0003461　31763

古今圖書集成一萬卷　（清）蔣廷錫等纂修
清光緒十年(1884)上海圖書集成鉛板印書局
鉛印本　一千六百二十六冊

440000－2561－0003462　31770

古今萬姓統譜一百四十卷氏族博考十四卷帝
王姓系六卷　（明）凌迪知編　明萬曆七年
(1579)刻本　四十冊

440000－2561－0003463　31771

二如亭群芳譜二十八卷首一卷　（明）王象晉
輯　明天啓元年(1621)刻本　二十四冊

440000－2561－0003464　31774

大佛頂如來密因修證了義諸菩薩萬行首楞嚴
經十卷首一卷　（唐）釋般刺密帝　（唐）彌伽
釋迦譯　明刻本　二十冊

440000－2561－0003465　31777

制義叢話二十四卷　（清）梁章鉅撰　清咸豐
九年(1859)知足知不足齋刻本　八冊

440000－2561－0003466　31778

聖諭像解二十卷　（清）梁延年撰　清光緒二
十九年(1903)北洋官報局石印本　十冊

440000－2561－0003467　31779

紅樓夢圖詠四卷　（清）改琦繪　清道光十三
年(1833)刻本　四冊

440000－2561－0003468　31780

秦淮八艷圖詠一卷　（清）張景祁等撰　（清）
葉衍蘭繪　清光緒十八年(1892)羊城越華講
院刻本　一冊

440000－2561－0003469　31781

辛丑銷夏記五卷　（清）吳榮光撰　清刻本

五册

440000 – 2561 – 0003470　31782

辛丑銷夏記五卷　（清）吳榮光撰　清光緒三十一年（1905）長沙葉氏郎園刻本　五册

440000 – 2561 – 0003471　31783

庚子銷夏記八卷　（清）孫承澤撰　清乾隆二十六年（1761）鮑廷博知不足齋刻本　四册

440000 – 2561 – 0003472　31784

竹窗隨筆一卷二筆一卷三筆一卷　（明）釋袾宏撰　清光緒二十四年（1898）金陵刻經處刻本　三册

440000 – 2561 – 0003473　31785

虛齋名畫錄十六卷　（清）龐元濟撰　清宣統元年（1909）烏程龐氏刻本　十六册

440000 – 2561 – 0003474　31786

益智圖二卷　（清）童葉庚撰　清光緒四年（1878）睫巢刻本　二册

440000 – 2561 – 0003475　31788

姓觿十卷　（明）陳士元撰　刊誤一卷　（清）易本烺撰　清光緒十七年（1891）三餘草堂刻本　三册

440000 – 2561 – 0003476　31834

佩文韻府一百六卷　（清）張玉書等編　韻府拾遺一百六卷　（清）張廷玉等編　清光緒十八年（1892）上海同文書局石印本　六十册

440000 – 2561 – 0003477　31837

開闢傳疑二卷　（清）林春溥編　清道光十五年（1835）竹柏山房刻本　一册

440000 – 2561 – 0003478　31839

莊子辯正六卷　（清）胡方著　清嘉慶十九年（1814）鴻桷堂刻本　五册

440000 – 2561 – 0003479　31840

曾子家語六卷　（清）王定安輯　清光緒十六年（1890）金陵刻本　一册

440000 – 2561 – 0003480　31841

朱子語類日鈔五卷　（清）陳澧編　清咸豐十一年（1861）陳氏刻鍾山別業叢書本　一册

440000 – 2561 – 0003481　31842

益智圖譯本不分卷　（清）墨腴盦撰　清光緒四年（1878）刻本　一册

440000 – 2561 – 0003482　31843

輪船布陣十二卷　（英國）裴路撰　（英國）傅蘭雅口譯　（清）徐建寅筆述　清光緒江南機器製造總局刻本　二册

440000 – 2561 – 0003483　31844

寶硯堂硯辨一卷　（清）何傳瑤撰　清道光十七年（1837）高鴻刻本　一册

440000 – 2561 – 0003484　31850

癸巳類稿十五卷　（清）俞正燮撰　清道光十三年（1833）求日益齋刻本　十二册

440000 – 2561 – 0003485　31863

三農紀十卷　（清）張宗法撰　清乾隆十五年（1750）善成堂刻本　十册

440000 – 2561 – 0003486　31864

溯流史學鈔二十卷　（清）張沐著　清康熙三十三年（1694）張氏敦臨堂刻本　十册　缺一卷（二十）

440000 – 2561 – 0003487　31867

許文正公遺書十二卷首一卷末一卷　（元）許衡撰　清乾隆五十五年（1790）許氏刻本　八册

440000 – 2561 – 0003488　31868

甕牖閒評八卷　（宋）袁文撰　清刻本　四册

440000 – 2561 – 0003489　31869

荀子二十卷　（戰國）荀況撰　（唐）楊倞注　明崇禎刻本　四册

440000 – 2561 – 0003490　31870

大學衍義補一百六十卷首一卷　（明）丘濬撰　明崇禎五年（1632）陳仁錫刻本　三十二册

440000 – 2561 – 0003491　31871

河洛理數七卷　（宋）陳摶撰　明崇禎古吳聚德堂刻本　八册

440000 – 2561 – 0003492　31874

理學宗傳二十六卷　（清）孫奇逢輯　（清）魏

159

一黿等編　清光緒六年(1880)浙江書局刻本
十二冊

440000－2561－0003493　31875

參兩通極六卷首一卷　(明)范守己撰　清光
緒十五年(1889)刻本　四冊

440000－2561－0003494　31877

答問三卷　(清)孫奇逢撰　清初刻本　一冊

440000－2561－0003495　31878

冉蟫庵先生語錄類編五卷　(清)冉永光撰
清光緒七年(1881)大梁書院刻本　三冊

440000－2561－0003496　31879

齊民要術十卷　(北魏)賈思勰撰　清光緒二
十二年(1896)中江榷署刻本　四冊

440000－2561－0003497　31880

孝友堂家規不分卷　(清)孫奇逢撰　清刻本
一冊

440000－2561－0003498　31881

燕下鄉脞錄十六卷　(清)陳康祺撰　清光緒
十一年(1885)刻本　六冊

440000－2561－0003499　40001

離騷箋二卷　(清)龔景瀚撰　清光緒元年
(1875)湖北崇文書局刻本　一冊

440000－2561－0003500　40002

楚辭十七卷　(戰國)屈原撰　(漢)劉向集
(漢)王逸章句　清同治十一年(1872)金陵書
局刻本　四冊

440000－2561－0003501　40003

漢魏六朝百三名家集　(明)張溥輯　清光緒
十八年(1892)湖南善化刻本　一百冊

440000－2561－0003502　40004

六朝四家全集　(清)胡鳳丹輯　清同治九年
(1870)永康胡氏退補齋刻本　六冊

440000－2561－0003503　40005

徐孝穆全集六卷　(南朝陳)徐陵撰　(清)吳
兆宜箋注　清光緒四年(1878)西齋別墅刻本
三冊

440000－2561－0003504　40006

杜工部集二十卷　(唐)杜甫撰　(清)錢謙益
箋注　清康熙六年(1667)刻本　二十二冊

440000－2561－0003505　40007

杜詩詳註二十五卷首一卷附編二卷　(唐)杜
甫撰　(清)仇兆鰲輯註　清康熙三十二年
(1693)刻本　二十八冊

440000－2561－0003506　40008

杜詩詳註二十五卷首一卷附編二卷　(唐)杜
甫撰　(清)仇兆鰲輯註　清康熙三十二年
(1693)刻本　二十八冊

440000－2561－0003507　40009

杜詩鏡銓二十卷附諸家論杜一卷　(唐)杜甫
撰　(清)楊倫編輯　讀書堂杜工部文集注解
二卷　(清)張溍評注　清同治十一年(1872)
望三益齋刻本　十二冊

440000－2561－0003508　40011

讀杜心解六卷首二卷　(唐)杜甫撰　(清)浦
起龍講解　清雍正二年(1724)寧我齋刻本
二十四冊

440000－2561－0003509　40013

昌黎先生詩增注証訛十一卷附舊唐書本傳一
卷　(唐)韓愈撰　(清)顧嗣立刪補　(清)
黃鉞增注証訛　昌黎先生年譜一卷　(清)黃
鉞編　清道光二十八年(1848)二酉堂刻本
四冊

440000－2561－0003510　40014

唐陸宣公集二十四卷　(唐)陸贄撰　(清)者
英重訂　清道光二十七年(1847)刻本　八冊

440000－2561－0003511　40015

唐陸宣公翰苑集二十二卷　(唐)陸贄撰　清
咸豐十一年(1861)崇仁謝氏刻本　六冊

440000－2561－0003512　40018

宋本唐人小集五十種　(清)江標校輯　清光
緒二十一年(1895)靈鶼閣影刻本　十六冊

440000－2561－0003513　40020

伊川文集八卷附錄二卷後序一卷　(宋)程頤

撰　清刻本　二冊

440000－2561－0003514　40021

**歐陽文忠公全集一百五十三卷首一卷附錄五
卷**　(宋)歐陽修撰　清光緒十九年(1893)澹
雅書局刻本　三十二冊

440000－2561－0003515　40022

三蘇全集四種　(清)弓翊清等編　清道光十
二年(1832)刻本　八十冊

440000－2561－0003516　40023

宋范文正忠宣二公全集　(宋)范仲淹　(宋)
范純仁撰　清宣統二年(1910)歲寒堂刻本
十六冊

440000－2561－0003517　40024

御纂朱子全書六十六卷　(宋)朱熹撰　(清)
熊賜履等纂　清同治八年(1869)四川刻本
三十二冊

440000－2561－0003518　40030

陸象山先生全集三十六卷　(宋)陸九淵撰
(清)李紱點次　**少湖徐先生學則辯一卷**
(明)徐階著　清光緒七年(1881)刻本　十二
冊

440000－2561－0003519　40031

武夷新集二十卷　(宋)楊億撰　清梁章鉅刻
本　六冊　缺五卷(九至十、十三至十四、二
十)

440000－2561－0003520　40032

呂東萊先生遺集二十卷首一卷　(宋)呂祖謙
撰　(清)王崇炳輯　清雍正元年(1723)刻本
六冊

440000－2561－0003521　40037

南軒文集八卷附錄一卷　(宋)張栻撰　清乾
隆三年(1738)四益堂刻本　六冊

440000－2561－0003522　40039

西山先生真文忠公文集二十五卷目錄二卷
(宋)真德秀撰　(明)楊鶚重脩　明崇禎十一
年(1638)刻本　九冊

440000－2561－0003523　40040

羅豫章先生文集十卷　(宋)羅從彥撰　(清)
張伯行訂　清同治五年(1866)福州正誼書院
刻本　二冊

440000－2561－0003524　40041

尹和靖先生集一卷　(宋)尹焞撰　(清)張伯
行重訂　清同治五年(1866)福州正誼書院刻
本　一冊

440000－2561－0003525　40042

傅忠肅公文集三卷　(宋)傅察撰　(宋)傅伯
壽編　清光緒九年(1883)刻本　三冊

440000－2561－0003526　40043

燭湖集二十卷　(宋)孫應時撰　**燭湖集附編
二卷**　(宋)孫雪齋等撰　清嘉慶八年(1803)
餘姚孫氏刻本　八冊

440000－2561－0003527　40044

楊龜山先生集六卷　(宋)楊時撰　(清)張伯
行重訂　清同治五年(1866)福州正誼書院刻
本　二冊

440000－2561－0003528　40045

楊龜山先生集四十二卷首一卷　(宋)楊時撰
清康熙四十六年(1707)福建刻本　十冊

440000－2561－0003529　40046

**宋王忠文公文集五十卷目錄四卷附宋史本傳
墓誌銘年譜一卷**　(宋)王十朋撰　(清)唐傳
鉎重編　清光緒二年(1876)梅溪書院刻本
十六冊

440000－2561－0003530　40047

元遺山詩集八卷　(金)元好問撰　清乾隆四
十三年(1778)刻本　四冊

440000－2561－0003531　40048

太師誠意伯劉文成公集二十卷　(明)劉基撰
清光緒二十六年(1900)浙江書局刻本　十
冊

440000－2561－0003532　40050

丘文莊公集十卷　(明)丘濬撰　(清)焦映漢
選　清康熙四十七年(1708)刻本　五冊

440000－2561－0003533　40051

文清公薛先生文集二十四卷讀書錄十一卷續錄十二卷　(明)薛瑄撰　(明)張鼎校正編輯　清雍正十二年(1734)刻本　二十冊

440000 – 2561 – 0003534　40052

太史升菴遺集二十六卷　(明)楊慎撰　(明)楊金吾　(明)楊宗吾輯　升菴外集七十四卷　(明)楊慎撰　(明)焦竑編　清道光二十四年(1844)古桂山房影刻本　九冊　存三十五卷(太史升菴遺集一至三、十三至十八,升菴外集二十七至三十一、四十八至四十九、六十四至六十六、七十六至八十六、九十六至一百)

440000 – 2561 – 0003535　40053

王文成公全書三十八卷　(明)王守仁撰　清刻本　二十四冊

440000 – 2561 – 0003536　40054

念菴羅先生文集二十四卷附刊一卷　(明)羅洪先撰　清雍正元年(1723)刻本　十二冊

440000 – 2561 – 0003537　40055

張陽和先生不二齋文選七卷　(明)張元忭撰　(明)鄒元標選　明萬曆張汝霖張汝懋刻本　五冊　存六卷(二至七)

440000 – 2561 – 0003538　40056

龍谿王先生全集二十二卷　(明)王畿撰　(明)丁賓編　清光緒八年(1882)刻本　十二冊

440000 – 2561 – 0003539　40057

黃石齋先生文集十三卷　(明)黃道周撰　(清)鄭玫編次　(明)洪思考正　清康熙五十三年(1714)刻本　六冊

440000 – 2561 – 0003540　40058

白沙子全集六卷首一卷　(明)陳獻章撰　(清)何九疇重編　清康熙四十九年(1710)刻本　六冊

440000 – 2561 – 0003541　40062

青邱高季迪先生詩集十八卷　(明)高啟撰　(清)金檀輯注　清雍正六年(1728)刻本　八冊

440000 – 2561 – 0003542　40063

寶綸堂集十卷　(清)陳洪綬撰　(清)陳字購輯　寶綸堂集拾遺一卷　(清)陳洪綬著　(清)董金鑑輯　清光緒十四年(1888)會稽董氏鉛印本　八冊

440000 – 2561 – 0003543　40064

重刊船山遺書二百八十八卷附王船山叢書校勘記二卷　(清)王夫之撰　清同治四年(1865)湘鄉曾氏刻光緒十三年(1887)船山書院補刻本　一百四十六冊　缺十卷(張子正蒙注一至九、愚鼓辭一)

440000 – 2561 – 0003544　40065

二曲全集二十六卷　(清)李顒撰　清小嬛嬛山館刻本　七冊　存二十三卷(四至二十六)

440000 – 2561 – 0003545　40066

霜紅龕集十二卷附錄一卷　(清)傅山撰　(清)張耀先輯　清乾隆十二年(1747)刻本　四冊

440000 – 2561 – 0003546　40067

湯潛庵先生集二卷　(清)湯斌撰　(清)張伯行訂　清同治五年(1866)福州正誼書院刻本　一冊

440000 – 2561 – 0003547　40068

湯潛庵先生文集節要八卷　(清)湯斌撰　(清)彭定求輯　清康熙三十六年(1697)南畇草堂刻本　二冊

440000 – 2561 – 0003548　40069

夏峯先生集十四卷補遺二卷　(清)孫奇逢撰　清道光二十五年(1845)大梁書院刻本　九冊　缺四卷(十一至十四)

440000 – 2561 – 0003549　40070

梅村詩集箋注十八卷　(清)吳偉業撰　(清)吳翌鳳注　清光緒十年(1884)湖北官書處刻本　十二冊

440000 – 2561 – 0003550　40071

曝書亭集詩註二十二卷　(清)朱彝尊撰　(清)楊謙纂　曝書亭集詞註七卷　(清)朱彝尊撰　(清)李富孫纂　朱竹垞先生年譜一卷

（清）楊謙纂　清嘉慶十九年(1814)刻本
十二冊

440000－2561－0003551　40072

湖海樓文集六卷儷體文集十二卷詩集十二卷補遺一卷詞集二十卷　（清）陳維崧撰　（清）陳枌本等編校　清光緒十九年(1893)刻本
十六冊

440000－2561－0003552　40073

西堂全集六十一卷　（清）尤侗撰　清善成堂刻本　二十冊

440000－2561－0003553　40074

安雅堂詩不分卷　（清）宋琬撰　清順治十七年(1660)刻本　二冊

440000－2561－0003554　40075

戴簡恪公遺集八卷　（清）戴敦元撰　清道光二十六年(1846)浙江刻本　四冊

440000－2561－0003555　40077

陋軒詩六卷　（清）吳嘉紀撰　清康熙十八年(1679)刻本　六冊

440000－2561－0003556　40078

白雲先生許文懿公傳集四卷　（元）許謙撰（清）戴錡編次　清雍正十年(1732)刻本　二冊

440000－2561－0003557　40080

實齋文集八卷　（清）章學誠撰　清末禹域新聞社鉛印禹域叢書本　三冊

440000－2561－0003558　40082

癸巳類稿十五卷　（清）俞正燮撰　清光緒五年(1879)刻本　十二冊

440000－2561－0003559　40083

石笥山房文集六卷詩集四卷　（清）胡天游撰　清嘉慶三年(1798)刻本　四冊

440000－2561－0003560　40084

曾文正公全集　（清）曾國藩撰　清光緒二十八年(1902)耕餘書屋石印本　二十四冊

440000－2561－0003561　40085

朱九江先生集十卷首一卷　（清）朱次琦撰

清光緒二十三年(1897)讀書草堂刻本　四冊

440000－2561－0003562　40086

盛世危言五卷　鄭觀應撰　清光緒二十年(1894)刻本　五冊

440000－2561－0003563　40091

遜學齋文鈔十二卷首一卷末一卷　（清）孫衣言撰　清同治十二年(1873)刻本　十冊

440000－2561－0003564　40092

安般簃詩續鈔十卷　（清）袁昶撰　清光緒十六年(1890)刻本　三冊

440000－2561－0003565　40098

留真集古近體詩二集四卷　楊紱章撰　清光緒三十年(1904)刻本　二冊

440000－2561－0003566　40099

白圭堂詩鈔六卷　（清）江之紀撰　清光緒十九年(1893)刻本　四冊

440000－2561－0003567　40100

知白齋詩鈔五卷　（清）江人鏡撰　清光緒二十三年(1897)刻本　二冊

440000－2561－0003568　40101

向湖邨舍詩初集十二卷　趙藩撰　清光緒十四年(1888)長沙刻本　三冊

440000－2561－0003569　40102

向湖邨舍詩初集十二卷　趙藩撰　清光緒十四年(1888)長沙刻本　三冊

440000－2561－0003570　40103

向湖邨舍詩初集十二卷　趙藩撰　清光緒十四年(1888)長沙刻本　三冊

440000－2561－0003571　40104

居易軒詩遺鈔一卷　（清）趙炳龍撰　（清）趙聯元編輯　清光緒十四年(1888)長沙刻本
三冊

440000－2561－0003572　40106

潛西偶存一卷附潛西精舍詩稿一卷　（清）釋含澈撰　清光緒刻本　二冊

440000－2561－0003573　40107

綠天蘭若詩鈔不分卷　（清）釋含澈撰　清咸豐三年(1853)刻本　四冊

440000－2561－0003574　40108
八指頭陀詩集十卷　（清）釋敬安撰　清光緒二十四年(1898)刻本　二冊

440000－2561－0003575　40112
文選古字通疏證六卷　（清）薛傳均撰　清道光二十一年(1841)刻本　一冊

440000－2561－0003576　40114
古文苑二十一卷　（宋）章樵注　清光緒十二年(1886)江蘇書局刻本　四冊

440000－2561－0003577　40115
續古文苑二十卷　（清）孫星衍撰　清光緒九年(1883)江蘇書局刻本　六冊

440000－2561－0003578　40116
續古文苑二十卷　（清）孫星衍撰　清光緒十一年(1885)朱氏槐廬刻本　八冊

440000－2561－0003579　40117
唐文粹一百卷　（宋）姚鉉纂　清光緒九年(1883)江蘇書局刻本　十六冊

440000－2561－0003580　40119
唐文粹補遺二十六卷　（清）郭麐輯　清光緒十一年(1885)江蘇書局刻本　四冊

440000－2561－0003581　40120
宋文鑑一百五十卷　（宋）呂祖謙輯　清光緒十二年(1886)江蘇書局刻本　二十四冊

440000－2561－0003582　40121
南宋文範七十卷外編四卷　（清）莊仲方編　清光緒十四年(1888)江蘇書局刻本　十冊　缺二十六卷(一至十一、三十一至四十五)

440000－2561－0003583　40122
南宋文錄錄二十四卷　（清）董兆熊輯　清光緒十七年(1891)蘇州書局刻本　六冊

440000－2561－0003584　40123
金文雅十六卷　（清）莊仲方輯　清光緒十七年(1891)江蘇書局刻本　四冊

440000－2561－0003585　40124
元文類七十卷　（元）蘇天爵編　清光緒十五年(1889)江蘇書局刻本　十冊

440000－2561－0003586　40125
明文在一百卷　（清）薛熙編　（清）何潔輯　清光緒十五年(1889)江蘇書局刻本　十冊

440000－2561－0003587　40126
古文淵鑒六十四卷　（清）聖祖玄燁選　（清）徐乾學等編注　清康熙二十四年(1685)內府刻五色套印本　四十冊

440000－2561－0003588　40128
八代文粹二百二十卷目錄十八卷　（清）簡燊　（清）陳崇哲編　清光緒十一年(1885)四川富順簡氏刻本　六十冊

440000－2561－0003589　40129
古文辭類纂七十四卷　（清）姚鼐纂　清光緒十九年(1893)刻本　十六冊

440000－2561－0003590　40130
續古文辭類纂三十四卷　王先謙纂　清光緒八年(1882)席氏掃葉山房刻本　八冊

440000－2561－0003591　40132
唐賢三昧集三卷　（清）王士禎選　（清）胡棠輯注　（清）黃培芳評　清光緒九年(1883)翰墨園刻朱墨套印本　三冊

440000－2561－0003592　40133
御選唐宋詩醇四十七卷　（清）高宗弘曆選　清光緒三年(1877)刻本　二十四冊

440000－2561－0003593　40134
宋詩鈔初集一卷二集一卷三集一卷四集一卷　（清）吳之振輯　（清）吳孟舉　（清）吳自牧選　清康熙十年(1671)吳氏鑑古堂刻本　三十二冊

440000－2561－0003594　40135
宋十五家詩選十六卷　（清）陳訏編　清康熙三十二年(1693)刻本　十冊

440000－2561－0003595　40136
明詩綜一百卷　（清）朱彝尊錄　（清）汪森輯

評　清康熙四十四年(1705)刻本　三十二冊

440000－2561－0003596　40137

方外詩選八卷　(清)釋含澈編　清光緒三年(1877)綠天蘭若刻本　六冊

440000－2561－0003597　40139

海虞文徵三十卷　(清)邵松年編　清光緒三十一年(1905)鴻文書局石印本　十六冊

440000－2561－0003598　40141

詞綜三十六卷　(清)朱彝尊輯　清康熙十七年(1678)刻本　十二冊

440000－2561－0003599　40142

國朝詞綜四十八卷二集八卷　(清)王昶纂　清嘉慶八年(1803)刻本　十二冊

440000－2561－0003600　40143

詞律二十卷首一卷　(清)萬樹撰　清光緒二年(1876)刻本　十六冊

440000－2561－0003601　40146

浙西六家詞　(清)龔祥麟編　清刻本　三冊

440000－2561－0003602　40147

雙橋小築詞存六卷集餘一卷　(清)江人鏡撰　清光緒二十三年(1897)刻本　二冊

440000－2561－0003603　40148

文章緣起一卷　(南朝梁)任昉撰　(明)陳懋仁注　(清)方熊補注　清光緒邵武徐氏刻邵武徐氏叢書本　一冊

440000－2561－0003604　40151

詩比興箋四卷　(清)陳沆撰　清光緒九年(1883)彭祖賢刻本　四冊

440000－2561－0003605　40152

帶經堂詩話三十卷首一卷　(清)王士禎撰　清同治十二年(1873)刻本　十二冊

440000－2561－0003606　40153

新刻詩人玉屑二十二卷　(宋)魏慶之輯　(明)胡文煥校　明刻本　八冊

440000－2561－0003607　40155

屈辭精義六卷　(清)陳本禮箋訂　清嘉慶十

七年(1812)刻本　四冊

440000－2561－0003608　40162

昌黎先生集四十卷外集十卷遺文一卷朱子校昌黎先生集傳一卷　(唐)韓愈撰　明萬曆東吳徐氏東雅堂刻本　二十四冊

440000－2561－0003609　40163

重刊校正笠澤叢書四卷補遺一卷續補遺一卷　(唐)陸龜蒙撰　清雍正九年(1731)水雲漁屋刻本　五冊

440000－2561－0003610　40166

朱子著述考不分卷　(□)□□撰　清末抄本　一冊

440000－2561－0003611　40168

龍川文集三十卷附錄二卷　(宋)陳亮撰　**龍川文集辨譌考異二卷**　(清)胡鳳丹纂輯　清光緒元年(1875)湖北崇文書局刻本　十冊

440000－2561－0003612　40170

白玉蟾集六卷　(宋)葛長庚撰　明刻本　四冊

440000－2561－0003613　40172

白沙子全集六卷首一卷　(明)陳獻章撰　(清)何九疇重編　清康熙四十九年(1710)刻本　八冊

440000－2561－0003614　40173

白沙子全集十卷首一卷末一卷附錄一卷　(明)陳獻章撰　清乾隆三十六年(1771)刻本　十六冊

440000－2561－0003615　40174

姚文敏公遺槀十卷附錄一卷　(明)姚夔撰　(明)張元禎校　(清)袁昶輯　**校勘記一卷**　(清)袁昶撰　清光緒二十四年(1898)漸西村舍刻本　四冊

440000－2561－0003616　40175

鯤溟先生詩集四卷奏疏一卷　(明)郭諫臣著　清康熙五十二年(1713)刻本　四冊

440000－2561－0003617　40176

湛甘泉先生文集三十二卷　(明)湛若水撰　清同治五年(1866)刻本　十冊

440000 – 2561 – 0003618　40177

鬱洲遺稿十卷　（明）梁儲撰　（明）梁次挹（明）梁孜編輯　明嘉靖四十五年(1566)回天閣刻本　四冊

440000 – 2561 – 0003619　40178

高子遺書十二卷附錄一卷　（明）高攀龍撰（清）陳龍正編　清光緒二年(1876)刻本　八冊

440000 – 2561 – 0003620　40179

天傭子文集一卷續集一卷　（明）艾南英撰明刻本　五冊

440000 – 2561 – 0003621　40180

重刻天傭子全集十卷首一卷末一卷　（明）艾南英撰　（清）艾爲珖　（清）艾曰芬輯　（清）蔡元鳳等評點　（清）艾舟重校　清道光十六年(1836)刻本　十冊

440000 – 2561 – 0003622　40181

范文忠公初集十二卷　（明）范景文撰　（清）楊萃　（清）王孫錫輯　清道光五年(1825)刻本　六冊

440000 – 2561 – 0003623　40182

楊忠愍公集五卷首一卷末一卷　（明）楊繼盛撰　清同治十年(1871)景萊書室刻本　二冊

440000 – 2561 – 0003624　40183

史忠正公集三卷附錄一卷　（明）史可法撰清抄本　四冊

440000 – 2561 – 0003625　40184

瞿忠宣公集十卷　（明）瞿式耜撰　清光緒十三年(1887)刻本　四冊

440000 – 2561 – 0003626　40185

嶠雅二卷　（明）鄺露撰　清海雪堂刻本　二冊

440000 – 2561 – 0003627　40186

鄺海雪集箋十二卷　（明）鄺露撰　（清）鄺廷瑤箋　清咸豐元年(1851)綺錯樓刻本　四冊

440000 – 2561 – 0003628　40187

徧行堂集十六卷　（清）釋今釋撰　（清）釋古止　（清）釋傳涌編　清宣統三年(1911)上海

國學扶輪社鉛印本　八冊

440000 – 2561 – 0003629　40188

大觀堂文集二十二卷首一卷　（清）余縉撰清康熙四十四年(1705)刻本　十六冊

440000 – 2561 – 0003630　40189

夏節愍全集十卷首一卷末一卷補遺一卷（明）夏完淳撰　（清）莊師洛輯　（清）陳均　（清）何其偉編　清嘉慶十二年(1807)刻本　二冊

440000 – 2561 – 0003631　40192

道援堂詩集十三卷　（清）屈大均撰　清刻本六冊

440000 – 2561 – 0003632　40194

翁山詩外十九卷　（清）屈大均撰　清宣統二年(1910)國學扶輪社鉛印本　十二冊

440000 – 2561 – 0003633　40198

謝梅莊先生遺集八卷附西北域記一卷　（清）謝濟世撰　清光緒三十四年(1908)鉛印本一冊

440000 – 2561 – 0003634　40199

紀文達公文集十六卷詩集十六卷　（清）紀昀撰　（清）紀樹馨編校　清道光三十年(1850)刻本　十六冊

440000 – 2561 – 0003635　40200

恥躬堂文集二十卷　（清）王命岳著　（清）李光地輯定　清康熙二十三年(1684)刻本　十二冊

440000 – 2561 – 0003636　40201

嶺南集八卷　（清）杭世駿撰　校記一卷（清）蔡伯慈記　清光緒七年(1881)學海堂刻本　二冊

440000 – 2561 – 0003637　40202

校訂定盫全集十卷　（清）龔自珍撰　定盫年譜藁本一卷　（清）黃守恒撰　清宣統元年(1909)上海時中書局鉛印本　八冊

440000 – 2561 – 0003638　40203

龔定盫全集　（清）龔自珍撰　清光緒二十三

年(1897)萬本書堂刻本 六冊

440000－2561－0003639 40204

鴻桷堂詩集五卷附梅花四體詩一卷文鈔一卷
附錄一卷 （清）胡方撰 清同治三年(1864)
刻本 四冊

440000－2561－0003640 40205

花甲閒談十六卷首一卷 （清）張維屏撰 清
道光二十年(1840)粵東省城西湖街超華齋刻
本 四冊

440000－2561－0003641 40206

愛日齋集二卷 （清）惠端親王綿愉撰 清同
治十年(1871)寶文齋刻本 一冊

440000－2561－0003642 40207

尋樂軒詩鈔二卷摘悔草一卷 （清）朱紱撰
清道光二十七年(1847)刻本 一冊

440000－2561－0003643 40208

尋樂軒詩鈔二卷摘悔草一卷 （清）朱紱撰
清道光二十七年(1847)刻本 一冊

440000－2561－0003644 40209

養一齋試帖一卷 （清）潘德輿撰 清道光十
三年(1833)刻本 一冊

440000－2561－0003645 40210

息柯牋事六卷 （清）楊翰撰 清同治十二年
(1873)刻本 二冊

440000－2561－0003646 40211

息柯雜著四卷 （清）楊翰撰 清同治十二年
(1873)刻本 一冊

440000－2561－0003647 40212

胡文忠公遺集八十六卷首一卷 （清）胡林翼
撰 （清）鄭敦謹 （清）曾國荃纂輯 （清）
胡鳳丹重編 清光緒元年(1875)湖北崇文書
局刻本 三十二冊

440000－2561－0003648 40215

彭剛直公詩集四卷 （清）彭玉麟撰 清光緒
十七年(1891)德清俞氏刻本 一冊

440000－2561－0003649 40216

曾惠敏公奏疏六卷文集五卷詩集四卷日記二

卷 （清）曾紀澤撰 清光緒十九年(1893)江
南製造總局鉛印本 八冊

440000－2561－0003650 40217

庸盦文編四卷續編二卷外編四卷海外文編四
卷 （清）薛福成撰 清光緒二十三年(1897)
上海醉六堂石印本 八冊

440000－2561－0003651 40218

校邠廬抗議三卷 （清）馮桂芬著 清光緒二
十四年(1898)石印本 二冊

440000－2561－0003652 40219

校邠廬抗議二卷 （清）馮桂芬撰 清光緒十
年(1884)刻本 二冊

440000－2561－0003653 40220

項城袁氏家集 丁振鐸輯 清宣統三年
(1911)清芬閣鉛印本 五十六冊

440000－2561－0003654 40221

項城袁氏家集 丁振鐸輯 清宣統三年
(1911)清芬閣鉛印本 五十六冊

440000－2561－0003655 40222

不慊齋漫存六卷不自慊齋漫存一卷 （清）徐
賡陛著 清光緒八年(1882)刻本 六冊

440000－2561－0003656 40223

儀顧堂集十六卷 （清）陸心源撰 清同治十
三年(1874)福州刻本 四冊

440000－2561－0003657 40225

朱九江先生集十卷首四卷 （清）朱次琦撰
清光緒二十三年(1897)讀書草堂刻本 五冊

440000－2561－0003658 40226

朱九江先生講學記一卷 （清）朱次琦講 簡
朝亮纂 清光緒二十三年(1897)讀書草堂刻
本 一冊

440000－2561－0003659 40227

朱九江先生論史口說一卷 （清）朱次琦撰
（清）邱煒萲輯 五百石洞天揮塵一卷 （清）
邱煒萲輯著 清廣州時敏學堂刻本 一冊

440000－2561－0003660 40228

東塾剩稿不分卷 （清）陳澧撰 清末抄本

一冊

440000 – 2561 – 0003661　40229

東塾集六卷　（清）陳澧撰　清光緒十八年
（1892）菊坡精舍刻本　三冊

440000 – 2561 – 0003662　40230

潛心堂集八卷　（清）桂文燦撰　清稿本　四
冊

440000 – 2561 – 0003663　40231

朱氏傳芳集八卷　（清）朱次琦輯　清咸豐十
一年（1861）朱氏刻本　五冊

440000 – 2561 – 0003664　40235

時務叢鈔三種（洋務叢書第一集）七卷　何啟
　胡禮垣輯　清光緒二十一年（1895）上海賜
書堂石印本　八冊

440000 – 2561 – 0003665　40236

盛世危言初編六卷二編四卷三編三卷　鄭觀
應輯著　清光緒二十四年（1898）圖書集成局
鉛印本　一冊　缺三卷（初編一至三）

440000 – 2561 – 0003666　40237

盛世危言增訂新編八卷　鄭觀應著　清光緒
二十六年（1900）待鶴齋鉛印本　八冊

440000 – 2561 – 0003667　40238

新政真詮六編不分卷　何啟　胡禮垣撰　清
光緒二十七年（1901）鉛印本　六冊

440000 – 2561 – 0003668　40239

康祖詒公車上書記一卷　康有爲著　清末抄
本　一冊

440000 – 2561 – 0003669　40240

公車上書記一卷　康有爲著　清光緒二十一
年（1895）刻本　一冊

440000 – 2561 – 0003670　40245

南海先生詩集四卷　康有爲撰　清光緒三十
四年（1908）梁啟超寫印本　一冊

440000 – 2561 – 0003671　40247

人境廬詩草十一卷　（清）黃遵憲撰　清宣統
三年（1911）嘉應黃氏鉛印本　四冊

440000 – 2561 – 0003672　40252

章太炎文鈔四卷譚復生文鈔二卷　章炳麟
（清）譚嗣同撰　清宣統二年（1910）國學扶輪
社鉛印本　五冊

440000 – 2561 – 0003673　40256

變法平議不分卷　張謇撰　清光緒二十七年
（1901）安雅書局鉛印本　一冊

440000 – 2561 – 0003674　40259

中國魂二卷　梁啟超撰　清光緒二十九年
（1903）上海廣智書局鉛印本　二冊

440000 – 2561 – 0003675　40260

中西學門徑書七種　梁啟超編　清光緒二十
四年（1898）石印本　二冊

440000 – 2561 – 0003676　40281

文選十二卷　（南朝梁）蕭統選　（明）張鳳翼
纂注　明萬曆八年（1580）刻朱墨套印本　奇
晉齋陸子章朱筆批校　二十四冊

440000 – 2561 – 0003677　40282

古文苑九卷　（宋）孫洙輯　清嘉慶十四年
（1809）孫氏平津館刻本　六冊

440000 – 2561 – 0003678　40283

續古文苑二十卷　（清）孫星衍撰　清嘉慶十
七年（1812）冶城山館刻本　十冊

440000 – 2561 – 0003679　40284

唐文粹一百卷　（宋）姚鉉纂　清光緒九年
（1883）江蘇書局刻本　十六冊

440000 – 2561 – 0003680　40289

涵芬樓古今文鈔一百卷　吳曾祺纂　清宣統
二年（1910）上海商務印書館鉛印本　一百冊

440000 – 2561 – 0003681　40290

切問齋文鈔二十四卷首一卷　（清）陸燿輯
清道光五年（1825）刻本　八冊

440000 – 2561 – 0003682　40291

皇朝經世文編一百卷　（清）賀長齡輯　清光
緒二十四年（1898）上海宏文閣鉛印本　二十
四冊

440000 – 2561 – 0003683　40292

皇朝經世文編一百卷　（清）賀長齡輯　清光緒二十四年(1898)上海宏文閣鉛印本　二十四冊

440000 – 2561 – 0003684　40293

皇朝經世文編一百二十卷　（清）賀長齡輯　清道光七年(1827)刻本　一百冊

440000 – 2561 – 0003685　40294

皇朝經世文續編一百二十卷　（清）葛士濬輯　清光緒十七年(1891)上海廣百宋齋鉛印本　二十四冊

440000 – 2561 – 0003686　40295

皇朝經世文新增續編一百二十卷　（清）葛士濬輯　清光緒二十三年(1897)掃葉山房鉛印本　三十冊

440000 – 2561 – 0003687　40296

皇朝經世文新編三十二卷　麥仲華輯　清光緒二十七年(1901)上海書局石印本　十六冊

440000 – 2561 – 0003688　40297

皇朝經濟文新編六十一卷　（清）宜今室主人輯　清光緒二十七年(1901)石印本　二十四冊

440000 – 2561 – 0003689　40300

宋詩鈔初集一卷　（清）吳之振輯　（清）吳孟舉等選　清康熙十年(1671)吳氏鑑古堂刻本　二十二冊

440000 – 2561 – 0003690　40301

中州集十卷中州樂府一卷　（金）元好問輯　明末虞山毛氏汲古閣刻本　十二冊

440000 – 2561 – 0003691　40303

學海堂集十六卷　（清）阮元輯　學海堂二集二十二卷　（清）吳蘭修輯　學海堂三集二十四卷　（清）張維屏輯　學海堂四集二十八卷　（清）金錫齡輯　清道光五年至光緒十二年(1825 – 1886)刻本　四十冊

440000 – 2561 – 0003692　40304

學海堂集十六卷　（清）阮元輯　學海堂二集二十二卷　（清）吳蘭修輯　學海堂三集二十

四卷　（清）張維屏輯　學海堂四集二十八卷　（清）金錫齡輯　清道光五年至光緒十二年(1825 – 1886)刻本　四十冊

440000 – 2561 – 0003693　40305

嶺南群雅初集三卷補二卷二集三卷　（清）劉彬華輯　清嘉慶十八年(1813)刻本　八冊

440000 – 2561 – 0003694　40306

嶺南三大家詩選二十四卷　（清）王隼選　清刻本　五冊

440000 – 2561 – 0003695　40310

瀛奎律髓刊誤四十九卷　（元）方回輯　（清）紀昀批點　清嘉慶五年(1800)李光垣刻本　十冊

440000 – 2561 – 0003696　40312

全上古三代秦漢三國六朝文七百四十六卷　（清）嚴可均輯　清光緒十三年(1887)廣雅書局刻本　八十冊

440000 – 2561 – 0003697　40315

李義山詩集三卷　（唐）李商隱撰　（清）朱鶴齡箋注　（清）沈厚墡輯評　清同治九年(1870)廣州倅署刻三色套印本　四冊

440000 – 2561 – 0003698　40316

陶淵明集八卷首一卷末一卷　（晉）陶潛撰　清光緒五年(1879)廣州刻朱墨套印本　二冊

440000 – 2561 – 0003699　40323

納書楹曲譜正集四卷續集四卷外集二卷　（清）葉堂撰　（清）王文治參訂　清乾隆五十七年(1792)刻本　二十二冊

440000 – 2561 – 0003700　40326

五百四峯堂詩鈔二十五卷　（清）黎簡撰　清嘉慶元年(1796)刻本　八冊

440000 – 2561 – 0003701　40328

新刊宋學士全集三十三卷　（明）宋濂撰　明嘉靖三十年(1551)韓叔陽刻本　十八冊

440000 – 2561 – 0003702　40329

徐文長逸稿二十四卷　（明）徐渭撰　（明）張汝霖　（明）王思任評選　（明）張岱較輯　明

天啓三年(1623)刻本　十冊

440000 - 2561 - 0003703　40330

玉茗堂集三十卷　(明)湯顯祖撰　明崇禎九年(1636)刻本　八冊

440000 - 2561 - 0003704　40331

詩所五十六卷附歷代名氏爵里一卷　(明)臧懋循撰　明萬曆三十一年(1603)雕蟲館刻本　十八冊

440000 - 2561 - 0003705　40332

李卓吾先生讀升菴集二十卷　(明)楊慎撰　(明)李贄評　明萬曆刻本　十六冊

440000 - 2561 - 0003706　40333

甔甀洞藁五十四卷目錄二卷　(明)吳國倫撰　明萬曆十二年(1584)刻本　二十冊

440000 - 2561 - 0003707　40334

新刻譚友夏合集二十三卷　(明)譚元春撰　(明)徐汧　(明)張澤等評　明崇禎六年(1633)刻本　八冊

440000 - 2561 - 0003708　40335

宋蔡忠惠文集三十六卷別紀十卷　(宋)蔡襄撰　(明)徐𤊹編纂　明萬曆四十四年(1616)蔡善繼雙甕齋刻本　十二冊

440000 - 2561 - 0003709　40336

陽明先生文錄五卷外集九卷別錄十卷　(明)王守仁撰　明嘉靖十四年(1535)聞人詮刻本　葉德輝題跋　十冊　缺十卷(別錄一至十)

440000 - 2561 - 0003710　40337

翠娛閣評選鍾伯敬先生合集十一卷　(明)鍾惺撰　(明)陸雲龍評定　明崇禎九年(1636)刻本　四冊

440000 - 2561 - 0003711　40338

玉茗堂尺牘六卷　(明)湯顯祖撰　明萬曆刻本　三冊

440000 - 2561 - 0003712　40339

駱丞集註四卷　(唐)駱賓王撰　(明)顏文選補注　明刻本　四冊

440000 - 2561 - 0003713　40344

全唐詩九百卷　(清)曹寅等輯　清康熙四十五年(1706)曹寅刻本　一百二十冊

440000 - 2561 - 0003714　40346

六家文選六十卷　(南朝梁)蕭統撰　(唐)李善等注　明嘉靖十三年至二十八年(1534 - 1549)袁褧嘉趣堂刻本　三十冊

440000 - 2561 - 0003715　40348

欽定全唐文一千卷總目三卷　(清)董誥等纂　清嘉慶二十三年(1818)刻本　二百五十四冊

440000 - 2561 - 0003716　40349

御定歷代賦彙一百四十卷外集二十卷　(清)陳元龍等纂　清康熙四十五年(1706)刻本　五十冊

440000 - 2561 - 0003717　40351

弇州山人四部稿一百七十四卷目錄十二卷　(明)王世貞撰　明萬曆五年(1577)世經堂刻本　九十六冊

440000 - 2561 - 0003718　40355

湖海樓全集五十卷　(清)陳維崧撰　(清)陳枃本等編校　清乾隆六十年(1795)刻本　二十四冊

440000 - 2561 - 0003719　40358

東坡集四十卷後集二十卷內制集十卷外制集三卷應詔集十卷奏議十五卷續集十二卷　(宋)蘇軾撰　宋史本傳一卷東坡先生年譜一卷　(宋)王宗稷編　東坡先生墓誌銘一卷　(宋)蘇轍撰　清光緒三十四年至宣統元年(1908 - 1909)寶華盦刻本　四十八冊

440000 - 2561 - 0003720　40359

心史七卷附錄一卷　(宋)鄭思肖撰　明崇禎十二年(1639)刻本　六冊

440000 - 2561 - 0003721　40360

獨學廬初稿十一卷二稿九卷　(清)石韞玉撰　清嘉慶十年(1805)刻本　四冊

440000 - 2561 - 0003722　40362

海天琴思錄八卷　(清)林昌彝輯　清同治三年(1864)刻本　四冊

440000－2561－0003723　40364

江陵張文忠公全集四十七卷　（明）張居正撰
　清江陵鄧氏二房刻本　十六冊

440000－2561－0003724　40366

瀏陽二傑文不分卷　（清）譚嗣同　（清）唐才
常撰　清末鉛印本　二冊

440000－2561－0003725　40368

嶺南三大家詩選二十四卷　（清）王隼選　清
同治七年(1868)南海陳氏刻本　六冊

440000－2561－0003726　40369

夢樓詩集二十四卷　（清）王文治撰　清乾隆
六十年(1795)刻本　六冊

440000－2561－0003727　40371

穆堂初稿五十卷別稿五十卷　（清）李紱撰
清道光十一年(1831)刻本　二十冊

440000－2561－0003728　40372

春融堂集六十八卷　（清）王昶撰　清光緒十
八年(1892)刻本　二十六冊

440000－2561－0003729　40377

六柳堂遺集二卷續一卷　（明）袁繼咸撰　清
感峰樓抄本　一冊

440000－2561－0003730　40378

籀經堂集十四卷補遺二卷　（清）陳慶鏞撰
（清）何秋濤編訂　（清）龔顯曾校　清同治十
三年(1874)晉江龔氏刻本　四冊

440000－2561－0003731　40381

金文最一百二十卷　（清）張金吾輯　清光緒
七年(1881)粵雅堂刻本　二十四冊

440000－2561－0003732　40383

張蒼水全集十二卷附錄四卷　（明）張煌言撰
　清宣統元年(1909)國學保存會鉛印本　三
冊

440000－2561－0003733　40384

菊坡精舍集二十卷　（清）陳澧編　清光緒二
十三年(1897)刻本　六冊

440000－2561－0003734　40388

頻羅庵遺集十六卷　（清）梁同書撰　清光緒

十三年(1887)刻本　六冊

440000－2561－0003735　40389

研六室文鈔十卷　（清）胡培翬撰　清道光十
七年(1837)刻本　二冊

440000－2561－0003736　40390

虛受堂文集十六卷　王先謙撰　清光緒二十
六年(1900)刻本　六冊

440000－2561－0003737　40391

介亭全集　（清）江潢源撰　清嘉慶十三年
(1808)刻本　八冊

440000－2561－0003738　40392

劉練江先生集八卷　（明）劉永澄撰　（明）劉
永沁輯錄　（清）劉穎重編　清道光十一年
(1831)刻本　四冊

440000－2561－0003739　40393

蓮香集五卷　（明）彭孟陽輯　清乾隆三十年
(1765)梁釬刻本　二冊

440000－2561－0003740　40394

南宋雜事詩七卷目錄一卷　（清）沈嘉轍等撰
　清芹香齋刻本　二冊

440000－2561－0003741　40395

湯子遺書十卷附錄一卷　（清）湯斌撰　清康
熙四十二年(1703)愛日堂刻本　四冊

440000－2561－0003742　40396

學詁齋文集二卷　（清）薛壽撰　清光緒六年
(1880)冶城山館刻本　一冊

440000－2561－0003743　40397

左文襄公全集　（清）左宗棠撰　清光緒十六
年(1890)刻本　一百二十八冊

440000－2561－0003744　40398

庸庵全集十種　（清）薛福成撰　清光緒刻本
　二十二冊

440000－2561－0003745　40400

詩人玉屑二十卷目錄一卷　（宋）魏慶之輯
清初謹厚堂刻本　五冊　缺四卷(一至四)

440000－2561－0003746　40403

海藏樓詩十卷　鄭孝胥撰　清光緒二十八年(1902)刻本　二冊

440000－2561－0003747　40404
于野集十卷　（清）王原選　清康熙六十年(1721)遂安堂刻本　二冊

440000－2561－0003748　40405
睡庵初刻四卷二刻六卷　（明）湯賓尹撰　明李曙寰先月樓刻本　六冊

440000－2561－0003749　40406
杜律選註六卷　（唐）杜甫撰　（明）范濂注　明萬曆三十九年(1611)刻本　四冊

440000－2561－0003750　40407
全唐詩話六卷　（宋）尤袤撰　明伊蔚堂刻本　六冊

440000－2561－0003751　40408
東萊集註類編觀瀾文集七十卷附攷三卷　（宋）林之奇編　清光緒十年(1884)碧琳琅館影刻本　十二冊

440000－2561－0003752　40409
百可亭摘稿九卷首一卷　（明）龐尚鵬撰　清初刻本　十冊

440000－2561－0003753　40412
存素堂文集四卷續集二卷　（清）法式善著　清嘉慶十二年(1807)刻本　六冊

440000－2561－0003754　40413
甌香館集十二卷首一卷末一卷　（清）惲格著　（清）蔣光煦輯　清光緒七年(1881)刻本　四冊

440000－2561－0003755　40415
唐文拾遺七十二卷續拾十六卷　（清）陸心源輯　清光緒十四年(1888)刻本　二十五冊

440000－2561－0003756　40416
全上古三代秦漢三國晉南北朝文編目一百三卷　（清）蔣壑編　清光緒五年(1879)刻本　十六冊

440000－2561－0003757　40418
徂徠石先生全集二十卷附錄一卷　（宋）石介著　清康熙五十五年(1716)刻本　四冊

440000－2561－0003758　40419
忠雅堂詩集二十七卷詞集二卷詩集補遺二卷　（清）蔣士銓撰　清嘉慶二十二年(1817)刻本　八冊

440000－2561－0003759　40420
得一山房詩集二卷　（清）唐懋功撰　清光緒十九年(1893)刻本　一冊

440000－2561－0003760　40421
無聞集四卷　（清）崔述著　清道光五年(1825)陳履和刻本　二冊

440000－2561－0003761　40423
松陵集十卷目錄一卷　（唐）皮日休　（唐）陸龜蒙著　明末清初虞山毛氏汲古閣刻本　六冊

440000－2561－0003762　40424
粵東詩海一百卷補遺六卷　（清）溫汝能輯　清同治五年(1866)刻本　四十冊

440000－2561－0003763　40425
養晦堂文集十卷詩集二卷　（清）劉蓉撰　清光緒三年(1877)思賢講舍刻本　六冊

440000－2561－0003764　40426
坡門酬唱二十三卷　（宋）邵浩編　清宣統二年至三年(1910－1911)貴池劉氏刻本　八冊

440000－2561－0003765　40428
嶺南集八卷　（清）杭世駿撰　清光緒七年(1881)學海堂刻本　二冊

440000－2561－0003766　40429
柈湖文集十二卷　（清）吳敏樹撰　清光緒十九年(1893)思賢講舍刻本　四冊

440000－2561－0003767　40430
宋詩紀事一百卷　（清）厲鶚　（清）馬曰琯輯　清乾隆十一年(1746)樊榭山房刻本　三十二冊

440000－2561－0003768　40431
播雅二十四卷　（清）鄭珍輯　清宣統三年(1911)貴陽文通書局鉛印本　八冊

440000 – 2561 – 0003769　40434

青邱高季迪先生詩集十八卷凫藻集五卷首一卷補遺一卷詩餘一卷附錄一卷　（明）高啟撰（清）金檀輯注　清雍正六年（1728）文瑞樓刻本　八冊

440000 – 2561 – 0003770　40437

六如居士全集七卷　（明）唐寅撰　（清）唐仲冕輯　清嘉慶六年（1801）刻本　六冊

440000 – 2561 – 0003771　40438

新刻宋文丞相信國公文山先生全集二十卷目錄一卷　（宋）文天祥撰　明崇禎三年（1630）刻本　十八冊

440000 – 2561 – 0003772　40439

胡文忠公遺集八十六卷首一卷　（清）胡林翼撰　（清）鄭敦謹　（清）曾國荃編輯　清同治六年（1867）刻本　三十二冊

440000 – 2561 – 0003773　40440

鋤月山房文鈔二卷　（清）何仁山撰　清光緒十六年（1890）刻本　二冊

440000 – 2561 – 0003774　40441

敬孚類藁十六卷　（清）蕭穆撰　清光緒三十二年（1906）刻本　四冊

440000 – 2561 – 0003775　40442

橫雲山人集二十六卷　（清）王鴻緒撰　清康熙十年（1671）刻本　十二冊

440000 – 2561 – 0003776　40443

江忠烈公遺集不分卷附錄一卷　（清）江忠源撰　（清）席威　（清）朱記榮重輯校刊　清光緒十二年（1886）吳縣槐廬刻本　六冊

440000 – 2561 – 0003777　40444

鶴歸來傳奇二卷　（清）瞿頡填詞　（清）周昂評點　清末湖北官書處刻本　二冊

440000 – 2561 – 0003778　40447

明儒王心齋先生遺集五卷首一卷　（明）王艮撰　（清）袁承業編　明儒王一庵先生遺集二卷首一卷　（明）王棟撰　明儒王東厓先生遺集二卷首一卷　（明）王襞撰　明儒王東㟁東

隅東日天真先生殘稿一卷　袁承業輯　明儒王心齋先生弟子師承表一卷　袁承業編　清宣統二年（1910）鉛印本　六冊

440000 – 2561 – 0003779　40448

俞俞齋文稿初集四卷　（清）史念祖撰　清光緒三十二年（1906）刻本　四冊

440000 – 2561 – 0003780　40458

粵游吟稿一卷　（清）金玉墀著　清刻本　一冊

440000 – 2561 – 0003781　40459

四水子遺著一卷　（清）錢友泗著　邠農偶吟稿一卷　（清）錢炳森撰　清同治十一年（1872）刻本　一冊

440000 – 2561 – 0003782　40461

南昀文橐十二卷　（清）彭定求撰　清光緒六年（1880）刻本　四冊

440000 – 2561 – 0003783　40462

黔詩紀略三十三卷　（清）唐樹義審例　（清）黎兆勳採詩　（清）莫友芝傳證　清同治十二年（1873）刻本　四冊

440000 – 2561 – 0003784　40467

陶菴集二十二卷首一卷末一卷　（明）黃淳耀撰　清光緒五年（1879）刻本　六冊

440000 – 2561 – 0003785　40470

黃漳浦集六十一卷　（明）黃道周撰　漳浦黃先生年譜二卷　（清）莊起儔編　清末鉛印本　十六冊

440000 – 2561 – 0003786　40474

潮州耆舊集三十七卷　（清）馮奉初輯　清光緒三十四年（1908）刻本　十六冊

440000 – 2561 – 0003787　40475

滑疑集八卷　（清）韓錫胙撰　清同治十三年（1874）刻本　一冊

440000 – 2561 – 0003788　40477

磨甋齋文存不分卷　（清）張杓撰　清光緒十年（1884）刻本　一冊

440000 – 2561 – 0003789　40479

重編瓊臺會稿詩文集二十四卷首一卷　（明）
丘濬撰　清光緒五年(1879)刻本　十四冊

440000 – 2561 – 0003790　40480
解春集文鈔十二卷　（清）馮景撰　清乾隆盧
文弨刻本　四冊

440000 – 2561 – 0003791　40483
海雲禪藻集四卷　（清）徐作霖　（清）黃蠚編
清道光十年(1830)刻本　四冊

440000 – 2561 – 0003792　40484
文選旁證四十六卷　（清）梁章鉅撰　清光緒
八年(1882)刻本　十二冊

440000 – 2561 – 0003793　40490
國朝嶺海詩鈔二十四卷　（清）凌揚藻評輯
清道光六年(1826)刻本　八冊

440000 – 2561 – 0003794　40491
嶺表詩傳六卷　（清）梁九圖　（清）吳炳南輯
清道光二十年(1840)刻本　二冊

440000 – 2561 – 0003795　40499
當湖文繫初編二十八卷　（清）朱壬林輯　清
光緒十五年(1889)刻本　九冊

440000 – 2561 – 0003796　40500
古謠諺一百卷　（清）杜文瀾輯　清咸豐十一
年(1861)刻本　十冊

440000 – 2561 – 0003797　40501
資江耆舊集六十卷附資江盛事一卷　（清）鄧
顯鶴輯　（清）歐陽紹洛訂　清道光十九年
(1839)刻本　十六冊

440000 – 2561 – 0003798　40502
林國賡手稿八卷　（清）林國賡撰　清稿本
十二冊

440000 – 2561 – 0003799　40505
詒安堂初稿八卷二集八卷詩餘一卷試帖詩鈔
一卷　（清）王慶勳撰　清咸豐五年(1855)刻
本　八冊

440000 – 2561 – 0003800　40506
赤城集十八卷　（宋）林表民輯　清嘉慶二十
三年(1818)刻本　四冊

440000 – 2561 – 0003801　40508
桃谿雪二卷　（清）黃燮清撰　（清）吳廷康采
輯　（清）李光溥評文　清咸豐四年(1854)刻
本　一冊

440000 – 2561 – 0003802　40510
味蔬詩話四卷　（清）余雲煥撰　清光緒三十
四年(1908)刻本　一冊

440000 – 2561 – 0003803　40511
停雲閣詩話四卷　（清）李家瑞纂　清咸豐五
年(1855)刻本　一冊

440000 – 2561 – 0003804　40512
兩浙輶軒錄四十卷補遺十卷　（清）阮元輯
清光緒十六年(1890)浙江書局刻本　十八冊

440000 – 2561 – 0003805　40513
兩浙輶軒續錄五十四卷補遺六卷　（清）潘衍
桐輯　清光緒十七年(1891)浙江書局刻本
三十二冊

440000 – 2561 – 0003806　40514
存研樓文集十六卷　（清）儲大文撰　清光緒
元年(1875)刻本　六冊

440000 – 2561 – 0003807　40517
湛園未定藁六卷　（清）姜宸英撰　清宣統二
年(1910)石印本　二冊

440000 – 2561 – 0003808　40518
國朝文匯二百卷　沈粹芬等輯　清宣統元年
(1909)上海國學扶輪社石印本　一百冊　存
一百八十卷(甲一至六十,乙一至七十,丙一
至三十,丁一至二十)

440000 – 2561 – 0003809　40519
甘莊恪公全集十六卷　（清）甘汝來撰　（清）
甘禾輯　清乾隆五十六年(1791)刻本　四冊

440000 – 2561 – 0003810　40520
春融堂集六十八卷褋記八種　（清）王昶撰
清嘉慶十二年至十三年(1807 – 1808)刻本
十四冊

440000 – 2561 – 0003811　40521
全唐文姓韻編一卷首一卷末一卷　　（□）□□

撰　清抄本　一冊

440000－2561－0003812　40523

粵臺韻頌一卷　（清）耆英等撰　清道光二十
八年(1848)刻本　二冊

440000－2561－0003813　40524

何大復先生集三十八卷附錄一卷　（明）何景
明撰　明刻本　十二冊

440000－2561－0003814　40525

山帶閣集三十三卷附錄一卷　（明）朱日藩撰
凌谿先生集十八卷　（明）朱應登撰　清道
光十五年(1835)刻本　十二冊

440000－2561－0003815　40526

劉文清公遺集十七卷應制詩集三卷　（清）劉
墉撰　清道光六年(1826)刻本　四冊

440000－2561－0003816　40527

敬孚類藁十六卷　（清）蕭穆撰　清光緒三十
二年至三十三年(1906－1907)刻本　四冊

440000－2561－0003817　40530

𦙶齋文集八卷詩集四卷　（清）張穆撰　（清）
吳履敬　（清）吳式訓編次　清咸豐八年
(1858)刻本　六冊

440000－2561－0003818　40552

潮州耆舊集三十七卷　（清）馮奉初輯　清光
緒三十四年(1908)刻本　十六冊

440000－2561－0003819　40553

草窗韻語六卷　（宋）周密撰　清末影印本
一冊

440000－2561－0003820　40556

忠義集七卷續集三卷　（元）趙景良編　清抄
本　四冊

440000－2561－0003821　40559

稟啟彙存二卷　（清）馮焌光著　清光緒九年
(1883)刻本　二冊

440000－2561－0003822　40560

謝梅莊先生遺集八卷附西北域記一卷　（清）
謝濟世撰　清光緒三十四年(1908)鉛印本
二冊

440000－2561－0003823　40561

韓節愍公遺稿十二卷首一卷末一卷　（明）韓
上桂撰　（清）韓遠鵠輯　清嘉慶二十一年
(1816)刻本　四冊

440000－2561－0003824　40562

賴古堂尺牘新鈔二選藏弆集十六卷三選結鄰
集十六卷　（清）周在梁等輯　清道光十九年
(1839)刻本　十冊

440000－2561－0003825　40563

李文恭公詩集八卷文集十六卷　（清）李星沅
撰　清同治四年(1865)李氏家刻本　十冊

440000－2561－0003826　40568

眉公先生晚香堂小品二十四卷　（明）陳繼儒
撰　明藺綠居刻本　六冊

440000－2561－0003827　40570

衍石齋記事藳十卷續藳十卷旅逸小藳二卷刻
楮集四卷續良吏述一卷　（清）錢儀吉撰　清
光緒六年(1880)刻本　十三冊

440000－2561－0003828　40571

堅白齋集詩存三卷駢文存一卷雜稿存四卷
（清）龍汝霖撰　清光緒七年(1881)刻本　四
冊

440000－2561－0003829　40572

盧忠肅公集十二卷首一卷　（明）盧象昇撰
清光緒元年(1875)刻本　八冊

440000－2561－0003830　40573

唐樂府十八卷　（明）吳勉學輯　明萬曆吳勉
學刻本　黃遵憲　曾習經題　八冊

440000－2561－0003831　40574

全上古三代秦漢三國晉南北朝文編目一百三
卷　（清）蔣瑴編　清光緒五年(1879)刻本
十冊　存六十八卷(三十六至一百三)

440000－2561－0003832　40577

李延平先生文集四卷　（宋）李侗撰　（宋）朱
熹編　（清）張伯行重訂　清同治五年(1866)
福州正誼書院刻本　一冊

440000－2561－0003833　40578

張南軒先生文集七卷附錄一卷　（宋）張栻撰
（清）張伯行重訂　清同治五年(1866)福州
正誼書院刻本　二冊

440000－2561－0003834　40579

留真集古近體詩六卷　楊綏章撰　清光緒二
十年(1894)刻本　二冊

440000－2561－0003835　40581

歐陽文忠公全集一百五十三卷首一卷附錄五
卷　（宋）歐陽修撰　（清）歐陽衡校　清光緒
十九年(1893)澹雅書局刻本　三十冊

440000－2561－0003836　40582

攜雪堂全集　（清）吳可讀撰　清光緒十九年
(1893)刻本　五冊

440000－2561－0003837　40583

李太白詩分類補注二十五卷目錄一卷　（宋）
楊齊賢集注　明許自昌刻本　十冊

440000－2561－0003838　40584

蔡中郎集八卷　（漢）蔡邕撰　明萬曆汪士賢
刻本　四冊

440000－2561－0003839　40585

毛翰林集七卷　（清）毛奇齡撰　清康熙刻本
四冊

440000－2561－0003840　40586

漁洋山人精華錄十卷　（清）王士禎撰　（清）
林佶編　清康熙三十九年(1700)林佶刻本
二冊

440000－2561－0003841　40587

宋大家蘇文定公文鈔二十卷　（宋）蘇轍撰
(明)茅坤批評　明茅一桂刻本　八冊

440000－2561－0003842　40588

晚聞居士遺集九卷首一卷　（清）王宗炎撰
清道光十年至十一年(1830－1831)刻本　十
冊

440000－2561－0003843　40589

震川先生全集三十卷別集十卷　（明）歸有光
撰　（清）歸莊校勘　（清）歸玠編輯　清光緒
六年(1880)常熟歸氏刻本　十六冊

440000－2561－0003844　40590

黃山詩留十六卷　（清）法若真撰　清康熙三
十八年(1699)又敬堂刻本　八冊

440000－2561－0003845　40591

剡源集三十卷　（元）戴表元撰　重刻剡源集
札記一卷　（清）郁松年撰　清道光二十年
(1840)上海郁松年宜稼堂刻本　八冊

440000－2561－0003846　40592

漢魏名文乘不分卷　（明）張運泰　（明）余元
熹選輯　明崇禎十五年(1642)刻本　三十二
冊

440000－2561－0003847　40593

晚邨先生八家古文精選八卷　（清）呂留良輯
清康熙四十三年(1704)刻本　六冊

440000－2561－0003848　40594

曾文正公詩集四卷　（清）曾國藩撰　（清）李
瀚章編輯　（清）王定安增輯　清同治十三年
(1874)傳忠書局刻本　二冊

440000－2561－0003849　40595

蓮洋集二十卷　（清）吳雯撰　清乾隆三十九
年(1774)刻本　八冊

440000－2561－0003850　40596

經義齋集十八卷　（清）熊賜履撰　清康熙二
十九年(1690)刻本　十冊

440000－2561－0003851　40597

太師誠意伯劉文成公集二十卷　（明）劉基撰
清乾隆十一年(1746)刻本　十二冊

440000－2561－0003852　40598

蓮潔詩翰釋文一卷附蓮潔詩存一卷續集一卷
南征日記一卷　（清）謝綸撰　清咸豐六年
(1856)刻朱墨套印本　六冊

440000－2561－0003853　40599

望溪先生文偶鈔不分卷　（清）方苞撰　清乾
隆十一年(1746)程鉴刻本　十二冊

440000－2561－0003854　40601

中州集十卷　（金）元好問輯　明末虞山毛氏
汲古閣刻本　十二冊

440000 – 2561 – 0003855　40602

小三吾亭文甲集一卷詩四卷詞二卷詞附一卷
　冒廣生撰　清光緒二十七年(1901)刻如皋
冒氏叢書本　三冊

440000 – 2561 – 0003856　40603

藤香館詩刪存四卷詞刪存二卷　(清)薛時雨
撰　清光緒五年(1879)刻本　五冊

440000 – 2561 – 0003857　40604

涵村詩集十卷　(清)秦文超撰　清光緒六年
(1880)刻本　五冊

440000 – 2561 – 0003858　40605

花宜館詩鈔十六卷無腔村笛二卷　(清)吳振
棫撰　清同治四年(1865)刻本　六冊

440000 – 2561 – 0003859　40606

佳句驚人集不分卷　(□)□□輯　清抄本
二冊

440000 – 2561 – 0003860　40607

漢詩音註十卷　(清)李因篤撰　清光緒六年
(1880)今雨樓刻本　四冊

440000 – 2561 – 0003861　40608

養自然齋詩鈔三卷　(清)鍾駿聲撰　清同治
九年(1870)刻本　四冊

440000 – 2561 – 0003862　40609

遂園詩鈔六卷　(清)趙昀撰　清光緒元年
(1875)刻本　四冊

440000 – 2561 – 0003863　40610

施註蘇詩四十二卷　(宋)蘇軾撰　(宋)施元
之注　(清)顧嗣立等刪補　**蘇詩續補遺二卷**
　(宋)施元之注　(清)馮景補注　清康熙三
十八年(1699)宋犖刻本　十冊

440000 – 2561 – 0003864　40611

施註蘇詩四十二卷　(宋)蘇軾撰　(宋)施元
之注　(清)顧嗣立等刪補　**蘇詩續補遺二卷**
　(宋)施元之注　(清)馮景補注　清康熙三
十八年(1699)宋犖刻本　十冊

440000 – 2561 – 0003865　40612

蘇詩補注八卷　(宋)蘇軾撰　(清)翁方綱補
注　清乾隆四十七年(1782)大興翁氏刻本
二冊

440000 – 2561 – 0003866　40613

蘇東坡先生詩集注三十二卷　(宋)蘇軾撰
(宋)王十朋纂輯　明鯨碧山房刻本　十二冊

440000 – 2561 – 0003867　40614

徐孝穆全集六卷　(南朝陳)徐陵撰　(清)吳
兆宜箋注　清揚州藝古堂刻本　三冊

440000 – 2561 – 0003868　40615

江文通文集十卷　(南朝梁)江淹撰　明汪士
賢刻本　四冊

440000 – 2561 – 0003869　40616

**南雷文定前集十一卷後集四卷三集三卷四集
四卷附錄一卷**　(清)黃宗羲撰　清康熙二十
七年(1688)耕餘樓刻本　八冊

440000 – 2561 – 0003870　40617

樹經堂詠史詩八卷　(清)謝啟昆撰　(清)謝
學崇　(清)謝學坰箋　清道光五年(1825)刻
本　八冊

440000 – 2561 – 0003871　40618

梅村集四十卷　(清)吳偉業撰　清初顧湄刻
本　八冊

440000 – 2561 – 0003872　40619

八家四六文注八卷首一卷　(清)許貞幹輯注
　清光緒十七年(1891)刻本　八冊

440000 – 2561 – 0003873　40620

文選六十卷　(南朝梁)蕭統撰　(唐)李善注
　清嘉慶十四年(1809)鄱陽胡克家影刻本
二十四冊

440000 – 2561 – 0003874　40621

文選六十卷　(南朝梁)蕭統撰　(唐)李善注
　清嘉慶十四年(1809)鄱陽胡克家影刻本
邵章過錄俞正燮、王筠、許瀚、張穆四家校
二十四冊

440000 – 2561 – 0003875　40622

趙清獻公集十卷　(宋)趙抃撰　明嘉靖四十
一年(1562)刻本　四冊

440000－2561－0003876　40623

鮚埼亭集外編五十卷　（清）全祖望撰　清嘉慶十六年(1811)刻本　十六冊

440000－2561－0003877　40624

東坡文選二十卷　（宋）蘇軾撰　（明）鍾惺評選　明萬曆四十八年(1620)刻本　六冊

440000－2561－0003878　40625

錢註杜詩二十一卷　（清）錢謙益注　清康熙六年(1667)季振宜刻本　八冊

440000－2561－0003879　40626

易簡齋詩鈔四卷　（清）和瑛撰　清道光三年(1823)刻本　四冊

440000－2561－0003880　40627

全唐詩鈔八十卷補遺十六卷　（清）吳成儀編次　清乾隆二十四年(1759)璜川書屋刻本　二十八冊

440000－2561－0003881　40628

唐詩類苑二百卷　（明）張之象纂輯　明萬曆二十九年(1601)太原王氏刻本　六十冊　存一百九十六卷(一至一百十三、一百十八至二百)

440000－2561－0003882　40629

吉石齋集一卷　（清）汪彝銘撰　清嘉慶九年(1804)刻本　二冊

440000－2561－0003883　40630

彡石齋集一卷　（清）汪又辰撰　清嘉慶二十二年(1817)刻本　一冊

440000－2561－0003884　40631

鳳池園文集四卷　（清）顧汧撰　清康熙五十一年(1712)刻本　四冊

440000－2561－0003885　40632

梅村詩集箋注十八卷　（清）吳偉業撰　（清）吳翌鳳注　清嘉慶十九年(1814)滄浪吟榭刻本　十二冊

440000－2561－0003886　40633

紅蝠山房詩鈔不分卷　（清）王乃斌撰　清抄本　八冊

440000－2561－0003887　40634

夢月巖詩集十五卷詩餘一卷　（清）呂履恒撰　清雍正三年(1725)刻本　八冊

440000－2561－0003888　40635

邵亭詩鈔六卷　（清）莫友芝撰　清咸豐二年(1852)刻同治五年(1866)江寧三山客舍修補本　四冊

440000－2561－0003889　40636

嬰山小園文集六卷晚年手定藁五卷　（清）張誠撰　清光緒元年至二十一年(1875－1895)刻本　三冊

440000－2561－0003890　40637

施愚山先生學餘文集二十八卷別集四卷外集二卷　（清）施閏章著　施氏家風述畧一卷（清）施閏章輯錄　施愚山先生年譜四卷（清）施念曾編　施氏家風述畧續編一卷（清）施彥恪輯錄　隨村先生遺集六卷　（清）施璪著　（清）杭世駿訂　清乾隆曹氏棟亭刻本　二十四冊

440000－2561－0003891　40638

惜抱軒全集八十四卷　（清）姚鼐撰　清同治五年(1866)省心閣刻本　二十四冊

440000－2561－0003892　40639

忠孝福二卷　（清）黃之雋撰　清康熙五十七年(1718)刻本　四冊

440000－2561－0003893　40641

蕉影齋詩集四卷附補遺一卷　（清）謝照撰（清）謝福恒編次　清光緒三年(1877)刻本　十冊

440000－2561－0003894　40642

丁辛老屋集十二卷　（清）王又曾撰　清乾隆五十二年(1787)刻本　六冊

440000－2561－0003895　40643

東山樓詩集八卷　（清）曹宗載撰　清嘉慶十五年(1810)刻本　二冊

440000－2561－0003896　40644

樬園詩集六卷續集二卷三集二卷　（清）李俊

撰　松窗吟稿一卷　(清)李智澄著　**芥舟吟稿一卷**　(清)李大仁著　清乾隆十六年(1751)刻本　四冊

440000－2561－0003897　40645

安般簃詩續鈔十卷　(清)袁昶撰　清光緒十六年(1890)刻本　十冊

440000－2561－0003898　40646

漢南集一卷感舊集一卷詠史集一卷蘇亭集樂府一卷蘇亭集二卷　(清)嚴如熤撰　清道光刻本　八冊

440000－2561－0003899　40647

古文辭類纂七十四卷　(清)姚鼐纂集　清道光合河康氏刻本　十二冊

440000－2561－0003900　40648

重刻張太岳先生文集四十八卷　(明)張居正撰　(清)陶澍閱定　(清)陳鑾參訂　**浩氣吟一卷**　(明)瞿式耜撰　清道光八年(1828)安化陶澍刻本　十二冊

440000－2561－0003901　40649

石洲詩話八卷　(清)翁方綱撰　清嘉慶二十年(1815)刻本　二冊

440000－2561－0003902　40650

璞齋集詩四卷詞一卷　(清)諸可寶撰　清光緒十四年(1888)長洲黃氏木活字印本　四冊

440000－2561－0003903　40651

忠裕堂詩集十卷文集三卷(鷗盟集十三卷)　(清)申涵盼著　清道光二十七年(1847)刻本　四冊

440000－2561－0003904　40652

宜堂類編二十五卷　丁立中編　清光緒二十六年(1900)刻本　八冊

440000－2561－0003905　40653

香屑集十八卷首一卷末一卷　(清)黃之雋撰　(清)陳邦直注　清同治十年(1871)刻本　八冊

440000－2561－0003906　40655

歷朝二十五家詩錄三十七卷首一卷　(清)鄒

湘倜編輯　清光緒元年(1875)刻本　三十冊

440000－2561－0003907　40656

曝書亭集外詩五卷詞一卷文二卷　(清)朱彝尊撰　(清)馮登府編輯　(清)朱墨林輯　清道光二年(1822)馮登府刻本　四冊

440000－2561－0003908　40657

曝書亭集八十卷附錄一卷　(清)朱彝尊撰　清光緒十五年(1889)寒梅館刻本　二十四冊

440000－2561－0003909　40658

砥齋集十二卷附北行日札一卷正學隅見述一卷　(清)王弘撰撰　清光緒二十年至二十一年(1894－1895)刻本　八冊

440000－2561－0003910　40659

鮚埼亭集三十八卷首一卷　(清)全祖望撰　清同治十一年(1872)刻本　十二冊

440000－2561－0003911　40660

鮚埼亭集外編五十卷　(清)全祖望撰　清乾隆四十一年(1776)刻本　十二冊

440000－2561－0003912　40661

遂初堂集不分卷　(清)潘耒撰　清康熙四十九年(1710)刻本　三十二冊

440000－2561－0003913　40662

惜抱軒全集　(清)姚鼐撰　清同治五年(1866)省心閣刻本　十六冊

440000－2561－0003914　40663

惜抱軒文集十六卷詩集十卷　(清)姚鼐撰　清嘉慶三年至六年(1798－1801)刻本　八冊

440000－2561－0003915　40664

王文成公文選二卷　(明)王守仁撰　(明)王畿編次　(明)鍾惺評　明崇禎六年(1633)刻本　四冊

440000－2561－0003916　40665

梅竹山房詩鈔十二卷詞鈔二卷　(清)章黼撰　**桐陰書屋彙二卷**　(清)章坤撰　清咸豐八年(1858)刻本　六冊

440000－2561－0003917　40666

庸盦海外文編四卷　(清)薛福成撰　清光緒

179

二十一年(1895)刻本　四冊

440000－2561－0003918　40667

揅經室續集九卷　(清)阮元撰　清刻本　二冊　存六卷(一、五至九)

440000－2561－0003919　40668

花簾詞一卷香南雪北詞一卷　(清)吳藻撰　清道光九年至二十四年(1829－1844)刻本　四冊

440000－2561－0003920　40669

綠雪館詞七卷　(清)張鴻卓撰　清道光刻本　四冊

440000－2561－0003921　40671

昌黎先生集四十卷外集十卷遺文一卷朱子校昌黎先生集傳一卷　(唐)韓愈撰　(唐)李漢編　(宋)廖瑩中注　韓集點勘四卷　(清)陳景雲點勘　清同治八年至九年(1869－1870)江蘇書局刻本　十一冊

440000－2561－0003922　40672

白香山詩集四十卷　(唐)白居易撰　(清)汪立名編　年譜一卷　(清)汪立名撰　年譜舊本一卷　(宋)陳振孫撰　清康熙四十一年(1702)汪立名一隅草堂刻本　十六冊

440000－2561－0003923　40673

蘇文忠詩合註五十卷首一卷　(宋)蘇軾撰　(清)馮應榴輯注　清乾隆五十八年(1793)刻本　十六冊

440000－2561－0003924　40674

宋文選三十卷　(清)顧宸輯　清順治十八年(1661)刻本　六十四冊

440000－2561－0003925　40675

足雨宧詩鈔四卷　(清)王溱撰　清同治六年(1867)刻本　四冊

440000－2561－0003926　40676

明詩選十二卷首一卷　(明)李攀龍選　明崇禎豹變齋刻本　十六冊

440000－2561－0003927　40677

敬業堂詩續集六卷　(清)查慎行撰　清乾隆

查學刻本　六冊

440000－2561－0003928　40678

梁昭明文選十二卷　(明)張鳳翼纂注　清刻本　佚名朱藍筆過錄俞犀月、錢湘靈批校　十二冊

440000－2561－0003929　40679

文選六十卷　(南朝梁)蕭統撰　(唐)李善等注　清康熙二十五年(1686)刻本　沈欽韓朱筆批校　十冊

440000－2561－0003930　40680

山谷詩集注二十卷　(宋)黃庭堅撰　(宋)任淵注　山谷外集詩注十七卷　(宋)黃庭堅撰　(宋)史容注　山谷別集詩注二卷　(宋)黃庭堅撰　(宋)史季溫注　清光緒二十一年至二十五年(1895－1899)刻本　二十冊

440000－2561－0003931　40681

中州集十卷中州樂府一卷　(金)元好問撰　清光緒七年(1881)刻本　十一冊

440000－2561－0003932　40682

陽春白雪八卷外集一卷　(宋)趙聞禮編選　清道光十年(1830)錢唐瞿氏清吟閣刻本　四冊

440000－2561－0003933　40683

惜抱先生尺牘八卷　(清)姚鼐撰　清宣統元年(1909)小萬柳堂刻本　四冊

440000－2561－0003934　40684

龍川文集三十卷附錄二卷　(宋)陳亮撰　龍川文集辨譌考異二卷　(清)胡鳳丹纂輯　清同治七年(1868)退補齋刻本　八冊

440000－2561－0003935　40685

龍川文集三十卷附錄二卷　(宋)陳亮撰　龍川文集辨譌考異二卷　(清)胡鳳丹纂輯　清同治七年(1868)刻本　十冊

440000－2561－0003936　40686

西山先生真文忠公文集五十五卷目錄二卷補遺一卷心經一卷政經一卷年譜一卷　(宋)真

德秀撰　（明）楊鶚重脩　明崇禎十一年(1638)刻清康熙四年(1665)補刻本　三十冊

440000－2561－0003937　40687

唐陸宣公集二十二卷　（唐）陸贄撰　清嘉慶二十三年(1818)刻本　六冊

440000－2561－0003938　40688

唐陸宣公集二十二卷　（唐）陸贄撰　（清）年羹堯重訂　清雍正元年(1723)年羹堯刻本　六冊

440000－2561－0003939　40689

梅村詩集箋注十八卷　（清）吳偉業撰　（清）吳翌鳳注　清嘉慶十九年(1814)滄浪吟榭刻本　五冊

440000－2561－0003940　40690

樂府詩集一百卷目錄二卷　（宋）郭茂倩編次　明末毛氏汲古閣刻本　十冊

440000－2561－0003941　40691

袁文箋正十六卷補注一卷　（清）袁枚撰　（清）石韞玉箋　清嘉慶十七年(1812)鶴壽山堂刻本　六冊

440000－2561－0003942　40692

盧忠肅公集十二卷首一卷　（明）盧象昇撰　清光緒三十四年(1908)刻本　十冊

440000－2561－0003943　40693

元豐類稿五十卷首一卷　（宋）曾鞏撰　（清）曾國光等重修　清康熙四十九年(1710)長嶺西爽堂刻本　十二冊

440000－2561－0003944　40695

吳詩集覽二十卷　（清）吳偉業撰　（清）靳榮藩輯　清乾隆四十年(1775)刻本　六冊

440000－2561－0003945　40696

古詩源十四卷　（清）沈德潛選　清康熙五十八年(1719)刻本　八冊

440000－2561－0003946　40697

陶靖節詩集四卷　（晉）陶潛撰　（清）蔣薰評（清）周文焜訂　**律陶一卷**　（明）王思任集　**敦好齋律陶纂**　（明）黃槐開纂　**東坡和陶**

詩一卷　（宋）蘇軾撰　清康熙十一年(1672)刻本　四冊

440000－2561－0003947　40698

唐丞相曲江張先生文集十二卷附錄一卷（唐）張九齡撰　明萬曆十二年(1584)王民順刻四十一年(1613)李延大重修本　八冊

440000－2561－0003948　40699

文選十三種四十五卷　（清）張道緒評選　清嘉慶十六年(1811)人境軒刻本　二十二冊

440000－2561－0003949　40700

嘉樹山房集二十卷外集二卷續集二卷　（清）張士元著　清嘉慶至道光刻本　十二冊

440000－2561－0003950　40701

刪訂唐詩解二十四卷　（清）唐汝詢選釋（清）吳昌祺評定　清康熙四十年(1701)誦懿堂刻本　十六冊

440000－2561－0003951　40702

尊聞居士集八卷遺稿一卷　（清）羅有高著清光緒七年(1881)刻本　八冊

440000－2561－0003952　40703

周季平先生青藜館集四卷　（明）周如砥撰明崇禎十五年(1642)刻本　十二冊

440000－2561－0003953　40704

儲遯菴文集十二卷　（清）儲方慶撰　（清）儲欣評　清光緒二年(1876)刻本　十冊

440000－2561－0003954　40705

文選六十卷　（南朝梁）蕭統撰　（唐）李善注清乾隆三十七年(1772)葉氏海錄軒刻朱墨套印本　十二冊

440000－2561－0003955　40706

范忠宣公全集五種二十五卷　（宋）范純仁撰清康熙四十六年(1707)刻本　十二冊

440000－2561－0003956　40707

留春草堂詩鈔七卷附錄一卷　（清）伊秉綬撰清嘉慶十二年(1807)刻本　八冊

440000－2561－0003957　40708

唐詩選勝直解不分卷　（清）吳烶選注　清乾

隆二十七年(1762)吳氏懷素堂刻本　八冊

440000－2561－0003958　40709

石筍山房文集六卷詩集十一卷詩餘一卷補遺
二卷續補遺二卷　(清)胡天游撰　清咸豐二
年(1852)刻本　十冊

440000－2561－0003959　40710

宋邵康節先生伊川擊壤集九卷集外詩一卷洛
陽邵氏三世名賢一卷　(宋)邵雍撰　(明)吳
瀚摘注　(明)吳泰增注　清康熙八年(1669)
刻本　七冊

440000－2561－0003960　40711

古歡堂集三十七卷附長河志籍攷十卷黔書二
卷蒙齋年譜二卷　(清)田雯撰　清康熙五十
二年(1713)刻本　十二冊

440000－2561－0003961　40712

經史百家雜鈔二十六卷　(清)曾國藩纂　清
光緒二十年(1894)刻本　二十六冊

440000－2561－0003962　40713

遺山詩集二十卷　(金)元好問撰　明末汲古
閣刻本　四冊

440000－2561－0003963　40714

十華小築詩鈔四卷　(清)余本愚著　清光緒
十一年(1885)刻本　四冊

440000－2561－0003964　40715

六朝文絜四卷　(清)許槤選　清光緒八年
(1882)蘭陵薛氏刻朱墨套印本　二冊

440000－2561－0003965　40716

八旗文經五十六卷作者攷三卷敘錄一卷
(清)盛昱編　清光緒二十七年(1901)刻本
十二冊

440000－2561－0003966　40717

漁洋山人古詩選三十二卷　(清)王士禎選輯
　惜抱軒今體詩選十八卷　(清)姚鼐選　清
同治五年(1866)金陵書局刻本　十冊

440000－2561－0003967　40718

山谷詩集注二十卷　(宋)黃庭堅撰　(宋)任
淵注　山谷外集詩注十七卷　(宋)黃庭堅撰

(宋)史容注　山谷別集詩注二卷　(宋)黃
庭堅撰　(宋)史季溫注　清光緒二十一年至
二十五年(1895－1899)刻本　二十冊

440000－2561－0003968　40719

帶經堂集九十二卷　(清)王士禎撰　(清)程
哲編　清康熙三十五年(1696)程哲刻本　三
十冊　存四十二卷(三十九至五十二、六十五
至九十二)

440000－2561－0003969　40720

古文苑二十一卷　(宋)章樵注　清光緒十二
年(1886)江蘇書局刻本　四冊

440000－2561－0003970　40721

續古文苑二十卷　(清)孫星衍撰　清光緒九
年(1883)江蘇書局刻本　六冊

440000－2561－0003971　40722

寇忠愍公詩集三卷　(宋)寇準撰　清聖香樓
刻本　一冊

440000－2561－0003972　40723

思無邪室遺集六卷　(清)顧蒓著　清道光十
九年(1839)刻本　六冊

440000－2561－0003973　40725

唐文粹一百卷　(宋)姚鉉纂　文粹補遺二十
六卷　(清)郭麐纂　清光緒十六年(1890)杭
州許氏榆園刻本　二十冊

440000－2561－0003974　40726

駢體文鈔三十一卷　(清)李兆洛輯　清道光
合河康氏刻本　邵章錄譚獻、楊佩瑗二家評
校本　四冊

440000－2561－0003975　40727

唐文粹一百卷　(宋)姚鉉纂　清光緒九年
(1883)江蘇書局刻本　十六冊

440000－2561－0003976　40728

柏梘山房文集十六卷文續集一卷詩集十卷詩
續集二卷駢體文二卷　(清)梅曾亮撰　清咸
豐六年(1856)刻本　六冊

440000－2561－0003977　40729

鐵崖先生古樂府十卷補六卷復古詩集六卷

(元)楊維楨撰　（明)吳復編　明末虞山毛氏
汲古閣刻本　八冊

440000－2561－0003978　40730

漁隱叢話前集六十卷後集四十卷　(宋)胡仔
纂集　清耘經樓刻本　二十冊

440000－2561－0003979　40731

問字堂集六卷岱南閣集二卷沇上停雲集一卷
　(清)孫星衍撰　清乾隆五十九年(1794)蘭
陵孫氏刻本　六冊

440000－2561－0003980　40732

東洲草堂詩鈔二十七卷詩餘一卷　(清)何紹
基撰　清同治六年(1867)刻本　四冊

440000－2561－0003981　40734

十八家詩鈔二十八卷　(清)曾國藩選輯
(清)李鴻章審訂　清同治十三年(1874)傳忠
書局刻本　二十冊

440000－2561－0003982　40735

西臺集二十卷　(宋)畢仲游撰　清光緒二十
五年(1899)廣雅書局刻武英殿聚珍版書本
五冊

440000－2561－0003983　40736

瑞芝山房詩鈔八卷文鈔八卷　(清)戴燮元輯
　清光緒元年至三年(1875－1877)刻本　十
冊

440000－2561－0003984　40738

止軒餘集八卷　(清)陳捷撰　(清)陳金鑑重
編　清道光九年(1829)刻本　四冊

440000－2561－0003985　40739

華國編文選八卷　(清)孫喬年增輯　清乾隆
二十四年(1759)刻本　八冊

440000－2561－0003986　40740

陶山詩錄二十八卷　(清)唐仲冕撰　清嘉慶
十六年(1811)刻本　十六冊

440000－2561－0003987　40741

泰雲堂集二十五卷　(清)孫爾準撰　清道光
十三年(1833)刻本　十冊

440000－2561－0003988　40742

金峨山館文二集　(清)郭傳璞撰　清光緒刻
本　二冊

440000－2561－0003989　40743

景詹閣遺文不分卷　(清)姚諶撰　清光緒十
二年(1886)刻本　一冊

440000－2561－0003990　40744

秋盦遺稿三卷　(清)黃易撰　清宣統二年
(1910)石印本　一冊

440000－2561－0003991　40745

潛廬文鈔一卷痰氣集一卷　金蓉鏡撰　清光
緒三十四年(1908)刻本　二冊

440000－2561－0003992　40746

遊道堂集四卷　(清)朱彬撰　清同治七年
(1868)刻本　二冊

440000－2561－0003993　40747

平齋文集三十二卷　(宋)洪咨夔撰　清同治
十二年(1873)刻本　四冊

440000－2561－0003994　40748

晚唐詩鈔二十六卷　(清)查克弘　(清)凌紹
乾選　清康熙四十二年(1703)刻本　十六冊

440000－2561－0003995　40749

新刊陳眉公先生精選古論大觀四十卷　（明)
陳繼儒選　明吳震元刻本　六十四冊

440000－2561－0003996　40750

西堂全集六十一卷　(清)尤侗撰　清康熙刻
本　二十四冊

440000－2561－0003997　40751

東萊先生詩集　(宋)呂本中撰　清抄本　八
冊

440000－2561－0003998　40752

後山集二十四卷首一卷　(宋)陳師道撰　清
光緒十一年(1885)鎔經鑄史齋刻本　六冊

440000－2561－0003999　40753

坡仙集十六卷　(宋)蘇軾撰　（明)焦竑選
明萬曆二十八年(1600)刻本　八冊

440000－2561－0004000　40754

吟香館詩草十二卷 （清）謝聘撰 清道光七年(1827)刻本 十冊

440000 – 2561 – 0004001 40755

戴生吟合鈔三卷 （清）王望霖輯 清道光十年(1830)刻本 四冊

440000 – 2561 – 0004002 40756

東山老人詩賸一卷 （清）莊兆洙撰 冬榮室詩詞一卷 （清）莊慶椿撰 吟秋館詩草一卷 （清）周元圭撰 清光緒三年(1877)刻本 二冊

440000 – 2561 – 0004003 40757

墨花仙館遺稿一卷 （清）屈頌滿撰 楚畹閣集十二卷 （清）季蘭韻撰 清道光二十七年(1847)刻本 八冊

440000 – 2561 – 0004004 40758

西泠消寒集二卷附錄一卷 （清）秦緗業選輯 清同治十三年(1874)刻本 二冊

440000 – 2561 – 0004005 40759

灞陵山人詩鈔四卷 （清）梁嘉稷撰 清乾隆三十九年(1774)刻本 四冊

440000 – 2561 – 0004006 40760

龍谿王先生全集二十二卷 （明）王畿撰 明萬曆四十三年(1615)刻本 二十四冊

440000 – 2561 – 0004007 40761

續古文苑二十卷 （清）孫星衍撰 清嘉慶十七年(1812)冶城山館刻本 八冊

440000 – 2561 – 0004008 40762

易香齋遺稿不分卷 （清）商嘉言撰 清稿本 二十冊

440000 – 2561 – 0004009 40763

昌黎先生詩集注十一卷 （唐）韓愈撰 （清）顧嗣立刪補 清康熙三十八年(1699)秀野草堂刻本 四冊

440000 – 2561 – 0004010 40764

昌黎先生詩集注十一卷 （唐）韓愈撰 （清）顧嗣立刪補 清康熙三十八年(1699)秀野草堂刻本 六冊

440000 – 2561 – 0004011 40765

雪鴻小草六卷借園吟稿四卷澄齋詩鈔一卷 （清）劉錫五撰 清嘉慶二十三年(1818)刻本 六冊

440000 – 2561 – 0004012 40766

紅粟山莊詩六卷 （清）朱寶善撰 清光緒福州刻本 六冊

440000 – 2561 – 0004013 40767

半巖廬遺集一卷 （清）邵懿辰撰 清光緒三十四年(1908)刻本 二冊

440000 – 2561 – 0004014 40768

宋直講李泰伯先生文集(旴江先生全集)三十七卷 （宋）李覯撰 （清）李化鰲輯 旴江先生年譜一卷 （宋）陳次公編 清康熙五十四年(1715)刻本 十六冊

440000 – 2561 – 0004015 40769

三蘇先生文粹七十卷 （□）□□輯 明刻本 二十冊

440000 – 2561 – 0004016 40770

小萬卷齋經進藁四卷詩藁三十二卷詩續藁四卷 （清）朱珔撰 清道光六年至九年(1826－1829)刻本 二十四冊

440000 – 2561 – 0004017 40771

金元明八大家文選五十三卷首八卷 （清）李祖陶評點 清道光二十五年(1845)刻本 二十冊

440000 – 2561 – 0004018 40772

棣垞集四卷首一卷外集三卷 （清）朱啟連撰 清光緒二十六年(1900)刻本 二冊

440000 – 2561 – 0004019 40773

香蘇山館全集 （清）吳嵩梁撰 清道光二十三年(1843)刻本 二十二冊

440000 – 2561 – 0004020 40774

胡文忠公遺集八十六卷首一卷 （清）胡林翼撰 （清）鄭敦謹 （清）曾國荃編輯 清同治六年(1867)刻本 二十三冊

440000 – 2561 – 0004021 40775

十誦齋集六卷　(清)周天度撰　**小十誦寮詩存二卷**　(清)周南撰　清光緒十一年(1885)刻本　四冊

440000 – 2561 – 0004022　40776

雪門詩草十四卷　(清)許瑤光著　清同治十三年(1874)刻本　六冊

440000 – 2561 – 0004023　40777

獨漉堂集十五卷　(清)陳恭尹撰　(清)陳顒編次　清康熙陳氏晚成堂刻本　九冊

440000 – 2561 – 0004024　40778

俞俞齋詩稿初集二卷詩餘一卷文稿初集四卷　(清)史念祖撰　清光緒三十二年(1906)刻本　六冊

440000 – 2561 – 0004025　40779

知止齋詩集十六卷　(清)翁心存撰　清光緒三年(1877)刻本　四冊

440000 – 2561 – 0004026　40780

復堂類集二十一卷　(清)譚獻撰　清光緒十一年至十三年(1885 – 1887)刻本　六冊

440000 – 2561 – 0004027　40781

小初詩稿十八卷　(清)王之藩撰　清光緒元年(1875)刻本　二冊

440000 – 2561 – 0004028　40783

安雅堂未刻稿八卷入蜀集二卷　(清)宋琬撰　清乾隆三十一年(1766)刻本　六冊

440000 – 2561 – 0004029　40784

西河詞話二卷　(清)毛奇齡撰　清康熙刻西河合集本　一冊

440000 – 2561 – 0004030　40785

蓮子居詞話四卷　(清)吳衡照輯　清道光十二年(1832)刻本　二冊

440000 – 2561 – 0004031　40786

文通十卷　(清)馬建忠著　清光緒二十四年(1898)上海商務印書館鉛印本　十冊

440000 – 2561 – 0004032　40787

御選唐宋文醇五十八卷　(清)高宗弘曆選　清光緒三年(1877)刻本　二十冊

440000 – 2561 – 0004033　40788

韓昌黎集　(唐)韓愈撰　(明)蔣之翹輯注　明崇禎六年(1633)蔣氏三徑草堂刻本　三十六冊

440000 – 2561 – 0004034　40789

廬陵宋丞相信國公文忠烈先生全集十六卷附文忠烈公從祀原案錄一卷　(宋)文天祥撰　清道光二十三年(1843)刻本　二十八冊

440000 – 2561 – 0004035　40790

古文辭類纂七十五卷附校勘記一卷　(清)姚鼐纂　清光緒二十七年(1901)刻本　十二冊

440000 – 2561 – 0004036　40791

續古文辭類纂二十八卷　(清)黎庶昌選　清光緒二十一年(1895)刻本　十二冊

440000 – 2561 – 0004037　40792

王臨川全集一百卷　(宋)王安石撰　清光緒九年(1883)溧陽繆氏小峴山館刻本　十六冊

440000 – 2561 – 0004038　40793

歷代詩話二十七種附考索一卷　(清)何文煥輯　清乾隆三十五年(1770)刻本　十冊

440000 – 2561 – 0004039　40794

澹靜齋文鈔六卷外編二卷詩鈔六卷　(清)龔景瀚撰　清道光二十年(1840)刻本　三冊

440000 – 2561 – 0004040　40797

文選旁證四十六卷　(清)梁章鉅撰　清道光十八年(1838)刻本　十二冊

440000 – 2561 – 0004041　40798

桂隱文集四卷　(元)劉詵著　清抄本　一冊

440000 – 2561 – 0004042　40799

司空表聖文集十卷　(後梁)司空圖撰　清光緒三十一年(1905)仁和朱氏刻本　四冊

440000 – 2561 – 0004043　40800

邁堂文略四卷　(清)李祖陶撰　清同治四年(1865)刻本　四冊

440000 – 2561 – 0004044　40801

艷雪堂詩集四卷　(清)張晉撰　清道光十七年(1837)刻本　四冊

440000－2561－0004045　40802

明人詩鈔正集十四卷　（清）朱琰編次　清乾隆二十五年（1760）刻本　四冊

440000－2561－0004046　40804

新蘅詞六卷外集一卷　（清）張景祁撰　清光緒九年（1883）刻本　二冊

440000－2561－0004047　40805

笙月詞五卷花影詞一卷　（清）王詒壽撰　清同治十一年（1872）刻本　二冊

440000－2561－0004048　40806

春草堂集四卷　（清）謝堃撰　清道光二十年（1840）刻本　六冊

440000－2561－0004049　40807

文選六十卷　（南朝梁）蕭統撰　（唐）李善注
　文選考異十卷　（清）胡克家撰　清宣統三年（1911）上海會文堂石印本　十六冊

440000－2561－0004050　40808

韋齋集十二卷　（宋）朱松撰　（清）朱玉重輯
　玉瀾集一卷　（清）朱槔撰　清雍正七年（1729）刻本　二冊

440000－2561－0004051　40809

琴隱園詩集三十六卷詞集四卷　（清）湯貽汾撰　清光緒元年（1875）刻本　八冊

440000－2561－0004052　40810

淮海集十七卷後集二卷詞一卷　（宋）秦觀撰
　補遺一卷　（清）王敬之纂輯　清道光十七年（1837）高郵儒學刻本　六冊

440000－2561－0004053　40811

岳忠武王文集八卷首一卷末一卷　（宋）岳飛撰　清道光二十七年（1847）刻本　四冊

440000－2561－0004054　40812

河南先生文集二十七卷附錄一卷　（宋）尹洙撰　清乾隆六十年（1795）刻本　二冊

440000－2561－0004055　40813

楊忠愍公全集三卷　（明）楊繼盛撰　清咸豐元年（1851）江寧汪汝式刻本　六冊

440000－2561－0004056　40814

西堂文稿不分卷　（清）尤侗撰　清抄本　四冊

440000－2561－0004057　40815

退思齋文集　（清）陳祁撰　清抄本　四冊

440000－2561－0004058　40816

韋蘇州詩集二卷　（唐）韋應物撰　清天都汪氏刻本　四冊

440000－2561－0004059　40817

李義山詩集三卷　（唐）李商隱撰　（清）朱鶴齡箋注　清順治十六年（1659）刻本　四冊

440000－2561－0004060　40818

豸華堂文鈔十二卷　（清）金應麟撰　清光緒元年（1875）刻本　四冊

440000－2561－0004061　40819

二仲詩二卷　（明）汪道貫　（明）汪道會撰　清康熙五十二年（1713）刻本　四冊

440000－2561－0004062　40820

古詩歸十五卷　（明）鍾惺　（明）譚元春選　明萬曆四十五年（1617）刻本　四冊

440000－2561－0004063　40821

黃梨洲先生南雷文約四卷　（清）黃宗羲撰　（清）鄭性訂　清初鄭性刻本　四冊

440000－2561－0004064　40822

駢體文鈔三十一卷　（清）李兆洛輯　清道光合河康氏刻本　八冊

440000－2561－0004065　40823

李衛公集三十五卷　（唐）李德裕撰　清光緒十三年（1887）刻本　四冊

440000－2561－0004066　40824

梁溪先生文集一百八十卷年譜一卷附錄一卷　（宋）李綱撰　清道光十四年（1834）刻本　三十二冊

440000－2561－0004067　40825

受祺堂詩三十五卷　（清）李因篤撰　清康熙三十八年（1699）刻本　十八冊

440000－2561－0004068　40826

經史百家雜鈔二十六卷 （清）曾國藩纂 清光緒二年(1876)傳忠書局刻本 二十冊

440000－2561－0004069 40827

燹餘吟草十二卷 （清）張經贊撰 清光緒二年(1876)刻本 六冊

440000－2561－0004070 40828

板橋詩鈔三卷詞鈔一卷家書一卷題畫一卷 （清）鄭燮撰 清乾隆十四年(1749)刻本 四冊

440000－2561－0004071 40829

陸宣公翰苑集注二十四卷 （唐）陸贄撰 （清）張佩芳注 清乾隆三十三年(1768)刻本 八冊

440000－2561－0004072 40830

雙佩齋文集四卷駢體文集一卷 （清）王友亮撰 清嘉慶十五年(1810)刻本 二冊

440000－2561－0004073 40831

存吾春軒集八卷 （清）周大樞撰 清道光二年(1822)刻本 四冊

440000－2561－0004074 40832

兩疆勉齋古今體詩存四卷文存二卷 （清）倪文蔚撰 清光緒九年至十一年(1883－1885)刻本 四冊

440000－2561－0004075 40833

午亭文編五十卷 （清）陳廷敬撰 （清）林佶輯錄 清乾隆四十三年(1778)刻本 十六冊

440000－2561－0004076 40834

鴻濛室文鈔三卷二集二卷 （清）方玉潤撰 清咸豐十年(1860)刻本 四冊

440000－2561－0004077 40835

絜齋集二十四卷 （宋）袁燮撰 **宋儒袁正獻公從祀錄六卷** （□）□□編 清同治十一年(1872)刻本 六冊

440000－2561－0004078 40836

錢南園先生遺集五卷 （清）錢灃撰 清光緒十九年(1893)刻本 四冊

440000－2561－0004079 40837

宋七家詞選七卷 （清）戈載選 清光緒十一年(1885)刻本 五冊

440000－2561－0004080 40838

宋七家詞選七卷 （清）戈載選 清光緒十一年(1885)刻本 三冊

440000－2561－0004081 40839

棕亭古文鈔十卷詩鈔十八卷詞鈔七卷駢體文鈔八卷首一卷 （清）金兆燕撰 清嘉慶十二年至道光十六年(1807－1836)刻本 十冊

440000－2561－0004082 40840

椒園詩鈔七卷雪鴻詞二卷 （清）黎庶蕃撰 清光緒十五年(1889)刻本 四冊

440000－2561－0004083 40841

青湖先生文集十四卷首一卷末一卷 （明）汪應軫撰 清同治十一年(1872)刻本 六冊

440000－2561－0004084 40842

樊榭山房集十卷續集十卷文集八卷 （清）厲鶚撰 清光緒七年(1881)刻本 八冊

440000－2561－0004085 40843

綠雪堂遺集二十卷 （清）王衍梅著 清道光二十年(1840)刻本 六冊

440000－2561－0004086 40844

安雅堂文集二卷重刻文集二卷詩一卷二鄉亭詞二卷祭皋陶一卷 （清）宋琬撰 清康熙三十八年(1699)刻本 七冊

440000－2561－0004087 40845

青芝山館詩集二十二卷 （清）樂鈞撰 清刻本 六冊

440000－2561－0004088 40846

榕村詩選八卷首一卷 （清）李光地撰 清雍正八年(1730)江都方氏刻本 十冊

440000－2561－0004089 40847

敬業堂詩集五十卷 （清）查慎行撰 清康熙刻本 十冊

440000－2561－0004090 40848

思貽堂詩集十二卷 （清）黃文琛撰 清咸豐元年(1851)刻本 六冊

187

440000 - 2561 - 0004091　40849

信心齋稿不分卷　（清）李贊元撰　清道光三年(1823)刻本　二冊

440000 - 2561 - 0004092　40850

精選古今名賢叢話詩林廣記前集十卷後集十卷　（宋）蔡正孫纂輯　明正德十三年(1518)刻本　十六冊

440000 - 2561 - 0004093　40851

來雨軒存稿四卷　（清）莫晉著　清光緒二十年(1894)刻本　四冊

440000 - 2561 - 0004094　40852

養一齋文集十五卷　（清）李兆洛撰　清光緒四年(1878)刻本　八冊

440000 - 2561 - 0004095　40853

南州草堂集三十卷續集四卷菊莊詞甲集一卷附楓江漁父圖題詞一卷青門集一卷　（清）徐釚撰　清康熙三十四年(1695)刻本　八冊

440000 - 2561 - 0004096　40854

玉井山館文略五卷文續二卷　（清）許宗衡撰　清同治四年至九年(1865 - 1870)刻本　三冊

440000 - 2561 - 0004097　40855

耐軒文初鈔十卷二鈔四卷首一卷　（清）楊士達撰　清光緒五年(1879)刻本　四冊

440000 - 2561 - 0004098　40856

詞綜三十八卷　（清）朱彝尊輯　（清）汪森增定　（清）柯崇樸編次　（清）周賓辨譌　明詞綜十二卷國朝詞綜四十八卷二集八卷　（清）王昶輯　清光緒二十八年(1902)金匱浦氏刻本　二十四冊

440000 - 2561 - 0004099　40857

全唐詩鈔八十卷　（清）吳成儀編次　清乾隆二十四年(1759)刻本　二十冊

440000 - 2561 - 0004100　40858

而庵說唐詩九卷首一卷　（清）徐增撰　清康熙五年(1666)刻本　四冊

440000 - 2561 - 0004101　40859

440000 - 2561 - 0004101　40859

戴簡恪公遺集八卷　（清）戴敦元撰　清同治十一年(1872)刻本　四冊

440000 - 2561 - 0004102　40860

斯未信齋文編　（清）徐宗幹撰　清咸豐十年(1860)刻本　二冊　存四卷(藝文一至四)

440000 - 2561 - 0004103　40861

銅鼓書堂遺稿三十二卷　（清）查禮撰　清乾隆五十七年(1792)刻本　四冊

440000 - 2561 - 0004104　40862

二水樓詩集十八卷文集二十卷首一卷　（清）李茹旻撰　清光緒十七年(1891)李氏味憩廬刻本　十冊

440000 - 2561 - 0004105　40863

唐柳河東集四十五卷外集五卷遺文一卷附錄一卷　（唐）柳宗元撰　（明）蔣之翹注　明崇禎橋李蔣之翹刻本　三十二冊

440000 - 2561 - 0004106　40864

水心先生文集二十九卷補遺一卷　（宋）葉適撰　清光緒八年(1882)瑞安孫氏刻本　十二冊

440000 - 2561 - 0004107　40865

香禪精舍集　（清）潘鍾瑞撰　清光緒四年(1878)刻本　十四冊

440000 - 2561 - 0004108　40866

集千家註杜工部詩集二十卷　（唐）杜甫撰　（宋）蔡夢弼注　明萬曆許自昌刻本　二十冊

440000 - 2561 - 0004109　40867

韓文公文鈔十六卷　（唐）韓愈撰　（明）茅坤評　明閔齊伋刻朱墨套印本　八冊

440000 - 2561 - 0004110　40868

昌黎先生集四十卷遺文一卷　（唐）韓愈撰　(唐)李漢編　清光緒十五年(1889)刻本　八冊

440000 - 2561 - 0004111　40869

唐詩定編十四卷　（清）金是瀛　（清）宋慶長輯　清康熙刻本　十四冊

440000 - 2561 - 0004112　40870

唐詩箋註十卷　（清）黃叔燦箋注　清乾隆三十年(1765)刻本　十冊

440000－2561－0004113　40871

敬業堂集五十卷　（清）查慎行撰　清康熙五十八年(1719)刻本　二十四冊

440000－2561－0004114　40872

窺園詩鈔八卷首一卷末一卷　（清）王夢篆撰　清乾隆刻本　八冊

440000－2561－0004115　40874

李義山詩集三卷　（唐）李商隱撰　（清）朱鶴齡箋注　（清）沈厚塽輯評　清同治九年(1870)廣州倅署刻三色套印本　四冊

440000－2561－0004116　40876

范文正公全集四十八卷首一卷　（宋）范仲淹撰　清康熙四十六年(1707)刻本　二十冊

440000－2561－0004117　40877

文粹一百卷　（宋）姚鉉纂　文粹補遺二十六卷　（清）郭麐纂　清光緒十六年(1890)杭州許氏榆園刻本　二十冊

440000－2561－0004118　40878

唐文拾遺七十二卷　（清）陸心源輯　清光緒十四年(1888)刻本　二十冊

440000－2561－0004119　40879

張石初先生尤癯集六卷　（明）張廷玉撰　明刻本　十二冊

440000－2561－0004120　40880

申端愍公詩集八卷文集一卷附載外集一卷旌忠錄二卷　（明）申佳胤撰　（清）劉佑選　聰山詩選八卷文集三卷　（清）申涵光撰　（清）劉佑選　清道光二十三年(1843)刻本　八冊

440000－2561－0004121　40881

文心雕龍十卷　（南朝梁）劉勰撰　（清）黃叔琳注　（清）紀昀評　清道光十三年(1833)兩廣節署刻朱墨套印本　四冊

440000－2561－0004122　40882

漁洋山人精華錄訓纂十卷附錄一卷　（清）王士禎撰　（清）惠棟訓纂　漁洋山人自撰年譜

二卷　（清）惠棟注補　金氏精華錄箋註辯訛一卷　（清）惠棟撰　清惠氏紅豆齋刻本　十一冊

440000－2561－0004123　40883

漁洋山人精華錄訓纂補十卷附年譜一卷　（清）王士禎撰　（清）惠棟補　清乾隆二十二年(1757)惠氏紅豆齋刻本　二冊

440000－2561－0004124　40884

漁洋山人精華錄箋注十二卷補注一卷年譜一卷　（清）王士禎撰　（清）金榮箋注　（清）徐淮纂輯　清鳳翽堂刻本　十冊

440000－2561－0004125　40885

古歡堂集三十八卷　（清）田雯撰　清德州田氏刻本　十六冊

440000－2561－0004126　40886

萬青閣詩餘一卷　（清）趙吉士撰　（清）江闓　（清）吳一元較評　清康熙三十六年(1697)刻本　六冊

440000－2561－0004127　40887

傳忠堂學古文一卷　（清）周星譽撰　鷗堂賸藁一卷東鷗草堂詞二卷　（清）周星譽撰　清光緒十二年(1886)刻本　一冊

440000－2561－0004128　40888

倚翠樓初稿六卷　（清）趙文喆撰　清抄本　二冊

440000－2561－0004129　40889

唐陸宣公集二十二卷　（唐）陸贄撰　（清）年羹堯重訂　清雍正元年(1723)年羹堯刻本　十二冊

440000－2561－0004130　40890

善卷堂四六八卷　（清）陸繁弨撰　（清）吳自高注　清乾隆九年(1744)刻本　六冊

440000－2561－0004131　40891

元豐類稿五十卷首一卷　（宋）曾鞏撰　清乾隆二十八年(1763)查溪曾氏刻本　二十冊

440000－2561－0004132　40892

玉燕堂四種　（清）張堅撰　清乾隆刻本　二

十冊

440000 - 2561 - 0004133　40893

晚學集八卷末谷詩集四卷　(清)桂馥撰　清道光二十一年(1841)刻本　一冊

440000 - 2561 - 0004134　40894

古文約選不分卷　(清)允禮編　清雍正十一年(1733)和碩果親王府刻本　十二冊

440000 - 2561 - 0004135　40895

李義山詩集三卷　(唐)李商隱撰　(清)朱鶴齡箋注　(清)沈厚塽輯評　清同治九年(1870)廣州倅署刻三色套印本　四冊

440000 - 2561 - 0004136　40896

石鼓硯齋文鈔二十卷詩鈔三十二卷試帖二卷直廬集八卷　(清)曹文埴撰　清嘉慶五年(1800)刻本　十四冊

440000 - 2561 - 0004137　40897

楚辭八卷辨證二卷後語八卷　(宋)朱熹集注　(明)蔣之翹評校　**楚辭附覽二卷**　(明)蔣之翹輯　明天啓六年(1626)刻本　十冊

440000 - 2561 - 0004138　40898

舍是集十卷　(清)王翼鳳撰　清道光二十一年(1841)刻本　二冊

440000 - 2561 - 0004139　40899

王子安集註二十卷首一卷末一卷　(唐)王勃撰　(清)蔣清翊注　清光緒九年(1883)刻本　六冊

440000 - 2561 - 0004140　40900

茶夢盦劫後詩稿十二卷　(清)高望曾撰　清光緒十六年(1890)刻本　六冊

440000 - 2561 - 0004141　40901

小謨觴館詩集注八卷詩餘附錄一卷文集注四卷詩續集注二卷文續集注二卷　(清)彭兆蓀撰　(清)孫元培纂注　清光緒二十年(1894)刻本　八冊

440000 - 2561 - 0004142　40902

斯文精萃不分卷　(清)尹繼善輯　清乾隆二十九年(1764)刻本　十二冊

440000 - 2561 - 0004143　40903

李文忠公朋僚函稿二十四卷　(清)李鴻章撰　(清)吳汝綸編　清光緒鉛印本　十二冊

440000 - 2561 - 0004144　40904

悅親樓賡雲集四卷首一卷　(清)祝德麟撰　清乾隆四十一年(1776)刻本　四冊

440000 - 2561 - 0004145　40905

古微堂內集三卷外集七卷　(清)魏源撰　清光緒四年(1878)淮南書局刻本　四冊

440000 - 2561 - 0004146　40906

筆耕齋存稿二卷遊泰存稿二卷　(清)柳坤厚撰　清光緒元年(1875)刻本　二冊

440000 - 2561 - 0004147　40907

秋室集十卷　(清)楊鳳苞撰　清光緒九年(1883)刻本　二冊

440000 - 2561 - 0004148　40908

退思粗訂稿二卷　(清)朱文翰撰　(清)潘紹曾重編　清嘉慶五年(1800)刻本　二冊

440000 - 2561 - 0004149　40909

禮部遺集九卷　(清)黃富民撰　清同治九年(1870)刻本　二冊

440000 - 2561 - 0004150　40910

六湖先生遺集十二卷　(清)張文瑞撰　清乾隆八年(1743)刻本　六冊

440000 - 2561 - 0004151　40911

史漢精選不分卷　(□)□□撰　清抄本　四冊

440000 - 2561 - 0004152　40912

南園詩選二卷　(清)何士顒撰　清乾隆五十二年(1787)刻本　一冊

440000 - 2561 - 0004153　40913

誦芬詩畧三卷　(清)黃炳垕撰　清同治九年(1870)刻本　一冊

440000 - 2561 - 0004154　40914

張忠烈公采薇吟殘槀一卷欽定勝朝殉節諸臣錄一卷　(明)張煌言撰　清光緒十二年(1886)山陰平氏安越堂刻本　一冊

440000－2561－0004155　40915

百尺樓吟草一卷　（清）陳廷選撰　清道光十三年（1833）刻本　一冊

440000－2561－0004156　40916

倉海君庚戌羅浮游草一卷　邱逢甲撰　清宣統二年（1910）鉛印本　一冊

440000－2561－0004157　40917

金雨叔先生家戒詩註釋不分卷　（清）金甡撰　（清）昇寅注釋　清光緒二十八年（1902）刻本　一冊

440000－2561－0004158　40918

容甫先生遺詩五卷　（清）汪中撰　清抄本　一冊

440000－2561－0004159　40919

蒼蔔花館詩集二卷　（清）徐鴻謨撰　清光緒七年（1881）刻本　二冊

440000－2561－0004160　40920

廬山紀游詩一卷　（清）郭士璟撰　清康熙二十年（1681）刻本　二冊

440000－2561－0004161　40921

梵隱堂詩存十卷　（清）釋祖觀撰　清同治五年（1866）刻本　二冊

440000－2561－0004162　40922

讀雪齋詩集九卷　（清）孫文川撰　清光緒八年（1882）刻本　二冊

440000－2561－0004163　40923

越縵堂集十卷　（清）李慈銘撰　清光緒十六年（1890）刻本　二冊

440000－2561－0004164　40924

迦陵詞全集三十卷　（清）陳維崧撰　（清）任源祥等選　清康熙二十八年（1689）刻本　四冊

440000－2561－0004165　40925

適安廬詩鈔二卷詞鈔一卷　（清）王汝鼎撰　清光緒十八年（1892）刻本　二冊

440000－2561－0004166　40926

七峯詩稿二卷續編一卷　（清）江爾維撰　清道光二十九年（1849）刻本　二冊

440000－2561－0004167　40927

餐芍華館詩集八卷蕉心詞一卷　（清）周騰虎撰　清光緒十九年（1893）木活字印本　二冊

440000－2561－0004168　40928

清華館詩稿一卷　（清）郭沈昶撰　清同治二年（1863）刻本　二冊

440000－2561－0004169　40929

吟翠樓詩稿一卷附刻一卷　（清）孫佩蘭撰　清光緒十五年（1889）刻本　三冊

440000－2561－0004170　40930

廣雅堂詩集一卷　（清）張之洞撰　清光緒石印本　二冊

440000－2561－0004171　40931

二知軒詩鈔十四卷　（清）方濬頤撰　清同治五年（1866）刻本　八冊

440000－2561－0004172　40932

文選十二卷　（南朝梁）蕭統選　（明）張鳳翼纂注　明萬曆八年（1580）刻朱墨套印本　二十四冊

440000－2561－0004173　40933

今樵詩存八卷　（清）黃治撰　清光緒三十一年（1905）刻本　四冊

440000－2561－0004174　40935

印雪軒詩鈔十六卷　（清）俞鴻漸撰　清同治十三年（1874）刻本　二冊

440000－2561－0004175　40936

簪雲樓集三卷　（清）陳尚古撰　清康熙二十八年（1689）刻本　八冊

440000－2561－0004176　40937

虹橋老屋遺稿九卷　（清）秦緗業撰　清光緒十五年（1889）刻本　三冊

440000－2561－0004177　40939

六朝詩乘二十五卷目錄二卷末一卷　（明）梅鼎祚選　明萬曆三十四年（1606）刻本　十四冊

440000 – 2561 – 0004178　40941

紅豆村人詩稿十四卷　（清）袁樹撰　清乾隆四十六年(1781)刻本　四冊

440000 – 2561 – 0004179　40942

悟秋草堂詩集十卷　（明）顧杲著　清光緒元年(1875)梁溪顧氏木活字印本　六冊

440000 – 2561 – 0004180　40943

揅經室一集十四卷二集八卷三集五卷四集二卷詩十一卷　（清）阮元撰　清道光三年(1823)刻本　十六冊

440000 – 2561 – 0004181　40944

韓集點勘四卷　（清）陳景雲撰　清同治九年(1870)江蘇書局刻本　一冊

440000 – 2561 – 0004182　40945

袁忠節公遺詩三卷　（清）袁昶撰　清宣統元年(1909)鉛印本　一冊

440000 – 2561 – 0004183　40946

澂觀齋詩一卷　（清）莊元植撰　清光緒刻本　一冊

440000 – 2561 – 0004184　40947

尺雲軒詩略五卷　（清）朱實發著　清道光六年(1826)刻本　一冊

440000 – 2561 – 0004185　40948

華藏室詩鈔一卷　（清）許延敬撰　清道光二十五年(1845)刻本　一冊

440000 – 2561 – 0004186　40949

小信天巢詩鈔十六卷　（清）陳石麟撰　清嘉慶十一年(1806)刻本　六冊

440000 – 2561 – 0004187　40950

壹齋集四十卷奏御集二卷　（清）黃鉞撰　清道光刻本　八冊

440000 – 2561 – 0004188　40951

林和靖詩集四卷拾遺一卷　（宋）林逋撰　清同治十二年(1873)長洲朱氏刻本　二冊

440000 – 2561 – 0004189　40952

縵雅堂駢體文八卷　（清）王詒壽撰　清光緒六年(1880)刻本　二冊

440000 – 2561 – 0004190　40953

謫麈堂遺集四卷　（清）戴望撰　清宣統三年(1911)歸安陸氏刻本　二冊

440000 – 2561 – 0004191　40955

鐵橋漫稿八卷　（清）嚴可均撰　清光緒十一年(1885)長洲蔣氏刻本　四冊

440000 – 2561 – 0004192　40957

白茅堂集四十六卷　（清）顧景星撰　耳提錄一卷　（清）顧昌撰　清光緒二十八年(1902)刻本　二十冊

440000 – 2561 – 0004193　40958

樊山集二十四卷續集二十八卷公牘三卷批判十五卷時文一卷二家詠古詩一卷試帖一卷詞鈔五卷　樊增祥撰　清光緒十九年至二十三年(1893 – 1897)刻本　二十四冊

440000 – 2561 – 0004194　40959

一松齋集八卷　（清）孫擴圖撰　（清）孫毓漢編　清同治十年至十一年(1871 – 1872)刻本　六冊

440000 – 2561 – 0004195　40960

文式二卷　（明）曾鼎撰　明嘉靖八年(1529)高仲芳刻本　二冊

440000 – 2561 – 0004196　40961

汪氏兩園圖詠合刻五卷　（清）汪承鏞輯　清同治十二年(1873)刻本　四冊

440000 – 2561 – 0004197　40962

扶荔堂文集選十二卷　（清）丁澎撰　（清）杜桂輯　清康熙十九年至二十二年(1680 – 1683)刻本　六冊

440000 – 2561 – 0004198　40963

樗岡啾發藁六卷　（清）浦越喬撰　（清）杜庭珠編　清康熙十二年(1673)刻本　二冊

440000 – 2561 – 0004199　40964

靜遠小草八卷　（清）釋覺銘撰　清嘉慶二十年(1815)刻本　四冊

440000 – 2561 – 0004200　40965

題江南曾文正公祠百詠一卷　朱孔彰撰　清

光緒十三年(1887)金陵刻本　二冊

440000－2561－0004201　40966

小醉經室詩集六卷　（清）徐廷珍撰　清光緒
十年(1884)刻本　二冊

440000－2561－0004202　40967

擘雅堂詩十一卷　（清）張景祁撰　清光緒二
十三年(1897)刻本　二冊

440000－2561－0004203　40968

秋士先生遺集六卷　（清）彭績撰　清光緒七
年(1881)刻本　二冊

440000－2561－0004204　40969

二林居集二十四卷　（清）彭紹升撰　清光緒
七年(1881)刻本　六冊

440000－2561－0004205　40970

潛廬詩集四卷衍微一卷訓俗常談一卷氤氳集
一卷　金蓉鏡撰　清宣統二年(1910)刻本
四冊

440000－2561－0004206　40971

不易居齋集四卷豐湖漫草一卷續草一卷紅杏
山房詩鈔一卷試帖詩一卷漢書摘詠一卷後漢
書摘詠一卷詞館賦鈔一卷　（清）宋湘撰　清
嘉慶八年(1803)刻本　四冊

440000－2561－0004207　40972

李石亭詩集三卷文集六卷　（清）李化楠撰
(清)李調元編纂　清乾隆刻本　六冊

440000－2561－0004208　40973

寶日軒詩集四卷附存詩四卷　（清）王德溥撰
清嘉慶四年(1799)刻本　八冊

440000－2561－0004209　40974

韓集舉正十卷外集舉正一卷敘錄一卷　（宋）
方崧卿撰　清抄本　六冊

440000－2561－0004210　40975

東山樓詩續彙八卷　（清）曹宗載撰　清道光
五年(1825)刻本　二冊

440000－2561－0004211　40976

習苦齋詩集八卷古文四卷　（清）戴熙撰　清
同治六年(1867)刻本　四冊

440000－2561－0004212　40977

鄧林唱和詩詞不分卷　（清）鄧廷楨　（清）林
則徐撰　清宣統元年(1909)江浦陳氏刻本
一冊

440000－2561－0004213　40978

蕉鹿園唱和存草一卷　（清）譚瑪輯　清道光
二十三年(1843)刻本　一冊

440000－2561－0004214　40979

劉忠宣公文集一卷宣召錄一卷詩集四卷
(明)劉大夏撰　（清）劉乙燃纂輯　劉忠宣公
遺集附錄文二卷附錄詩一卷　（明）李東陽等
撰　劉忠宣公年譜二卷　（明）劉世節編次
清光緒元年(1875)刻本　六冊

440000－2561－0004215　40980

樊川詩集四卷別集一卷外集一卷詩補遺一卷
（唐）杜牧撰　（清）馮集梧注　清光緒十六
年(1890)刻本　四冊

440000－2561－0004216　40981

漸西村人初集詩十三卷　存四卷(十至十三)
清光緒二十年(1894)避舍盦公堂刻本　一冊

440000－2561－0004217　40982

知非齋駢文錄一卷古文錄一卷　（清）沈湛鈞
撰　（清）劉明祺編訂　清光緒三十一年
(1905)劉明祺木活字印本　二冊

440000－2561－0004218　40983

綴學堂初稾四卷　陳漢章撰　清光緒象山陳
氏刻本　二冊

440000－2561－0004219　40984

友竹草堂詩二卷文一卷　（清）蔣慶第撰　清
光緒刻本　二冊

440000－2561－0004220　40985

侍郎葛公歸愚集十卷補遺一卷　（宋）葛立方
撰　清光緒二十二年(1896)武進盛氏刻本
一冊

440000－2561－0004221　40986

居東集二卷　蔣智由撰　清宣統二年(1910)
鉛印本　一冊

440000－2561－0004222　40987

居東集二卷　蔣智由撰　清宣統二年(1910)
鉛印本　一冊

440000－2561－0004223　40988

碧雲集三卷　(南唐)李中撰　明虞山毛氏汲
古閣刻本　三冊

440000－2561－0004224　40989

劉葆真太史遺槀二卷　(清)劉可毅撰　清宣
統二年(1910)刻本　一冊

440000－2561－0004225　40990

陜南池館遺集二卷　(清)喬重禧撰　清咸豐
元年(1851)刻本　一冊

440000－2561－0004226　40991

虛白山房詩集四卷駢體文二卷　(清)朱鳳毛
撰　清光緒義烏朱氏刻本　二冊

440000－2561－0004227　40992

韓昌黎詩集編年箋注十二卷　(唐)韓愈撰
(清)方世舉注　清乾隆二十三年(1758)盧氏
雅雨堂刻本　六冊

440000－2561－0004228　40993

集古評釋西山真先生文章正宗二十四卷
(宋)真德秀選　(明)唐順之評　明刻本　八
冊

440000－2561－0004229　40994

趙裘萼公剩藁四卷　(清)趙熊詔撰　(清)趙
侗敩編　清乾隆二年(1737)刻本　二冊

440000－2561－0004230　40995

癸巳存稿十五卷　(清)俞正燮撰　清光緒十
年(1884)刻本　八冊

440000－2561－0004231　40996

葉忠節公遺稿十二卷　(清)葉映榴撰　(清)
葉芳輯錄　清乾隆十年(1745)刻本　八冊

440000－2561－0004232　40997

文貞公集十二卷　(清)張玉書撰　清乾隆五
十七年(1792)刻本　六冊

440000－2561－0004233　40998

圭盦詩錄一卷　(清)吳觀禮撰　清光緒五年

(1879)刻本　一冊

440000－2561－0004234　41000

隨扈紀行詩存二卷　(清)蔣廷黻撰　清光緒
刻本　一冊

440000－2561－0004235　41001

大潛山房詩鈔一卷　(清)劉銘傳撰　清同治
七年(1868)刻本　一冊

440000－2561－0004236　41002

雁影齋詩存一卷　(清)李希聖撰　清光緒三
十一年(1905)刻本　一冊

440000－2561－0004237　41003

鶴舫詩詞二卷　(清)石芝撰　清道光二十年
(1840)刻本　二冊

440000－2561－0004238　41004

眉綠樓詞八卷　(清)顧文彬撰　清光緒十年
(1884)刻本　四冊

440000－2561－0004239　41005

聽泉遺詩三卷　(清)李菖撰　清乾隆五十九
年(1794)刻本　三冊

440000－2561－0004240　41006

東亭詩選二卷　(清)董潮撰　清刻本　一冊

440000－2561－0004241　41007

厚齋詩選二卷　(清)李旦華撰　清刻本　一
冊

440000－2561－0004242　41008

順安詩草八卷清儀閣雜詠一卷竹田樂府一卷
竹里畫者詩一卷竹里耆舊詩一卷感逝詩一卷
　(清)張廷濟撰　稻香樓詩槀一卷　(清)張
慶榮撰　蘭心閣詩槀一卷　(清)朱瑩撰　清
道光十九年至二十八年(1839－1848)刻本
八冊

440000－2561－0004243　41009

白石道人歌曲四卷　(宋)姜夔撰　清光緒十
年(1884)仁和許氏娛園刻本　一冊

440000－2561－0004244　41010

有正味齋集五十三卷　(清)吳錫麒撰　清嘉
慶十三年(1808)刻本　十六冊

440000 – 2561 – 0004245　41011

隨山館叢稿四卷　（清）汪瑔撰　清光緒七年(1881)刻本　八冊

440000 – 2561 – 0004246　41012

歷代賦鈔三十二卷　（清）趙維烈編　清康熙二十四年(1685)刻本　八冊

440000 – 2561 – 0004247　41014

梅葉閣詩鈔八卷　（清）陸鼎撰　清道光十八年(1838)刻本　四冊

440000 – 2561 – 0004248　41015

蓬萊閣詩錄四卷　（清）陳克家撰　清同治八年(1869)刻本　四冊

440000 – 2561 – 0004249　41016

復堂類集一集四卷　（清）譚獻撰　清光緒十一年(1885)刻本　一冊

440000 – 2561 – 0004250　41017

榕風樓詩存二卷　（清）楊浚皋撰　清光緒十年(1884)刻本　二冊

440000 – 2561 – 0004251　41018

晚香齋詩存一卷　（清）楊嘉煥撰　清光緒二十二年(1896)刻本　二冊

440000 – 2561 – 0004252　41019

嘯劍山房詩鈔八卷　（清）文星瑞撰　清同治九年(1870)刻本　二冊

440000 – 2561 – 0004253　41020

水心文鈔十卷　（宋）葉適撰　（清）方桄如選　清乾隆五十五年(1790)刻本　六冊

440000 – 2561 – 0004254　41021

小山類藁選二十卷附錄一卷　（明）張岳撰　明萬曆十五年(1587)刻本　十六冊

440000 – 2561 – 0004255　41022

花天月地吟八卷　（清）蔣坦撰　清道光二十四年(1844)刻本　四冊

440000 – 2561 – 0004256　41025

津門徵獻詩八卷　（清）華鼎元輯　清光緒十二年(1886)刻本　四冊

440000 – 2561 – 0004257　41026

陶菴集二十二卷首一卷末一卷　（明）黃淳燿撰　清光緒五年(1879)刻本　八冊

440000 – 2561 – 0004258　41027

嶧桐文集十卷詩集十卷　（明）劉城著　清光緒十九年(1893)刻本　八冊

440000 – 2561 – 0004259　41028

香遠堂詩鈔四卷　（清）周人驥撰　清乾隆十二年(1747)刻本　四冊

440000 – 2561 – 0004260　41029

缶廬詩存四卷　吳俊卿撰　清光緒十九年(1893)刻本　四冊

440000 – 2561 – 0004261　41033

可園詩鈔七卷　三多撰　清光緒十八年(1892)石印本　四冊

440000 – 2561 – 0004262　41034

真松閣詞六卷　（清）楊夔生撰　清光緒元年(1875)刻本　四冊

440000 – 2561 – 0004263　41035

本事詩十二卷　（清）徐釚輯　清康熙十一年(1672)刻本　四冊

440000 – 2561 – 0004264　41036

陸宣公集二十四卷　（唐）陸贄撰　清道光二十七年(1847)刻本　六冊

440000 – 2561 – 0004265　41037

歐陽修撰集七卷　（宋）歐陽澈撰　清抄本　清嘉慶二十五年(1820)友梅朱筆校並跋　二冊

440000 – 2561 – 0004266　41041

二談女史詩詞四卷　（清）談印蓮　（清）談印梅撰　（清）孫錫祉輯　清光緒十六年(1890)刻本　四冊

440000 – 2561 – 0004267　41042

陶山集十六卷　（宋）陸佃撰　清光緒二十五年(1899)廣雅書局刻武英殿聚珍版書本　三冊

440000 – 2561 – 0004268　41043

石湖詩選一卷　（宋）范成大撰　（清）陳訏選
　清刻本　二冊

440000－2561－0004269　41044

山中白雲詞八卷　（宋）張炎撰　清雍正四年
（1726）刻本　一冊

440000－2561－0004270　41045

山中白雲詞八卷　（宋）張炎撰　清雍正四年
（1726）刻本　四冊

440000－2561－0004271　41046

羅豫章先生集十二卷　（宋）羅從彦撰　清光
緒八年（1882）刻本　六冊

440000－2561－0004272　41047

讀書堂杜工部詩集注解二十卷　（唐）杜甫撰
　（清）張溍評注　清康熙三十六年（1697）刻
本　十二冊

440000－2561－0004273　41048

疏影樓詞五卷　（清）姚燮撰　清道光十三年
（1833）刻本　二冊

440000－2561－0004274　41049

琴隱詞一卷　（清）夏寶晉撰　清道光二十七
年（1847）刻本　一冊

440000－2561－0004275　41051

散原精舍詩二卷　陳三立撰　清宣統元年
（1909）鉛印本　二冊

440000－2561－0004276　41053

曼志堂遺稿二卷　（清）曹壽銘撰　清同治九
年（1870）刻本　二冊

440000－2561－0004277　41054

未谷詩集四卷　（清）桂馥撰　清乾隆六十年
（1795）刻本　二冊

440000－2561－0004278　41055

羊鳴山房感知詩一卷再續感知詩一卷附錄一
卷　秦嵩年撰　清宣統三年（1911）鉛印本
二冊

440000－2561－0004279　41056

秋水堂遺詩一卷　（清）朱慶萼撰　清光緒元
年（1875）刻本　二冊

440000－2561－0004280　41057

三魚堂集十二卷　（清）陸隴其撰　清同治七
年（1868）刻本　六冊

440000－2561－0004281　41058

司馬溫公文集八十卷目錄二卷　（宋）司馬光
撰　明天啓七年（1627）吳時亮刻清康熙十六
年（1677）補刻本　二十四冊

440000－2561－0004282　41059

海峰詩集十卷　（清）劉大櫆撰　清光緒二十
五年（1899）蕭穆刻本　二冊

440000－2561－0004283　41060

聞味軒詩鈔十卷詞鈔二卷　（清）韓欽撰　清
光緒二十二年（1896）刻本　二冊

440000－2561－0004284　41061

選注六朝唐賦不分卷　（清）馬傳庚選注　清
同治十三年（1874）刻本　四冊

440000－2561－0004285　41063

養素堂文集三十五卷　（清）張澍撰　清道光
十七年（1837）刻本　十六冊

440000－2561－0004286　41064

執齋集二十卷　（明）劉玉撰　清同治十三年
（1874）刻本　六冊

440000－2561－0004287　41066

碧筠館詩稿四卷補遺一卷附錄二卷　（明）凌
立撰　清光緒二十二年（1896）刻本　一冊

440000－2561－0004288　41067

李太白全集三十卷　（唐）李白撰　清康熙五
十六年（1717）雙泉草堂刻本　十二冊

440000－2561－0004289　41068

薛濤詩集一卷　（唐）薛濤撰　明萬曆三十八
年（1610）洗墨池刻本　一冊

440000－2561－0004290　41069

張忠敏公遺集十卷首一卷附錄六卷　（明）張
國維撰　（清）張振珂編輯　清咸豐七年
（1857）刻本　五冊　缺三卷（附錄四至六）

440000－2561－0004291　41070

古月軒詩存五卷文存二卷西江泛宅集三卷試

帖偶存一卷 （清）朱伸林撰 浣霞軒詩稿一卷寓草一卷試帖拾遺一卷 （清）朱驤成撰 吹篪集一卷 （清）朱駿成撰 過庭集一卷 （清）朱馱成撰 清光緒十年（1884）琴川書屋刻本 六冊

440000－2561－0004292 41071

松厓文鈔二卷 （清）管幹珍撰 清刻本 一冊

440000－2561－0004293 41072

邱氏家集一卷文獻私記一卷 （清）邱憲輯 清光緒二十二年（1896）刻本 一冊

440000－2561－0004294 41073

柳子厚集選四卷 （唐）柳宗元撰 （明）陸夢龍評選 明崇禎刻韓柳合刻本 邵章題 二冊

440000－2561－0004295 41074

孫明復小集三卷 （宋）孫復撰 清光緒十五年（1889）刻本 一冊

440000－2561－0004296 41076

鹿忠節公集二十一卷 （明）鹿善繼撰 清刻本 六冊

440000－2561－0004297 41077

何大復先生集三十八卷附錄一卷 （明）何景明撰 清康熙刻本 十六冊

440000－2561－0004298 41078

詠歸亭詩鈔八卷 （清）李果撰 清乾隆十八年（1753）刻本 四冊

440000－2561－0004299 41079

小謨觴館詩集八卷詩續集二卷詩餘附錄一卷文集四卷文續集二卷 （清）彭兆蓀撰 清同治十三年（1874）刻本 八冊

440000－2561－0004300 41080

國朝六家駢體文鈔不分卷 （清）吳錫麒等撰 清抄本 四冊

440000－2561－0004301 41081

庸庵文編四卷續編二卷外編四卷海外文編四卷 （清）薛福成撰 清光緒二十三年（1897）

上海醉六堂石印本 八冊

440000－2561－0004302 41082

增訂袁文箋正四卷 （清）袁枚撰 （清）魏大緗箋正 清同治十三年（1874）刻本 二冊

440000－2561－0004303 41083

林蕙堂文集十二卷 （清）吳綺撰 清康熙四年（1665）刻本 十二冊

440000－2561－0004304 41084

廣唐賢三昧集十卷 （清）王士禎輯 （清）文昭補錄 清宣統元年（1909）荊州田氏後博古堂影印本 十冊

440000－2561－0004305 41085

庸德堂贈言四卷前編一卷 （清）余宏輯 清嘉慶十年（1805）刻本 六冊

440000－2561－0004306 41086

江陵張文忠公全集四十七卷 （明）張居正撰 清江陵鄧氏刻本 十六冊

440000－2561－0004307 41087

國朝山左詩鈔六十卷 （清）盧見曾纂 清乾隆二十三年（1758）雅雨堂刻本 二十四冊

440000－2561－0004308 41088

煙霞萬古樓詩選二卷 （清）王曇撰 仲瞿詩錄一卷 （清）王曇撰 （清）徐渭仁輯 清咸豐元年（1851）刻本 一冊

440000－2561－0004309 41089

煙霞萬古樓詩殘稿一卷 （清）王曇撰 清光緒二十六年（1900）寒松閣刻本 一冊

440000－2561－0004310 41090

懺花庵詩鈔十卷 （清）宋澤元撰 清光緒八年（1882）刻本 三冊

440000－2561－0004311 41091

瑞芍軒詩鈔四卷詞稿一卷 （清）許乃穀撰 清同治七年（1868）刻本 二冊

440000－2561－0004312 41092

宋四家詞選一卷 （清）周濟輯 清同治十一年（1872）刻本 一冊

440000 - 2561 - 0004313　41093

天籟軒詞選四卷　（清）葉申薌輯　清道光十九年(1839)刻本　四冊

440000 - 2561 - 0004314　41094

躬厚堂集二十五卷　（清）張金鏞撰　清同治三年至光緒四年(1864 - 1878)刻本　六冊

440000 - 2561 - 0004315　41095

澤古齋詩鈔一卷　（清）吳士模撰　清光緒十九年(1893)刻本　一冊

440000 - 2561 - 0004316　41096

澤古齋文鈔三卷補遺一卷論語一卷大學一卷中庸一卷附編一卷　（清）吳士模撰　清光緒十九年(1893)刻本　四冊

440000 - 2561 - 0004317　41097

寒松閣詩八卷詞四卷駢體文一卷說文佚字攷四卷　（清）張鳴珂撰　清光緒十九年(1893)刻本　五冊

440000 - 2561 - 0004318　41098

壯悔堂文集十卷　（清）侯方域撰　清順治十三年(1656)刻本　六冊

440000 - 2561 - 0004319　41100

龍川先生詩鈔一卷　（清）李光炘撰　清末抄本　一冊

440000 - 2561 - 0004320　41101

湘潭郭氏閨秀集一卷　（清）郭潤玉輯　清道光十七年(1837)刻本　二冊

440000 - 2561 - 0004321　41102

杜詩偶評四卷　（清）沈德潛選評　清乾隆賦閒草堂刻本　四冊

440000 - 2561 - 0004322　41103

梧笙唱和集二卷　（清）李星沅　（清）郭潤玉撰　清道光十七年(1837)刻本　二冊

440000 - 2561 - 0004323　41104

三子詩選一卷蒿庵復堂詞二卷　（清）鄧輔綸等撰　（清）蔡壽祺輯　清咸豐七年(1857)刻本　一冊

440000 - 2561 - 0004324　41105

青山詩選六卷　（清）桂超萬輯　清光緒元年(1875)刻本　二冊

440000 - 2561 - 0004325　41106

江鄉節物詩二卷　（清）吳存楷撰　蘭因集二卷　（清）陳文述輯　清光緒八年(1882)錢塘丁氏刻本　一冊

440000 - 2561 - 0004326　41107

傳樸堂詩稿四卷　（清）葛金烺撰　發華館詩稿一卷　（清）葛嗣浵撰　清光緒二十一年(1895)刻本　二冊

440000 - 2561 - 0004327　41108

傳樸堂詩稿四卷　（清）葛金烺撰　發華館詩稿一卷　（清）葛嗣浵撰　清光緒二十一年(1895)刻本　二冊

440000 - 2561 - 0004328　41109

合諸名家評註三蘇文選十八卷　（宋）蘇洵等撰　（明）楊慎選　（明）李維楨評注　明崇禎五年(1632)刻本　十八冊

440000 - 2561 - 0004329　41110

江左二大家詩鈔六卷　（清）錢謙益　（清）吳偉業撰　（清）顧有孝　（清）趙澐輯　清康熙七年(1668)刻本　六冊

440000 - 2561 - 0004330　41111

楚辭十七卷　（戰國）屈原撰　（漢）劉向集（漢）王逸章句　清同治十一年(1872)金陵書局刻本　四冊

440000 - 2561 - 0004331　41112

白雨齋詞話三卷　（清）陳廷焯撰　清光緒二十年(1894)刻本　一冊

440000 - 2561 - 0004332　41113

桃谿雪二卷　（清）黃燮清撰　清道光二十七年(1847)刻本　四冊

440000 - 2561 - 0004333　41114

西堂樂府六種七卷　（清）尤侗撰　清康熙刻本　二冊

440000 - 2561 - 0004334　41115

蕙雪詞四卷　（清）張絢撰　夢龕詞一卷

（清）張修府撰　清光緒十一年(1885)刻本
一冊

440000－2561－0004335　41116

詩餘偶鈔六卷　（清）孫鼎臣等撰　王先謙輯
清光緒十六年(1890)長沙王氏刻本　一冊

440000－2561－0004336　41117

滄江虹月詞三卷　（清）汪初撰　清嘉慶九年
(1804)汪氏振綺堂刻光緒十五年(1889)汪曾
唯補刻本　一冊

440000－2561－0004337　41118

小石帆生詞四卷　（清）趙福雲撰　清咸豐十
年(1860)刻本　一冊

440000－2561－0004338　41119

衍波詞二卷　（清）王士禎著　微波詞一卷
(清)錢枚著　清光緒十五年(1889)許氏榆園
刻本　一冊

440000－2561－0004339　41120

花影吹笙詞鈔二卷　（清）葉英華撰　小遊僊
詞一卷　（清）夢禪居士撰　清光緒三年
(1877)刻本　一冊

440000－2561－0004340　41121

雪莊詞一卷　（清）繆謨著　清乾隆二十八年
(1763)刻本　一冊

440000－2561－0004341　41122

西霞詞一卷　（清）陸文蔚著　清乾隆二十八
年(1763)刻本　一冊

440000－2561－0004342　41123

笙月詞四卷花影詞一卷　（清）王詒壽撰　清
同治十一年(1872)刻本　一冊

440000－2561－0004343　41124

城北草堂詩餘一卷　（清）顧爕撰　清咸豐六
年(1856)刻本　一冊

440000－2561－0004344　41125

玉玲瓏館詞存一卷　（清）魏熙元撰　清光緒
十六年(1890)刻本　一冊

440000－2561－0004345　41126

藝雲詞四卷　（清）俞敦培撰　清同治五年

(1866)刻本　一冊

440000－2561－0004346　41127

石舫園詞鈔一卷　（清）梁齡增撰　清道光三
年(1823)刻本　一冊

440000－2561－0004347　41129

江忠烈公遺集二卷附錄一卷　（清）江忠源撰
清同治三年(1864)刻本　一冊

440000－2561－0004348　41130

繆武烈公遺集六卷　（清）繆梓撰　清光緒七
年(1881)刻本　四冊

440000－2561－0004349　41131

沈文忠公集十卷　（清）沈兆霖撰　清同治八
年(1869)刻本　四冊

440000－2561－0004350　41132

國朝三家文鈔三十二卷　（清）宋犖　（清）許
汝霖選　清康熙三十三年(1694)刻本　八冊

440000－2561－0004351　41133

過雲精舍詞二卷　（清）楊爕生撰　碧梧山館
詞二卷　（清）汪世泰撰　清嘉慶十四年
(1809)袁氏隨園刻本　一冊

440000－2561－0004352　41134

綠秋草堂詞一卷　（清）顧翰撰　玉山堂詞一
卷　（清）汪度撰　崇睦山房詞一卷　（清）汪
全德撰　清嘉慶十四年(1809)隨園刻本　一
冊

440000－2561－0004353　41135

隨山館詞稿一卷　（清）汪瑔撰　清同治七年
(1868)刻本　一冊

440000－2561－0004354　41136

樗洲詞二卷　（清）勒方錡撰　清同治四年
(1865)刻本　一冊

440000－2561－0004355　41138

居易初集二卷　（清）經元善撰　清光緒二十
七年(1901)鉛印本　二冊

440000－2561－0004356　41139

鐵園集一卷　（清）陸璣撰　清道光二十九年
(1849)刻本　二冊

440000－2561－0004357　41140

莫宦草文一卷詩一卷　黃壽袞撰　清光緒二十五年(1899)刻本　二冊

440000－2561－0004358　41141

風雨吟草一卷　(清)紀遠著　清得閒處刻本　一冊

440000－2561－0004359　41142

瑤花夢影錄一卷　(清)邊琬輯　清同治十二年(1873)刻本　一冊

440000－2561－0004360　41143

北郭詩帳二卷　(清)丁丙撰　清光緒二十四年(1898)刻本　二冊

440000－2561－0004361　41144

白華山人詩集十六卷　(清)厲志撰　清光緒九年(1883)刻本　四冊

440000－2561－0004362　41145

郴游錄一卷附郴州集一卷　金蓉鏡撰　清光緒三十二年(1906)鉛印本　一冊

440000－2561－0004363　41146

雙瓣香編四卷　(清)沈家珍　(清)吳陳勳撰　清咸豐四年(1854)刻本　二冊

440000－2561－0004364　41147

區太史詩集二十七卷　(明)區大相撰　明崇禎十六年(1643)刻本　六冊

440000－2561－0004365　41148

嶺南群雅初集三卷二集三卷　(清)劉彬華輯　清嘉慶十八年(1813)刻本　六冊

440000－2561－0004366　41149

林屋吟榭十二卷　(清)任兆麟輯　清乾隆五十四年(1789)刻本　八冊

440000－2561－0004367　41150

樂志簃文錄四卷詩錄六卷詞錄一卷味經堂詩錄二卷筆記四卷　(清)沈祥龍撰　清光緒二十六年(1900)刻本　四冊

440000－2561－0004368　41151

有正味齋集十六卷　(清)吳錫麒撰　清刻本　四冊

440000－2561－0004369　41152

有正味齋駢體文二十四卷　(清)吳錫麒撰　清嘉慶刻本　六冊

440000－2561－0004370　41153

郭大理遺稿八卷　(清)郭尚先撰　清道光二十四年(1844)刻本　四冊

440000－2561－0004371　41154

七言古詩鈔一卷　小清涼山房評選　清抄本　一冊

440000－2561－0004372　41155

五七言律詩鈔一卷　小清涼山房評選　清抄本　一冊

440000－2561－0004373　41156

南畇詩稿十卷　(清)彭定求撰　清康熙四十八年(1709)刻本　四冊

440000－2561－0004374　41157

湖海樓詩集八卷　(清)陳維崧撰　(清)葉方恒等選　清康熙二十八年(1689)陳宗石患立堂刻本　四冊

440000－2561－0004375　41158

耐安類稿五種十卷　(清)陳偉撰　清光緒二十二年(1896)刻本　六冊

440000－2561－0004376　41159

墨麟詩十二卷　(清)馬維翰撰　清刻本　十二冊

440000－2561－0004377　41160

嘯古堂文集八卷　(清)蔣敦復撰　清同治七年(1868)刻本　四冊

440000－2561－0004378　41162

南樵初集六卷　(清)梁無技撰　清康熙五十五年(1716)刻本　二冊

440000－2561－0004379　41163

靈洲山人詩錄六卷　(清)徐灝撰　清同治三年(1864)刻本　四冊

440000－2561－0004380　41164

三松堂集二十卷續集六卷　(清)潘奕雋撰　清同治九年(1870)刻本　十冊　缺三卷(續

集四至六)

440000－2561－0004381　41165

歸震川先生全集三十卷別集十卷　（明）歸有光撰　清光緒元年(1875)常熟歸氏刻本　十二冊

440000－2561－0004382　41166

煙波漁唱四卷　（清）張應昌撰　清道光二十四年(1844)刻本　四冊

440000－2561－0004383　41167

玉岑樓紀事詩一卷　（清）許承基輯　清乾隆三十八年(1773)刻本　二冊

440000－2561－0004384　41168

采山堂近詩選不分卷　（清）沈胤范撰　清康熙三年(1664)刻本　二冊

440000－2561－0004385　41169

葦間詩集五卷　（清）姜宸英撰　（清）唐執玉編輯　清道光四年(1824)葉元塏木活字印本　三冊

440000－2561－0004386　41170

湖東第一山詩鈔五卷　（清）宋棠撰　清同治十二年(1873)刻本　二冊

440000－2561－0004387　41171

沈青霞公集十六卷　（明）沈鍊撰　清乾隆十九年(1754)刻本　四冊

440000－2561－0004388　41172

玉碧居詩鈔八卷　（清）程芝筠撰　清嘉慶二十四年(1819)刻本　四冊

440000－2561－0004389　41173

尺岡草堂遺集十二卷　（清）陳璞撰　清光緒十五年(1889)刻本　八冊

440000－2561－0004390　41174

永平詩存二十四卷　（清）史夢蘭輯　清同治十年(1871)刻本　八冊

440000－2561－0004391　41175

歸震川先生全集三十卷別集十卷　（明）歸有光撰　清康熙五十九年(1720)刻本　十冊

440000－2561－0004392　41176

介石堂文集十卷　（清）郭起元著　（清）王步青評　清乾隆十八年(1753)刻本　二冊

440000－2561－0004393　41177

白雲山房集六卷　（清）張象津撰　清道光九年(1829)刻本　八冊

440000－2561－0004394　41178

評選四六法海八卷　（清）蔣士銓輯　清同治十年(1871)刻朱墨套印本　八冊

440000－2561－0004395　41179

古今詩話精選不分卷　（□）□□撰　清抄本　四冊

440000－2561－0004396　41180

批點杜工部七言律詩一卷　（唐）杜甫撰　（明）郭正域批點　明閔齊伋刻三色套印本　二冊

440000－2561－0004397　41181

惺齋吟草四卷　（清）陳觀國撰　清嘉慶十三年(1808)刻本　四冊

440000－2561－0004398　41182

倚柝吟遺稾二卷　（清）任塍撰　清光緒三十一年(1905)鉛印本　一冊

440000－2561－0004399　41183

漁浦草堂詩集四卷　（清）張道撰　清同治六年(1867)刻本　一冊

440000－2561－0004400　41184

自怡吟初稿四卷　（清）謝元壽撰　清宣統三年(1911)石印本　二冊

440000－2561－0004401　41185

留餘堂詩鈔八卷　（清）夏之盛撰　清道光二十七年(1847)刻本　八冊

440000－2561－0004402　41186

雪船吟初稿六卷　（清）謝秀嵐撰　清宣統二年(1910)木活字印本　一冊　存四卷(一至四)

440000－2561－0004403　41187

堅正堂摺稿二卷　（清）褚成博撰　清光緒三

十一年(1905)刻本　二冊

440000－2561－0004404　41188

調運齋再生錄一卷　(清)錢陸燦撰　清康熙
三十七年(1698)刻本　一冊

440000－2561－0004405　41189

正誼堂文集二十四卷　(清)董沛撰　清光緒
二十二年(1896)刻本　六冊

440000－2561－0004406　41190

御選唐宋詩醇四十七卷　(清)高宗弘曆選
清乾隆二十五年(1760)刻本　二十四冊

440000－2561－0004407　41192

松風餘韻五卷　(清)姚弘緒編　清乾隆九年
(1744)刻本　四冊

440000－2561－0004408　41193

居易居小草三卷青霞館論畫絕句一卷思亭近
稿一卷湖山吟嘯集一卷吉祥居存稿四卷
(清)吳修撰　清嘉慶元年至九年(1796－
1804)刻本　四冊

440000－2561－0004409　41194

在陸草堂文集六卷　(清)儲欣撰　清雍正元
年(1723)刻本　四冊

440000－2561－0004410　41195

江月松風集十二卷　(元)錢惟善撰　清光緒
八年(1882)刻本　四冊

440000－2561－0004411　41196

竹垞文類二十六卷　(清)朱彝尊撰　(清)楊
謙纂　清康熙刻本　八冊

440000－2561－0004412　41197

松寥山人詩初集十卷　(清)張際亮撰　清道
光四年(1824)刻本　四冊

440000－2561－0004413　41198

皖江三家詩鈔四卷　(清)陳世鎔輯　清同治
十三年(1874)合肥李清廉堂鉛印本　一冊

440000－2561－0004414　41199

甖社游草一卷　(明)何慶元撰　明萬曆四十
三年(1615)刻本　一冊

440000－2561－0004415　41200

在璞堂續稿一卷　(清)方芳佩撰　清乾隆二
十一年(1756)刻本　三冊

440000－2561－0004416　41201

西漚全集十卷　(清)李惺撰　清同治五年
(1866)刻本　八冊

440000－2561－0004417　41202

西漚外集八卷　(清)李惺撰　清同治七年
(1868)刻本　八冊

440000－2561－0004418　41203

曹子建集十卷　(三國魏)曹植撰　明李夢陽
刻本　四冊

440000－2561－0004419　41204

嵇中散集十卷　(三國魏)嵇康撰　明萬曆汪
士賢刻本　四冊

440000－2561－0004420　41205

通齋集五卷外集一卷文集二卷南行紀程一卷
(清)蔣超伯撰　清同治三年(1864)刻本
十二冊

440000－2561－0004421　41206

吾與彙編十卷　(清)吳翌鳳編　清嘉慶二十
一年(1816)刻本　八冊

440000－2561－0004422　41207

得一山房詩集二卷　(清)唐懋功撰　請纓日
記八卷　(清)唐景崧撰　清光緒十九年
(1893)刻本　五冊

440000－2561－0004423　41208

來雲閣詩六卷　(清)金和撰　清光緒十八年
(1892)刻本　二冊

440000－2561－0004424　41210

南邨草堂詩鈔二十四卷　(清)鄧顯鶴撰　清
道光九年(1829)刻本　六冊

440000－2561－0004425　41211

寒松堂全集十二卷　(清)魏象樞撰　清康熙
四十七年(1708)刻本　二十八冊

440000－2561－0004426　41212

懷古田舍詩鈔三十三卷　(清)徐榮撰　清道

光十八年(1838)刻本　十六冊

440000 – 2561 – 0004427　41213

嶺南集七卷山左集一卷中州集一卷　（清）程
含章撰　清道光元年(1821)刻本　十六冊

440000 – 2561 – 0004428　41214

翁山詩外十九卷　（清）屈大均撰　清宣統二
年(1910)國學扶輪社鉛印本　十二冊

440000 – 2561 – 0004429　41215

今白華堂詩錄八卷補八卷首一卷　（清）童槐
撰　清同治八年(1869)刻本　五冊

440000 – 2561 – 0004430　41216

儆居集內編十四卷　（清）黃式三撰　清光緒
二年(1876)刻本　四冊

440000 – 2561 – 0004431　41217

問山樓詩稿九卷古文遺稿二卷　（清）楊士瑤
撰　清同治十年(1871)活字本　四冊

440000 – 2561 – 0004432　41218

菘耘文鈔四卷　（清）季錫疇撰　清光緒四年
(1878)刻本　四冊

440000 – 2561 – 0004433　41219

雕菰樓集二十四卷　（清）焦循撰　蜜梅花館
文錄一卷　（清）焦廷琥撰　清道光四年
(1824)揚州阮福刻本　八冊

440000 – 2561 – 0004434　41220

晁具茨先生詩集十五卷　（宋）晁沖之撰　清
刻本　六冊

440000 – 2561 – 0004435　41221

楚辭集注八卷　（宋）朱熹撰　清聽雨齋刻朱
墨套印本　八冊

440000 – 2561 – 0004436　41222

山帶閣註楚辭六卷首一卷餘論二卷說韻一卷
（清）蔣驥注　清雍正五年(1727)刻本　四
冊

440000 – 2561 – 0004437　41224

寱言二卷　陳澹然撰　清光緒二十八年
(1902)鉛印本　二冊

440000 – 2561 – 0004438　41225

盤谷集五卷　（明）劉鷹撰　清光緒二十七年
(1901)刻本　二冊

440000 – 2561 – 0004439　41226

易齋集二卷　（明）劉璟著　清光緒二十七年
(1901)刻本　二冊

440000 – 2561 – 0004440　41227

澤雅堂詩二集十二卷　（清）施補華撰　清光
緒稿本　四冊

440000 – 2561 – 0004441　41229

宋四六選二十四卷　（清）彭元瑞　（清）曹振
鏞編　清乾隆四十一年(1776)刻本　十冊

440000 – 2561 – 0004442　41230

唐駢體文鈔十七卷　（清）陳均輯　清嘉慶二
十五年(1820)刻本　四冊

440000 – 2561 – 0004443　41232

滏水集二十卷　（金）趙秉文撰　清光緒二十
九年(1903)刻本　八冊

440000 – 2561 – 0004444　41233

玉谿生詩詳註三卷首一卷樊南文集詳註八卷
首一卷附年譜一卷　（唐）李商隱撰　（清）馮
浩編訂　清嘉慶元年(1796)德聚堂刻本　八
冊

440000 – 2561 – 0004445　41234

樊南文集補編十二卷首一卷附錄一卷　（唐）
李商隱撰　（清）錢振倫箋　（清）錢振常注
清同治五年(1866)刻本　四冊

440000 – 2561 – 0004446　41235

李義山集三卷　（唐）李商隱撰　清碧鮮齋抄
本　二冊

440000 – 2561 – 0004447　41236

玉谿生詩箋註三卷首一卷　（唐）李商隱撰
（清）馮浩編訂　清嘉慶元年(1796)德聚堂刻
本　四冊

440000 – 2561 – 0004448　41237

唐詩類鈔八卷　（明）顧應祥撰　明嘉靖三十
一年(1552)刻本　十八冊

440000 – 2561 – 0004449　41238

御選唐宋文醇五十八卷　（清）高宗弘曆選
清光緒三年(1877)浙江書局刻本　二十冊

440000 – 2561 – 0004450　41239

東坡文選二十卷　（宋）蘇軾撰　（明）鍾惺選
明萬曆四十八年(1620)刻本　十冊

440000 – 2561 – 0004451　41240

豹隱堂集二卷　（清）趙蓮城撰　清光緒十年
(1884)刻本　五冊

440000 – 2561 – 0004452　41241

三魚堂文集十二卷附崇祀錄一卷外集六卷附
錄一卷　（清）陸隴其撰　（清）侯銓編　清康
熙四十年(1701)刻本　八冊

440000 – 2561 – 0004453　41242

種樹軒遺集六卷　（清）郭長清著　清光緒二
十二年(1896)刻本　二冊

440000 – 2561 – 0004454　41243

歷朝上虞詩集十六卷　（清）錢玫輯　清道光
十五年(1835)刻本　四冊

440000 – 2561 – 0004455　41244

校注橘山四六二十卷　（宋）李廷忠撰　（明）
孫雲翼注　明萬曆三十五年(1607)刻本　八
冊

440000 – 2561 – 0004456　41245

綠蘿山莊文集二十四卷　（清）胡浚撰注　清
嘉慶刻本　十二冊

440000 – 2561 – 0004457　41246

霞舉堂集三十五卷　（清）王晫撰　清康熙三
十年(1691)刻本　十二冊

440000 – 2561 – 0004458　41247

讀書堂全集四十六卷　（清）趙士麟撰　清光
緒十九年(1893)浙江書局刻本　十二冊

440000 – 2561 – 0004459　41248

五朝名家七律英華不分卷　（清）顧有孝
（清）王載纂　清康熙二十六年(1687)刻本
六冊

440000 – 2561 – 0004460　41249

西陂類稿五十卷　（清）宋犖撰　清康熙五十
年(1711)刻本　十六冊

440000 – 2561 – 0004461　41250

明張文忠公全集四十六卷附錄二卷　（明）張
居正撰　清光緒二十七年(1901)紅藤碧樹山
館刻本　十六冊

440000 – 2561 – 0004462　41251

中州名賢文表三十卷　（明）劉昌輯　明成化
七年(1471)刻本　六冊

440000 – 2561 – 0004463　41252

嘉樂齋三蘇文範十八卷　（明）楊慎選　（明）
袁宏道評　明天啓二年(1622)刻本　十六冊

440000 – 2561 – 0004464　41253

停雲軒古詩鈔二卷　（清）何經愉撰　清嘉慶
十一年(1806)刻本　二冊

440000 – 2561 – 0004465　41254

宛鄰書屋古詩錄十二卷　（清）張琦選輯　清
同治八年(1869)刻本　八冊

440000 – 2561 – 0004466　41255

後湖草堂詩鈔三十一卷試帖詩鈔一卷賦鈔一
卷　（清）王守毅撰　清咸豐四年(1854)刻本
六冊

440000 – 2561 – 0004467　41256

王荊公詩箋注五十卷補遺一卷　（宋）王安石
撰　（宋）李壁箋注　清乾隆六年(1741)武原
張氏刻本　六冊

440000 – 2561 – 0004468　41257

王貞白詩一卷補遺一卷　（南唐）王貞白撰
清宣統元年(1909)餘姚邵氏刻本　一冊

440000 – 2561 – 0004469　41258

滄江詩集十卷　（清）郭綏之撰　（清）黎庶昌
選　清同治八年(1869)木活字印本　四冊

440000 – 2561 – 0004470　41259

瘦暈山房詩刪十三卷　（清）羅天尺撰　清乾
隆二十五年(1760)刻本　四冊

440000 – 2561 – 0004471　41260

蔡中郎集十卷外集四卷　（漢）蔡邕撰　清光

緒十六年(1890)番禺陶氏刻本　五冊

440000－2561－0004472　41261

方孩未先生全集十六卷　(明)方震孺撰　清嘉慶二十二年(1817)刻本　六冊

440000－2561－0004473　41262

莊靖集十卷　(金)李俊民撰　清光緒十六年(1890)刻本　四冊

440000－2561－0004474　41263

志隱齋詩鈔八卷　(清)王文瑋撰　清咸豐六年(1856)刻本　四冊

440000－2561－0004475　41264

文起堂詩集十五卷　(清)韓羹卿撰　清光緒十年(1884)刻本　四冊

440000－2561－0004476　41265

汲庵詩存八卷　(清)楊象濟撰　清光緒八年(1882)刻本　四冊

440000－2561－0004477　41266

冬生草堂詩錄八卷文錄四卷　(清)夏寶晉撰　清咸豐元年(1851)刻本　六冊

440000－2561－0004478　41267

史漢精選十六卷　(明)唐順之批選　清雍正十一年(1733)稽古堂刻本　七冊

440000－2561－0004479　41268

同人集十二卷　(清)冒襄輯　清咸豐九年(1859)冒氏水繪庵刻本　二十四冊

440000－2561－0004480　41269

醫俗軒遺稿一卷附燕臺倡和一卷茶簃吟草外編一卷　(清)管名篲撰　清宣統元年(1909)鉛印本　一冊

440000－2561－0004481　41271

張亟齋遺集一卷　(清)張弨撰　清同治四年(1865)刻本　一冊

440000－2561－0004482　41272

春在堂詩編二十三卷　(清)俞樾撰　清光緒三十三年(1907)刻本　一冊　存一卷(二十三)

440000－2561－0004483　41273

柳州遺稿二卷　(清)魏之琇撰　清同治十一年(1872)刻本　一冊

440000－2561－0004484　41274

柳州遺稿二卷　(清)魏之琇撰　清同治十一年(1872)刻本　一冊

440000－2561－0004485　41275

巢雲山館遺稿一卷　(清)胡嗣曾撰　清光緒六年(1880)刻本　一冊

440000－2561－0004486　41276

澹廬文存二卷　(清)陳震撰　清光緒末年鉛印本　一冊　存一卷(二)

440000－2561－0004487　41277

夢影盦遺集四卷　(清)嚴以盛撰　清宣統元年(1909)鉛印本　一冊

440000－2561－0004488　41278

潛叟漫稿不分卷　(□)□□撰　清末鉛印本　一冊

440000－2561－0004489　41279

陋軒詩十二卷　(清)吳嘉紀撰　清康熙十八年(1679)刻本　六冊

440000－2561－0004490　41280

清平山館詩鈔九卷　(清)徐訒撰　清道光十九年(1839)刻本　八冊

440000－2561－0004491　41281

寓沙詩鈔八卷　(清)樊廷緒撰　清道光二十二年(1842)刻本　八冊

440000－2561－0004492　41282

賜綺堂集十五卷　(清)詹應甲撰　清嘉慶十年(1805)刻本　五冊

440000－2561－0004493　41283

曹集銓評十卷　(三國魏)曹植撰　(清)丁晏纂　清同治十一年(1872)金陵書局刻本　二冊

440000－2561－0004494　41284

噉蔗全集八卷　(清)張義年撰　(清)錢大昕(清)陳以綱評輯　清光緒十九年(1893)上

海著易堂鉛印本　六冊

440000－2561－0004495　41285

古文淵鑒六十四卷　（清）聖祖玄燁選　（清）徐乾學等編注　清康熙二十四年(1685)刻本　四十八冊

440000－2561－0004496　41286

御選唐宋詩醇四十七卷　（清）高宗弘曆選　清光緒七年(1881)浙江書局刻本　二十冊

440000－2561－0004497　41287

袁海叟詩集四卷集外詩一卷附錄一卷　（明）袁凱撰　（清）曹炳曾重輯　清康熙六十一年(1722)刻本　二冊

440000－2561－0004498　41288

如不及齋文鈔二卷　（清）章甫撰　清嘉慶十五年(1810)刻本　二冊

440000－2561－0004499　41289

經笥堂文鈔二卷　（清）雷鋐撰　清嘉慶十六年(1811)刻本　二冊

440000－2561－0004500　41290

天香樓遺稿四卷　（清）王望霖撰　清道光二十八年(1848)刻本　二冊

440000－2561－0004501　41291

李義山文集十卷　（唐）李商隱撰　（清）徐樹穀箋　（清）徐炯注　清康熙四十七年(1708)刻本　四冊

440000－2561－0004502　41292

求自得之室文鈔十二卷　（清）吳嘉賓撰　清同治五年(1866)刻本　六冊

440000－2561－0004503　41293

板橋集六卷　（清）鄭燮撰　清乾隆八年(1743)刻本　四冊

440000－2561－0004504　41295

文選纂註評苑前集十四卷後集二卷　（南朝梁）蕭統選　（明）張鳳翼纂注　（明）王世懋刪定　（明）陸弘祚輯訂　明刻本　十六冊

440000－2561－0004505　41296

南豐先生元豐類稿五十卷集外文二卷續附一卷　（宋）曾鞏撰　清康熙五十六年(1717)長洲顧松齡刻本　康綸鈞批校　邵章題簽　十冊

440000－2561－0004506　41297

金文最六十卷　（清）張金吾輯　清光緒二十一年(1895)蘇州書局刻本　十六冊

440000－2561－0004507　41298

庾子山全集十卷　（北周）庾信撰　（清）吳兆宜注　清吳江吳氏刻本　六冊

440000－2561－0004508　41299

續谿雜感詩一卷附錄一卷　（清）高孝本撰　（清）汪澤注釋　清同治九年(1870)刻本　一冊

440000－2561－0004509　41300

恕堂詩七卷　（清）宮鴻曆撰　清康熙四十四年(1705)刻本　一冊

440000－2561－0004510　41301

緯蕭草堂詩三卷　（清）宋至撰　清康熙二十七年(1688)刻本　一冊

440000－2561－0004511　41303

方泉先生詩集三卷　（宋）周文璞撰　清宣統元年(1909)上海國光社影印本　一冊

440000－2561－0004512　41304

復見心齋詩草六卷　（清）孫人鳳撰　清光緒四年(1878)刻本　一冊

440000－2561－0004513　41305

寶鐵齋詩錄一卷　（清）韓崇元撰　清光緒七年(1881)刻本　一冊

440000－2561－0004514　41306

山左詩鈔一卷　（清）朱孝純撰　清抄本　一冊

440000－2561－0004515　41307

晚晴閣詩二卷　（清）葛嵩撰　清道光二年(1822)刻本　一冊

440000－2561－0004516　41308

留園詩鈔二卷　（清）吳榮撰　清咸豐五年(1855)刻本　一冊

440000－2561－0004517　41309

映雪軒詩草一卷雜著一卷　（清）孫鼎吉撰
清光緒三十二年（1906）刻本　一冊

440000－2561－0004518　41310

果齋詩鈔二卷　（清）胡方朔撰　清光緒刻本
一冊

440000－2561－0004519　41311

一粟廬詩二稿四卷　（清）于源撰　清咸豐二
年（1852）刻本　一冊

440000－2561－0004520　41312

待梅軒倡和詩一卷語溪同道南朱先生探梅記
一卷　（清）釋明遇撰　清康熙刻本　一冊

440000－2561－0004521　41313

松月山莊詩鈔四卷　（清）陸文傑撰　清道光
十四年（1834）刻本　一冊

440000－2561－0004522　41314

倚晴樓詩集十二卷　（清）黃燮清撰　清咸豐
七年（1857）刻本　二冊

440000－2561－0004523　41315

寄青齋詩稿一卷　（清）徐虔復撰　清光緒十
四年（1888）刻本　二冊

440000－2561－0004524　41316

槐廬詩學一卷　（清）龍繼棟撰　清光緒四年
（1878）刻本　二冊

440000－2561－0004525　41317

茗柯文初編一卷二編二卷三編一卷四編一卷
　（清）張惠言撰　清嘉慶十三年（1808）刻本
二冊

440000－2561－0004526　41318

萬山草堂詩集六卷　（清）李登雲撰　清光緒
三十三年（1907）刻本　二冊

440000－2561－0004527　41319

雙峰猥稿九卷首一卷末一卷　（宋）舒邦佐撰
　清道光二十九年（1849）刻本　四冊

440000－2561－0004528　41320

質園詩集三十二卷　（清）商盤撰　清乾隆刻
本　十六冊

440000－2561－0004529　41321

滄初詩稿八卷　（清）沈翼機撰　清乾隆六年
（1741）刻本　四冊

440000－2561－0004530　41322

進修堂詩集十四卷　（清）白恩祐撰　清光緒
六年（1880）刻本　四冊

440000－2561－0004531　41323

揚州東園題詠四卷　（清）賀君召輯錄　清乾
隆十一年（1746）刻本　四冊

440000－2561－0004532　41324

五石瓠齋遺稿二卷　（清）胡世敦撰　清同治
十一年（1872）刻本　三冊

440000－2561－0004533　41325

養和山館遺稿二卷　（清）王慶楨撰　清道光
二十七年（1847）刻本　二冊

440000－2561－0004534　41327

三君遺稿三卷　（清）浦承恩等撰　（清）謝光
綺輯　清光緒二十六年（1900）桂林謝光綺刻
本　三冊

440000－2561－0004535　41328

陳檢討四六二十卷　（清）陳維崧撰　（清）程
師恭注　清康熙三十二年（1693）刻本　六冊

440000－2561－0004536　41329

今文偶見四十六卷　（清）徐斐然輯評　清嘉
慶四年（1799）刻本　八冊

440000－2561－0004537　41330

寄影軒詩鈔十八卷　（清）張觀美撰　清光緒
四年（1878）刻本　八冊

440000－2561－0004538　41331

有正味齋駢體文二十四卷外集五卷詩集十六
卷詞集八卷　（清）吳錫麒撰　清刻本　十冊

440000－2561－0004539　41333

江風集五卷　（清）何杙撰　清咸豐八年
（1858）刻本　七冊

440000－2561－0004540　41334

愛日堂詩二十四卷　（清）陳元龍撰　清乾隆
元年（1736）刻本　六冊

440000 – 2561 – 0004541　41335

黔詩紀略三十三卷　（清）唐樹義審例　（清）黎兆勳採詩　（清）莫友芝傳證　清同治十二年(1873)刻本　十二冊

440000 – 2561 – 0004542　41336

寄青齋詩稿一卷詞稿一卷　（清）徐虔復撰　綠雲館吟草一卷　（清）程芙亭撰　清光緒十三年(1887)刻本　四冊

440000 – 2561 – 0004543　41337

蘇東坡詩集注三十二卷目錄一卷　（宋）蘇軾撰　（宋）呂祖謙分編　（宋）王十朋纂輯　東坡先生年譜一卷　（宋）王宗稷編　清乾隆四十七年(1782)樂全堂刻本　二十四冊

440000 – 2561 – 0004544　41338

冊齋文集八卷詩集四卷　（清）張穆撰　清咸豐八年(1858)刻本　四冊

440000 – 2561 – 0004545　41339

冊齋文集八卷詩集四卷　（清）張穆撰　清咸豐八年(1858)刻本　六冊

440000 – 2561 – 0004546　41340

水流雲在館詩鈔六卷奏議二卷　（清）宋晉撰　清光緒十二年(1886)刻本　四冊

440000 – 2561 – 0004547　41341

碧城仙館詩鈔十卷　（清）陳文述撰　清嘉慶十年(1805)刻本　二冊

440000 – 2561 – 0004548　41342

青草堂集十二卷二集十六卷　（清）趙國華撰　清光緒八年(1882)刻本　十冊

440000 – 2561 – 0004549　41343

孟晉齋詩集二十四卷　（清）陳章撰　清乾隆七年(1742)刻本　四冊

440000 – 2561 – 0004550　41344

鹿洲初集二十卷　（清）藍鼎元撰　清雍正十年(1732)刻本　八冊

440000 – 2561 – 0004551　41345

唐宋八家文選八卷宋元諸家文選一卷　（清）李元春評選　清刻本　六冊

440000 – 2561 – 0004552　41346

儀衛軒文集十二卷外集一卷附錄一卷　（清）方東樹撰　清同治七年(1868)刻本　四冊

440000 – 2561 – 0004553　41347

圍爐詩話六卷　（清）吳喬撰　清抄本　二冊

440000 – 2561 – 0004554　41348

白氏長慶集四十一卷　（唐）白居易撰　（清）汪立名編　清康熙一隅草堂刻本　十冊

440000 – 2561 – 0004555　41349

饅飽亭集三十二卷後集十二卷　（清）祁寯藻撰　清咸豐七年(1857)刻本　六冊

440000 – 2561 – 0004556　41350

古文詞略二十四卷　（清）梅曾亮纂　清同治六年(1867)刻本　六冊

440000 – 2561 – 0004557　41351

歐陽文忠公全集一百五十三卷附錄五卷　（宋）歐陽修撰　清嘉慶二十四年(1819)刻本　二十四冊

440000 – 2561 – 0004558　41352

文苑英華選六十卷　（清）宮夢仁選輯　清康熙四十一年(1702)刻本　四十八冊

440000 – 2561 – 0004559　41353

甘泉鄉人稿二十四卷　（清）錢泰吉撰　清同治十一年(1872)刻本　十六冊

440000 – 2561 – 0004560　41354

白石道人四種　（宋）姜夔撰　清同治十年(1871)刻本　二冊

440000 – 2561 – 0004561　41355

清貽館遺稿二卷　（清）石葆元撰　清道光二十九年(1849)刻本　二冊

440000 – 2561 – 0004562　41356

施注蘇詩四十二卷續補遺二卷　（宋）蘇軾撰　（宋）施元之注　（清）邵長蘅等刪補　清康熙三十八年(1699)刻本　十六冊

440000 – 2561 – 0004563　41357

郝文忠公陵川文集三十九卷附錄一卷　（元）郝經撰　（清）王鐈編訂　郝文忠公年譜一卷

（清）王汝楳　（清）秦萬壽編　（清）張燾補編　清乾隆三年(1738)刻嘉慶至道光增刻本　十册

440000－2561－0004564　41358
揅經室詩錄五卷　（清）阮元撰　清道光十三年(1833)刻本　四册

440000－2561－0004565　41359
瓶水齋詩集十六卷　（清）舒位撰　清光緒十二年(1886)刻本　六册

440000－2561－0004566　41360
比竹餘音四卷　鄭文焯撰　清光緒二十八年(1902)刻本　二册

440000－2561－0004567　41361
十國宮詞一卷　（清）吳省蘭撰　（清）范重榮注　清乾隆五十八年(1793)刻本　一册

440000－2561－0004568　41362
珂雪詞二卷　（清）曹貞吉撰　清康熙十五年(1676)刻本　二册

440000－2561－0004569　41363
文心雕龍十卷　（南朝梁）劉勰撰　（清）黃叔琳輯注　清乾隆六年(1741)養素堂刻本　邵章錄顧廣圻、譚獻評校本　二册

440000－2561－0004570　41364
文心雕龍十卷　（南朝梁）劉勰撰　（清）黃叔琳注　（清）紀昀評　清道光十三年(1833)兩廣節署刻朱墨套印本　四册

440000－2561－0004571　41365
天愚山人詩集十二卷　（清）謝泰宗撰　清光緒六年(1880)刻本　八册

440000－2561－0004572　41366
古文詩賦類選不分卷　（□）□□撰　清抄本　十二册

440000－2561－0004573　41367
刪亭文集二卷　周同愈撰　清光緒三十三年(1907)鉛印本　一册

440000－2561－0004574　41368
邁堂文略四卷　（清）李祖陶撰　清道光十五年(1835)刻本　一册

440000－2561－0004575　41369
唐確慎公集十卷　（清）唐鑑撰　清光緒元年(1875)刻本　六册

440000－2561－0004576　41370
兩當軒全集二十二卷　（清）黃景仁撰　清光緒二年(1876)刻本　六册

440000－2561－0004577　41371
八家四六文鈔九卷　（清）吳鼒編　清嘉慶三年(1798)刻本　四册

440000－2561－0004578　41372
檇李曹氏圖冊合刻六卷　（清）曹咸熙編　清光緒九年(1883)刻本　二册

440000－2561－0004579　41373
竹嘯軒詩鈔十八卷　（清）沈德潛撰　清刻本　四册

440000－2561－0004580　41374
靈芬館雜著二卷　（清）郭麐著　清嘉慶九年(1804)刻本　一册

440000－2561－0004581　41375
蘅夢詞二卷浮眉樓詞二卷　（清）郭麐撰　清嘉慶八年(1803)刻本　一册

440000－2561－0004582　41376
忠雅堂文集三十卷　（清）蔣士銓撰　清嘉慶二十二年(1817)藏園刻本　六册

440000－2561－0004583　41377
浙江詩課三卷　（清）阮元選　清嘉慶再到亭刻本　一册

440000－2561－0004584　41378
吟秋樓詩鈔四卷　（清）鄔鶴舟撰　唅秋樓詩鈔二集四卷三集四卷　（清）鄔鶴徵撰　味堂詩鈔一卷　（清）鄔宗梅撰　清嘉慶至道光刻本　三册

440000－2561－0004585　41379
自然好學齋詩鈔十卷　（清）汪端撰　清道光

十九年(1839)刻本　二冊

440000－2561－0004586　41380

蟲吟草堂詩鈔四卷　(清)張鍾漣撰　清光緒
八年(1882)刻本　二冊

440000－2561－0004587　41381

歷朝制帖詩選同聲集十二卷　(清)胡浚選注
　玉堂清課一卷　(清)張麟錫撰　(清)胡浚
注　清乾隆二十二年(1757)刻本　一冊　存
六卷(七至十二)

440000－2561－0004588　41382

金源紀事詩八卷　(清)湯運泰撰　(清)湯顯
業　(清)湯顯幹注　清同治十二年(1873)淮
南書局刻本　四冊

440000－2561－0004589　41383

輯刻琵琶亭詩不分卷　(清)唐英輯　清乾隆
十一年(1746)刻本　四冊

440000－2561－0004590　41384

四家詠史樂府六種十六卷　(清)宋澤元輯
清光緒十二年(1886)刻本　六冊

440000－2561－0004591　41385

趙清獻公集十卷　(宋)趙抃撰　明嘉靖四十
一年(1562)刻本　四冊

440000－2561－0004592　41386

瑤池集三卷二集三卷　(清)施憲祖編　清乾
隆五十九年至嘉慶四年(1794－1799)刻本
四冊

440000－2561－0004593　41387

草草草堂詩選二卷　(清)黃純嘏撰　清道光
十八年(1838)刻本　四冊

440000－2561－0004594　41388

從容吟草一卷　(清)李孟群撰　清光緒六年
(1880)刻本　一冊

440000－2561－0004595　41391

舫廬文存四卷外集附一卷餘集附一卷　(清)
張壽榮撰　清光緒九年(1883)刻本　四冊

440000－2561－0004596　41392

蘊素閣詩集十二卷　(清)盛大士撰　清道光

元年(1821)刻本　八冊

440000－2561－0004597　41393

隨山館叢槀四卷　(清)汪瑔撰　清光緒十一
年(1885)刻本　二冊

440000－2561－0004598　41394

隨山館詞槀一卷續槀一卷　(清)汪瑔撰　清
光緒十一年(1885)刻本　一冊

440000－2561－0004599　41395

介石堂詩集十卷　(清)郭起元撰　(清)胡天
游評　清乾隆十九年(1754)刻本　二冊

440000－2561－0004600　41396

鶴泉文鈔續選九卷　(清)戚學標撰　清嘉慶
十八年(1813)刻本　四冊

440000－2561－0004601　41397

龍湖橋李題詞一卷續刻一卷　(清)李培增輯
　清光緒二十八年至二十九年(1902－1903)
刻本　二冊

440000－2561－0004602　41398

唐人選唐詩八種二十四卷　(明)毛晉編　明
崇禎元年(1628)虞山毛氏汲古閣刻本　四冊

440000－2561－0004603　41399

通甫類稿四卷續編二卷通父詩存之餘二卷補
過軒四書文一卷　(清)魯一同撰　清咸豐九
年(1859)刻本　六冊

440000－2561－0004604　41400

鑑止水齋集二十卷　(清)許宗彥撰　清咸豐
八年(1858)刻本　六冊

440000－2561－0004605　41401

曝書亭集詩註二十二卷年譜一卷　(清)朱彝
尊撰　(清)楊謙纂　清楊氏木山閣刻本　六
冊

440000－2561－0004606　41402

曝書亭集八十卷附錄一卷　(清)朱彝尊撰
清光緒十五年(1889)寒梅館刻本　十六冊

440000－2561－0004607　41403

退補齋文存十二卷詩存十六卷　(清)胡鳳丹
撰　清同治十二年(1873)刻本　七冊

440000－2561－0004608　41404

才調集補注十卷　（後蜀）韋縠撰　（清）殷元勳箋注　（清）宋邦綏補注　清乾隆五十八年（1793）刻本　六冊

440000－2561－0004609　41405

太鶴山人集十三卷　（清）端木國瑚撰　清道光二十四年（1844）刻本　六冊

440000－2561－0004610　41406

王右丞集箋注二十八卷　（唐）王維撰　（清）趙殿成注　清乾隆元年（1736）刻本　十二冊

440000－2561－0004611　41407

古唐詩合解十二卷　（清）王堯衢注　清雍正十年（1732）刻本　六冊

440000－2561－0004612　41408

古香山館存槀十六卷　（清）彭洋中撰　清同治十三年（1874）刻本　六冊

440000－2561－0004613　41409

蛣齋文存一卷詩存一卷試律一卷　（清）查元偁撰　清道光二十一年（1841）刻本　四冊

440000－2561－0004614　41410

白湖詩稿八卷文稿八卷　（清）葉燕撰　清嘉慶六年（1801）刻本　十四冊

440000－2561－0004615　41411

未灰齋文集八卷外集一卷　（清）徐鼒撰　清咸豐十一年（1861）刻本　五冊

440000－2561－0004616　41412

吳學士詩集五卷文集四卷　（清）吳鼐撰　清光緒八年（1882）刻本　六冊

440000－2561－0004617　41413

經世文選要八卷　（清）李元春評輯　清道光十八年（1838）刻本　八冊

440000－2561－0004618　41414

望溪先生文集十八卷集外文十卷補遺二卷（清）方苞撰　（清）戴鈞衡重編　**方望溪先生年譜一卷附錄一卷**　（清）蘇惇元輯　清咸豐元年（1851）刻本　十二冊

440000－2561－0004619　41415

切問齋文鈔三十卷　（清）陸燿輯　清道光四年（1824）刻本　十冊

440000－2561－0004620　41416

南屏山人詩集十二卷　（清）任端書撰　清乾隆四年（1739）刻本　二冊

440000－2561－0004621　41417

集其清英集一卷　（清）許懋和撰　清光緒二年（1876）刻本　一冊

440000－2561－0004622　41418

劍南詩鈔一卷　（宋）陸游撰　清康熙二十四年（1685）刻本　四冊

440000－2561－0004623　41419

觀復堂稿略一卷　（明）朱集璜撰　清光緒二十六年（1900）刻本　一冊

440000－2561－0004624　41420

拙尊園叢稿六卷　（清）黎庶昌撰　清光緒二十一年（1895）刻本　四冊

440000－2561－0004625　41421

養一先生文集二十四卷　（清）李兆洛撰　清咸豐元年（1851）刻本　十冊

440000－2561－0004626　41422

五七言今體詩鈔十八卷　（清）姚鼐選　清同治五年（1866）金陵書局刻本　二冊

440000－2561－0004627　41423

海天琴思錄八卷　（清）林昌彝輯　清同治三年（1864）刻本　四冊

440000－2561－0004628　41424

怡志堂詩初編八卷文初編六卷　（清）朱琦撰　清咸豐七年至同治四年（1857－1865）刻本　二冊

440000－2561－0004629　41425

浙西六家詩鈔六卷　（清）吳應和　（清）馬洵選　清道光七年（1827）刻本　三冊

440000－2561－0004630　41426

百一草堂集唐三刻二卷　（清）柴才撰　清乾隆二十三年（1758）刻本　二冊

440000－2561－0004631　41427

芙蓉山館全集十二卷　（清）楊芳燦撰　清光緒五年(1879)木活字印本　二冊

440000－2561－0004632　41428

清江詩集十卷　（明）貝瓊撰　清刻本　四冊

440000－2561－0004633　41429

清風祠錄六卷　（明）王琥輯　明正德九年(1514)刻本　二冊

440000－2561－0004634　41430

芙蓉山館文鈔八卷　（清）楊芳燦撰　清光緒十七年(1891)木活字印本　二冊

440000－2561－0004635　41431

小雅樓詩文集八卷遺文二卷　（清）鄧方撰　清光緒二十六年(1900)刻本　五冊

440000－2561－0004636　41432

攬青閣詩鈔二卷　（清）李貽德撰　清同治五年(1866)刻本　二冊

440000－2561－0004637　41433

瀛奎律髓刊誤四十九卷　（元）方回輯　（清）紀昀批點　清嘉慶五年(1800)李光垣刻本　十冊

440000－2561－0004638　41434

賜書堂詩鈔八卷　（清）周長發撰　清乾隆五年(1740)刻本　四冊

440000－2561－0004639　41435

鴛央湖櫂歌一卷　（清）朱彝尊等撰　（清）朱芳衡輯　清乾隆四十年(1775)刻本　三冊

440000－2561－0004640　41436

粵西遊草一卷歸田遊草一卷家山遊草一卷　（清）張灝撰　清咸豐元年(1851)刻本　一冊

440000－2561－0004641　41437

麻園遺集一卷　（清）謝烺樞撰　覗廬初稿一卷　（清）謝掄元撰　清宣統元年(1909)鉛印本　一冊

440000－2561－0004642　41438

濂墨軒文集一卷　崔炳炎撰　清光緒三十四年(1908)鉛印本　一冊

440000－2561－0004643　41439

強自寬齋外集四卷　（清）金石撰　清光緒二十九年(1903)刻本　一冊

440000－2561－0004644　41440

冬心先生續集一卷三體詩一卷自度曲一卷雜著一卷隨筆一卷　（清）金農撰　（清）羅聘編　清光緒六年(1880)錢塘丁氏當歸草堂刻本　二冊

440000－2561－0004645　41441

卓山詩集十六卷　（清）帥家相撰　清乾隆五年(1740)刻本　八冊

440000－2561－0004646　41442

恩暉堂詩集六卷帖體詩三卷附律賦一卷　（清）王藻撰　清咸豐六年(1856)刻本　三冊

440000－2561－0004647　41443

銅鼓書堂遺稿三十二卷　（清）查禮撰　清乾隆五十七年(1792)刻本　三冊

440000－2561－0004648　41444

濂亭文集八卷　（清）張裕釗撰　清光緒八年(1882)刻本　二冊

440000－2561－0004649　41445

躬恥齋詩鈔十四卷首一卷後編七卷　（清）宗稷辰撰　清咸豐九年(1859)杕杜軒刻本　八冊

440000－2561－0004650　41446

笥河文集十六卷　（清）朱筠撰　清嘉慶二十年(1815)刻本　四冊

440000－2561－0004651　41447

笥河詩集二十卷　（清）朱筠撰　清嘉慶二十年(1815)刻本　六冊

440000－2561－0004652　41448

白氏長慶集七十一卷　（唐）白居易撰　明萬曆三十四年(1606)刻本　八冊

440000－2561－0004653　41450

岳忠武王文集八卷末一卷　（宋）岳飛撰　清道光二十七年(1847)刻本　三冊

440000－2561－0004654　41451

李義山詩集三卷　（唐）李商隱撰　清宣統元年(1909)上海國粹學報館影印本　一冊

440000－2561－0004655　41452

陸氏傳家集四卷附先德錄一卷　（清）陸文衡撰　（清）陸迺普輯　清同治十一年(1872)刻本　五冊

440000－2561－0004656　41453

詞律拾遺二十卷　（清）徐本立撰　清同治十二年(1873)刻本　五冊

440000－2561－0004657　41455

圭齋集十六卷　（元）歐陽玄撰　清道光二十六年(1846)刻本　六冊

440000－2561－0004658　41456

獨漉堂詩稿七卷　（清）陳恭尹撰　清康熙十三年(1674)刻本　二冊

440000－2561－0004659　41457

存素堂詩稿十三卷　（清）錢寶琛撰　清同治七年(1868)刻本　四冊

440000－2561－0004660　41458

羅忠節公遺集八卷　（清）羅澤南撰　清咸豐至同治刻本　三冊

440000－2561－0004661　41459

因寄軒文集初集十卷二集六卷　（清）管同撰　清光緒五年(1879)刻本　四冊

440000－2561－0004662　41460

汪梅村先生文集十二卷　（清）汪士鐸撰　清光緒七年(1881)刻本　四冊

440000－2561－0004663　41461

宋王忠文公文集五十卷目錄四卷附宋史本傳墓誌銘年譜一卷　（宋）王十朋撰　（清）唐傳銈重編　清光緒二年(1876)梅溪書院刻本　十六冊

440000－2561－0004664　41462

有正味齋駢文箋注十六卷　（清）吳錫麒撰　（清）葉聯芬箋注　清道光二十年(1840)刻本　八冊

440000－2561－0004665　41463

懷麓堂全集一百卷　（明）李東陽撰　明李文正公年譜七卷　（清）法式善纂輯　（清）唐仲冕增補　清嘉慶八年(1803)隴下學易堂刻後印本　二十二冊

440000－2561－0004666　41464

味諫果齋集六卷外集一卷　（清）王汝金撰　清光緒八年(1882)刻本　七冊

440000－2561－0004667　41465

劉忠宣公文集一卷宣召錄一卷詩集四卷　（明）劉大夏撰　（清）劉乙燃纂輯　劉忠宣公遺集附錄文二卷附錄詩一卷　（明）李東陽等撰　劉忠宣公年譜二卷　（明）劉世節編次　清光緒元年(1875)刻本　六冊

440000－2561－0004668　41466

芳洲文集十卷再和東行百詠集句一卷附錄祖少保公陳情追諡疏一卷　（明）陳循撰　芳洲先生年譜一卷　（明）王翔編　明萬曆三十五年(1607)五桂堂刻本　十六冊

440000－2561－0004669　41467

古文近道集二卷　（清）王贊元編　清同治七年(1868)刻本　二冊

440000－2561－0004670　41468

古文近道集二卷　（清）王贊元編　清咸豐十年(1860)刻本　二冊

440000－2561－0004671　41469

國朝駢體正宗十二卷　（清）曾燠輯　清嘉慶十一年(1806)刻本　六冊

440000－2561－0004672　41470

四六選銳二卷　（明）曾孔遇輯　明刻本　四冊

440000－2561－0004673　41471

刻楮集四卷旅逸小稿二卷　（清）錢儀吉撰　清道光十二年(1832)刻本　三冊

440000－2561－0004674　41472

槿園集十二卷　（清）趙燁撰　清康熙四十四年(1705)刻本　四冊

440000－2561－0004675　41473

屈翁山詩集八卷　（清）屈大均撰　（清）徐肇元選　清康熙研露齋刻本　四冊

440000－2561－0004676　41474

初月樓文鈔十卷續鈔八卷　（清）吳德旋撰　清道光三年(1823)刻本　四冊

440000－2561－0004677　41475

後甲集二卷　（清）章大來撰　清康熙五十六年(1717)刻本　四冊

440000－2561－0004678　41476

桐溪詩述二十四卷　（清）宋咸熙輯　清嘉慶二十五年(1820)刻本　二十四冊

440000－2561－0004679　41477

宋張宣公全集六十一卷　（宋）張栻撰　清咸豐四年(1854)刻本　十二冊

440000－2561－0004680　41478

鹿干草堂集十一卷　（清）屠廷楷撰　清康熙刻本　二冊

440000－2561－0004681　41479

唐人五言長律清麗集六卷　（清）徐曰璉（清）沈士駿輯　清乾隆二十二年(1757)刻本　二冊

440000－2561－0004682　41480

湘水懷清集不分卷　俞廉三輯　清光緒二十九年(1903)刻本　一冊

440000－2561－0004683　41481

聞妙香室詩鈔八卷　（清）李宗昉撰　清刻本　四冊

440000－2561－0004684　41482

天韻堂詩略四卷　（清）徐維城撰　清咸豐四年(1854)刻本　四冊

440000－2561－0004685　41483

虛一齋集五卷　（清）莊培因撰　清光緒九年(1883)刻本　一冊

440000－2561－0004686　41484

參茶老人集二卷　（清）釋真傳撰　清嘉慶二十二年(1817)刻本　一冊

440000－2561－0004687　41485

遲鴻軒文集二卷　（清）楊峴撰　清光緒十二年(1886)刻本　一冊

440000－2561－0004688　41486

自鳴稿二卷　（清）王壽康撰　清咸豐八年(1858)刻本　一冊

440000－2561－0004689　41487

袁太史詩文遺鈔一卷　（清）袁鵬圖撰　清宣統三年(1911)鉛印本　一冊

440000－2561－0004690　41488

新刊李九我先生編纂大方萬文一統內外集二十二卷　（明）李廷機編選　明萬曆建邑書林余象斗刻本　二十八冊

440000－2561－0004691　41489

宋黃文節公全集八十五卷首四卷　（宋）黃庭堅撰　黃青社先生伐檀集二卷　（宋）黃庶撰　清光緒二十年(1894)義甯州署刻本　二十八冊

440000－2561－0004692　41490

龍川文集三十卷　（宋）陳亮撰　明崇禎六年(1633)刻本　二十冊

440000－2561－0004693　41491

紅鵝館詩選二卷　（清）王濬撰　清乾隆二十六年(1761)刻本　二冊

440000－2561－0004694　41492

浮槎存稿六卷詩稿補遺一卷　（清）鄒貽詩撰　清光緒三年(1877)刻本　二冊

440000－2561－0004695　41493

定峰樂府十卷　（清）沙張白撰　清光緒二十四年(1898)刻本　二冊

440000－2561－0004696　41495

雪門詩草十四卷　（清）許瑤光著　清同治十三年(1874)刻本　六冊

440000－2561－0004697　41497

禮堂遺集三卷　（清）陳喬樅撰　清同治十二年(1873)刻本　二冊

440000－2561－0004698　41498

亦玉堂稿十卷 （明）沈鯉撰 清康熙二十九年(1690)刻本 四冊

440000－2561－0004699 41499

李伯文詩集二卷 （明）李奎撰 清抄本 一冊

440000－2561－0004700 41500

東武山人集七卷 （明）朱公節撰 清乾隆二十六年(1761)刻本 四冊

440000－2561－0004701 41501

思貽堂詩集六卷 （清）金衍宗撰 清末鉛印本 二冊

440000－2561－0004702 41502

漁洋詩話三卷 （清）王士禛撰 清雍正三年(1725)刻本 三冊

440000－2561－0004703 41503

歸田詩話三卷 （明）瞿佑撰 清道光十八年(1838)刻本 二冊

440000－2561－0004704 41504

柳亭詩話三十卷 （清）宋長白撰 清康熙四十四年(1705)刻本 四冊

440000－2561－0004705 41505

思綺堂文集十卷 （清）章藻功撰 清康熙六十一年(1722)刻本 十冊

440000－2561－0004706 41506

明詩別裁集十二卷 （清）沈德潛 （清）周準輯 清乾隆三年(1738)刻本 四冊

440000－2561－0004707 41507

劉孟塗集四十四卷 （清）劉開撰 清道光六年(1826)刻本 八冊

440000－2561－0004708 41508

樂飢齋詩草一卷 （清）傅山撰 清宣統元年(1909)上海國學保存會影印本 一冊

440000－2561－0004709 41509

峯抱樓楹帖二卷詩四卷雜文一卷 （清）沈鏗撰 清光緒二十九年(1903)刻本 一冊

440000－2561－0004710 41510

陶淵明文集十卷 （晉）陶潛撰 清光緒五年(1879)刻本 三冊

440000－2561－0004711 41511

質園詩集三十二卷 （清）商盤撰 清乾隆刻本 八冊

440000－2561－0004712 41512

明詩綜一百卷 （清）朱彝尊錄 （清）汪森輯評 清康熙四十四年(1705)刻本 二十四冊

440000－2561－0004713 41513

切問齋文鈔三十卷 （清）陸燿輯 清同治八年(1869)刻本 十二冊

440000－2561－0004714 41514

元詩選六卷 （清）顧奎光輯 清乾隆十六年(1751)刻本 四冊

440000－2561－0004715 41515

金詩選四卷 （清）顧奎光輯 清乾隆十六年(1751)刻本 二冊

440000－2561－0004716 41516

忠雅堂文集十二卷詩集二十七卷詩補遺二卷 （清）蔣士銓撰 清刻本 十四冊

440000－2561－0004717 41517

天真閣集五十四卷外集六卷 （清）孫原湘撰 長真閣集七卷 （清）席佩蘭撰 清嘉慶五年至十七年(1800－1812)刻本 十六冊

440000－2561－0004718 41518

陶龕詩鈔八卷 （清）羅信南撰 清光緒十八年(1892)刻本 四冊

440000－2561－0004719 41519

國朝三家文鈔三十二卷 （清）宋犖 （清）許汝霖選 清康熙三十三年(1694)刻本 十冊

440000－2561－0004720 41520

安般簃詩續鈔十卷 （清）袁昶撰 清光緒十六年(1890)刻本 五冊

440000－2561－0004721 41521

硤川詩續鈔十六卷詞續鈔一卷 （清）許仁沐 （清）蔣學堅輯 清光緒二十一年(1895)刻本 六冊

440000 – 2561 – 0004722　41522

玉鑑堂詩存一卷　（清）汪曰楨撰　清光緒十六年(1890)刻本　四冊

440000 – 2561 – 0004723　41523

昌黎先生集四十卷外集十卷遺文一卷朱子校昌黎先生集傳一卷　（唐）韓愈撰　（唐）李漢編　（宋）廖瑩中注　韓集點勘四卷　（清）陳景雲點勘　清同治八年(1869)江蘇書局刻本　三十二冊

440000 – 2561 – 0004724　41524

樂府英華十卷　（清）顧有孝輯　清刻本　二冊

440000 – 2561 – 0004725　41525

讀騷樓詩初集四卷二集四卷　（清）陳逢衡撰　清道光十二年(1832)刻本　二冊

440000 – 2561 – 0004726　41526

重刊五百家註音辯昌黎先生文集四十卷　（唐）韓愈撰　清乾隆二十八年(1763)刻本　二十冊

440000 – 2561 – 0004727　41527

甲乙集十卷附補遺一卷　（唐）羅隱撰　清康熙洞庭席氏琴川書屋刻本　四冊

440000 – 2561 – 0004728　41528

石笥山房文集六卷文集補遺一卷詩集十一卷詩餘一卷詩集補遺二卷　（清）胡天游撰　清咸豐二年(1852)刻本　十冊

440000 – 2561 – 0004729　41529

棣華軒存稿三卷　（清）錢侍辰撰　醒菴存稿二卷　（清）張楲撰　石香存稿一卷　（清）于文溽撰　湘痕閣存稿一卷　（清）袁嘉撰　清咸豐十年(1860)刻本　一冊

440000 – 2561 – 0004730　41530

潛研堂文集五十卷　（清）錢大昕撰　清嘉慶十一年(1806)刻潛研堂全書本　十二冊

440000 – 2561 – 0004731　41531

古歡堂集二十二卷詩集十四卷黔書二卷長河志籍考十卷有懷堂文集一卷詩集一卷蒙齋年

譜一卷　（清）田雯撰　清乾隆七年(1742)刻本　八冊

440000 – 2561 – 0004732　41532

五七言今體詩鈔十八卷　（清）姚鼐選　清嘉慶三年(1798)刻本　四冊

440000 – 2561 – 0004733　41533

五七言今體詩鈔十八卷　（清）姚鼐選　清嘉慶十三年(1808)刻本　六冊

440000 – 2561 – 0004734　41534

王氏漁洋詩鈔十二卷　（清）王士禎撰　（清）邵長蘅選　清康熙三十四年(1695)刻本　六冊

440000 – 2561 – 0004735　41535

木皮子詞一卷　（清）賈鳧西撰　清末至民國初年鉛印本　一冊

440000 – 2561 – 0004736　41536

同聲集七卷　（清）張曜孫輯　清道光二十四年(1844)刻本　一冊

440000 – 2561 – 0004737　41537

笛椽詞二卷　（清）夏寶晉撰　清道光十三年(1833)刻本　一冊

440000 – 2561 – 0004738　41538

冬巢詞集四卷　（清）汪潮生撰　清道光十七年(1837)刻本　一冊

440000 – 2561 – 0004739　41539

水仙亭詞集二卷　（清）項瑋撰　清光緒十二年(1886)刻本　一冊

440000 – 2561 – 0004740　41540

盬廬詞一卷看鏡詞一卷　（清）蔣廷黻撰　清末刻本　一冊

440000 – 2561 – 0004741　41541

雙辛夷樓詞二卷　（清）李宗褘撰　清光緒二十四年(1898)刻本　一冊

440000 – 2561 – 0004742　41542

小峴山人詩集十六卷文集六卷　（清）秦瀛撰　清嘉慶二十二年(1817)刻本　十冊

440000－2561－0004743　41543

讀杜心解六卷首二卷　（唐）杜甫撰　（清）浦起龍講解　清雍正三年(1725)寧我齋刻本　八冊

440000－2561－0004744　41544

懺慧詞一卷　徐自華撰　**度鍼樓遺稿一卷**（清）徐蕙貞撰　清光緒三十四年(1908)鉛印本　一冊

440000－2561－0004745　41545

水雲樓詞續一卷　（清）蔣春霖撰　清同治十二年(1873)刻本　一冊

440000－2561－0004746　41547

倚晴樓詩餘四卷　（清）黃燮清撰　清同治六年(1867)刻本　一冊

440000－2561－0004747　41548

酒邊詞二卷　（宋）向子諲撰　明虞山毛氏汲古閣刻本　三冊

440000－2561－0004748　41549

暖春書屋詩刪三卷　（清）方俊撰　清咸豐十年(1860)刻本　二冊

440000－2561－0004749　41550

東萊先生古文關鍵二卷　（宋）呂祖謙選　清同治九年(1870)刻本　六冊

440000－2561－0004750　41551

續古文辭類纂三十四卷　王先謙纂　清光緒十年(1884)行素草堂刻本　六冊

440000－2561－0004751　41552

玉井山館詩十五卷詩餘一卷　（清）許宗衡撰　清同治九年(1870)刻本　二冊

440000－2561－0004752　41553

心白日齋集六卷　（清）尹耕雲撰　清光緒二十一年(1895)刻本　四冊

440000－2561－0004753　41554

幸餘求定稿十二卷　（清）姚濬昌撰　清光緒十六年(1890)刻本　四冊

440000－2561－0004754　41555

艾廬遺稿六卷　（清）邵曾鑑撰　清光緒二十二年(1896)刻本　二冊

440000－2561－0004755　41556

續東軒遺集一卷　（清）高均儒撰　清光緒七年(1881)刻本　三冊

440000－2561－0004756　41557

景文堂詩集十三卷溪西集一卷集句叢鈔四卷　（清）戚學標撰　清刻本　四冊

440000－2561－0004757　41558

靜觀書屋詩集七卷　（清）章鶴齡撰　清同治十三年(1874)刻本　二冊

440000－2561－0004758　41559

冬暄草堂遺詩二卷　（清）陳豪撰　清宣統三年(1911)刻本　二冊

440000－2561－0004759　41560

露香書屋遺集十卷　（清）張映辰撰　清嘉慶十年(1805)張雲璈刻本　二冊

440000－2561－0004760　41561

梅水詩傳十卷　（清）張煜南等輯　（清）張芝田　（清）劉燕勳編訂　清光緒二十七年(1901)刻本　十冊

440000－2561－0004761　41562

山陰贈別集一卷　（清）陳權纂　清嘉慶十四年(1809)刻本　二冊

440000－2561－0004762　41563

稀齡祝雅一卷　（清）黃炳垔輯　清光緒十年(1884)刻本　一冊

440000－2561－0004763　41564

山陰贈別集一卷　（清）陳權纂　清嘉慶十四年(1809)刻本　四冊

440000－2561－0004764　41565

稻香樓詩稿一卷　（清）張慶榮撰　清咸豐九年(1859)刻本　一冊

440000－2561－0004765　41566

新刊權載之文集五十卷　（唐）權德輿撰　清嘉慶十一年(1806)刻本　十六冊

440000－2561－0004766　41567

豆花莊詩鈔初集十一卷二集十五卷三集四卷
（清）馬士圖撰　清道光十八年(1838)刻本
三冊

440000 – 2561 – 0004767　41568

寄庵詩鈔十八卷　（清）劉大紳撰　清嘉慶六
年(1801)刻本　六冊

440000 – 2561 – 0004768　41569

後樂堂集九卷　（清）陳玉樹撰　清光緒二十
五年(1899)鉛印本　四冊

440000 – 2561 – 0004769　41570

癸巳類稿十五卷　（清）俞正燮撰　清光緒五
年(1879)會稽章氏刻本　十二冊

440000 – 2561 – 0004770　41571

道古堂全集四十八卷　（清）杭世駿撰　清乾
隆四十一年(1776)刻本　十六冊

440000 – 2561 – 0004771　41572

古文品外錄二十四卷　（明）陳繼儒選　明刻
本　六冊

440000 – 2561 – 0004772　41573

板橋集六卷　（清）鄭燮撰　清乾隆十四年
(1749)刻本　四冊

440000 – 2561 – 0004773　41574

呂晚村詩集不分卷　（清）呂留良撰　清末民
初石印本　四冊

440000 – 2561 – 0004774　41575

休那遺稿十二卷附詩集一卷貨殖傳評一卷外
集三卷　（清）姚康撰　清光緒十五年(1889)
刻本　十二冊

440000 – 2561 – 0004775　41576

六一山房詩集十卷　（清）董沛撰　清同治十
一年(1872)刻本　二冊

440000 – 2561 – 0004776　41577

東坪詩集八卷　（清）胡慶豫撰　（清）馬恒錫
編次　清乾隆三十二年(1767)刻本　二冊

440000 – 2561 – 0004777　41578

且甌集九卷　（清）項霽撰　清咸豐三年
(1853)刻本　二冊

440000 – 2561 – 0004778　41579

繪水集三卷　（清）王之佐輯　清道光十三年
(1833)刻本　一冊

440000 – 2561 – 0004779　41580

寶印集六卷　（清）王之佐輯　清道光十一年
(1831)刻本　一冊

440000 – 2561 – 0004780　41581

狷齋遺稿五卷　（清）鄒志路撰　清同治八年
(1869)刻本　二冊

440000 – 2561 – 0004781　41582

恥白集一卷　（清）周光祖撰　清光緒五年
(1879)刻本　二冊

440000 – 2561 – 0004782　41583

思無邪齋詩鈔八卷　（清）蔣浩撰　清嘉慶二
十二年(1817)刻本　二冊

440000 – 2561 – 0004783　41584

三恥齋初稿八卷　（清）吳坤修撰　清同治四
年(1865)刻本　二冊

440000 – 2561 – 0004784　41585

所安遺集一卷　（元）陳泰撰　清光緒六年
(1880)刻本　一冊

440000 – 2561 – 0004785　41587

安雅堂稿十五卷　（明）陳子龍撰　清宣統元
年(1909)上海時中書局鉛印本　六冊

440000 – 2561 – 0004786　41588

汲庵文存六卷　（清）楊象濟撰　清光緒七年
(1881)刻本　六冊

440000 – 2561 – 0004787　41589

文選理學權輿八卷　（清）汪師韓撰　（清）孫
志祖補　清光緒十五年(1889)刻本　四冊

440000 – 2561 – 0004788　41590

文選考異四卷　（清）孫志祖撰　清光緒十五
年(1889)刻本　二冊

440000 – 2561 – 0004789　41591

文選李注補正四卷　（清）孫志祖撰　清光緒
十五年(1889)刻本　二冊

440000－2561－0004790　41592

寄廬詞存二卷　（清）錢國珍撰　清咸豐十年(1860)刻本　二冊

440000－2561－0004791　41593

藤香館詞一卷　（清）薛時雨撰　清同治五年(1866)刻本　二冊

440000－2561－0004792　41594

射雕詞二卷　（清）應寶時撰　清光緒十年(1884)刻本　二冊

440000－2561－0004793　41595

秋蓮子詞前稿一卷後稿二卷　（清）王僧保撰　清道光二十九年(1849)刻本　二冊

440000－2561－0004794　41596

裁雲館詞二卷　（清）喬載縣撰　清道光二十六年(1846)刻本　二冊

440000－2561－0004795　41597

心盦詞存四卷　（清）何兆瀛撰　清同治十二年(1873)刻本　二冊

440000－2561－0004796　41598

灌園未定稿二卷　（清）傅懷祖撰　清光緒七年(1881)刻本　二冊

440000－2561－0004797　41599

拙吾詩稿四卷　（清）高鼎撰　清光緒八年(1882)刻本　四冊

440000－2561－0004798　41600

蓬初閣文外二卷　（清）蔡擒科撰　清光緒元年(1875)刻本　二冊

440000－2561－0004799　41601

江左三大家詩鈔九卷　（清）顧有孝　（清）趙澐輯　清康熙六年(1667)刻本　六冊

440000－2561－0004800　41602

味諫果齋別集二卷　（清）王汝金撰　清光緒八年(1882)刻本　一冊

440000－2561－0004801　41603

二金蝶堂尺牘不分卷　（清）趙之謙撰　清光緒三十一年(1905)石印本　一冊

440000－2561－0004802　41604

周文忠公尺牘二卷　（清）周天爵撰　清同治七年(1868)刻本　一冊

440000－2561－0004803　41605

卷園書牘不分卷　（清）錢康榮撰　清光緒二十二年(1896)刻本　一冊

440000－2561－0004804　41606

培遠堂手札節存三卷　（清）陳宏謀撰　清同治三年(1864)刻本　三冊

440000－2561－0004805　41607

嘯古堂文集八卷　（清）蔣敦復撰　清咸豐十年(1860)刻本　四冊

440000－2561－0004806　41610

選夢樓詩鈔八卷　（清）豫本撰　清同治十三年(1874)刻本　二冊

440000－2561－0004807　41611

唐詩別裁集二十卷　（清）沈德潛選　清乾隆二十八年(1763)刻本　八冊

440000－2561－0004808　41612

古文淵鑑六十四卷　（清）聖祖玄燁選　（清）徐乾學等編注　清同治十二年(1873)浙江書局刻本　三十二冊

440000－2561－0004809　41613

謝家山人集六卷　（清）唐瑩撰　清光緒十年(1884)刻本　二冊

440000－2561－0004810　41614

儀顧堂集二十卷　（清）陸心源撰　清光緒二十四年(1898)刻本　六冊

440000－2561－0004811　41615

詞綜三十八卷　（清）朱彝尊纂　明詞綜十二卷　（清）王昶輯　清文萃堂刻本　十冊

440000－2561－0004812　41616

文選瀹注三十卷　（南朝梁）蕭統選　（明）閔齊華注　清雍正十年(1732)刻本　十二冊

440000－2561－0004813　41617

國朝詩鐸二十六卷　（清）張應昌選　清同治八年(1869)刻本　十六冊

440000－2561－0004814　41618

平圃雜著内篇十四卷　（清）林有席撰　清道光六年(1826)刻本　六冊

440000－2561－0004815　41619

四六法海十二卷　（明）王志堅編　明天啓七年(1627)刻本　十二冊

440000－2561－0004816　41620

曝書亭集八十卷附錄一卷　（清）朱彝尊撰　清光緒十五年(1889)寒梅館刻本　二十四冊

440000－2561－0004817　41621

古詩源十四卷　（清）沈德潛選　清康熙藜照山館刻本　四冊

440000－2561－0004818　41622

鳴原堂論文二卷　（清）曾國藩選　清同治十三年(1874)刻本　二冊

440000－2561－0004819　41623

文苑珠林四卷　（清）蔣超伯選　清雯樂山房刻本　二冊

440000－2561－0004820　41624

存素堂集續編四卷　（清）錢寶琛撰　清光緒六年(1880)刻本　四冊

440000－2561－0004821　41625

重訂文選集評十五卷首一卷末一卷　（南朝梁）蕭統撰　（清）于光華編次　清乾隆五十一年(1786)刻本　十六冊

440000－2561－0004822　41626

歸田詩話三卷　（明）瞿佑撰　清乾隆四十年(1775)長塘鮑氏刻知不足齋叢書本　三冊

440000－2561－0004823　41629

大雲山房文稿初集四卷二集四卷補編一卷言事二卷　（清）惲敬撰　清同治八年(1869)刻本　十冊

440000－2561－0004824　41630

裘文達公文集六卷奏議一卷詩集十二卷　（清）裘曰修撰　清嘉慶八年(1803)刻本　六冊

440000－2561－0004825　41631

人境結廬詩彙十二卷　（清）褚維塏撰　清光緒二十年(1894)刻本　六冊

440000－2561－0004826　41632

南宋雜事詩七卷目錄一卷　（清）沈嘉轍等撰　清同治十一年(1872)淮南書局刻本　四冊

440000－2561－0004827　41633

趙恭毅公賸稿二卷　（清）趙申喬撰　（清）趙侗敩編　清刻本　四冊

440000－2561－0004828　41634

悔木山房詩彙八卷　（清）趙睿榮撰　清道光元年(1821)刻本　四冊

440000－2561－0004829　41635

昭明文選集成六十卷首一卷　（南朝梁）蕭統撰　（清）方廷珪評點　清乾隆三十年(1765)刻本　三十二冊

440000－2561－0004830　41636

求志居集三十六卷　（清）陳世鎔撰　清道光二十五年(1845)刻本　二十冊

440000－2561－0004831　41637

杜詩鏡銓二十卷附諸家論杜一卷　（唐）杜甫撰　（清）楊倫編輯　讀書堂杜工部文集注解二卷　（清）張溍評注　清同治十一年(1872)望三益齋刻本　十二冊

440000－2561－0004832　41638

御定全唐詩錄一百卷　（清）徐倬編　清康熙四十五年(1706)刻本　二十四冊

440000－2561－0004833　41639

草堂詩餘別集四卷新集五卷　（明）沈際飛選　明刻本　十冊

440000－2561－0004834　41640

王摩詰詩集七卷孟浩然詩集二卷　（唐）王維　（唐）孟浩然撰　（宋）劉辰翁評　清光緒五年(1879)碧琳琅館刻朱墨套印本　四冊

440000－2561－0004835　41641

佩弦齋文存三卷駢文存一卷詩存一卷試帖存一卷律賦存一卷雜存二卷附傳行狀跋　（清）朱一新撰　清光緒二十二年(1896)刻本　六

冊

440000－2561－0004836　41642

詞選二卷附錄一卷　（清）張惠言錄　續詞選
二卷　（清）董毅錄　清同治六年(1867)刻本
二冊

440000－2561－0004837　41644

漁洋山人詩續集十六卷　（清）王士禛撰　清
康熙二十三年(1684)刻本　四冊

440000－2561－0004838　41645

絕妙好詞箋七卷　（宋）周密編　（清）查為仁
（清）厲鶚箋　清道光八年(1828)杭州愛日
軒刻本　三冊

440000－2561－0004839　41646

陶淵明詩一卷　（晉）陶潛撰　清昭文瞿氏刻
本　四冊

440000－2561－0004840　41647

寶綸堂集十卷　（清）陳洪綬撰　（清）陳字購
輯　寶綸堂集拾遺一卷　（清）陳洪綬著
(清)董金鑑輯　清光緒十四年(1888)鉛印本
八冊

440000－2561－0004841　41648

漁洋山人精華錄箋注十二卷　（清）王士禛撰
（清）金榮箋注　清雍正十二年(1734)刻本
十冊

440000－2561－0004842　41649

國朝八家古文鈔不分卷　（口）口口輯　清抄
本　二冊

440000－2561－0004843　41650

花甲閒談十六卷　（清）張維屏撰　清道光十
九年(1839)刻本　八冊

440000－2561－0004844　41651

昭代詞選三十八卷　（清）蔣重光選輯　清乾
隆三十二年(1767)刻本　二十四冊

440000－2561－0004845　41652

古唐詩合解十二卷　（清）王堯衢注　清光緒
十二年(1886)刻本　六冊

440000－2561－0004846　41653

蔗尾詩集十卷　（清）鄭方坤撰　清乾隆十一
年(1746)刻本　八冊

440000－2561－0004847　41654

天韻堂詩存八卷　（清）徐維城撰　清光緒四
年(1878)刻本　二冊

440000－2561－0004848　41655

蘇文忠公寓惠集四卷　（宋）蘇軾撰　（清）鄭
欽陛增定　清順治十五年(1658)刻本　四冊

440000－2561－0004849　41656

松陵文錄二十四卷　（清）凌淦輯　清同治十
三年(1874)刻本　十二冊

440000－2561－0004850　41657

盧忠肅公集十二卷首一卷　（明）盧象昇撰
清光緒元年(1875)刻本　八冊

440000－2561－0004851　41658

唐宋大家全集錄五十二卷　（清）儲欣編　清
康熙四十四年(1705)刻本　八十冊

440000－2561－0004852　41659

全上古三代秦漢三國六朝文七百四十六卷
(清)嚴可均輯　清光緒二十年(1894)黃岡王
氏刻本　一百冊

440000－2561－0004853　41660

桐城馬太僕奏略四卷　（明）馬孟禎撰　清光
緒六年(1880)刻本　二冊

440000－2561－0004854　41661

翊翊齋筆記二卷文鈔一卷詩鈔一卷附錄一卷
（清）馬翮飛撰　清道光十八年(1838)刻本
一冊

440000－2561－0004855　41662

夢南雷齋文鈔二卷　黃壽裒撰　清宣統三年
(1911)石印本　二冊

440000－2561－0004856　41663

餘力吟草四卷　（清）林鈞撰　清光緒二年
(1876)刻本　一冊　存二卷(一至二)

440000－2561－0004857　41664

寄龕詩質十二卷　（清）孫德祖撰　清光緒二
十五年(1899)刻本　三冊

廣東省社會科學院圖書館古籍普查登記目錄

221

440000－2561－0004858　41665

寄龕詞問六卷　（清）孫德祖撰　清光緒二十六年(1900)刻本　一冊

440000－2561－0004859　41666

玉茗堂四種傳奇八卷　（明）湯顯祖撰　清乾隆二十六年(1761)刻本　八冊

440000－2561－0004860　41667

伯菴詩選二卷　（清）章廷琯撰　清乾隆十年(1745)刻本　二冊

440000－2561－0004861　41668

渝水詩觀三十二卷　（清）黃之晉輯　清道光二十九年(1849)刻本　十冊

440000－2561－0004862　41669

紀文達公遺集十六卷　（清）紀昀撰　清嘉慶十七年(1812)刻本　十二冊

440000－2561－0004863　41670

毅齋查先生闡道集十卷末一卷　（明）查鐸撰　清光緒十六年(1890)刻本　四冊

440000－2561－0004864　41671

醴陵集十卷　（南朝梁）江淹撰　清乾隆二十年(1755)江昉刻本　二冊

440000－2561－0004865　41672

廣成集十二卷　（前蜀）杜光庭撰　清抄本　二冊

440000－2561－0004866　41673

東坡集四十卷後集二十卷內制集十卷外制集三卷應詔集十卷奏議十五卷續集十二卷（宋）蘇軾撰　宋史本傳一卷　東坡先生年譜一卷　（宋）王宗稷編　東坡先生墓誌銘一卷　（宋）蘇轍撰　清光緒三十四年至宣統元年(1908－1909)寶華盦刻本　四十八冊

440000－2561－0004867　41674

蘇文忠公詩合註五十卷　（宋）蘇軾撰　（清）馮應榴輯註　清同治九年(1870)刻本　二十冊

440000－2561－0004868　41675

蔗翁詩稿四卷　（清）范炳撰　清乾隆三年(1738)刻本　二冊

440000－2561－0004869　41676

冰庵詩鈔八卷　（清）王吉武撰　清乾隆九年(1744)刻本　八冊

440000－2561－0004870　41677

正誼堂詩集十七卷　（清）董以寧撰　（清）湯斌　（清）陸圻選　（清）鄒祇謨評　蓉渡詞三卷　（清）董以寧撰　（清）王士禛　（清）鄒祇謨選　清留松閣刻本　二冊

440000－2561－0004871　41678

麃山老屋詩集十六卷　（清）錢世錫撰　清刻本　二冊

440000－2561－0004872　41679

仲實詩存二卷　（清）魯賁撰　清刻本　二冊

440000－2561－0004873　41680

梅窩詩鈔三卷詞鈔一卷　（清）陳良玉撰　清光緒元年(1875)刻本　二冊

440000－2561－0004874　41682

賓萌集五集　（清）俞樾撰　清同治八年(1869)刻本　二冊

440000－2561－0004875　41683

明詩別裁集十二卷　（清）沈德潛　（清）周準輯　清乾隆三年(1738)刻本　二冊

440000－2561－0004876　41684

又其次齋詩集七卷　（清）吳世涵撰　清咸豐二年(1852)刻本　四冊

440000－2561－0004877　41685

強恕齋詩鈔四卷　（清）張庚撰　清乾隆十七年(1752)刻本　四冊

440000－2561－0004878　41686

好雲樓初集二十八卷首一卷二集十六卷首一卷附臨川答問一卷　（清）李聯琇撰　清咸豐十一年至光緒八年(1861－1882)刻本　十二冊

440000－2561－0004879　41687

松風閣詩鈔二十六卷　（清）彭蘊章撰　清道光二十六年(1846)刻本　八冊

440000 - 2561 - 0004880　41688

文心雕龍十卷　（南朝梁）劉勰撰　（清）黃叔琳輯注　清乾隆六年(1741)姚培謙刻本　八冊

440000 - 2561 - 0004881　41689

沈氏三先生文集六十二卷　（宋）沈遘等撰　清光緒二十二年(1896)浙江書局刻本　八冊

440000 - 2561 - 0004882　41690

劍南詩鈔一卷　（宋）陸游撰　（清）楊大鶴選　清康熙二十四年(1685)刻本　八冊

440000 - 2561 - 0004883　41691

唐宋八家文讀本三十卷　（清）沈德潛選　清乾隆四年(1739)刻本　二十四冊

440000 - 2561 - 0004884　41692

明宮雜詠二十卷　（清）饒智元撰　清光緒十九年(1893)刻本　六冊

440000 - 2561 - 0004885　41693

陳剛中詩集三卷　（元）陳孚撰　清嘉慶二十四年(1819)王宗炎抄本　一冊

440000 - 2561 - 0004886　41694

遂甯張文端公全集七卷　（清）張鵬翮撰　清光緒八年(1882)刻本　八冊

440000 - 2561 - 0004887　41696

重訂昭陽扶雅集六卷　（清）徐榦輯　清光緒八年(1882)刻本　六冊

440000 - 2561 - 0004888　41697

詞律校勘記二十卷　（清）杜文瀾撰　清咸豐十一年(1861)刻本　二冊

440000 - 2561 - 0004889　41698

九九樂府(今樂府)一卷　（清）陳梓撰　清宣統二年(1910)石印本　一冊

440000 - 2561 - 0004890　41699

詞名集解六卷續編二卷樂府標源二卷院本名目一卷宋樂類編二卷　（清）汪汲撰　清乾隆五十九年(1794)刻本　七冊

440000 - 2561 - 0004891　41700

詞林正韻二卷　（清）戈載撰　清道光元年(1821)刻本　二冊

440000 - 2561 - 0004892　41701

十五調南北曲譜不分卷　（清）汪宗沂撰　清稿本　十冊

440000 - 2561 - 0004893　41702

養晦堂文集十卷　（清）劉蓉撰　清光緒三年(1877)思賢講舍刻本　六冊

440000 - 2561 - 0004894　41703

曾文正公詩集三卷文集三卷　（清）曾國藩撰　清光緒二年(1876)傳忠書局刻本　四冊

440000 - 2561 - 0004895　41704

樹經堂詠史詩八卷　（清）謝啟昆撰　清嘉慶元年(1796)刻本　十二冊

440000 - 2561 - 0004896　41705

蘇魏公集七十二卷　（宋）蘇頌撰　清道光二十二年(1842)刻本　二十冊

440000 - 2561 - 0004897　41706

邃懷堂文集箋注十六卷　（清）袁翼撰　（清）朱舲注　清咸豐八年(1858)刻本　八冊

440000 - 2561 - 0004898　41707

歷朝詩我學集五十六卷　（清）王椿齡選　清咸豐六年至八年(1856 - 1858)稿本　二十冊

440000 - 2561 - 0004899　41708

分類補註李太白詩二十五卷　（唐）李白撰　（宋）楊齊賢注　（元）蕭士贇補注　明萬曆長洲許自昌刻本　十冊

440000 - 2561 - 0004900　41709

惜抱先生尺牘八卷附葉石農先生自編年譜一卷　（清）姚鼐撰　清咸豐五年(1855)刻本　四冊

440000 - 2561 - 0004901　41710

庾子山集十六卷　（北周）庾信撰　（清）倪璠註釋　清道光十九年(1839)刻本　十二冊

440000 - 2561 - 0004902　41711

八代文粹二百二十卷目錄十八卷　（清）簡燊（清）陳崇哲編　清光緒十一年(1885)富順㽙雋堂刻本　六十四冊

440000－2561－0004903　41712

宮閨百詠四卷　（清）陳其泰編　清道光二十五年(1845)刻本　二冊

440000－2561－0004904　41713

古詩源十四卷　（清）沈德潛選　清芥子園刻本　四冊

440000－2561－0004905　41714

煙霞萬古樓文集六卷　（清）王曇撰　清道光二十年(1840)錢泳刻本　二冊

440000－2561－0004906　41715

煙霞萬古樓文集六卷詩選二卷　（清）王曇撰　清光緒二十一年(1895)上海鴻文書局影印本　四冊

440000－2561－0004907　41716

重訂昭明文選集評十五卷　（清）于光華編次　清乾隆四十三年(1778)崇儒書屋刻本　十六冊

440000－2561－0004908　41717

咏物詩選註釋八卷　（清）易開緒等注　清道光四年(1824)刻本　八冊

440000－2561－0004909　41718

梅泉集七卷　（朝鮮）黃玹撰　清宣統三年(1911)鉛印本　三冊

440000－2561－0004910　41719

明詩綜一百卷　（清）朱彝尊錄　（清）汪森輯評　清康熙四十四年(1705)刻本　四十八冊

440000－2561－0004911　41720

明人詩鈔正集十四卷續集十四卷　（清）朱琰編次　清乾隆二十五年(1760)刻本　八冊

440000－2561－0004912　41721

古文眉詮七十九卷　（清）浦起龍選輯　清乾隆九年(1744)刻本　二十四冊

440000－2561－0004913　41722

唐三體詩六卷　（宋）周弼選　（元）釋圓至注　（清）高士奇補注　清康熙江邨高氏刻本　二冊

440000－2561－0004914　41723

文選補遺四十卷　（宋）陳仁子編　清道光二十五年(1845)刻本　十六冊

440000－2561－0004915　41724

重訂昭明文選集評十五卷　（清）于光華編次　清咸豐八年(1858)刻本　十六冊

440000－2561－0004916　41725

兩浙輶軒錄四十卷　（清）阮元輯　清光緒十六年(1890)浙江書局刻本　三十二冊

440000－2561－0004917　41726

兩浙輶軒續錄五十四卷　（清）潘衍桐輯　清光緒十七年(1891)浙江書局刻本　四十冊

440000－2561－0004918　41727

全唐詩九百卷　（清）曹寅等輯　清康熙四十六年(1707)刻道光十年(1830)重修本　一百二十冊

440000－2561－0004919　41728

柳文四十三卷　（唐）柳宗元撰　清同治六年(1867)刻本　八冊

440000－2561－0004920　41729

耋齡酬唱一卷　（清）黃炳堃輯　清光緒二十年(1894)刻本　一冊

440000－2561－0004921　41730

西泠酬倡集五卷　（清）秦緗業輯　清光緒五年(1879)刻本　二冊

440000－2561－0004922　41731

集義軒詠史詩鈔六十卷　（清）羅惇衍撰　清光緒三年(1877)刻本　十二冊

440000－2561－0004923　41732

補學軒文集外編四卷詩集十二卷　（清）鄭獻甫撰　清光緒五年至八年(1879－1882)刻本　八冊

440000－2561－0004924　41733

唐陸宣公集二十二卷　（唐）陸贄撰　（清）年羹堯重訂　清康熙六十一年(1722)刻本　四冊

440000－2561－0004925　41734

養志居文稿彙存二卷　（清）陳宗起撰　清刻

本　四冊

440000－2561－0004926　41735
邁堂文略四卷　（清）李祖陶撰　清同治四年
（1865）刻本　四冊

440000－2561－0004927　41736
七頌堂詩集十卷　（清）劉體仁撰　清同治九
年（1870）刻本　四冊

440000－2561－0004928　41737
儒酸福傳奇二卷　（清）魏熙元撰　清光緒十
年（1884）刻本　一冊

440000－2561－0004929　41738
儒酸福傳奇二卷　（清）魏熙元撰　清光緒十
年（1884）刻本　一冊

440000－2561－0004930　41739
瑞筠圖傳奇二卷　（清）夏綸撰　清世光堂刻
本　四冊

440000－2561－0004931　41740
補天石傳奇八種八卷　（清）周樂清撰　清道
光十年（1830）刻本　八冊

440000－2561－0004932　41741
西山先生真文忠公文章正宗讀本　（宋）真德
秀撰　（清）李翰熙編校　清康熙三十五年
（1696）刻　二十四冊

440000－2561－0004933　41742
憺園集三十六卷　（清）徐乾學撰　清光緒九
年（1883）刻本　三十六冊

440000－2561－0004934　41743
二知齋詩鈔四卷文鈔四卷　（清）易鏡清撰
清光緒元年（1875）刻本　四冊

440000－2561－0004935　41744
一粟齋文鈔二卷　（清）易本烺撰　清光緒元
年（1875）刻本　二冊

440000－2561－0004936　41745
惺諟齋初稿十卷　喻長霖撰　清宣統三年
（1911）鉛印本　六冊

440000－2561－0004937　41746

學易集八卷　（宋）劉跂撰　清光緒二十五年
（1899）廣雅書局刻武英殿聚珍版書本　二冊

440000－2561－0004938　41747
司馬長卿集一卷　（漢）司馬相如撰　明新安
汪士賢刻本　一冊

440000－2561－0004939　41748
揚子雲集三卷　（漢）揚雄撰　明新安汪士賢
刻本　三冊

440000－2561－0004940　41749
謝宣城集五卷　（南朝齊）謝朓撰　明新安汪
士賢刻本　一冊

440000－2561－0004941　41750
徐孝穆全集六卷　（南朝陳）徐陵撰　（清）吳
兆宜箋注　清刻本　六冊

440000－2561－0004942　41751
庾子山集十六卷　（北周）庾信撰　（清）倪璠
註釋　清光緒十六年（1890）刻本　十二冊

440000－2561－0004943　41752
宋李忠定公文集選二十九卷目錄二卷首四卷
奏議選十五卷　（宋）李綱撰　（明）左光先選
　明崇禎十二年（1639）刻清康熙四十四年
（1705）補刻本　十冊

440000－2561－0004944　41753
躬恥齋詩鈔十四卷首一卷　（清）宗稷辰撰
清咸豐九年（1859）枺杜軒刻本　七冊

440000－2561－0004945　41754
躬恥齋文鈔二十卷　（清）宗稷辰撰　清咸豐
元年（1851）越峴山館刻本　二冊

440000－2561－0004946　41755
明史雜詠四卷　（清）嚴遂成撰　清乾隆十二
年（1747）刻本　二冊

440000－2561－0004947　41756
道古堂外集二十六卷　（清）杭世駿撰　清乾
隆五十三年（1788）刻本　四冊

440000－2561－0004948　41757
朱九江先生集十卷　（清）朱次琦撰　清光緒
二十三年（1897）刻本　四冊

225

440000 – 2561 – 0004949　41760

廣雅堂詩集一卷　（清）張之洞撰　清光緒石印本　二冊

440000 – 2561 – 0004950　41761

龔定盦全集　（清）龔自珍撰　清宣統元年（1909）國學扶輪社鉛印本　七冊

440000 – 2561 – 0004951　41762

半巖廬遺詩二卷　（清）邵懿辰撰　清同治十年（1871）刻本　一冊

440000 – 2561 – 0004952　41763

吟秋樓詩鈔四卷　（清）鄔鶴舟撰　清嘉慶十七年（1812）刻本　一冊

440000 – 2561 – 0004953　41764

蟲鳥吟五卷　（清）蕭德宣撰　清同治五年（1866）刻本　二冊

440000 – 2561 – 0004954　41765

蟲吟草堂詩鈔四卷　（清）張鍾漣撰　清光緒八年（1882）刻本　二冊

440000 – 2561 – 0004955　41766

結夏倡訓集不分卷　（清）姜同輯　清道光三年（1823）刻本　一冊

440000 – 2561 – 0004956　41767

硯林詩集四卷　（清）丁敬撰　清同治十二年（1873）刻本　一冊

440000 – 2561 – 0004957　41769

東塾集六卷　（清）陳澧撰　清光緒十八年（1892）菊坡精舍刻本　二冊

440000 – 2561 – 0004958　41770

列朝詩集八十一卷　（清）錢謙益纂　清順治刻本　二十八冊

440000 – 2561 – 0004959　41772

眠琴閣詩鈔十二卷續編三卷　（清）呂廷煇撰　清同治二年（1863）刻本　六冊

440000 – 2561 – 0004960　41773

古今詩話八卷　（明）陳繼儒輯　明讀書坊刻本　十六冊

440000 – 2561 – 0004961　41774

茗柯文初編一卷二編二卷三編一卷四編一卷　（清）張惠言撰　清光緒七年（1881）刻本　二冊

440000 – 2561 – 0004962　41775

茗柯文初編一卷二編二卷三編一卷四編一卷　（清）張惠言撰　清嘉慶十四年（1809）刻本　六冊

440000 – 2561 – 0004963　41776

重桂堂集十一卷　（清）許正綬撰　清光緒十年（1884）刻本　六冊

440000 – 2561 – 0004964　41777

文選六十卷　（南朝梁）蕭統撰　（唐）李善等注　清乾隆十一年（1746）懷德堂刻本　十六冊

440000 – 2561 – 0004965　41778

范文正公集二十四卷年譜一卷補遺一卷附錄一卷　（宋）范仲淹撰　明楊士遇刻本　十二冊

440000 – 2561 – 0004966　41779

胡文忠公遺集八十六卷首一卷　（清）胡林翼撰　（清）鄭敦謹　（清）曾國荃編輯　清同治六年（1867）刻本　三十一冊　存八十四卷（一至八十四）

440000 – 2561 – 0004967　41780

唐陸宣公集二十二卷　（唐）陸贄撰　（清）年羹堯重訂　清雍正元年（1723）年羹堯刻本　四冊　存九卷（一至七、十三至十四）

440000 – 2561 – 0004968　41781

劉須溪先生記鈔八卷　（宋）劉辰翁撰　明天啓三年（1623）刻本　六冊

440000 – 2561 – 0004969　41782

乖崖集存六卷　（宋）張詠撰　清宣統二年（1910）鉛印本　一冊

440000 – 2561 – 0004970　41783

廣雅碎金四卷　（清）張之洞撰　清光緒二十三年（1897）刻本　二冊

440000－2561－0004971　41784

左文襄公詩集一卷文集五卷聯語一卷　（清）
左宗棠撰　清宣統元年(1909)鉛印本　二冊

440000－2561－0004972　41786

勺水集三卷　（清）周坤撰　清道光二十六年
(1846)刻本　一冊

440000－2561－0004973　41787

止軒餘集八卷　（清）陳捷撰　（清）陳金鑑重
編　清道光九年(1829)刻本　一冊

440000－2561－0004974　41788

臞儴棄餘稿一卷　（清）張之顥撰　清乾隆四
十八年(1783)刻本　一冊

440000－2561－0004975　41789

曝書亭集外詩八卷　（清）朱彝尊撰　（清）馮
登府編輯　清道光二年(1822)刻本　二冊

440000－2561－0004976　41790

篋衍集十二卷　（清）陳維崧選輯　清乾隆二
十六年(1761)刻本　六冊

440000－2561－0004977　41791

廿一史彈詞注十一卷　（明）楊慎撰　（清）張
仲璜注　清乾隆五十一年(1786)刻本　八冊

440000－2561－0004978　41792

李太白文集三十六卷　（唐）李白撰　（清）王
琦輯注　清乾隆二十四年(1759)刻本　十六
冊

440000－2561－0004979　41793

山曉閣選明文全集二十四卷　（清）孫琮選輯
清康熙十六年(1677)刻本　十三冊

440000－2561－0004980　41794

詞律二十卷　（清）萬樹撰　清康熙二十六年
(1687)刻本　十二冊

440000－2561－0004981　41795

明賢尺牘四卷　（清）王元勳　（清）程化騄輯
清光緒二十六年(1900)刻本　一冊

440000－2561－0004982　41796

高季迪先生大全集十八卷　（明）高啟撰　清
康熙三十四年(1695)許氏竹素園刻本　十二

440000－2561－0004983　41797

山曉閣選古文全集三十二卷　（清）孫琮選輯
清康熙二十年(1681)刻本　二十冊

440000－2561－0004984　41798

培遠堂手札節存二卷　（清）陳宏謀撰　清同
治五年(1866)刻本　一冊

440000－2561－0004985　41799

大能寒軒詩鈔八卷　（清）吳為楫撰　清同治
四年(1865)刻本　四冊

440000－2561－0004986　41800

吟碧樓唐詩選我學集二十二卷　（清）王椿齡
選輯　清咸豐十年(1860)稿本　七冊

440000－2561－0004987　41801

繞竹山房詩稿十卷　（清）朱文治撰　清嘉慶
二十三年(1818)刻本　八冊

440000－2561－0004988　41802

心知堂詩稿十八卷　（清）汪仲洋撰　清道光
六年(1826)刻本　四冊

440000－2561－0004989　41803

長吟閣詩集八卷　（清）黃子雲撰　清乾隆十
二年(1747)刻本　四冊

440000－2561－0004990　41804

楚辭十七卷　（戰國）屈原撰　（漢）王逸章句
（宋）洪興祖補注　清初虞山毛氏汲古閣刻
本　二冊

440000－2561－0004991　41805

笠翁傳奇十種二十卷　（清）李漁撰　清康熙
世德堂刻本　十冊

440000－2561－0004992　41806

思亭詩鈔八卷文鈔二卷賦鈔二卷　（清）顧堃
撰　清同治九年(1870)刻本　四冊

440000－2561－0004993　41807

存研樓文集二編二卷　（清）儲大文撰　清乾
隆九年(1744)刻本　二冊

440000－2561－0004994　41808

滑疑集八卷 （清）韓錫胙撰 清光緒十六年(1890)刻本 四冊

440000－2561－0004995　41809

半舫齋古文八卷 （清）夏之蓉撰 清乾隆三十六年(1771)刻本 四冊

440000－2561－0004996　41810

經史百家簡編二卷 （清）曾國藩纂 清同治十三年(1874)傳忠書局刻本 二冊

440000－2561－0004997　41811

古文辭類纂七十四卷 （清）姚鼐纂集 清道光合河康氏刻本 十二冊

440000－2561－0004998　41812

嶺南三大家詩選二十四卷 （清）王隼選 清同治七年(1868)南海陳氏刻本 六冊

440000－2561－0004999　41813

文章軌範七卷 （宋）謝枋得撰 清同治五年(1866)刻本 二冊

440000－2561－0005000　41814

玉楮詩稿八卷 （宋）岳珂撰 清道光抄本 一冊

440000－2561－0005001　41815

古文淵鑒六十四卷 （清）聖祖玄燁選 （清）徐乾學等編注 清同治十二年(1873)浙江書局刻本 三十二冊

440000－2561－0005002　41863

涵芬樓古今文鈔一百卷 吳曾祺撰 清宣統二年(1910)上海商務印書館鉛印本 一百冊

440000－2561－0005003　41864

詞林紀事二十二卷 （清）張宗橚輯 清上海掃葉山房影印本 四冊

440000－2561－0005004　41865

東坡集四十卷後集二十卷內制集十卷外制集三卷應詔集十卷奏議十五卷續集十二卷 （宋）蘇軾撰 宋史本傳一卷 東坡先生年譜一卷 （宋）王宗稷編 東坡先生墓誌銘一卷 （宋）蘇轍撰 清光緒三十四年至宣統元年(1908－1909)寶華盦刻本 四十冊

440000－2561－0005005　41866

吳興詩存八卷 （清）陸心源輯 清光緒歸安陸氏刻本 十六冊

440000－2561－0005006　41867

宦拾錄十八卷 （清）王子音撰 清嘉慶十二年(1807)刻本 十二冊

440000－2561－0005007　41868

留雲閣讀史詩(留雲閣存稿)一卷 （清）彭壽山撰 清道光六年(1826)刻本 一冊

440000－2561－0005008　41870

歷代文選二十三卷 （清）儲欣評 清雍正四年(1726)刻本 二十四冊

440000－2561－0005009　41871

誦芬錄一卷 汪兆鏞輯 清光緒三十四年(1908)番禺汪氏刻本 一冊

440000－2561－0005010　41872

陶貞白集二卷 （南朝梁）陶弘景撰 明新安汪士賢刻本 一冊

440000－2561－0005011　41873

謝惠連集一卷 （南朝宋）謝惠連撰 明新安汪士賢刻本 一冊

440000－2561－0005012　41874

顏延年集一卷 （南朝宋）顏延之撰 明新安汪士賢刻本 一冊

440000－2561－0005013　41875

空山堂詩集六卷 （清）牛運震撰 清嘉慶六年(1801)刻本 一冊

440000－2561－0005014　41876

李長吉歌詩四卷 （唐）李賀撰 （清）王琦注 清乾隆二十五年(1760)刻本 四冊

440000－2561－0005015　41877

望溪先生文集十八卷集外文十卷補遺二卷 （清）方苞撰 （清）戴鈞衡重編 方望溪先生年譜一卷附錄一卷 （清）蘇惇元輯 清咸豐元年(1851)刻本 十二冊

440000－2561－0005016　41878

繼雅堂詩集三十四卷 （清）陳僅撰 清道光

二十七年(1847)刻本　六冊

440000－2561－0005017　41879

杜工部集十八卷　（唐）杜甫撰　清乾隆四十九年(1784)玉勾草堂刻本　十冊

440000－2561－0005018　41880

姚文敏公集九卷　（明）姚夔撰　清光緒二十四年(1898)刻本　二冊

440000－2561－0005019　41881

南山全集十六卷　（清）戴名世撰　清宣統二年(1910)秀野軒木活字印本　八冊

440000－2561－0005020　41882

邃懷堂全集三十五卷　（清）袁翼撰　清光緒十三年(1887)刻本　二十冊

440000－2561－0005021　41883

三蘇文鈔十二卷　（宋）蘇洵等撰　（明）陳仁錫評選　明刻本　四冊

440000－2561－0005022　41884

昌黎先生詩增注証訛十一卷　（唐）韓愈撰　（清）顧嗣立刪補　（清）黃鉞增注証訛　昌黎先生年譜一卷　（清）黃鉞編　昌黎本傳一卷　清咸豐七年(1857)刻本　六冊

440000－2561－0005023　41885

尺岡草堂遺詩八卷　（清）陳璞撰　清光緒十五年(1889)刻本　四冊

440000－2561－0005024　41886

庾子山集十六卷　（北周）庾信撰　（清）倪璠注　清康熙崇岫堂刻本　六冊

440000－2561－0005025　41887

餘園叢稿四種五卷　（清）汪述祖輯著　清光緒刻本　二冊

440000－2561－0005026　41888

有恒心齋集四十一卷　（清）程鴻詔撰　清同治十一年(1872)刻本　十二冊

440000－2561－0005027　41889

芳茂山人詩錄八卷　（清）孫星衍撰　長離閣集一卷　（清）王采薇撰　清嘉慶二十三年(1818)刻本　六冊

440000－2561－0005028　41890

元遺山詩集八卷　（金）元好問撰　清乾隆四十三年(1778)刻本　二冊

440000－2561－0005029　41891

嶠雅二卷　（明）鄺露撰　清石印本　二冊

440000－2561－0005030　41893

蕉嶺驪歌一卷鎮平雜詩一卷　（清）朱懷新輯　清末留香齋刻本　一冊

440000－2561－0005031　41895

歷朝文選不分卷　（□）□□編　清抄本　五冊

440000－2561－0005032　41896

中晚唐詩叩彈集十二卷　（清）杜詔　（清）杜庭珠選　清康熙四十三年(1704)刻本　六冊

440000－2561－0005033　41897

吳詩集覽二十卷　（清）吳偉業撰　（清）靳榮藩輯　清乾隆三十五年(1770)刻本　十二冊

440000－2561－0005034　41898

六臣註文選六十卷　（南朝梁）蕭統撰　（唐）李善等註　明蔣先庚刻本　三十二冊

440000－2561－0005035　41899

西堂全集五十六卷　（清）尤侗撰　湘中草六卷　（清）湯傳楹撰　清文富堂刻本　十六冊

440000－2561－0005036　41900

劉武慎公全集二十九卷　（清）劉長佑撰　清光緒刻本　二十四冊

440000－2561－0005037　41901

曾文正公全集一百六十六卷首一卷　（清）曾國藩撰　清光緒二年(1876)傳忠書局刻本　一百二十冊

440000－2561－0005038　41902

張楊園先生全集五十四卷　（清）張履祥撰　清同治十年(1871)江蘇書局刻本　十六冊

440000－2561－0005039　41903

論文集鈔二卷　（清）高嵣輯　清乾隆五十一年(1786)刻本　十八冊

440000 – 2561 – 0005040　41904

佩文齋詠物詩選六十四卷　（清）汪霖等纂輯
清康熙四十六年（1707）刻本　三十二冊

440000 – 2561 – 0005041　41905

六家文選六十卷　（南朝梁）蕭統撰　（唐）李
善等注　明嘉靖十三年至二十八年（1534 –
1549）袁褧嘉趣堂刻本　六十冊

440000 – 2561 – 0005042　41906

墨汀文錄不分卷　（清）徐廷槐撰　清末抄本
五冊

440000 – 2561 – 0005043　41907

陸放翁全集一百五十七卷　（宋）陸游撰　清
李氏森寶齋刻本　五十六冊

440000 – 2561 – 0005044　41910

圍爐詩話六卷　（清）吳喬撰　清嘉慶十三年
（1808）昭文張氏刻本　二冊

440000 – 2561 – 0005045　41911

會稽三賦四卷　（宋）王十朋撰　清山陰周炳
曾刻本　二冊

440000 – 2561 – 0005046　41912

湯子遺書十卷首一卷　（清）湯斌撰　清同治
九年（1870）刻本　三十二冊

440000 – 2561 – 0005047　41913

**崇百藥齋文集二十卷續集四卷三集十二卷附
合肥學舍札記十二卷**　（清）陸繼輅撰　**五真
閣吟藁一卷**　（清）錢惠尊撰　清光緒四年
（1878）興國州署刻本　十六冊

440000 – 2561 – 0005048　41916

岐嶺贈言集一卷　（清）張鳴珂輯　清光緒七
年（1881）刻本　一冊

440000 – 2561 – 0005049　41917

坦園叢稿七十二卷　（清）楊恩壽撰　清光緒
元年（1875）刻本　十冊

440000 – 2561 – 0005050　41918

王臨川全集一百卷　（宋）王安石撰　清光緒
九年（1883）聽香館刻本　十六冊

440000 – 2561 – 0005051　41919

王臨川全集一百卷　（宋）王安石撰　清光緒
九年（1883）聽香館刻本　十六冊

440000 – 2561 – 0005052　41920

切問齋集十六卷　（清）陸燿輯　清乾隆五十
七年（1792）刻本　十二冊

440000 – 2561 – 0005053　41921

也是集一卷續編一卷　英斂之撰　清光緒三
十三年（1907）大公報館鉛印本（續編爲清宣
統二年天津大公報館鉛印本）　二冊

440000 – 2561 – 0005054　41922

**周武壯公遺書九卷首一卷外集三卷別集一卷
附錄一卷**　（清）周盛傳撰　清光緒三十一年
（1905）刻本　十冊

440000 – 2561 – 0005055　41923

唐音審體二十卷　（清）錢良擇編　清光緒九
年（1883）刻本　六冊

440000 – 2561 – 0005056　41924

銅官感舊集四卷　（清）章壽麟編　清宣統二
年（1910）石印本　二冊

440000 – 2561 – 0005057　41925

**萍鄉課士新藝四卷續編四卷課士略説一卷附
稟稿一卷**　顧家相編　清光緒二十七年至二
十八年（1901 – 1902）刻　七冊

440000 – 2561 – 0005058　41926

蘇黃尺牘四卷　（宋）蘇軾　（宋）黃庭堅撰
（清）黃始箋輯　清刻本　四冊

440000 – 2561 – 0005059　41927

八家四六文鈔九卷　（清）吳鼒編　清嘉慶十
年（1805）刻本　六冊

440000 – 2561 – 0005060　41928

古文析義十六卷　（清）林雲銘評注　清康熙
五十五年（1716）刻本　十六冊

440000 – 2561 – 0005061　41929

太函副墨二十二卷　（明）汪道昆撰　明崇禎
六年（1633）刻本　四十冊

440000 – 2561 – 0005062　41930

國朝文錄續編二卷　（清）李祖陶輯評　清刻

本　二十七冊

440000－2561－0005063　41931

吳淵穎先生集十二卷　（元）吳萊撰　（清）王邦采　（清）王繩曾箋　清康熙六十年(1721)刻本　十一冊

440000－2561－0005064　41932

春星草堂詩稿八卷　（清）吳熙撰　清乾隆刻本　八冊

440000－2561－0005065　41933

校邠廬抗議二卷　（清）馮桂芬撰　清光緒十年(1884)刻本　二冊

440000－2561－0005066　41934

詩林韶濩選三十卷　（清）顧嗣立輯　（清）周煌重選　清乾隆二十九年(1764)刻本　五冊

440000－2561－0005067　41935

梅嶺課子圖題辭四卷附梅嶺傅氏同聲集五卷　（清）傅振海編錄　清光緒刻本　二冊　存五卷(梅嶺課子圖題辭一至四、梅嶺傅氏同聲集五)

440000－2561－0005068　41936

歷朝制帖詩選同聲集六卷　（清）胡浚選注　清乾隆二十二年(1757)刻本　一冊

440000－2561－0005069　41937

林阜間集六卷　（清）潘諮著　清道光十六年(1836)刻本　六冊

440000－2561－0005070　41938

澄清堂詩存四卷　（清）范祝崧撰　清咸豐十年(1860)刻本　二冊

440000－2561－0005071　41939

白田草堂存稿二十四卷附錄一卷　（清）王懋竑撰　清乾隆刻本　六冊

440000－2561－0005072　41940

杜詩詳註二十五卷首一卷附編二卷　（唐）杜甫撰　（清）仇兆鰲輯註　清康熙三十二年(1693)刻本　二十八冊

440000－2561－0005073　41941

三星圓二集二卷三集二卷四集二卷　（清）王

懋昭撰　清嘉慶十五年(1810)刻本　六冊

440000－2561－0005074　41942

四絃秋(青衫淚)一卷　（清）鶴亭居士正拍　（清）蔣士銓填詞　（清）夢樓居士題評　清乾隆三十八年(1773)刻本　一冊

440000－2561－0005075　41943

詠梅軒稿六卷　（清）謝蘭生撰　清同治八年(1869)木活字印本　二冊

440000－2561－0005076　41944

近光集二十八卷　（清）汪士鋐纂　（清）徐修仁注　清康熙五十八年(1719)刻本　八冊

440000－2561－0005077　41945

躬恥齋文鈔二十卷後編六卷首一卷　（清）宗稷辰撰　清咸豐元年(1851)越峴山館刻本　十六冊　缺三卷(文鈔八至九、後編一)

440000－2561－0005078　41946

國朝文鈔初編不分卷二編不分卷三編不分卷四編不分卷五編不分卷　（清）高塏編　清乾隆五十一年(1786)刻本　二十七冊

440000－2561－0005079　41947

全五代詩一百卷補遺一卷附錄詩一卷　（清）李調元編　清乾隆四十五年(1780)刻本　四十六冊　缺一卷(全五代詩一百)

440000－2561－0005080　41948

柯山集拾遺十二卷續拾遺一卷　（宋）張耒撰　清刻本　三冊

440000－2561－0005081　41949

題畫詩錄不分卷　（□）□□撰　清抄本　四冊

440000－2561－0005082　41950

解文毅公集十六卷後集六卷首一卷附錄一卷　（明）解縉撰　清乾隆三十二年(1767)刻本　十冊

440000－2561－0005083　41951

華陽散稿二卷　（清）史震林撰　清光緒九年(1883)鉛印本　二冊

440000－2561－0005084　41952

欽定全唐文一千卷總目三卷　(清)董誥等纂
清嘉慶十九年(1814)刻本　二百四十冊

440000－2561－0005085　41953
重刻勁節樓圖紀三卷　(清)徐德原編　清光
緒十年(1884)刻本　四冊

440000－2561－0005086　41954
對山書屋墨餘錄十六卷　(清)毛祥麟撰　清
同治十年(1871)刻本　六冊

440000－2561－0005087　41955
十二筆舫雜錄十二卷　(清)李兆元撰　清道
光元年(1821)刻本　十二冊

440000－2561－0005088　41956
李文忠公朋僚函稿二十卷　(清)李鴻章撰
(清)吳汝綸編　清光緒三十四年(1908)刻本
　五冊　存十卷(一至十)

440000－2561－0005089　41957
石臼前集九卷　(清)邢昉撰　清順治刻本
四冊

440000－2561－0005090　41958
洗齋病學草二卷　(清)胡壽頤(踵息道人)撰
　清光緒十年(1884)湔江山陰胡氏刻本　二
冊

440000－2561－0005091　41959
刭菴訂定譚子詩歸十卷　(明)譚元春撰　明
末嶽歸堂刻本　八冊

440000－2561－0005092　41961
盾鼻餘瀋一卷　(清)左宗棠撰　清光緒八年
(1882)刻本　一冊

440000－2561－0005093　41962
須鐸餘音一卷　(清)宋俊著　清康熙四十九
年(1710)刻本　一冊

440000－2561－0005094　41963
選樓集句二卷　(清)許祥光撰　清道光二十
年(1840)刻本　一冊

440000－2561－0005095　41964
夜餘錄不分卷　(清)蔡瑞年撰　清光緒三十
二年(1906)刻本　一冊

440000－2561－0005096　41965
躬恥齋文鈔十七卷　(清)宗稷辰撰　清咸豐
元年(1851)越峴山館刻本　二冊　存二卷
(八至九)

440000－2561－0005097　41966
張太岳全集四十七卷　(明)張居正撰　清江
陵鄧氏二房刻本　二十冊

440000－2561－0005098　41967
新刻張太岳先生詩集一卷文集二十三卷
(明)張居正撰　(明)雷思霈　(明)馬啟圖
校　明繡谷唐國達廣慶堂刻本　六冊

440000－2561－0005099　41968
養素堂詩集二十六卷　(清)張澍撰　清道光
二十三年(1843)刻本　十二冊　存二十四卷
(一至二十四)

440000－2561－0005100　41969
兩當軒詩鈔十四卷　(清)黃景仁撰　清道光
十三年(1833)廣州刻本　二冊　存七卷(一
至四、暨詞三至六)

440000－2561－0005101　41970
馮用韞先生書牘二卷　(明)馮琦撰　清刻本
　一冊

440000－2561－0005102　41971
趙恭毅公賸稿八卷　(清)趙申喬撰　清光緒
十八年(1892)浙江書局刻本　三冊　存六卷
(一至六)

440000－2561－0005103　41972
閣山紀遊詩一卷醉石龕即事詩一卷　(清)貴
慶撰　清刻本　一冊

440000－2561－0005104　41973
詩賦全集一卷　(清)徐文靖撰　清志寧堂刻
本　一冊

440000－2561－0005105　41974
元穆文鈔一卷日記三卷　(清)杜俞撰　清光
緒十四年(1888)刻本　二冊

440000－2561－0005106　41975
蓬來室近稿一卷　(明)何慶元撰　明萬曆刻

本　二册

440000 - 2561 - 0005107　41976
南北遊草一卷　（明）何慶元撰　明萬曆刻本
三册

440000 - 2561 - 0005108　41977
校經堂初集四卷二集九卷　（清）曹鴻勛編
清光緒十一年(1885)刻本　五册　存十一卷
(初集四、二集三至九)

440000 - 2561 - 0005109　41978
越風初編十五卷　（清）商盤輯　清乾隆三十
七年(1772)刻本　六册

440000 - 2561 - 0005110　41979
吳氏一家稿　（清）吳錫麒編　清有正味齋刻
本　一册

440000 - 2561 - 0005111　41980
重校鶴山先生大全文集一百十卷　（宋）魏了
翁撰　明刻本　四册　存十四卷(七至二十)

440000 - 2561 - 0005112　41981
還硯齋全集　（清）趙新撰　清光緒八年
(1882)刻本　二十五册

440000 - 2561 - 0005113　41982
范忠貞公文集四卷附錄一卷　（清）范承謨撰
清光緒二十一年(1895)刻本　二册　存一
卷(附錄一)

440000 - 2561 - 0005114　41983
洞庭集詩十八卷文十二卷　（清）王慶麟撰
清嘉慶二十一年(1816)刻本　四册

440000 - 2561 - 0005115　41984
全唐近體詩鈔五卷　（清）沈裳錦選　清刻本
一册　存三卷(三至五)

440000 - 2561 - 0005116　41985
初月樓文鈔十卷　（清）吳德旋撰　清光緒九
年(1883)刻本　一册　存三卷(一至三)

440000 - 2561 - 0005117　41986
歸田集二卷　（清）王霖撰　清道光七年
(1827)刻本　一册

440000 - 2561 - 0005118　41987
施注蘇詩四十二卷續補遺二卷　（宋）蘇軾撰
（宋）施元之注　清刻本　九册

440000 - 2561 - 0005119　41989
全唐詩九百卷　（清）曹寅等輯　清康熙四十
六年(1707)刻本　五十册

440000 - 2561 - 0005120　41990
兩漢文四十卷　（明）張采輯　明崇禎六年
(1633)刻本　十六册　存三十六卷(東漢文
一至十六、西漢文一至二十)

440000 - 2561 - 0005121　41991
雙桐書屋文鈔十種三十四卷　（清）高塘編
清乾隆五十三年(1788)刻本　三十二册

440000 - 2561 - 0005122　41993
野學堂詩存六卷　（清）江式敬撰　清刻本
二册　存二卷(五至六)

440000 - 2561 - 0005123　41994
王文成公全書三十八卷　（明）王守仁撰　清
刻本　二十一册　存三十五卷(一至二十三、
二十七至三十八)

440000 - 2561 - 0005124　42024
曠觀樓詩存八卷　（清）朱霖撰　清光緒六年
(1880)如皋金氏刻本　六册

440000 - 2561 - 0005125　42025
薛文清集　（明）薛瑄撰　清雍正十二年
(1734)薛氏刻本　二十四册

440000 - 2561 - 0005126　42026
四明文獻集五卷　（宋）王應麟撰　（明）鄭真
輯　清抄本　五册

440000 - 2561 - 0005127　42027
古詩箋十五卷　（清）王士禎選輯　清乾隆三
十一年(1766)芷蘭堂刻本　六册　存十一卷
(五至十五)

440000 - 2561 - 0005128　42028
野叟曝言二十卷　（清）夏敬渠撰　清光緒八
年(1882)鉛印本　十册

440000－2561－0005129　42029

雙緓記六卷　（英國）厄冷著　（清）逸儒口譯（清）秀玉筆述　清光緒二十九年(1903)武林印刷所鉛印本　三冊

440000－2561－0005130　42030

昌黎先生集考異十卷　（宋）朱熹撰　清光緒十一年(1885)新陽趙氏刻本　二冊

440000－2561－0005131　42031

水流雲在館詩鈔六卷　（清）宋晉撰　清光緒十二年(1886)刻本　二冊

440000－2561－0005132　42032

醒世姻緣傳一百回　（清）西周生輯著　清同治九年(1870)刻本　二十四冊

440000－2561－0005133　42033

文選課虛四卷　（清）杭世駿撰　清刻本　一冊

440000－2561－0005134　42034

全唐詩九百卷　（清）曹寅等輯　清道光十年(1830)刻本　一百十冊

440000－2561－0005135　42057

霜紅龕集四十卷　（清）傅山撰　**附錄三卷年譜一卷**　丁寶銓輯　清宣統三年(1911)山陽丁氏刻本　十二冊

440000－2561－0005136　42058

花月痕十六卷　（清）魏秀仁撰　清光緒十四年(1888)刻本　十六冊

440000－2561－0005137　42059

品花寶鑑六十回　（清）陳森撰　清光緒刻本　二冊

440000－2561－0005138　42064

錢箋杜詩二十卷　（唐）杜甫著　（清）錢謙益注　清宣統三年(1911)時中書局石印本　四冊

440000－2561－0005139　42066

習之先生文集二卷　（唐）李翱撰　清宣統三年(1911)上海會文堂石印本　一冊

440000－2561－0005140　42068

林和靖詩集四卷拾遺一卷　（宋）林逋撰　清同治十二年(1873)長洲朱氏刻本　一冊

440000－2561－0005141　42072

林和靖詩集四卷拾遺一卷　（宋）林逋撰　清同治十二年(1873)長洲朱氏刻本　一冊

440000－2561－0005142　42073

述學內篇三卷補遺一卷外篇一卷別錄一卷（清）汪中撰　清同治八年(1869)揚州書局刻本　二冊

440000－2561－0005143　42089

文選六十卷　（南朝梁）蕭統撰　（唐）李善注　清乾隆三十七年(1772)葉氏海錄軒刻朱墨套印本　十二冊

440000－2561－0005144　42095

桐花閣詞一卷　（清）吳蘭修撰　清宣統三年(1911)刻本　一冊

440000－2561－0005145　42106

文心雕龍十卷　（南朝梁）劉勰撰　（清）黃叔琳注　（清）紀昀評　清道光十三年(1833)兩廣節署刻朱墨套印本　四冊

440000－2561－0005146　42116

莆風清籟集六十卷　（清）鄭王臣輯選　（清）杭世駿參訂　清乾隆三十七年(1772)刻本　二十冊

440000－2561－0005147　42119

繡像洪秀全演義四集二卷　黃世仲撰　清光緒三十二年(1906)石印本　四冊

440000－2561－0005148　42128

飲冰室文集十八卷　梁啟超撰　清光緒二十八年(1902)鉛印本　十八冊

440000－2561－0005149　42130

西遊真詮一百回　（明）吳承恩著　（清）陳士斌釋　清刻本　二十四冊

440000－2561－0005150　42132

第一奇書(金瓶梅)一百回　題　（清）李漁著　清康熙三十四年(1695)刻本　二十四冊

440000－2561－0005151　42147

林和靖集四卷　（宋）林逋撰　清同治十二年
(1873)長洲朱氏刻本　一冊

440000－2561－0005152　42152

夜雪集一卷　王闓運撰　清光緒九年(1883)
刻本　一冊

440000－2561－0005153　42156

聊齋志異新評十六卷　（清）蒲松齡撰　（清）
王士禎評　（清）但明倫新評　清道光二十二
年(1842)廣順但氏刻朱墨套印本　十六冊

440000－2561－0005154　42158

四憶堂詩集六卷　（清）侯方域撰　清刻本
二冊

440000－2561－0005155　42159

知足不辱齋燹餘遺彙一卷　（清）竇承焯撰
清宣統三年(1911)木活字印本　一冊

440000－2561－0005156　42160

天岳山館文鈔四十卷　（清）李元度撰　清光
緒六年(1880)爽溪精舍刻本　十九冊　存三
十九卷(二至四十)

440000－2561－0005157　42161

滄葊文存二卷　（清）朱蔭培撰　清同治芸香
閣刻本　一冊

440000－2561－0005158　42162

南雷文約四卷　（清）黃宗羲撰　清刻本　十
冊

440000－2561－0005159　42176

繡像全圖再生緣全傳二十卷　（□）□□撰
清上海錦章圖書局石印本　十冊

440000－2561－0005160　42177

繡像東西漢演義十八卷　（明）鍾惺批評　清
漁古山房刻本　十八冊

440000－2561－0005161　42178

增像三國全圖演義六十卷　（明）羅貫中撰
（清）毛宗崗評　清光緒十四年(1888)上海點
石齋石印本　八冊

440000－2561－0005162　42179

繡像十五貫十六卷　（□）□□撰　清同治六

年(1867)蓮溪書屋刻本　四冊

440000－2561－0005163　42181

鐫玉茗堂批點殘唐五代史演義傳二卷六十回
　（明）羅貫中撰　（明）湯顯祖批評　清光緒
十六年(1890)經元堂刻本　四冊

440000－2561－0005164　42182

玉釧緣三十二卷　（□）□□撰　清末石印本
　二十四冊

440000－2561－0005165　42183

拱璧緣傳奇二十四回　（清）陸怡安編　清末
抄本　六冊

440000－2561－0005166　42184

嶺南逸史二十八回　（清）黃耐庵撰　（清）醉
園狂客評點　清乾隆五十九年(1794)刻本
八冊

440000－2561－0005167　42185

廿四史通俗演義六卷四十四回　（清）呂撫輯
　清光緒二十一年(1895)珎藝書局鉛印本
六冊

440000－2561－0005168　42188

經畧熊先生全集十一卷　（明）熊廷弼撰　清
湖北通志局刻本　一冊　存一卷(十)

440000－2561－0005169　42189

安般簃詩續鈔十卷　（清）袁昶撰　清光緒十
六年(1890)刻本　三冊

440000－2561－0005170　42190

洪度集一卷　（唐）薛濤撰　清光緒三十二年
(1906)刻本　一冊

440000－2561－0005171　42191

研六室文鈔十卷補遺一卷　（清）胡培翬撰
清光緒四年(1878)世澤堂刻本　四冊

440000－2561－0005172　42192

全上古三代秦漢三國六朝文七百四十六卷
(清）嚴可均輯　清刻本　六冊　存四十二卷
(全隋文二十三至二十九、全晉文一百三十三
至一百六十七)

440000－2561－0005173　42196

235

南海先生詩集四卷　康有爲撰　清光緒三十四年(1908)影印本　一冊

440000－2561－0005174　42197

庸書二卷　（清）陳熾撰　清光緒二十二年(1896)石印本　八冊

440000－2561－0005175　42198

盛世危言六卷續編四卷　鄭觀應撰　清光緒二十二年(1896)上海書局石印本　六冊　缺四卷(四、續編二至四)

440000－2561－0005176　42200

格致書院課藝三卷　（清）王韜輯　清光緒二十四年(1898)上海圖書集成印書局鉛印本　十三冊

440000－2561－0005177　42217

鑽石鏢一卷　（美國）哥羅克著　梁憲文譯　清末至民國安雅書局鉛印本　一冊

440000－2561－0005178　42221

涵芬樓古今文鈔一百卷　吳曾祺纂　清宣統二年(1910)上海商務印書館鉛印本　一百冊

440000－2561－0005179　42222

樊川詩集四卷詩補遺一卷外集一卷別集一卷　（唐）杜牧撰　（清）馮集梧注　清嘉慶六年(1801)刻本　四冊

440000－2561－0005180　42230

戴東原集十二卷　（清）戴震撰　清宣統二年(1910)渭南嚴氏成都刻本　六冊　存十卷(三至十二)

440000－2561－0005181　42242

古微堂内集三卷外集七卷　（清）魏源撰　清光緒四年(1878)淮南書局刻本　四冊

440000－2561－0005182　42247

六梅書屋尺牘四卷　（清）凌丹陛撰　清光緒十五年(1889)今是軒刻本　四冊

440000－2561－0005183　42249

天岳山館文鈔四十卷　（清）李元度撰　清光緒六年(1880)爽谿精舍刻本　十六冊

440000－2561－0005184　42252

吳摯甫詩集一卷　（清）吳汝綸撰　清宣統二年(1910)國學扶輪社石印本　二冊

440000－2561－0005185　42253

吳摯甫文集四卷附鈔深州風土記四篇　（清）吳汝綸撰　清宣統二年(1910)國學扶輪社石印本　五冊

440000－2561－0005186　42254

培遠堂手札節存三卷　（清）陳宏謀撰　清光緒十七年(1891)刻本　一冊

440000－2561－0005187　42255

顯志堂集十二卷　（清）馮桂芬撰　清光緒二年(1876)校邠廬刻本　七冊

440000－2561－0005188　42257

增廣詳註嚶求集尺牘四卷　（清）繆艮撰　清末至民國初上海文瑞樓石印本　一冊

440000－2561－0005189　42269

客窗閒話初集四卷續集四卷　（清）吳熾昌撰　清上海文明書局影印本　二冊

440000－2561－0005190　42270

皇朝經世文續編一百二十卷　（清）饒玉成輯　清光緒八年(1882)刻本　三十四冊

440000－2561－0005191　42272

皇朝經世文四編五十二卷　（清）何良棟輯　清光緒二十八年(1902)上海書局石印本　四冊

440000－2561－0005192　42273

皇朝經世文新增時務續編四十卷洋務八卷　（清）三畫堂主人編　清光緒二十三年(1897)上海掃葉山房鉛印本　六冊

440000－2561－0005193　42274

皇朝經世文編一百二十卷　（清）賀長齡輯　清光緒十五年(1889)上海廣百宋齋石印本　二十四冊

440000－2561－0005194　42280

曾惠敏公全集十七卷　（清）曾紀澤撰　清光緒二十年(1894)上海石印本　四冊

440000－2561－0005195　42284

校邠廬抗議一卷　（清）馮桂芬著　清光緒二十四年(1898)北洋石印官書局石印本　一冊

440000－2561－0005196　42285

校邠廬抗議二卷　（清）馮桂芬著　清光緒九年(1883)津河廣仁堂刻本　一冊

440000－2561－0005197　42286

時務叢鈔三種(洋務叢書第一集)七卷　何啟　胡禮垣輯　清光緒二十一年(1895)上海賜書堂石印本　八冊

440000－2561－0005198　42311

唐人萬首絕句選七卷　（清）王士禎編　清康熙江右同文堂刻本　二冊

440000－2561－0005199　42320

味靈華館詩六卷　（清）商廷煥撰　清宣統二年(1910)刻本　一冊

440000－2561－0005200　42322

遜學齋詩鈔十卷續鈔五卷　（清）孫衣言撰　清同治三年(1864)刻本　四冊

440000－2561－0005201　42325

唐賢三昧集箋註三卷　（清）王士禎選　（清）吳煊　（清）胡棠輯注　（清）黃培芳評　清光緒九年(1883)翰墨園刻朱墨套印本　三冊

440000－2561－0005202　42331

續中州名賢文表六十八卷　邵松年輯　清光緒三十一年(1905)鴻文局石印本　二十二冊

440000－2561－0005203　42332

板橋雜記三卷　（清）余懷撰　清光緒六年(1880)雪麓抄本　三冊

440000－2561－0005204　42333

仿潛齋詩鈔十五卷　（清）李嘉樂撰　清光緒十五年(1889)刻本　四冊

440000－2561－0005205　42334

靜涵書屋詩存四卷　（清）王蘭廣撰　清同治十三年(1874)刻本　二冊

440000－2561－0005206　42335

安陽集五十卷忠獻韓魏王家傳十卷別錄三卷遺事一卷附錄一卷　（宋）韓琦撰　（清）黃邦寧重修　清咸豐二年(1852)書錦堂刻本　十冊

440000－2561－0005207　42342

北歸草一卷　（清）逯英撰　清乾隆二十二年(1757)刻本　一冊

440000－2561－0005208　42346

霜紅龕筆記三卷補遺一卷嗇廬雜著十二卷別集二卷　（清）傅山著　（清）劉霖補輯　清宣統元年(1909)刻本　四冊

440000－2561－0005209　42349

鳴鶴堂文集十卷　（清）任源祥撰　清光緒十五年(1889)刻本　四冊

440000－2561－0005210　42350

鳴鶴堂詩集十一卷　（清）任源祥撰　清光緒十五年(1889)刻本　二冊

440000－2561－0005211　42356

心日齋十六家詞錄二卷　（清）周之琦輯　清道光二十四年(1844)刻本　二冊

440000－2561－0005212　42357

珠巢存課二卷　（清）周之琦撰　清刻本　一冊

440000－2561－0005213　42358

記過齋文稿二卷　（清）蘇源生撰　清咸豐三年(1853)刻本　二冊

440000－2561－0005214　42359

天根文鈔四卷文法一卷續集一卷詩鈔二卷　（清）何家琪撰　清光緒三十二年(1906)刻本　六冊

440000－2561－0005215　42360

拙盦詩草一卷　程恩培撰　清宣統元年(1909)刻本　一冊

440000－2561－0005216　42361

寄圃詩草初集二卷次集二卷　（清）王庚撰　清同治十三年(1874)刻本　二冊

440000－2561－0005217　42362

望山詩鈔八卷　（清）張培金撰　清鋤梅書屋刻本　三冊

440000－2561－0005218　42363

隱厚堂遺詩二卷　（清）張在辛撰　清光緒三
十一年(1905)刻本　二冊

440000－2561－0005219　42364

東山詩選二卷　（宋）葛紹體撰　清南城李氏
宜秋館抄本　一冊

440000－2561－0005220　42365

瑤草珠華閣詩鈔三卷　（清）席慧文撰　清道
光元年(1821)刻本　二冊

440000－2561－0005221　42366

退省軒詩草六卷　（清）黃任萬撰　（清）黃褒
等編次　清咸豐六年(1856)伊樂堂刻本　二
冊

440000－2561－0005222　42367

心日齋詞集六卷　（清）周之琦撰　清道光刻
本　二冊

440000－2561－0005223　42368

紺雪堂集十二卷首一卷　（明）孟紹虞撰　清
叢桂刻本　十二冊

440000－2561－0005224　42369

半舫館謄稿二卷填詞一卷　（清）吳葆晉撰
清光緒十一年(1885)刻本　二冊

440000－2561－0005225　42370

操養齋遺書四卷　（清）管禮耕撰　清光緒十
四年(1888)南菁書院刻本　二冊

440000－2561－0005226　42371

蠡測偶記二卷　（清）胡贊采撰　清宣統元年
(1909)龍華齋刻本　二冊

440000－2561－0005227　42375

湘綺樓文集八卷詩集十四卷箋啟八卷　王闓
運撰　清光緒三十三年(1907)長沙刻本　十
二冊

440000－2561－0005228　42376

原圃集一卷塞菴詩三卷塞菴遺文一卷　（明）
張民表撰　清光緒七年(1881)刻本　一冊

440000－2561－0005229　42377

沅湘通藝錄八卷四書文二卷　（清）江標輯

清光緒二十三年(1897)長沙刻本　十冊

440000－2561－0005230　42378

妙香詩草十卷附梅花百詠一卷　（清）釋漢兆
撰　清道光二年(1822)萬竹山房刻本　五冊

440000－2561－0005231　42379

虛受堂文集十五卷　王先謙撰　清光緒二十
六年(1900)刻本　四冊

440000－2561－0005232　42380

熊襄愍公集十卷首一卷末一卷　（明）熊廷弼
撰　清同治三年(1864)湖北通志局刻本　十
冊

440000－2561－0005233　42381

二曲集二十八卷　（清）李顒撰　清光緒上海
文瑞樓石印本　六冊

440000－2561－0005234　42395

粵東三子詩鈔十四卷　（清）黃玉階編　清道
光二十二年(1842)廣州刻本　五冊

440000－2561－0005235　42396

歸愚詩鈔二十卷詩鈔餘集七卷文鈔餘集六卷
年譜一卷　（清）沈德潛撰　清乾隆十六年
(1751)教忠堂刻本　十冊

440000－2561－0005236　42403

粵十三家集　（清）伍崇曜輯　清道光二十年
(1840)南海伍氏詩雪軒刻本　四十冊

440000－2561－0005237　42404

粵東文海六十六卷首一卷　（清）溫汝能輯
清嘉慶十三年(1808)文畬堂刻本　五十二冊

440000－2561－0005238　42405

榕村全集四十卷別集五卷　（清）李光地撰
清李清植刻本　十冊

440000－2561－0005239　42406

湖海詩傳四十六卷　（清）王昶輯　清同治四
年(1865)亦西齋刻本　十六冊

440000－2561－0005240　42407

定山堂詩集四十三卷詩餘四卷　（清）龔鼎孳
撰　清光緒九年(1883)聽彝書屋刻本　十六
冊

440000－2561－0005241　42408

牧齋有學集詩註十四卷　（清）錢謙益撰
（清）錢曾箋注　清春暉堂刻本　六冊

440000－2561－0005242　42410

有竹居集十五卷蒼頡篇二卷　（清）任兆麟撰
清嘉慶二十四年(1819)兩廣節署刻本　六冊

440000－2561－0005243　42411

邊華泉全集十四卷　（明）邊貢撰　清康熙四十四年(1705)刻嘉慶十年(1805)重修本　六冊

440000－2561－0005244　42413

船山詩草二十卷　（清）張問陶撰　清嘉慶二十年(1815)刻本　八冊

440000－2561－0005245　42414

芝龕記六卷　（清）董榕撰　清乾隆十六年(1751)刻本　四冊

440000－2561－0005246　42415

國朝詩人徵略六十卷　（清）張維屏輯　清道光十年(1830)粵東省城西湖街超華齋刻本　十冊

440000－2561－0005247　42416

施愚山先生全集九十卷　（清）施閏章著　施隨邨先生遺集六卷　（清）施瑮著　（清）杭世駿訂　清康熙至乾隆刻本　十八冊

440000－2561－0005248　42417

國朝六家詩鈔八卷　（清）劉執玉選　清光緒十三年(1887)成都刻本　六冊

440000－2561－0005249　42418

東湖集五卷首一卷　（明）吳廷舉撰　清光緒二年(1876)刻本　六冊

440000－2561－0005250　42419

梧溪集七卷補遺一卷　（元）王逢撰　困學齋雜錄一卷　（元）鮮于樞撰　清同治十三年(1874)思補樓木活字印本　八冊

440000－2561－0005251　42420

明三十家詩選初集八卷二集八卷　（清）汪端輯　清同治十二年(1873)蘊蘭吟館刻本　八冊

440000－2561－0005252　42421

天真閣集五十四卷外集六卷　（清）孫原湘撰　長真閣集七卷　（清）席佩蘭撰　清嘉慶五年至十七年(1800－1812)刻本　十六冊

440000－2561－0005253　42422

牧齋初學集詩註二十卷　（清）錢謙益撰
（清）錢曾箋注　清玉詔堂刻本　十六冊

440000－2561－0005254　42423

四六叢話三十三卷選詩叢話一卷　（清）孫梅輯　清光緒七年(1881)刻本　十二冊

440000－2561－0005255　42424

明詩紀事一百八十七卷　陳田輯　清光緒至宣統貴陽陳氏聽詩齋刻本　三十八冊

440000－2561－0005256　42425

賞奇軒文草一卷詩草二卷筠遊詩草一卷東遊詩草一卷　（清）劉裔炫撰　清道光二十四年(1844)刻本　四冊

440000－2561－0005257　42426

虞文靖公道園全集六十卷　（元）虞集撰　清光緒元年(1875)陵陽書局刻本　十六冊

440000－2561－0005258　42427

國朝金陵詞鈔八卷附一卷　陳作霖輯　清光緒二十八年(1902)刻本　四冊

440000－2561－0005259　42428

銅梁山人詩集二十五卷詩餘四卷芸籠偶存二卷　（清）王汝璧撰　清光緒二十年(1894)京師刻本　六冊

440000－2561－0005260　42429

缾水齋詩集十七卷詩別集二卷附詩話一卷（清）舒位撰　清光緒十二年(1886)刻本　六冊

440000－2561－0005261　42430

聽松廬詩鈔八卷　（清）張維屏撰　清刻本　四冊

440000－2561－0005262　42431

溫飛卿詩集箋注九卷　（唐）溫庭筠撰　（明）曾益注　（清）顧予咸補注　清光緒八年(1882)刻本　二冊

440000－2561－0005263　42432

青門賸稿八卷　（清）邵長蘅撰　清康熙刻本　六冊

440000－2561－0005264　42433

卷施閣集四十卷　（清）洪亮吉撰　年譜一卷　（清）呂培等編次　清乾隆六十年(1795)貴陽節署刻本　十一冊

440000－2561－0005265　42434

河南先生文集二十七卷附錄一卷　（宋）尹洙撰　清光緒六年(1880)韓江官署刻本　三冊

440000－2561－0005266　42436

元遺山詩集箋注十四卷　（金）元好問撰　（元）張德輝類次　（清）施國祁箋注　元遺山全集附錄一卷　（明）儲瓘輯　（清）華希閔增　元遺山全集補載一卷年譜一卷　（清）施國祁輯訂　清道光七年(1827)苕溪吳氏醉六堂刻本　四冊

440000－2561－0005267　42437

郘亭詩鈔六卷遺詩八卷遺文八卷　（清）莫友芝撰　清咸豐二年(1852)遵義湘川講舍刻同治五年(1866)江甯三山客舍修補本　三冊

440000－2561－0005268　42438

獨漉堂詩集十五卷文集十五卷續編一卷　（清）陳恭尹撰　清道光五年(1825)刻本　八冊

440000－2561－0005269　42439

昌黎先生詩集注十一卷　（唐）韓愈撰　（清）朱彝尊　（清）何焯評　（清）顧嗣立刪補　昌黎先生年譜一卷　（清）顧嗣立編　清光緒九年(1883)廣州翰墨園刻三色套印本　四冊

440000－2561－0005270　42441

蘇文忠公詩集五十卷目錄二卷　（宋）蘇軾撰　（清）紀昀評　清道光十四年(1834)兩廣節署刻朱墨套印本　十二冊

440000－2561－0005271　42442

王氏漁洋詩鈔十二卷　（清）王士禎撰　（清）邵長蘅選　宋氏綿津詩鈔八卷　（清）宋犖撰　（清）邵長蘅選　清康熙三十四年(1695)刻本　六冊

440000－2561－0005272　42443

夢陔堂詩集三十五卷　（清）黃承吉撰　清道光十二年(1832)刻本　十六冊

440000－2561－0005273　42444

孫淵如先生全集　（清）孫星衍撰　清光緒二十年(1894)湖南刻本　十冊

440000－2561－0005274　42445

元憲集三十六卷　（宋）宋庠撰　清刻武英殿聚珍版書本　六冊

440000－2561－0005275　42446

梅村集四十卷　（清）吳偉業撰　清康熙八年(1669)刻本　十冊

440000－2561－0005276　42447

山谷詩內集注二十卷　（宋）黃庭堅撰　（宋）任淵注　山谷詩外集注十七卷補四卷　（宋）黃庭堅撰　（宋）史容注　山谷詩別集注二卷　（宋）黃庭堅撰　（宋）史季溫注　重刻山谷先生年譜十四卷　（宋）黃䎖編　清乾隆五十四年(1789)刻本　二十二冊

440000－2561－0005277　42448

小倉山房詩註三十六卷　（清）袁枚撰　（清）謝有仁注　清道光二十八年(1848)刻本　十六冊

440000－2561－0005278　42449

李養一先生詩集四卷賦一卷詩餘一卷　（清）李兆洛撰　清光緒八年(1882)刻本　二冊

440000－2561－0005279　42450

西泠詞萃六種　（清）丁丙輯　清光緒十一年至十三年(1885－1887)刻本　二冊

440000－2561－0005280　42451

琅嬛仙館詩略八卷　（清）阮元撰　清刻本　二冊

440000－2561－0005281　42452

杲堂文鈔六卷詩鈔七卷　（清）李鄴嗣撰
（清）黃宗羲選　清康熙刻本　五冊

440000－2561－0005282　42453

艮齋先生薛常州浪語集三十五卷　（宋）薛季
宣撰　清同治十年(1871)金陵書局刻本　六
冊

440000－2561－0005283　42454

陶菴文集七卷文集補遺一卷語錄一卷詩集四
卷首一卷　（明）黃淳耀撰　清乾隆二十六年
(1761)刻本　六冊

440000－2561－0005284　42455

二希堂文集十一卷首一卷　（清）蔡世遠撰
清乾隆刻本　六冊

440000－2561－0005285　42456

漸西村人初集詩十三卷　清光緒二十年
(1894)避舍葢公堂刻本　三冊

440000－2561－0005286　42458

鐵崖樂府註十卷詠史註八卷逸編註八卷
(元)楊維楨撰　（清）樓卜瀍注　清光緒刻本
六冊

440000－2561－0005287　42459

太白山人槲葉集五卷南遊草一卷補遺一卷
（清）李柏撰　清宣統三年(1911)刻本　六冊

440000－2561－0005288　42460

逃虛閣詩集六卷　（清）張錦芳撰　清光緒十
年(1884)刻本　二冊

440000－2561－0005289　42461

雙藤書屋詩集十二卷試帖一卷　（清）何道生
撰　月波舫遺稿一卷　（清）何熙績撰　清道
光元年(1821)刻本　四冊

440000－2561－0005290　42462

淵穎集十二卷　（元）吳萊撰　（清）王邦采
（清）王繩曾箋　清光緒元年(1875)永康胡鳳
丹退補齋刻金華叢書本　四冊

440000－2561－0005291　42463

柯家山館遺詩六卷詞三卷　（清）嚴元照撰

清嘉慶德清徐球刻本　二冊

440000－2561－0005292　42464

思補齋詩集六卷　（清）潘世恩撰　清道光二
十九年(1849)刻本　二冊

440000－2561－0005293　42465

誠齋詩集十六卷　（宋）楊萬里撰　清嘉慶徐
達源刻本　七冊

440000－2561－0005294　42466

浮沚集九卷　（宋）周行己撰　清刻武英殿聚
珍版書本　二冊

440000－2561－0005295　42467

西泠仙詠三卷　（清）陳文述撰　清光緒八年
(1882)西泠丁氏刻本　二冊

440000－2561－0005296　42468

藝談錄二卷　（清）張維屏撰　清刻本　二冊

440000－2561－0005297　42492

船山九賦一卷　（清）王夫之撰　清活字印本
一冊

440000－2561－0005298　42517

南北朝文鈔二卷　（清）彭兆蓀採輯　（清）陳
起榮校　清光緒二年(1876)羊城刻本　二冊

440000－2561－0005299　42518

荔村草堂詩鈔十卷　（清）譚宗浚撰　清光緒
十八年(1892)羊城萃古堂刻本　五冊

440000－2561－0005300　42519

趨庭瑣語八卷　（清）史澄著　清光緒十一年
(1885)繼園刻本　一冊

440000－2561－0005301　42521

石雲山人詩集二十三卷　（清）吳榮光撰　清
道光二十一年(1841)南海吳氏筠清館刻本
十二冊

440000－2561－0005302　42529

全上古三代秦漢三國六朝文七百四十六卷
(清)嚴可均輯　清光緒二十年(1894)黃岡王
毓藻刻本　一百冊

440000－2561－0005303　42530

湯子遺書十卷首一卷　（清）湯斌撰　清同治
九年(1870)刻本　三十二冊

440000－2561－0005304　42531
授堂詩鈔八卷授堂文鈔十卷讀書山房文鈔二
卷附授堂跋二卷　（清）武億撰　清道光二十
三年(1843)偃師武氏刻授堂遺書本　六冊

440000－2561－0005305　42532
岳忠武王文集八卷首一卷末一卷　（宋）岳飛
撰　清刻民國印本　四冊

440000－2561－0005306　42550
文清公薛先生文集二十四卷讀書錄十一卷從
政名言一卷手稿一卷　（明）薛瑄撰　薛文清
公年譜一卷　（明）楊鶴編　清雍正十二年
(1734)河津薛氏刻本　十九冊

440000－2561－0005307　42551
玉磬山房詩集十卷　（清）劉大觀撰　清嘉慶
十六年(1811)刻本　四冊

440000－2561－0005308　42552
欽定全唐文一千卷總目三卷　（清）董誥等纂
　清光緒二十七年(1901)廣雅書局刻本　二
百冊

440000－2561－0005309　42553
六臣註文選六十卷　（南朝梁）蕭統撰　（唐）
李善等註　明刻本　三十冊

440000－2561－0005310　42556
朱文公楚辭集注八卷　（宋）朱熹撰　清聽雨
齋刻朱墨套印本　六冊

440000－2561－0005311　50003
古逸叢書　（清）黎庶昌輯　清光緒遵義黎氏
日本東京使署影刻本　四十九冊

440000－2561－0005312　50004
武英殿聚珍版叢書五十四種　（清）紀昀等編
　清同治十三年(1874)刻本　七百九十三冊

440000－2561－0005313　50005
武英殿聚珍版叢書一百三十八種　（清）紀昀
等編　清光緒二十一年(1895)福建布政使司
刻本　八十五冊

440000－2561－0005314　50008
玉函山房輯佚書五百九十四種　（清）馬國翰
輯　清同治十年(1871)濟南皇華館書局刻本
　六十五冊

440000－2561－0005315　50009
玉函山房輯佚書五百九十四種　（清）馬國翰
輯　清光緒九年(1883)長沙嫏嬛館刻本　八
十冊

440000－2561－0005316　50011
寶顏堂秘笈六集　（明）陳繼儒輯　明萬曆刻
本　十九冊

440000－2561－0005317　50012
增訂漢魏叢書九十六種　（清）王謨輯　清乾
隆五十六年(1791)金谿王氏刻本　六十五冊

440000－2561－0005318　50013
知不足齋叢書三十集　（清）鮑廷博輯　（清）
鮑志祖續輯　清光緒八年(1882)嶺南芸林仙
館刻本　二百三十二冊

440000－2561－0005319　50015
湖海樓叢書　（清）陳春輯　清嘉慶蕭山陳氏
湖海樓刻本　三十二冊

440000－2561－0005320　50016
昭代叢書甲集三十四卷乙集四十四卷　（清）
張潮　（清）張漸輯　（清）沈楙惪　（清）楊
復吉續輯　清道光吳江沈楙惪世楷堂刻本
一百七十二冊

440000－2561－0005321　50017
海山仙館叢書五十六種　（清）潘仕成輯　清
道光至咸豐番禺潘氏刻光緒補刻本　一百六
十冊

440000－2561－0005322　50018
海山仙館叢書五十六種　（清）潘仕成輯　清
道光至咸豐番禺潘氏刻光緒補刻本　一百二
十冊

440000－2561－0005323　50019
粵雅堂叢書三十集　（清）伍崇曜編　清道光
至光緒南海伍氏刻本　三百六十冊

440000－2561－0005324　50020

唐代叢書　（清）陳世熙輯　清乾隆五十七年(1792)刻本　二十冊

440000－2561－0005325　50021

當歸草堂叢書八種　（清）丁丙輯　清同治錢塘丁氏刻本　八冊

440000－2561－0005326　50022

正誼堂全書　（清）張伯行輯　清同治五年(1866)福州正誼書院刻本　一百十一冊

440000－2561－0005327　50023

二思堂叢書　（清）梁章鉅撰　清道光至光緒福州梁氏刻本　十六冊

440000－2561－0005328　50024

仰視千七百二十九鶴齋叢書六集　（清）趙之謙編　清光緒會稽趙氏刻本　二十三冊

440000－2561－0005329　50025

咫進齋叢書三集　（清）姚覲元輯　清光緒九年(1883)歸安姚氏刻本　二十四冊

440000－2561－0005330　50026

二酉堂叢書　（清）張澍輯　清道光元年(1821)武威張氏二酉堂刻本　十二冊

440000－2561－0005331　50027

槐廬叢書五編　（清）朱記榮輯　清光緒吳縣朱氏刻本　八十冊

440000－2561－0005332　50028

邵武徐氏叢書初刻　（清）徐幹輯　清光緒刻本　二十冊

440000－2561－0005333　50029

邵武徐氏叢書二集　（清）徐幹輯　清光緒刻本　二十冊

440000－2561－0005334　50030

行素草堂金石叢書一百五十二卷　（清）朱記榮編　清光緒吳縣朱氏刻十四年(1888)彙印本　三十一冊

440000－2561－0005335　50031

南菁書院叢書一百三十二卷　王先謙輯　清光緒十四年(1888)江陰南菁書院刻本　三十

二冊

440000－2561－0005336　50032

榆園叢書五十七卷附娛園叢刻　（清）許增輯　清光緒十年(1884)娛園刻本　十六冊

440000－2561－0005337　50033

榆園叢書五十七卷　（清）許增輯　清光緒十九年(1893)刻本　十一冊

440000－2561－0005338　50034

聚學軒叢書第一集　劉世珩輯　清光緒十九年(1893)貴池劉氏刻本　二十冊

440000－2561－0005339　50035

平津館叢書二百八卷　（清）孫星衍輯　清光緒十一年(1885)吳縣朱氏槐廬刻本　五十冊

440000－2561－0005340　50036

觀古堂彙刻書二集　葉德輝輯　清光緒二十八年(1902)長沙葉氏刻民國八年(1919)重編印本　十三冊

440000－2561－0005341　50037

晨風閣叢書四十一卷　沈宗畸輯　清宣統元年(1909)刻本　十六冊

440000－2561－0005342　50042

永嘉叢書一百六十卷　（清）孫衣言輯　清同治至光緒瑞安孫氏刻本　四十冊

440000－2561－0005343　50045

大亭山館叢書　（清）楊葆彝輯　清光緒陽湖楊氏刻本　二冊　存一卷(集類一)

440000－2561－0005344　50047

朱子遺書　（宋）朱熹撰　清康熙呂氏寶誥堂刻本　十四冊

440000－2561－0005345　50049

顧亭林先生遺書　（清）顧炎武撰　清光緒蓬瀛閣刻本　十冊

440000－2561－0005346　50050

鹿洲全集七種　（清）藍鼎元撰　清刻本　二十冊

440000－2561－0005347　50051

子劉子遺書二十四卷　（明）劉宗周撰　清刻本　十一冊

440000－2561－0005348　50052

景紫堂全書十七種八十一卷　（清）夏炘撰
清咸豐至同治刻同治元年(1862)彙印本　二十二冊

440000－2561－0005349　50056

李氏五種　（清）李兆洛編　清光緒十四年
(1888)上海掃葉山房刻本　十二冊

440000－2561－0005350　50057

德清俞蔭甫所著書七十卷　（清）俞樾撰　清
同治十年(1871)刻本　四十冊

440000－2561－0005351　50058

歸雲別集七十四卷　（明）陳士元撰　清道光
十三年(1833)應城吳毓梅寶善堂刻本　二十冊

440000－2561－0005352　50059

不遠復齋遺書　（清）潘世璜著　清道光十八
年(1838)刻本　八冊

440000－2561－0005353　50060

番禺陳氏東塾叢書二十八卷　（清）陳澧撰
清咸豐至光緒刻本　十冊

440000－2561－0005354　50061

皮氏經學叢書九種　（清）皮錫瑞撰　清光緒
思賢書局刻本　十六冊

440000－2561－0005355　50062

觀古堂所著書　葉德輝撰　清光緒長沙葉氏
刻本　十三冊

440000－2561－0005356　50071

古逸叢書　（清）黎庶昌輯　清光緒遵義黎氏
日本東京使署影刻本　六十冊

440000－2561－0005357　50082

增訂漢魏叢書八十六種　（清）王謨輯　清乾
隆五十六年(1791)刻本　八十冊

440000－2561－0005358　50084

元和江氏靈鶼閣叢書　（清）江標輯　清光緒
刻本　四十八冊

440000－2561－0005359　50085

仰視千七百二十九鶴齋叢書　（清）趙之謙編
清光緒會稽趙氏刻本　二十四冊

440000－2561－0005360　50086

粵雅堂叢書　（清）伍崇曜輯　清道光至光緒
南海伍氏刻本　二百四十冊

440000－2561－0005361　50087

粵雅堂叢書續集　（清）伍崇曜輯　清咸豐南
海伍崇曜粵雅堂刻本　一百冊

440000－2561－0005362　50088

海山仙館叢書五十六種　（清）潘仕成輯　清
道光至咸豐番禺潘氏刻光緒補刻本　一百二
十冊

440000－2561－0005363　50089

平津館叢書　（清）孫星衍輯　清光緒十一年
(1885)吳縣朱氏槐廬刻本　五十冊

440000－2561－0005364　50090

滂喜齋叢書　（清）潘祖蔭輯　清同治至光緒
吳縣潘氏京師刻本　二十八冊

440000－2561－0005365　50091

述古叢鈔　（清）劉晚榮輯　清同治至光緒古
岡劉氏藏修書屋刻本　十冊

440000－2561－0005366　50093

國朝名人著述叢編　（清）□□輯　清光緒五
年(1879)上海淞隱閣鉛印本　六冊

440000－2561－0005367　50094

鄦齋叢書　徐乃昌輯　清光緒二十六年
(1900)刻本　十六冊

440000－2561－0005368　50095

積學齋叢書　徐乃昌輯　清光緒南陵徐氏刻
本　十六冊

440000－2561－0005369　50096

隨庵徐氏叢書　徐乃昌輯　清光緒至民國刻
本　二十四冊

440000－2561－0005370　50097

藕香零拾　繆荃孫輯　清光緒至宣統刻本
三十二冊

440000－2561－0005371　50098

西學富強叢書　（清）袁俊德輯　清光緒二十七年(1901)上海寶善齋石印本　六十四冊

440000－2561－0005372　50099

古今說部叢書十集　（清）國學扶輪社輯　清宣統二年(1910)國學扶輪社鉛印本　六十冊

440000－2561－0005373　50123

巽軒孔氏所著書六十卷　（清）孔廣森撰　清嘉慶二十二年(1817)刻本　十冊

440000－2561－0005374　50127

海嶽軒叢刻　杜俞輯　清光緒二十六年(1900)鉛印本　十冊

440000－2561－0005375　50133

論語集註補正述疏十卷首一卷尚書集註述疏三十二卷首一卷末二卷附讀書堂答問一卷　簡朝亮撰　清光緒至民國刻簡氏四種本　四十二冊

440000－2561－0005376　50135

花雨樓叢鈔　（清）張壽榮輯　清光緒九年(1883)鎮海張氏刻本　四十冊

440000－2561－0005377　50136

嶺南遺書　（清）伍崇曜輯　清道光至同治南海伍氏粵雅堂文字歡娛室刻本　八十八冊

440000－2561－0005378　50143

津逮秘書　（明）毛晉輯　明崇禎虞山毛氏汲古閣刻本　一百二十冊

440000－2561－0005379　50145

李卓吾枕中十書十卷　（明）李贄撰　清大雅堂刻本　十二冊

440000－2561－0005380　50150

翠琅玕館叢書　（清）馮兆年輯　清光緒羊城馮氏刻本　四十一冊

440000－2561－0005381　50152

半厂叢書初編　（清）譚獻輯　清光緒仁和譚氏刻本　二十冊

440000－2561－0005382　50153

觀象廬叢書　（清）呂調陽輯　清光緒十四年(1888)刻本　六十二冊

440000－2561－0005383　50156

桐城吳先生全書　（清）吳汝綸撰　清光緒三十年(1904)刻本　二十冊

440000－2561－0005384　50159

晨風閣叢書　沈宗畸輯　清宣統元年(1909)刻本　十六冊

440000－2561－0005385　50160

懷豳雜俎十七卷　徐乃昌輯　清光緒至宣統南陵徐氏刻本　八冊

440000－2561－0005386　50161

讀畫齋叢書　（清）顧修輯　清嘉慶四年(1799)刻本　六十四冊

440000－2561－0005387　50162

咫進齋叢書　（清）姚覲元輯　清光緒九年(1883)刻本　二十四冊

440000－2561－0005388　50163

脩本堂叢書　（清）林伯桐撰　清道光二十四年(1844)刻本　十三冊

440000－2561－0005389　50164

海鹽張氏涉園叢刻　張元濟輯　清宣統三年(1911)鉛印本　八冊

440000－2561－0005390　50165

振綺堂叢書二集　（清）汪康年輯　清光緒二十年(1894)刻本　八冊

440000－2561－0005391　50166

融經館叢書　（清）徐友蘭輯　清光緒會稽徐氏八杉齋刻本　四十冊

440000－2561－0005392　50172

燕禧堂五種二十卷　（清）任大椿撰　清乾隆五十二年(1787)刻本　十三冊

440000－2561－0005393　50176

養一齋集　（清）潘德輿撰　清道光二十九年(1849)刻本　二十四冊

440000－2561－0005394　50178

大鶴山房全書五十三卷　鄭文焯撰　清光緒

245

三十年(1904)刻本　八冊

440000 – 2561 – 0005395　50180

大鶴山房全書五十三卷　鄭文焯撰　清光緒
三十年(1904)刻本　八冊

440000 – 2561 – 0005396　50182

左海全集續集　(清)陳壽祺撰　清光緒八年
(1882)刻本　六十冊

440000 – 2561 – 0005397　50183

心矩齋叢書　(清)蔣鳳藻輯　清光緒長洲蔣
氏刻本　十四冊

440000 – 2561 – 0005398　50186

重刊道藏輯要　(清)彭定求輯　(清)閻永和
增輯　清光緒三十二年(1906)成都二仙庵刻
本　二百四十四冊

440000 – 2561 – 0005399　50190

洪北江集　(清)洪亮吉撰　清光緒三年
(1877)授經堂刻本　二十八冊

440000 – 2561 – 0005400　50191

鐵華館叢書　(清)蔣鳳藻輯　清光緒長洲蔣
氏刻本　六冊

440000 – 2561 – 0005401　50198

拜經樓叢書十種　(清)吳騫輯　(清)朱記榮
重編　清光緒二十年(1894)校經堂刻本　十
冊

440000 – 2561 – 0005402　50199

小石山房叢書　(清)顧湘輯　清同治十三年
(1874)刻本　十六冊

440000 – 2561 – 0005403　50200

貸園叢書初集十二種　(清)周永年輯　清乾
隆青州李文藻刻五十四年(1789)歷城周氏竹
西書屋印本　十二冊

440000 – 2561 – 0005404　50202

二酉堂叢書　(清)張澍輯　清道光元年
(1821)武威張氏二酉堂刻本　十二冊

440000 – 2561 – 0005405　50203

雲自在龕叢書　繆荃孫輯　清光緒江陰繆荃
孫刻本　二十四冊

440000 – 2561 – 0005406　50209

嘯園叢書　(清)葛元煦輯　清光緒九年
(1883)刻本　四十八冊

440000 – 2561 – 0005407　50213

小石山房叢書　(清)顧湘輯　清同治十三年
(1874)刻本　十六冊

440000 – 2561 – 0005408　50214

龍威祕書十集　(清)馬俊良輯　清乾隆五十
九年(1794)石門馬氏大酉山房刻本　八十冊

440000 – 2561 – 0005409　50217

南海桂氏經學叢書　(清)桂文燦撰　清咸豐
至光緒刻本　六冊

440000 – 2561 – 0005410　50219

梨洲遺著彙刊　(清)黃宗羲撰　(清)薛鳳昌
輯　清宣統二年(1910)上海時中書局鉛印本
二十冊

440000 – 2561 – 0005411　50221

式訓堂叢書初集十四種　(清)章壽康輯　清
光緒會稽章氏刻本　十二冊

440000 – 2561 – 0005412　50223

古桐書屋六種　(清)劉熙載撰　清同治至光
緒刻本　八冊

440000 – 2561 – 0005413　50225

抱經堂叢書　(清)盧文弨輯　清乾隆四十九
年至嘉慶元年(1784 – 1796)刻本　六十六冊

440000 – 2561 – 0005414　50226

小石山房叢書　(清)顧湘輯　清道光刻同治
十三年(1874)補刻本　九冊

440000 – 2561 – 0005415　50233

木犀軒叢書　李盛鐸輯　清光緒德化李氏木
犀軒刻本　三十八冊

440000 – 2561 – 0005416　50234

經訓堂叢書二十一種　(清)畢沅輯　清光緒
十三年(1887)上海大同書局石印本　二十冊

440000 – 2561 – 0005417　50235

常州先哲遺書四百四十三卷　盛宣懷輯　清
光緒武進盛氏刻本　六十四冊

440000－2561－0005418　50237

藝海珠塵 （清）吳省蘭輯　清嘉慶南匯吳省蘭聽彝堂刻道光三十年(1850)金山錢氏漱石軒印本　六十四冊

440000－2561－0005419　50239

木犀軒叢書 李盛鐸輯　清光緒德化李氏木犀軒刻本　四十冊

440000－2561－0005420　50240

函海一百五十九種 （清）李調元輯　清光緒八年(1882)刻本　一百四十冊

440000－2561－0005421　50242

經韻樓叢書七種 （清）段玉裁撰　清乾隆至道光金壇段氏刻本　二十冊

440000－2561－0005422　50243

嘉定錢氏潛研堂全書 （清）錢大昕撰　清光緒十年(1884)長沙龍氏刻本　八十冊

440000－2561－0005423　50245

湖北叢書三十一種 （清）趙尚輔輯　清光緒十七年(1891)三餘草堂刻本　一百冊

440000－2561－0005424　50248

觀古堂彙刻書十二種 葉德輝輯　清光緒二十八年(1902)長沙葉氏刻民國八年(1919)重編印本　二十冊

440000－2561－0005425　50251

郝氏遺書 （清）郝懿行撰　清嘉慶至光緒郝氏刻本　五十七冊

440000－2561－0005426　50253

國學叢刊 羅振玉撰　清宣統三年(1911)石印本　三冊

440000－2561－0005427　50256

金石全例 （清）朱記榮輯　清光緒十八年(1892)吳縣朱氏槐廬刻本　十六冊

440000－2561－0005428　50260

國學萃編 沈宗畸編　清光緒三十四年至宣統元年(1908－1909)鉛印本　二十六冊

440000－2561－0005429　50261

觀古堂彙刻書 葉德輝輯　清光緒二十八年(1902)刻民國八年(1919)重編印本　三十二冊

440000－2561－0005430　50262

玉簡齋叢書 羅振玉輯　清宣統二年(1910)刻本　二十冊

440000－2561－0005431　50263

雅雨堂叢書 （清）盧見曾輯　清乾隆二十一年(1756)德州盧氏刻本　二十冊

440000－2561－0005432　50269

農學叢書 （清）上海農學會譯　清光緒二十九年(1903)江南總農會石印本　八十二冊

440000－2561－0005433　50271

學海堂叢刻 （清）□□輯　清光緒三年(1877)刻本　十四冊

440000－2561－0005434　50272

山門新語五卷 （清）周贇撰　清光緒三十三年(1907)刻本　四冊

440000－2561－0005435　50273

黃漳浦全集 （明）黃道周著　清刻本　二十七冊

440000－2561－0005436　50275

十萬卷樓叢書 （清）陸心源輯　清光緒歸安陸氏刻本　四十八冊

440000－2561－0005437　50277

士禮居叢書 （清）黃丕烈編　清光緒十三年(1887)上海蜚英館石印本　三十冊

440000－2561－0005438　50278

士禮居叢書 （清）黃丕烈編　清光緒十三年(1887)上海蜚英館石印本　三十冊

440000－2561－0005439　50280

蜚雲閣凌氏叢書 （清）凌曙撰　清嘉慶至道光江都凌氏斐雲閣刻本　二十冊

440000－2561－0005440　50282

嘯園叢書 （清）葛元煦輯　清光緒九年(1883)刻本　三十六冊

440000－2561－0005441　50283

靈鶼閣叢書　（清）江標輯　清光緒元和江氏湖南使院刻本　四十八冊

440000－2561－0005442　50285

朱氏經學叢書　（清）朱記榮輯　清光緒朱氏槐廬刻本　十二冊

440000－2561－0005443　50286

粟香室叢書　金武祥輯　清光緒至民國江陰金氏刻本　二十四冊

440000－2561－0005444　50288

樹滋堂十六種　（清）葛周玉輯　清嘉慶十年(1805)刻本　十二冊　存八種

440000－2561－0005445　50289

春暉堂叢書　（清）徐渭仁輯　清道光至咸豐上海徐氏刻同治補刻本　十二冊

440000－2561－0005446　50290

海監張氏涉園叢刻　張元濟輯　清宣統三年(1911)商務印書館鉛印本　八冊

440000－2561－0005447　50291

長恩書室叢書二集　（清）莊肇麟輯　清咸豐四年(1854)新昌莊氏過客軒刻本　十六冊

440000－2561－0005448　50292

暢園叢書　（清）張邁輯　清光緒二十年(1894)始豐張氏四明刻本　六冊

440000－2561－0005449　50293

平津館叢書二百八卷　（清）孫星衍輯　清光緒十一年(1885)吳縣朱氏槐廬刻本　五十冊

440000－2561－0005450　50294

隨庵徐氏叢書十種　徐乃昌輯　清光緒至民國刻本　十二冊

440000－2561－0005451　50295

鄦齋叢書二十種　徐乃昌輯　清光緒二十六年(1900)南陵徐氏刻本　二十冊

440000－2561－0005452　50296

風雨樓叢書　鄧實輯　清宣統二年(1910)順德鄧氏鉛印本　十二冊

440000－2561－0005453　50297

二思堂叢書　（清）梁章鉅撰　清道光至光緒福州梁氏刻本　十六冊

440000－2561－0005454　50298

經訓堂叢書二十一種　（清）畢沅輯　清光緒十三年(1887)上海大同書局石印本　十六冊

440000－2561－0005455　50299

荔牆叢刻十四種　（清）汪曰楨輯　清同治至光緒烏程汪氏刻本　十六冊

440000－2561－0005456　50300

粵雅堂叢書三編三十集　（清）伍崇曜輯　清道光至光緒南海伍氏刻本　四百冊

440000－2561－0005457　50301

海山仙館叢書五十六種　（清）潘仕成輯　清道光至咸豐番禺潘氏刻光緒補刻本　一百二十三冊

440000－2561－0005458　50302

藝海珠塵　（清）吳省蘭輯　清嘉慶吳氏聽彝堂刻本　六十四冊

440000－2561－0005459　50303

大亭山館叢書　（清）楊葆彝輯　清光緒陽湖楊氏刻本　六冊

440000－2561－0005460　50304

榆園叢刻　（清）許增輯　清光緒十年(1884)刻本　十六冊

440000－2561－0005461　50305

麗樓叢書　葉德輝輯　清光緒三十三年(1907)長沙葉氏刻本　七冊

440000－2561－0005462　50306

貸園叢書初集十二種　（清）周永年輯　清乾隆青州李文藻刻五十四年(1789)歷城周氏竹西書屋印本　十六冊

440000－2561－0005463　50307

重刊拜經樓叢書七種　（清）吳騫輯　清光緒十一年(1885)會稽章氏刻本　八冊

440000－2561－0005464　50308

小石山房叢書十七種　（清）顧湘輯　清同治十三年(1874)虞山顧氏刻本　二十冊

440000 – 2561 – 0005465　50309

崇正叢書十二種　（清）葉騰驤輯　清道光十九年(1839)品石山房木活字印本　九冊　存八種

440000 – 2561 – 0005466　50310

當歸草堂叢書八種　（清）丁丙輯　清同治錢塘丁氏刻本　六冊

440000 – 2561 – 0005467　50311

西泠五布衣遺著　（清）丁丙輯　清同治十年(1871)丁氏當歸草堂刻本　六冊

440000 – 2561 – 0005468　50312

功順堂叢書　（清）潘祖蔭輯　清光緒吳縣潘氏刻本　十二冊

440000 – 2561 – 0005469　50313

積學齋叢書二十種　徐乃昌輯　清光緒南陵徐氏刻本　二十冊

440000 – 2561 – 0005470　50314

式訓堂叢書初集十四種　（清）章壽康輯　清光緒會稽章氏刻本　十二冊

440000 – 2561 – 0005471　50315

海山仙館叢書五十六種　（清）潘仕成輯　清道光至咸豐番禺潘氏刻光緒補刻本　一百六十冊

440000 – 2561 – 0005472　50316

佚存叢書　（日本）林衡輯　清光緒八年(1882)滬上黃氏木活字印本　三十六冊

440000 – 2561 – 0005473　50317

佚存叢書　（日本）林衡輯　清光緒八年(1882)滬上黃氏木活字印本　三十三冊

440000 – 2561 – 0005474　50318

木犀軒叢書　李盛鐸輯　清光緒德化李氏木犀軒刻本　二十四冊

440000 – 2561 – 0005475　50319

國粹叢書三集　鄧實輯　清光緒三十四年(1908)鉛印本　二十二冊

440000 – 2561 – 0005476　50320

學海堂叢刻二集　（清）□□輯　清光緒三年至十二年(1877 – 1886)廣州學海堂刻本　十四冊

440000 – 2561 – 0005477　50323

咫進齋叢書三集　（清）姚覲元輯　清光緒九年(1883)歸安姚氏刻本　二十四冊

440000 – 2561 – 0005478　50324

經訓堂叢書二十一種　（清）畢沅輯　清光緒十三年(1887)上海大同書局石印本　二十冊

440000 – 2561 – 0005479　50325

頤志齋叢書二十五種九十五卷　（清）丁晏撰　清咸豐至同治山陽丁氏六藝堂刻同治元年(1862)彙印本　十七冊

440000 – 2561 – 0005480　50326

南菁書院叢書一百三十二卷　王先謙　繆荃孫輯　清光緒十四年(1888)江陰南菁書院刻本　三十二冊

440000 – 2561 – 0005481　50328

式訓堂叢書二集十四種　（清）章壽康輯　清光緒會稽章氏刻本　三十冊

440000 – 2561 – 0005482　50329

陳眉公雜著三十種五十卷　（明）陳繼儒撰　明萬曆三十四年(1606)刻本　三十冊

440000 – 2561 – 0005483　50330

東倉書庫叢刻　（清）繆朝荃輯　清光緒二十九年(1903)刻本　十二冊

440000 – 2561 – 0005484　50331

觀古堂彙刻書二集　葉德輝輯　清光緒刻本　十六冊

440000 – 2561 – 0005485　50332

觀古堂所著書　葉德輝撰　清光緒長沙葉氏刻本　十六冊

440000 – 2561 – 0005486　50333

唐代叢書　（清）王文誥輯　清嘉慶十一年(1806)刻本　二十四冊

440000 – 2561 – 0005487　50336

豫章叢書二集　（清）陶福履輯　清光緒新建陶氏刻本　十二冊

440000－2561－0005488　50337

碧琳琅館叢書　（清）方功惠輯　清光緒十年（1884）巴陵方氏碧琳琅館刻宣統元年（1909）廣州萬卷樓印本　一百十九冊

440000－2561－0005489　50338

紹興先正遺書四集　（清）徐友蘭輯　清光緒會稽徐氏鑄學齋刻本　四十八冊

440000－2561－0005490　50339

春在堂全書　（清）俞樾撰　清光緒二十五年（1899）刻本　一百五十九冊

440000－2561－0005491　50340

半厂叢書　（清）譚獻輯　清光緒仁和譚氏刻本　二十冊

440000－2561－0005492　50341

二思堂叢書　（清）梁章鉅撰　清道光至光緒福州梁氏刻本　十六冊

440000－2561－0005493　50342

宜稼堂叢書　（清）郁松年輯　清道光上海郁氏刻本　六十四冊

440000－2561－0005494　50343

學津討原　（清）張海鵬輯　清嘉慶十年（1805）虞山張氏照曠閣刻本　二百二十冊

440000－2561－0005495　50344

三長物齋叢書二十五種二百五十九卷附刻三種附錄補遺八卷　（清）黃本驥輯　清道光湘陰蔣瓛刻光緒四年（1878）古香閣印本　六十冊

440000－2561－0005496　50347

台州叢書　（清）宋世犖輯　清嘉慶至道光臨海宋氏刻本　三十二冊

440000－2561－0005497　50348

靈鶼閣叢書六集五十六種　（清）江標輯　清光緒二十一年至二十三年（1895－1897）長沙刻本　四十八冊

440000－2561－0005498　50349

昭代叢書二集五十卷　（清）張潮輯　清康熙三十六年（1697）刻本　十六冊

440000－2561－0005499　50350

嶺南遺書　（清）伍崇曜輯　清道光十一年至三十年（1831－1850）南海伍氏粵雅堂文字歡娛室刻本　一百冊

440000－2561－0005500　50351

觀自得齋叢書二十四種　（清）徐士愷輯　清光緒石埭徐氏刻本　二十二冊

440000－2561－0005501　50352

槐廬叢書十四種　（清）朱記榮輯　清光緒十三年（1887）吳縣朱氏刻本　三十二冊

440000－2561－0005502　50353

古今說海　（明）陸楫輯　清道光元年（1821）茗溪邵氏西山堂刻本　四十冊

440000－2561－0005503　50354

湖海樓叢書　（清）陳春輯　清嘉慶蕭山陳氏湖海樓刻本　三十二冊

440000－2561－0005504　50355

滂喜齋叢書　（清）潘祖蔭輯　清同治至光緒吳縣潘氏京師刻本　四十冊

440000－2561－0005505　50356

滂喜齋叢書　（清）潘祖蔭輯　清同治至光緒吳縣潘氏京師刻本　二十四冊

440000－2561－0005506　50357

滂喜齋叢書　（清）潘祖蔭輯　清同治至光緒吳縣潘氏京師刻本　三十二冊

440000－2561－0005507　50358

如皋冒氏叢書　冒廣生輯　清光緒至民國如皋冒氏刻本　二十二冊

440000－2561－0005508　50360

榆園叢刻　（清）許增輯　清光緒十年（1884）仁和許氏刻本　十七冊

440000－2561－0005509　50361

守山閣叢書　（清）錢熙祚輯　清光緒十五年（1889）上海鴻文書局石印本　九十九冊

440000－2561－0005510　50362

龍威秘書十集　（清）馬俊良輯　清乾隆五十九年（1794）石門馬氏大酉山房刻本　八十冊

440000－2561－0005511　50364

暢園叢書　（清）張邁輯　清光緒二十年(1894)刻本　四冊

440000－2561－0005512　50365

朱氏群書六種　（清）朱駿聲撰　清光緒八年(1882)臨嘯閣刻本　五冊　存四種

440000－2561－0005513　50366

平津館叢書　（清）孫星衍輯　清嘉慶十七年(1812)陽湖孫氏刻本　五十四冊

440000－2561－0005514　50367

續知不足齋叢書　（清）高承勳輯　清渤海高氏刻本　十六冊

440000－2561－0005515　50368

知不足齋叢書三十集　（清）鮑廷博輯　（清）鮑志祖續輯　清乾隆至道光長塘鮑氏刻本　一百九十二冊　存二十四集

440000－2561－0005516　50369

檀几叢書　（清）王晫　（清）張潮輯　清康熙三十四年(1695)刻本　十冊

440000－2561－0005517　50370

槐廬叢書十四種　（清）朱記榮輯　清光緒十三年(1887)吳縣朱氏刻本　七十九冊

440000－2561－0005518　50371

石屋書　（清）曹金籀撰　清同治七年至十二年(1868－1873)仁和曹氏刻本　七冊

440000－2561－0005519　50372

廣漢魏叢書八十種　（明）何允中輯　清嘉慶刻本　九十五冊

440000－2561－0005520　50373

秘書二十一種　（清）汪士漢輯　清康熙七年(1668)新安汪氏刻本　十三冊

440000－2561－0005521　50374

學壽堂叢書十二種　（清）徐灝撰　清咸豐四年至光緒二十五年(1854－1899)番禺徐氏刻本　二十三冊　存十種

440000－2561－0005522　50375

別下齋叢書附涉聞梓舊　（清）蔣光煦輯　清道光海昌蔣氏刻本　二十九冊

440000－2561－0005523　50376

增訂漢魏叢書　（清）王謨輯　清乾隆五十六年(1791)金谿王氏刻本　三十八冊

440000－2561－0005524　50377

皇清經解一千四百八卷　（清）阮元輯　清道光九年(1829)廣東學海堂刻咸豐十一年(1861)補刻本　三百六十冊

440000－2561－0005525　50378

皇清經解一千四百八卷　（清）阮元輯　清道光九年(1829)廣東學海堂刻咸豐十一年(1861)補刻本　二百五十六冊

440000－2561－0005526　50379

榕村全書　（清）李光地撰　清道光九年(1829)李維迪刻本　一百二十冊

440000－2561－0005527　50380

皇清經解一百九十卷　（清）阮元輯　清光緒十七年(1891)上海書局石印本　五十八冊

440000－2561－0005528　50381

清頌堂叢書八種　（清）黃奭輯　清道光甘泉黃氏刻本　二十一冊　存七種

440000－2561－0005529　50382

皇清經解續編二百九卷　王先謙輯　清光緒十五年(1889)上海蜚英館石印本　三十二冊

440000－2561－0005530　50383

武林掌故叢編二十六集一百九十四種六百三十卷　（清）丁丙輯　清光緒九年(1883)錢塘丁氏嘉惠堂刻本　九十四冊

440000－2561－0005531　50384

澤古齋重鈔　（清）陳璨輯　清道光三年(1823)刻本　一百冊

440000－2561－0005532　50385

惜陰軒叢書　（清）李錫齡輯　清道光二十六年(1846)宏道書院刻本　九十五冊

440000－2561－0005533　50386

花雨樓叢鈔十一種續鈔十一種附一種　（清）張壽榮輯　清光緒九年(1883)蛟川張氏花雨

樓刻本　四十七冊　存二十二種

440000－2561－0005534　50387

古愚叢書四十卷　（清）汪汲撰　清嘉慶二銘
草堂刻本　十八冊

440000－2561－0005535　50388

正覺樓叢刻　（清）崇文書局輯　清光緒七年
（1881）刻本　三十三冊

440000－2561－0005536　50389

漸西村舍叢書　（清）袁昶輯　清光緒桐廬袁
氏刻本　三十四冊

440000－2561－0005537　50390

觀古堂彙刻書　葉德輝輯　清光緒二十八年
（1902）長沙葉氏刻民國八年（1919）重編印本
十六冊

440000－2561－0005538　50391

攻媿軒新刻日本叢書初集　（□）□□輯　清
光緒鉛印本　六冊

440000－2561－0005539　50392

西河合集　（清）毛奇齡撰　清乾隆三十五年
（1770）刻本　九十四冊

440000－2561－0005540　50393

廣雅叢書　徐紹棨輯　清光緒廣雅書局刻民
國九年（1920）番禺徐紹棨彙編重印本　七十
八冊

440000－2561－0005541　50394

連筠簃叢書　（清）楊尚文輯　清道光二十八
年（1848）靈石楊氏刻本　三十冊

440000－2561－0005542　50395

經訓堂叢書二十一種　（清）畢沅輯　清乾隆
四十八年（1783）鎮洋畢氏刻本　三十二冊

440000－2561－0005543　50396

漢魏遺書鈔　（清）王謨輯　清嘉慶三年
（1798）金谿王氏刻本　十六冊

440000－2561－0005544　50397

古棠書屋叢書　（清）孫澍輯　清道光十四年
至二十四年（1834－1844）鶩溪村舍孫氏刻本
三十七冊

440000－2561－0005545　50398

玉函山房輯佚書附一種　（清）馬國翰輯　清
同治十年（1871）濟南皇華館書局刻本　八十
冊

440000－2561－0005546　50399

玉函山房輯佚書附一種　（清）馬國翰輯　清
光緒十年（1884）楚南湘遠堂刻本　一百冊

440000－2561－0005547　50400

玉函山房輯佚目耕帖續補十六卷附二卷
（清）馬國翰輯　清光緒十五年（1889）辛邱李
氏刻本　四冊

440000－2561－0005548　50401

武英殿聚珍版叢書　（清）紀昀等編　清乾隆
武英殿木活字印本　七百七冊

440000－2561－0005549　50402

萬青閣全集　（清）趙吉士撰　清康熙二十九
年（1690）刻本　十四冊

440000－2561－0005550　50403

仁和吳氏雙照樓影刊宋元本詞　吳昌綬輯
清宣統三年至民國六年（1911－1917）吳氏雙
照樓刻本　二十冊

440000－2561－0005551　50404

小琅嬛仙館敍錄書三種　（清）阮元輯　清嘉
慶三年（1798）阮氏小琅嬛仙館刻本　五冊

440000－2561－0005552　50405

詞學叢書　（清）秦恩復輯　清嘉慶十五年
（1810）刻本　十冊

440000－2561－0005553　50406

唐四十家名家集　（□）□□輯　清康熙洞庭
席氏琴川書屋刻本　三十六冊

440000－2561－0005554　50407

晴川八識　（清）孫之騄撰　清刻本　三十二
冊

440000－2561－0005555　50408

桐城張氏語錄　（清）張英　（清）張廷玉著
清光緒六年（1880）吳仁傑刻本　四冊

440000－2561－0005556　50409

少室山房集　（明）胡應麟撰　清光緒二十二年（1896）廣雅書局刻本　十冊

440000－2561－0005557　50410

初唐四傑集三十七卷　（清）項家達輯　清乾隆四十六年（1781）星渚項氏刻本　二十冊

440000－2561－0005558　50411

叢睦汪氏遺書　（清）汪篔輯　清光緒十二年（1886）錢唐汪氏刻本　三十二冊

440000－2561－0005559　50412

大鶴山房全書　鄭文焯撰　清光緒至民國刻民國九年（1920）蘇州交通圖書館彙印本　六冊

440000－2561－0005560　50413

宋元三十一家詞　（清）王鵬運輯　清光緒十九年（1893）刻本　四冊

440000－2561－0005561　50414

周孟侯先生全書五種三十三卷　（明）周拱辰撰　清道光二十七年（1847）刻光緒元年（1875）補刻本　十四冊

440000－2561－0005562　50415

繡詩樓叢書九種二十一卷　陳步墀撰　清光緒至民國鉛印本　六冊

440000－2561－0005563　50416

王漁洋遺書十八種二百七十三卷　（清）王士禎撰　清刻本　十四冊　存十種

440000－2561－0005564　50417

小檀欒室彙刻閨秀詞　徐乃昌輯　清光緒二十一年至二十二年（1895－1896）南陵徐氏刻本　五冊

440000－2561－0005565　50418

枉川全集　（清）楊琪光撰　清光緒刻本　二十二冊

440000－2561－0005566　50419

紅雪樓九種曲（清容外集）　（清）蔣士銓撰　清乾隆四十六年（1781）刻本　十七冊

440000－2561－0005567　50420

東塾叢書初函五種二十八卷　（清）陳澧撰

清咸豐至光緒刻本　九冊

440000－2561－0005568　50421

鄒徵君遺書　（清）鄒伯奇撰　清同治十二年（1873）刻本　五冊

440000－2561－0005569　50422

唐四家詩　（清）汪立名輯　清康熙三十四年（1695）刻本　六冊

440000－2561－0005570　50423

觀自得齋別集　（清）徐士愷輯　清光緒刻本　二冊

440000－2561－0005571　50424

初唐四傑集　（清）項家達輯　清光緒五年（1879）淮南書局刻本　四冊

440000－2561－0005572　50425

魏稼孫全集　（清）魏錫曾撰　清光緒九年（1883）刻本　十四冊

440000－2561－0005573　50426

庸庵全集十種　（清）薛福成撰　清光緒無錫薛氏刻本　三十六冊

440000－2561－0005574　50427

陸次雲雜著九種　（清）陸次雲撰　清康熙二十二年（1683）刻本　八冊

440000－2561－0005575　50428

漢魏六朝百三名家集　（明）張溥輯　清光緒十八年（1892）善化章經濟堂刻本　一百十九冊

440000－2561－0005576　50429

歸雲別集二十一卷　（明）陳士元撰　清道光十三年（1833）刻本　二十四冊

440000－2561－0005577　50430

乾坤正氣集　（清）顧沅（清）潘錫恩輯　清道光二十八年（1848）刻本　二百冊

440000－2561－0005578　50431

鹿洲全集　（清）藍鼎元撰　清雍正十年（1732）刻本　二十五冊

440000－2561－0005579　50432

四忠遺集　（清）□□輯　清同治七年（1868）楚醴景萊書室刻本　二十四冊

440000 – 2561 – 0005580　50434

唐四家詩集　（清）胡鳳丹輯　清光緒十三年（1887）湖北官書處刻本　五冊

440000 – 2561 – 0005581　50435

六朝四家全集　（清）胡鳳丹輯　清同治九年（1870）永康胡氏退補齋刻本　八冊

440000 – 2561 – 0005582　50436

顧亭林先生遺書　（清）顧炎武撰　清蓬萊閣刻吳縣朱記榮增刻光緒三十二年（1906）彙印本　六冊

440000 – 2561 – 0005583　50437

安吳四種三十六卷　（清）包世臣撰　清同治十一年（1872）注經堂刻本　十冊

440000 – 2561 – 0005584　50438

潛研堂全書　（清）錢大昕撰　清光緒十年（1884）長沙龍氏家塾刻本　六十冊

440000 – 2561 – 0005585　50439

汪氏傳家集　（清）汪琬輯　清康熙十四年（1675）刻本　四十八冊

440000 – 2561 – 0005586　50440

顧亭林先生遺書　（清）顧炎武撰　清蓬萊閣刻吳縣朱記榮增刻光緒三十二年（1906）彙印本　八冊

440000 – 2561 – 0005587　50441

四印齋彙刻宋元三十一家詞　（清）王鵬運輯　清光緒十四年（1888）刻本　九冊

440000 – 2561 – 0005588　50442

鹿洲初集二十卷　（清）藍鼎元撰　清雍正九年（1731）刻本　二十四冊

440000 – 2561 – 0005589　50443

吳氏一家稿　（清）吳清鵬輯　清咸豐五年（1855）刻本　十五冊

440000 – 2561 – 0005590　50444

菫浦雜著　（清）杭世駿撰　清刻本　四冊

440000 – 2561 – 0005591　50445

宋元名家詞　（清）江標輯　清光緒二十一年（1895）刻本　四冊

440000 – 2561 – 0005592　50448

陸子全書　（清）陸隴其撰　清同治七年至九年（1868 – 1870）刻本　十二冊

440000 – 2561 – 0005593　50449

唐人五十家小集　（清）江標輯　清光緒二十一年（1895）元和江氏靈鶼閣刻本　十六冊

440000 – 2561 – 0005594　50450

寧都三魏全集　（清）林時益輯　清道光二十五年（1845）刻本　四十八冊

440000 – 2561 – 0005595　50451

寧都三魏全集　（清）林時益輯　清道光二十五年（1845）刻本　四十冊

440000 – 2561 – 0005596　50452

松厓詩錄　（清）吳鎮撰　清乾隆五十七年（1792）刻本　十六冊

440000 – 2561 – 0005597　50453

陸子全書　（清）陸隴其撰　清刻本　二十冊

440000 – 2561 – 0005598　50454

中復堂全集九十八卷　（清）姚瑩撰　清同治六年（1867）刻本　二十八冊

440000 – 2561 – 0005599　50455

甌北全集　（清）趙翼撰　清嘉慶七年（1802）湛貽堂刻本　四十八冊

440000 – 2561 – 0005600　50456

三蘇全集四種　（清）弓翊清等編　清道光十三年（1833）眉州三蘇祠刻本　八十冊

440000 – 2561 – 0005601　50457

方柏堂全集　（清）方宗誠撰　清光緒元年至十二年（1875 – 1886）桐城方氏刻本　二十八冊

440000 – 2561 – 0005602　50458

唐詩百名家全集　（清）席啟寓輯　清康熙洞庭席氏琴川書屋刻本　四十二冊　存二十種

440000－2561－0005603　50459

真西山全集五十五卷　（宋）真德秀撰　清康熙四年(1665)刻本　七十冊

440000－2561－0005604　50460

唐詩百名家全集　（清）席啟寓輯　清康熙洞庭席氏琴川書屋刻本　三冊　存六種

440000－2561－0005605　50461

詠梅軒雜著　（清）謝蘭生撰　清道光二十九年至三十年(1849－1850)詠梅軒刻本　五冊

440000－2561－0005606　50462

初唐四傑集　（清）項家達輯　清乾隆四十六年(1781)星渚項氏刻本　十二冊

440000－2561－0005607　50464

快書五十種五十卷　（明）閔景賢編　明天啓六年(1626)刻本　二十四冊

440000－2561－0005608　50465

五經歲徧齋校書三種　（清）翟雲升編　清道光十二年(1832)刻本　十冊

440000－2561－0005609　50466

十種古逸書　（清）茆泮林輯　清道光十四年(1834)刻本　五冊

440000－2561－0005610　50467

琴學叢書二十四卷　楊宗稷輯　清宣統三年至民國八年(1911－1919)刻本　十八冊

440000－2561－0005611　50468

說鈴　（清）吳震方輯　清康熙四十一年(1702)刻本　十二冊

440000－2561－0005612　50469

欽定篆文六經四書　（清）李光地等編　清光緒九年(1883)上海同文書局石印本　十冊

440000－2561－0005613　50470

通志堂經解一千五百九十九卷　（清）納蘭性德輯　清同治十二年(1873)粵東書局刻本　四百二十五冊

440000－2561－0005614　50471

重刊宋本十三經注疏附校勘記四百一十六卷　（清）阮元校　清同治十二年(1873)江西書局刻本　一百五十冊

440000－2561－0005615　50472

宋本十三經注疏附校勘記　（清）阮元撰校勘記　（清）盧宣旬摘錄　清嘉慶二十年(1815)江西南昌府學刻本　一百五十四冊

440000－2561－0005616　50473

十三經注疏　（□）□□輯　清同治十年(1871)廣東書局刻本　一百二十冊

440000－2561－0005617　50474

十三經古注　（明）金蟠　（明）葛鼐校　清同治八年(1869)浙江書局刻本　四十八冊

440000－2561－0005618　50475

十三經古注　（明）金蟠　（明）葛鼐校　清同治八年(1869)浙江書局刻本　四十八冊

440000－2561－0005619　50477

欽定二十四史　（清）張廷玉等輯　清光緒十四年(1888)圖書集成印書局鉛印本　五百五十四冊

440000－2561－0005620　50478

金華文萃　（清）胡鳳丹編纂　清同治至光緒永康胡氏退補齋刻本　七十三冊

440000－2561－0005621　50479

隨園三十種　（清）袁枚等撰　清乾隆至嘉慶刻本　六十五冊

440000－2561－0005622　50480

古今醫統正脈全書四十四種二百五卷　（明）王肯堂輯　明萬曆二十九年(1601)新安吳氏刻本　六十二冊

440000－2561－0005623　50481

安吳四種三十六卷　（清）包世臣撰　清同治十一年(1872)注經堂刻本　十六冊

440000－2561－0005624　50482

西學啟蒙十六種　（英國）赫德輯　（英國）艾約瑟譯　清光緒二十四年(1898)上海圖書集成印書局鉛印本　十六冊

440000－2561－0005625　50483

趙太史竹岡齋九種　（清）趙敬襄撰　清嘉慶

至道光刻本　十二冊

440000－2561－0005626　50485

崇文書局叢書三十三種　（清）崇文書局輯
清光緒三年(1877)湖北崇文書局刻本　七十
四冊

440000－2561－0005627　50486

中西學門徑書七種　梁啟超撰　清光緒二十
四年(1898)上海大同譯書局石印本　三冊

440000－2561－0005628　50487

中西學門徑書七種　梁啟超撰　清光緒二十
四年(1898)上海大同譯書局石印本　三冊

440000－2561－0005629　50488

中西學門徑書七種　梁啟超撰　清光緒二十
四年(1898)上海大同譯書局石印本　三冊

440000－2561－0005630　50489

二十二子　（清）浙江書局輯　清光緒元年
(1875)刻本　三冊

440000－2561－0005631　50491

十子全書七十一卷　（清）王子興輯　清光緒
二十八年(1902)新化三味堂刻本　十六冊

440000－2561－0005632　50492

悟真篇三註三卷　（宋）張伯端撰　清道光二
十一年(1841)刻本　六冊

440000－2561－0005633　50493

古愚老人消夏錄　（清）汪汲撰　清乾隆至嘉
慶古愚山房刻本　二十四冊

440000－2561－0005634　50494

李氏五種二十七卷　（清）李兆洛編　清同治
九年(1870)合肥李氏刻本　十冊

440000－2561－0005635　50495

六九軒算書五種　（清）劉衡撰　清咸豐五年
(1855)陝西長安縣署刻本　四冊

440000－2561－0005636　50496

懷幽雜俎十七卷　徐乃昌輯　清光緒至宣統
南陵徐氏刻本　八冊

440000－2561－0005637　50497

曾文正公全集　（清）曾國藩撰　清光緒二年
(1876)傳忠書局刻本　五十三冊

440000－2561－0005638　50498

曾忠襄公全集　（清）曾國荃撰　清光緒二十
九年(1903)刻本　六十四冊

440000－2561－0005639　50500

荊駝逸史　（清）陳湖逸士輯　清宣統三年
(1911)中國圖書館石印本　三十二冊

440000－2561－0005640　50501

董方立遺書九種十六卷　（清）董祐誠撰　清
道光十年(1830)京都文德齋刻本　二冊

440000－2561－0005641　50502

問影樓輿地叢書　胡思敬輯　清光緒三十四
年(1908)鉛印本　十冊

440000－2561－0005642　50503

湯文正公全集　（清）湯斌撰　清同治九年
(1870)刻本　二十五冊

440000－2561－0005643　50504

雅雨堂藏書　（清）盧見曾輯　清乾隆二十一
年(1756)盧氏刻本　十六冊

440000－2561－0005644　50505

檇李遺書　（清）孫福清輯　清光緒四年
(1878)望雲仙館刻本　十五冊

440000－2561－0005645　50506

春暉堂叢書　（清）徐渭仁輯　清道光至咸豐
上海徐氏刻同治補刻本　十冊

440000－2561－0005646　50507

式訓堂叢書　（清）章壽康輯　清光緒會稽章
氏刻本　十六冊

440000－2561－0005647　50508

琳琅秘室叢書　（清）胡珽輯　清刻本　三十
二冊

440000－2561－0005648　50509

十萬卷樓叢書　（清）陸心源輯　清光緒五年
(1879)歸安陸氏刻本　九十一冊

440000－2561－0005649　50510

玲瓏山館叢書 （清）□□輯 清光緒十三年(1887)文選樓刻本 七冊

440000－2561－0005650 50511

涉聞梓舊 （清）蔣光煦輯 清別下齋刻本 九冊

440000－2561－0005651 50512

別下齋叢書 （清）蔣光煦輯 清道光二十一年(1841)別下齋刻本 十冊

440000－2561－0005652 50513

左海全集十種前集 （清）陳壽祺撰 清嘉慶十八年(1813)刻本 三十二冊

440000－2561－0005653 50514

左海後集 （清）陳喬樅撰 清同治元年(1862)刻本 六十冊

440000－2561－0005654 50515

焦氏叢書二十一種 （清）焦循撰 清嘉慶至道光江都焦氏雕菰樓刻本 四十冊 存九種

440000－2561－0005655 50516

宜稼堂叢書 （清）郁松年輯 清道光上海郁氏刻本 三十一冊

440000－2561－0005656 50517

說郛一百二十卷 （明）陶宗儀輯 清順治三年(1646)刻本 五十六冊

440000－2561－0005657 50518

說郛續四十六卷 （明）陶珽輯 清順治三年(1646)刻本 二十二冊

440000－2561－0005658 50519

增訂漢魏叢書 （清）王謨輯 清乾隆五十六年(1791)刻本 八十冊

440000－2561－0005659 50521

相臺五經 （宋）岳珂輯 清刻本 三十六冊

440000－2561－0005660 50522

古經解彙函二十三種附小學彙函十四種 （清）鍾謙鈞等輯 清同治十二年(1873)粵東書局刻本 六十六冊

440000－2561－0005661 50523

御纂七經二百八十卷首十一卷 （清）聖祖玄燁撰 清同治刻本 一百四十二冊

440000－2561－0005662 50524

皇朝五經彙解二百七十卷 （清）抉經心室主人纂 清光緒十四年(1888)鴻文書局石印本 三十二冊

440000－2561－0005663 50525

五經類編二十八卷 （清）周世樟輯 清乾隆三十八年(1773)友益齋刻本 十二冊

440000－2561－0005664 50526

所願學齋書鈔四種 （清）沈夢蘭撰 清光緒五年(1879)刻本 四冊

440000－2561－0005665 50527

萬氏經學五書 （清）萬斯大撰 清嘉慶元年(1796)辨志堂刻本 十冊

440000－2561－0005666 50528

五經四子書七十七卷 （□）□□輯 清咸豐元年(1851)新化鄧氏刻本 四十一冊

440000－2561－0005667 50529

古微書三十六卷 （明）孫瑴編 清光緒十四年(1888)對山問月樓刻本 六冊

440000－2561－0005668 50530

音學五書三十八卷 （清）顧炎武撰 清刻本 十二冊

440000－2561－0005669 50531

音學五書三十八卷 （清）顧炎武撰 清康熙六年(1667)張氏符山堂刻本 八冊

440000－2561－0005670 50532

十一經音訓 （清）楊國楨撰 清道光十一年(1831)刻本 二十六冊

440000－2561－0005671 50533

十一經音訓 （清）楊國楨撰 清光緒三年(1877)湖北崇文書局刻本 十六冊

440000－2561－0005672 50534

小學類編 （清）李祖望輯 清咸豐至光緒江都李氏半畝園刻本 八冊

257

440000 – 2561 – 0005673　50535

小學鉤沉十九卷　（清）任大椿撰　清光緒十年(1884)刻本　二冊

440000 – 2561 – 0005674　50552

皇清經解一百九十卷　（清）阮元輯　清光緒十七年(1891)鴻寶齋石印本　二十四冊

440000 – 2561 – 0005675　50557

粟香室叢書　金武祥輯　清光緒至民國江陰金氏刻本　三十二冊

440000 – 2561 – 0005676　50558

六子全書　（明）顧春編　明嘉靖十二年(1533)吳郡顧氏世德堂刻本　三十二冊

440000 – 2561 – 0005677　50559

粵十三家集　（清）伍崇曜輯　清道光二十年(1840)南海伍氏詩雪軒刻本　三十二冊

440000 – 2561 – 0005678　50560

安吳四種三十六卷　（清）包世臣撰　清光緒十四年(1888)刻本　十六冊

440000 – 2561 – 0005679　50563

功順堂叢書　（清）潘祖蔭輯　清光緒吳縣潘氏刻本　二十六冊

440000 – 2561 – 0005680　50564

番禺陳氏東塾叢書　（清）陳澧撰　清咸豐至光緒刻本　九冊

440000 – 2561 – 0005681　50567

史學叢書　（清）□□輯　清光緒二十五年(1899)上海文淵書局石印本　三十二冊

440000 – 2561 – 0005682　50570

觀古堂書目叢刊十五種　葉德輝輯　清光緒二十八年至民國十年(1902 – 1921)長沙葉氏刻本　五冊　存六種

440000 – 2561 – 0005683　50571

悔餘菴集　（清）何栻撰　清同治四年(1865)鳩江戎幄刻本　十二冊

440000 – 2561 – 0005684　50572

雙楳景闇叢書　葉德輝輯　清光緒三十三年至宣統三年(1907 – 1911)長沙葉氏刻本　四

冊

440000 – 2561 – 0005685　50585

安吳四種三十六卷　（清）包世臣撰　清同治十一年(1872)刻本　十六冊

440000 – 2561 – 0005686　50589

倭文端公遺書十二卷　（清）倭仁撰　清光緒元年(1875)六安求我齋刻本　四冊

440000 – 2561 – 0005687　50594

皇清經解續編一千四百三十卷　王先謙輯　清光緒十四年(1888)南菁書院刻本　三百二十冊

440000 – 2561 – 0005688　50595

李氏五種二十八卷　（清）李兆洛編　清光緒二十四年(1898)掃葉山房石印本　八冊

440000 – 2561 – 0005689　50597

許學叢刻九卷　（清）許頌鼎　（清）許溎祥輯　清光緒十三年(1887)海寧許氏古均閣刻本　四冊

440000 – 2561 – 0005690　50598

陳氏毛詩五種三十七卷　（清）陳奐撰　清末鴻章書局石印本　十二冊

440000 – 2561 – 0005691　50599

龍莊遺書四種十五卷　（清）汪輝祖撰　清光緒江蘇書局刻本　六冊

440000 – 2561 – 0005692　50602

抗希堂十六種全書　（清）方苞撰　清康熙至嘉慶桐城方氏抗希堂刻本　六十四冊

440000 – 2561 – 0005693　50604

洛陽曹氏叢書五種　（清）曹曾矩輯　清同治至光緒刻本　六冊

440000 – 2561 – 0005694　50607

正誼堂全書六十八種　（清）張伯行輯　清同治福州正誼書院刻本　二百冊

440000 – 2561 – 0005695　50609

呂新吾全集二十種　（明）呂坤撰　明萬曆刻清同治至光緒修補本　三十六冊

440000 – 2561 –0005696　50620

昭代叢書　（清）張潮輯　清康熙刻本　十四冊

440000 – 2561 –0005697　50621

校禮堂全集　（清）凌廷堪撰　清嘉慶至道光刻本　十二冊

440000 – 2561 –0005698　50642

顏李遺書二十種　（清）顏元　（清）李塨撰　清光緒五年(1879)定州王氏謙德堂刻本　十二冊　存七種

440000 – 2561 –0005699　50643

春在堂全書三十六種　（清）俞樾編　清同治十年至光緒二十五年(1871 – 1899)德清俞氏刻本　一百四十九冊　存三十四種

440000 – 2561 –0005700　50644

春在堂全書六種　（清）俞樾編　清同治五年(1866)杭州刻本　三十二冊

440000 – 2561 –0005701　50645

梁氏叢書三種附一種　（清）梁履繩等撰　清錢塘梁氏刻本　三十五冊

440000 – 2561 –0005702　50646

南菁書院叢書八集四十一種　王先謙輯　清光緒十四年(1888)江陰南菁書院刻本　二十六冊　存二十一種

440000 – 2561 –0005703　50647

亭林先生遺書彙輯二十六種附件三種　（清）顧炎武撰　清光緒十四年(1888)上海掃葉山房刻本　二十一冊　存十九種

440000 – 2561 –0005704　50648

李恕谷遺書十二種　（清）李塨撰　李恕谷先生年譜五卷　（清）馮辰撰　清光緒五年(1879)定州王氏謙德堂刻本　十二冊

440000 – 2561 –0005705　50649

元和江氏靈鶼閣叢書六集五十六種　（清）江標輯　清光緒元和江氏靈鶼閣刻本　二十冊　存二十八種

440000 – 2561 –0005706　50650

龍威秘書十集一百七十七種　（清）馬俊良輯　清嘉慶元年(1796)世德堂刻本　八十冊

440000 – 2561 –0005707　50651

毛西河先生全集一百十七種　（清）毛奇齡撰　清嘉慶蕭山陸凝瑞堂刻本　一百冊

440000 – 2561 –0005708　50652

竇氏叢書十四種　（清）竇克勤輯　清光緒刻本　四十一冊　存十種

440000 – 2561 –0005709　50653

禮山園全集十七種　（清）李來章撰　清康熙四十四年(1705)連山縣衙刻本　二十八冊　存七種

440000 – 2561 –0005710　50654

竹柏山房十五種附刻四種　（清）林春溥撰　清嘉慶二十一年至咸豐四年(1816 – 1854)竹柏山房刻本　二十四冊　存九種

440000 – 2561 –0005711　50655

玉簡齋叢書第二集八種　羅振玉輯　清宣統二年(1910)上虞羅氏刻本　十一冊

440000 – 2561 –0005712　60001

[嘉慶]四川通志二百四卷首二十二卷　（清）常明等修　（清）楊芳燦等纂　清嘉慶二十一年(1816)刻本　十九冊　存三十三卷(三十至三十五、一百八至一百一十六、一百八十四至二百一)

440000 – 2561 –0005713　60002

[光緒]續雲南通志稿一百九十四卷首六卷　（清）王文韶修　（清）唐炯纂　清光緒二十七年(1901)四川岳池刻本　九冊

440000 – 2561 –0005714　60003

[同治]麗水縣志十五卷　（清）彭潤章等纂修　清同治十三年(1874)刻本　八冊

440000 – 2561 –0005715　60005

[光緒]開化縣志十四卷首一卷　（清）潘樹棠纂　（清）徐名立　（清）潘紹詮修　清光緒二十四年(1898)刻本　十冊

440000 – 2561 –0005716　60006

[康熙]臨海縣志十五卷首一卷 （清）洪若皋
纂修 清康熙二十二年(1683)刻本 八冊

440000－2561－0005717 60007

[光緒]處州府志三十卷首一卷末一卷 （清）
潘紹詒等修 （清）周榮椿纂 清光緒三年
(1877)刻本 十九冊 存二十卷(一至二十)

440000－2561－0005718 60008

[萬曆]錢塘縣志十卷 （明）聶心湯纂修 清
光緒十九年(1893)武林丁氏刻本 五冊

440000－2561－0005719 60009

嘉靖仁和縣志十四卷 （明）沈朝宣纂 清光
緒十九年(1893)武林丁氏刻本 六冊

440000－2561－0005720 60016

大明一統志九十卷 （明）李賢修 （明）萬安
等纂 明萬壽堂刻本 三十六冊

440000－2561－0005721 60018

大清一統志五百卷 （清）和珅等纂修 清光
緒二十七年(1901)上海寶善齋石印本 六十
冊

440000－2561－0005722 60019

[光緒]江西通志一百八十卷首五卷 （清）劉
坤一修 （清）劉繹等纂 清光緒六年(1880)
刻本 一百二十冊

440000－2561－0005723 60021

[道光]廣東通志三百三十四卷首一卷 （清）
阮元修 （清）陳昌齊等纂 清同治三年
(1864)刻本 一百二十三冊

440000－2561－0005724 60022

[嘉慶]廣西通志二百七十九卷首一卷 （清）
謝啟昆修 （清）胡虔纂 清嘉慶七年(1802)
刻光緒十七年(1891)補刻本 三十七冊

440000－2561－0005725 60026

[同治]廣東圖二十三卷 （□）□□輯 清同
治五年(1866)刻本 三冊

440000－2561－0005726 60028

[宣統]廣東輿地圖說十四卷 （清）廖廷相編
清宣統元年(1909)粵東編譯公司鉛印本

四冊

440000－2561－0005727 60030

[光緒]川沙廳志十四卷首一卷末一卷 （清）
陳方瀛等修 （清）俞樾等纂 清光緒五年
(1879)刻本 六冊

440000－2561－0005728 60033

[道光]海州文獻錄十六卷 （清）許喬林輯
清道光二十五年(1845)刻本 六冊

440000－2561－0005729 60041

[光緒]廣州府志一百六十三卷 （清）戴肇辰
修 （清）史澄纂 清光緒五年(1879)廣州粵
秀書院刻本 七冊 存三十七卷(一至三十
七)

440000－2561－0005730 60042

[宣統]南海縣志二十六卷末一卷 （清）張鳳
喈等修 桂坫等纂 清宣統二年(1910)刻本
十五冊

440000－2561－0005731 60045

[同治]番禺縣志五十四卷首一卷附錄一卷
（清）李福泰修 （清）史澄纂 清同治十年
(1871)刻本 十六冊

440000－2561－0005732 60047

[光緒]香山縣志二十二卷 （清）田明曜修
（清）陳澧纂 清光緒五年(1879)刻本 十二
冊

440000－2561－0005733 60048

[光緒]香山縣志二十二卷 （清）田明曜修
（清）陳澧纂 清光緒五年(1879)刻本 十二
冊

440000－2561－0005734 60052

[道光]新會縣志十四卷首一卷 （清）林星章
修 （清）黃培芳 （清）曾釗纂 清道光二十
年(1840)刻本 十二冊

440000－2561－0005735 60053

[同治]新會縣志續十卷首一卷 （清）彭君穀
修 （清）鍾應元等纂 清同治十年(1871)刻
本 四冊

440000－2561－0005736　60055

[光緒]嘉應州志三十二卷首一卷　（清）吳宗焯　（清）李慶榮修　（清）溫仲和纂　清光緒二十四年(1898)刻本　十四冊

440000－2561－0005737　60056

[光緒]嘉應州志三十二卷首一卷　（清）吳宗焯　（清）李慶榮修　（清）溫仲和纂　清光緒二十四年(1898)刻本　十二冊　存二十七卷（一至十四、十八至二十七、三十至三十二）

440000－2561－0005738　60057

[咸豐]興寧縣志十二卷首一卷　（清）仲振履纂修　（清）張鶴齡續修　（清）曾士梅續纂　清嘉慶十六年(1811)刻咸豐六年(1856)增刻本　九冊　存九卷（一至九）

440000－2561－0005739　60066

[光緒]潮陽縣志二十二卷首一卷　（清）周恒重修　（清）張其翮纂　清光緒十年(1884)刻本　四冊　存五卷（十七至二十一）

440000－2561－0005740　60067

[光緒]海陽縣志四十六卷首一卷　（清）盧蔚猷修　吳道鎔纂　清光緒二十六年(1900)刻本　十二冊

440000－2561－0005741　60068

[光緒]海陽縣志四十六卷首一卷　（清）盧蔚猷修　吳道鎔纂　清光緒二十六年(1900)刻本　六冊　存二十三卷（二十四至四十六）

440000－2561－0005742　60071

[嘉慶]澄海縣志二十六卷首一卷　（清）李書吉等纂修　清嘉慶二十年(1815)刻本　八冊

440000－2561－0005743　60072

[光緒]惠州府志四十五卷首一卷　（清）劉溎年　（清）張聯桂修　（清）鄧掄斌　（清）陳新銓纂　清光緒七年(1881)刻本　三冊　存四卷（二十、二十四、四十二至四十三）

440000－2561－0005744　60075

[光緒]德慶州志十五卷首一卷末一卷　（清）楊文駿修　（清）朱一新　（清）黎佩蘭纂　清光緒二十三年(1897)刻本　六冊　存十卷（二至三、五至九、十二至十四）

440000－2561－0005745　60079

[同治]韶州府志四十卷　（清）額哲克等修　（清）單興詩纂　清同治十三年(1874)刻本　二十冊

440000－2561－0005746　60089

[道光]遵義府志四十八卷首一卷　（清）平翰等修　（清）鄭珍　（清）莫友芝纂　清道光二十一年(1841)刻本　二十冊

440000－2561－0005747　60093

[道光]佛山忠義鄉志十四卷　（清）吳榮光纂　清道光十一年(1831)刻本　七冊

440000－2561－0005748　60094

[康熙]惠州府志二十卷首一卷　（清）呂應奎修　（清）黃挺華纂　清康熙二十七年(1688)刻本　十二冊

440000－2561－0005749　60096

[乾隆]佛山忠義鄉志十一卷　（清）陳炎宗纂修　清乾隆十八年(1753)刻本　五冊

440000－2561－0005750　60101

[乾隆]貴州通志四十六卷　（清）鄂爾泰　（清）張廣泗修　（清）靖道謨　（清）杜詮纂　清乾隆六年(1741)刻本　二十冊

440000－2561－0005751　60102

[光緒]廣州府志一百六十三卷　（清）戴肇辰修　（清）史澄纂　清光緒五年(1879)廣州粵秀書院刻本　五十八冊　存一百六十一卷（一至二、四、六至一百六十三）

440000－2561－0005752　60105

[道光]恩平縣志十八卷首一卷末一卷　（清）石臺等修　（清）馮師元等纂　清道光五年(1825)刻本　六冊

440000－2561－0005753　60106

[嘉慶]增城縣志二十卷首一卷末一卷　（清）趙俊修　（清）黃應桂纂　清嘉慶二十五年(1820)刻同治十年(1871)增刻本　八冊

440000－2561－0005754　60107

[光緒]湘潭縣志十二卷 （清）陳嘉榆等修
王闓運等纂 清光緒十五年(1889)刻本 十
冊

440000－2561－0005755 60110

[光緒]畿輔通志三百卷首一卷 （清）李鴻章
等修 （清）黃彭年等纂 清宣統二年(1910)
北洋官報印刷局石印本 二百四十冊

440000－2561－0005756 60114

[雍正]江西通志一百六十二卷首三卷 （清）
高其倬等修 （清）陶成等纂 清雍正十年
(1732)刻本 一百冊

440000－2561－0005757 60116

[雍正]浙江通志二百八十卷首三卷 （清）李
衛 （清）嵇曾筠修 （清）沈翼機等纂 清光
緒二十五年(1899)浙江書局刻本 一百二十
冊

440000－2561－0005758 60117

[雍正]廣東通志六十四卷 （清）郝玉麟修
(清)魯曾煜纂 清雍正九年(1731)刻本 六
十冊

440000－2561－0005759 60118

[光緒]順天府志一百三十卷附錄一卷 （清）
萬青黎 （清）周家楣修 （清）張之洞
(清)繆荃孫等纂 清光緒十年至十二年
(1884－1886)刻本 六十四冊

440000－2561－0005760 60123

[光緒]蘇州府志一百五十卷首三卷 （清）李
銘皖修 （清）馮桂芬纂 清光緒九年(1883)
江蘇書局刻本 八十冊

440000－2561－0005761 60124

[道光]徽州府志十六卷首一卷 （清）馬步蟾
纂修 清道光七年(1827)刻本 三十冊

440000－2561－0005762 60126

[嘉慶]四川通志二百四卷首二十二卷 （清）
常明等修 （清）楊芳燦等纂 清嘉慶二十一
年(1816)刻本 一百六十冊

440000－2561－0005763 60127

[光緒]山西通志一百八十四卷 （清）曾國荃
（清）張煦等修 （清）王軒等纂 清光緒十
八年(1892)刻本 九十六冊

440000－2561－0005764 60129

[光緒]江西通志一百八十卷首五卷 （清）劉
坤一修 （清）劉繹等纂 清光緒七年(1881)
刻本 一百二十冊

440000－2561－0005765 60132

[乾隆]天津縣志二十四卷 （清）朱奎揚
(清)張志奇修 （清）吳廷華等纂 清乾隆四
年(1739)刻本 八冊

440000－2561－0005766 60135

西藏通覽不分卷 （日本）山縣初男撰 四川
西藏研究會編譯 清宣統元年(1909)鉛印本
四冊

440000－2561－0005767 60138

[乾隆]新會縣志十三卷首一卷 （清）王植纂
修 清乾隆六年(1741)刻本 十冊

440000－2561－0005768 60140

[嘉慶]東莞縣志四十六卷 （清）彭人傑等修
（清）黃時沛等纂 清嘉慶三年(1798)刻本
八冊

440000－2561－0005769 60143

[咸豐]龍門縣志十六卷 （清）毓雯修
(清)張維屏纂 清咸豐元年(1851)刻本 五
冊

440000－2561－0005770 60149

[光緒]新寧縣志二十六卷 （清）何福海修
(清)林國賡纂 清光緒十九年(1893)刻本
八冊

440000－2561－0005771 60150

[光緒]安徽通志三百五十卷補遺十卷 （清）
沈葆楨修 （清）何紹基等纂 清光緒三年
(1877)刻本 一百二十冊

440000－2561－0005772 60154

[道光]直隸南雄州志三十四卷首一卷 （清）
余保純修 （清）黃其勤纂 （清）戴錫倫續纂

修 清道光四年(1824)刻本 十六冊

440000－2561－0005773 60155

[乾隆]潮州府志四十二卷首一卷 (清)周碩
勳纂修 清光緒十九年(1893)刻本 二十五
冊

440000－2561－0005774 60156

[光緒]海陽縣志四十六卷首一卷 (清)盧蔚
猷修 吳道鎔纂 清光緒二十六年(1900)刻
本 十二冊

440000－2561－0005775 60158

[雍正]羅定州志六卷首一卷 (清)王植纂修
清雍正九年(1731)刻本 六冊

440000－2561－0005776 60159

[光緒]信宜縣志八卷拾餘一卷 (清)敖式標
修 (清)梁安旬纂 清光緒十七年(1891)高
州三德堂刻本 八冊

440000－2561－0005777 60160

[光緒]潮陽縣志二十二卷首一卷 (清)周恒
重修 (清)張其翩纂 清光緒十年(1884)刻
本 十冊

440000－2561－0005778 60161

[光緒]續修盧州府志一百卷首一卷末一卷
(清)黃雲修 (清)林之望 (清)汪宗沂纂
清光緒十一年(1885)刻本 四十八冊

440000－2561－0005779 60163

[光緒]新會鄉土志輯稿 (清)蔡垚爔修
(清)譚鑣纂 清光緒三十四年(1908)粵東編
譯公司鉛印本 一冊

440000－2561－0005780 60164

[同治]徐州府志二十五卷 (清)吳世熊
(清)朱忻修 (清)劉庠 (清)方駿謨纂
清同治十三年(1874)刻本 十二冊

440000－2561－0005781 60165

[光緒]丹徒縣志六十卷首四卷 (清)何紹章
(清)馮壽鏡修 (清)呂耀斗纂 清光緒五
年(1879)刻本 三十二冊

440000－2561－0005782 60167

[乾隆]西寧府新志四十卷 (清)楊應琚纂修
清乾隆二十七年(1762)刻本 十二冊

440000－2561－0005783 60169

[道光]陝西志輯要六卷附秦治畧一卷漢南遊
草一卷關中漢唐存碑跋一卷 (清)王志沂纂
修 清道光七年(1827)刻本 九冊

440000－2561－0005784 60170

[道光]廈門志十六卷 (清)周凱纂修 清道
光十九年(1839)刻本 十二冊

440000－2561－0005785 60175

[乾隆]增城縣志二十卷首一卷 (清)管一清
纂修 清乾隆十九年(1754)刻本 十六冊

440000－2561－0005786 60178

[光緒]吉林外記十卷 (清)薩英額撰 清光
緒二十一年(1895)刻本 四冊

440000－2561－0005787 60180

[光緒]全滇紀要不分卷 (清)雲南課吏館編
清光緒三十一年至三十二年(1905－1906)
鉛印本 十冊

440000－2561－0005788 60184

[光緒]深州風土記二十二卷附表五卷 (清)
吳汝綸纂 清光緒二十六年(1900)文瑞書院
刻本 八冊

440000－2561－0005789 60187

[光緒]漳州府志五十卷首一卷 (清)沈定均
修 (清)吳聯薰纂 清光緒四年(1878)刻本
三十三冊

440000－2561－0005790 60192

[嘉慶]重修揚州府志七十二卷首一卷 (清)
阿克當阿修 (清)姚文田等纂 清嘉慶十五
年(1810)刻本 四十八冊

440000－2561－0005791 60193

[同治]續纂揚州府志二十四卷 (清)方濬頤
修 (清)晏端書等纂 清同治十三年(1874)
刻本 八冊

440000－2561－0005792 60194

[同治]蘇州府志一百五十卷首三卷 (清)李

銘皖修　（清）馮桂芬纂　清光緒九年（1883）刻本　八十冊

440000－2561－0005793　60201
[嘉慶]澄海縣志二十六卷首一卷　（清）李書吉等纂修　清嘉慶二十年（1815）刻本　八冊

440000－2561－0005794　60202
[道光]昆明縣志十卷　（清）戴絅孫纂修　清光緒二十七年（1901）刻本　六冊

440000－2561－0005795　60203
[光緒]滇繫四十卷　（清）師範纂　清光緒十三年（1887）雲南通志局刻本　四十冊

440000－2561－0005796　60204
[乾隆]長沙府志五十卷首一卷　（清）呂肅高修　（清）張雄圖纂　清乾隆十四年（1749）刻本　三十二冊

440000－2561－0005797　60205
[光緒]續纂江寧府志十五卷首一卷　（清）蔣啟勳修　（清）汪士鐸纂　清光緒六年（1880）刻本　十二冊

440000－2561－0005798　60206
[嘉慶]重刊江寧府志五十六卷　（清）呂燕昭修　（清）姚鼐纂　清光緒六年（1880）刻本　十二冊

440000－2561－0005799　60214
[乾隆]曲阜縣志一百卷　（清）潘相纂修　清乾隆三十九年（1774）刻本　十二冊

440000－2561－0005800　60215
[同治]南海縣志圖二卷　（清）鄒伯奇撰　清同治十一年（1872）刻本　三冊

440000－2561－0005801　60216
[光緒]德慶州志十五卷首一卷末一卷　（清）楊文駿修　（清）朱一新　（清）黎佩蘭纂　清光緒二十五年（1899）刻本　十冊

440000－2561－0005802　60217
[同治]大埔縣志十八卷首一卷　（清）張鴻恩纂修　清光緒二年（1876）刻本　十冊

440000－2561－0005803　60218

[宣統]諸暨縣志六十卷首一卷末一卷　（清）陳通聲修　（清）蔣鴻藻纂　清光緒三十四年至宣統二年（1908－1910）刻本　十八冊

440000－2561－0005804　60221
[嘉慶]介休縣志十四卷　（清）徐品山修　（清）陸元鏸纂　清嘉慶二十四年（1819）刻本　八冊

440000－2561－0005805　60222
[同治]大埔縣志十八卷首一卷　（清）張鴻恩纂修　清光緒二年（1876）刻本　十冊

440000－2561－0005806　60223
[道光]高要縣志二十二卷首一卷　（清）韓際飛修　（清）何元等纂　清道光六年（1826）刻本　十冊

440000－2561－0005807　60233
[雍正]寧波府志三十六卷　（清）曹秉仁修　（清）萬經等纂　清雍正十一年（1733）刻乾隆六年（1741）補刻本　十六冊

440000－2561－0005808　60234
[光緒]西藏圖攷八卷　（清）黃沛翹撰　清光緒二十三年（1897）刻本　四冊

440000－2561－0005809　60238
[嘉慶]廣西通志二百七十九卷首一卷　（清）謝啟昆修　（清）胡虔纂　清嘉慶七年（1802）刻同治四年（1865）重修本　八十冊

440000－2561－0005810　60239
[道光]瓊州府志四十四卷首一卷　（清）明誼修　（清）張岳崧纂　清道光二十一年（1841）刻光緒十六年（1890）補修本　二十六冊

440000－2561－0005811　60241
[道光]英德縣志十六卷首一卷　（清）黃培爍修　（清）陸殿邦纂　清道光二十三年（1843）刻本　十冊

440000－2561－0005812　60243
[道光]高要縣志二十二卷首一卷　（清）韓際飛修　（清）何元等纂　清道光六年（1826）刻本　十冊

440000－2561－0005813　60249

[光緒]西藏圖攷八卷　（清）黃沛翹撰　清光緒二十三年(1897)刻本　四冊

440000－2561－0005814　60250

[光緒]梅菉志八卷　（清）梁兆�纂　清光緒二十八年(1902)稿本　六冊

440000－2561－0005815　60253

[乾隆]江南通志二百卷首四卷　（清）尹繼善等修　（清）黃之雋等纂　清乾隆元年(1736)刻本　五十四冊

440000－2561－0005816　60255

[光緒]餘姚縣志二十七卷首一卷末一卷　（清）周炳麟修　（清）邵友濂等纂　清光緒二十五年(1899)刻本　十六冊

440000－2561－0005817　60257

光緒嘉應州志三十二卷首一卷　（清）吳宗焯修　（清）溫仲和纂　清光緒二十四年(1898)刻本　十四冊

440000－2561－0005818　60263

[康熙]寧化縣志七卷　（清）祝文郁修　（清）李世熊纂　清同治八年(1869)刻本　七冊

440000－2561－0005819　60264

[同治]番禺縣志五十四卷首一卷附錄一卷　（清）李福泰修　（清）史澄纂　清同治十年(1871)刻本　十六冊

440000－2561－0005820　60265

[同治]番禺縣志五十四卷首一卷附錄一卷　（清）李福泰修　（清）史澄纂　清同治十年(1871)刻本　十六冊

440000－2561－0005821　60266

[宣統]番禺縣續志四十四卷首一卷　梁鼎芬修　丁長仁　吳道鎔纂　清宣統三年(1911)刻民國二十年(1931)重印本　十六冊

440000－2561－0005822　60269

[乾隆]潮州府志四十二卷首一卷　（清）周碩勳纂修　清光緒十九年(1893)刻本　二十五冊

440000－2561－0005823　60272

[道光]廣東通志三百三十四卷首一卷　（清）阮元修　（清）陳昌齊等纂　清同治三年(1864)刻本　一百二十冊

440000－2561－0005824　60273

[同治]南海縣志二十六卷首一卷　（清）鄭夢玉等修　（清）梁紹獻等纂　清同治十一年(1872)刻本　十二冊

440000－2561－0005825　60274

光緒嘉應州志三十二卷首一卷　（清）吳宗焯修　（清）溫仲和纂　清光緒二十四年(1898)刻本　十四冊

440000－2561－0005826　60275

續修杭州府志資料不分卷　（□）□□輯　清末至民國稿本　十六冊

440000－2561－0005827　60276

[嘉泰]會稽志二十卷　（宋）沈作賓修　（宋）施宿纂　清嘉慶十三年(1808)采鞠軒刻本　十六冊　存十八卷(三至二十)

440000－2561－0005828　60277

[寶慶]會稽續志七卷　（宋）張淏纂　越問一卷　（宋）孫因撰　清嘉慶十三年(1808)采鞠軒刻本　六冊

440000－2561－0005829　60278

[宣統]臨安縣志八卷末一卷　（清）彭循堯修　（清）董運昌纂　清宣統二年(1910)木活字印本　五冊

440000－2561－0005830　60279

[同治]玉山縣志十卷首一卷補遺一卷　（清）黃壽祺修　（清）吳華辰纂　清同治十二年(1873)刻本　十冊

440000－2561－0005831　60280

[咸淳]臨安志一百卷附劄記三卷　（宋）潛說友纂　清道光十二年(1832)汪氏振綺堂刻本　二十四冊

440000－2561－0005832　60281

[嘉慶]重修揚州府志七十二卷首一卷　（清）阿克當阿修　（清）姚文田等纂　清嘉慶十五年(1810)刻本　五十六冊

440000－2561－0005833　60283
[咸豐]邠州志二十卷首一卷　（清）董用威（清）馬軼群修　（清）魯一同纂　清咸豐元年(1851)刻光緒二十一年(1895)印本　三冊存十四卷(七至二十)

440000－2561－0005834　60284
[光緒]亳州志二十卷首一卷　（清）鍾秦修（清）宗能徵等纂　清光緒二十年(1894)木活字印本　十四冊

440000－2561－0005835　60285
[雍正]四川通志四十七卷首一卷　（清）黃廷桂等修　（清）張晉生纂　清乾隆元年(1736)刻本　四十七冊　存四十六卷(二至四十七)

440000－2561－0005836　60286
[光緒]畿輔通志三百卷首一卷　（清）李鴻章等修　（清）黃彭年等纂　清宣統二年(1910)北洋官報印刷局石印本　二百四十冊

440000－2561－0005837　60287
[光緒]嘉興府志八十八卷首二卷　（清）許瑤光修　（清）吳仰賢纂　清光緒四年(1878)刻本　四十七冊　存八十五卷(一至十一、十五至八十八)

440000－2561－0005838　60288
景定建康志五十卷　（宋）馬光祖修　（宋）周應合纂　清嘉慶七年(1802)金陵孫忠愍祠刻本　二十冊

440000－2561－0005839　60315
[道光]肇慶府志二十二卷首一卷　（清）屠英等修　（清）江藩等纂　清道光十三年(1833)修光緒二年(1876)刻本　二十三冊

440000－2561－0005840　60318
[光緒]無錫金匱縣志四十卷首一卷附殉難表二卷列女錄四卷　（清）裴大中　（清）倪咸生修　（清）秦緗業纂　清光緒七年(1881)刻本　十八冊

440000－2561－0005841　60333
[光緒]餘姚縣志二十七卷首一卷末一卷（清）周炳麟修　（清）邵友濂等纂　清光緒二十五年(1899)刻本　十六冊

440000－2561－0005842　60344
[光緒]重修電白縣志三十卷　（清）孫鑄主修　清光緒十八年(1892)刻本　八冊

440000－2561－0005843　60440
[光緒]湖南通志二百八十八卷首八卷末十九卷　（清）李瀚章修　（清）曾國荃等纂　清光緒十一年(1885)刻本　一百六十八冊

440000－2561－0005844　60480
[道光]陽江縣志八卷　（清）李澐修　（清）區啟科纂　（清）李應均續修　（清）胡琚續纂　清道光二年(1822)刻本　四冊　存七卷(一至五、七至八)

440000－2561－0005845　60510
[同治]續修高要縣志稿二卷首一卷　（清）吳信臣修　（清）黃登瀛纂　清同治二年(1863)刻本　一冊

書名筆畫字頭索引

267

七畫

八畫

十一畫

十三畫

277

十五畫

十六畫

書名筆畫索引

283

284

288

293

295

296

六畫

314

九畫

十畫

十一畫

十二畫

337

十三畫

十四畫

十五畫

十六畫

十七畫

十八畫

二十畫

二十二畫